Stefania Carpiceci

# LE OMBRE CANTANO E PARLANO

Il passaggio dal muto al sonoro
nel cinema italiano
attraverso i periodici d'epoca
(1927-1932)
vol. I

I0480092

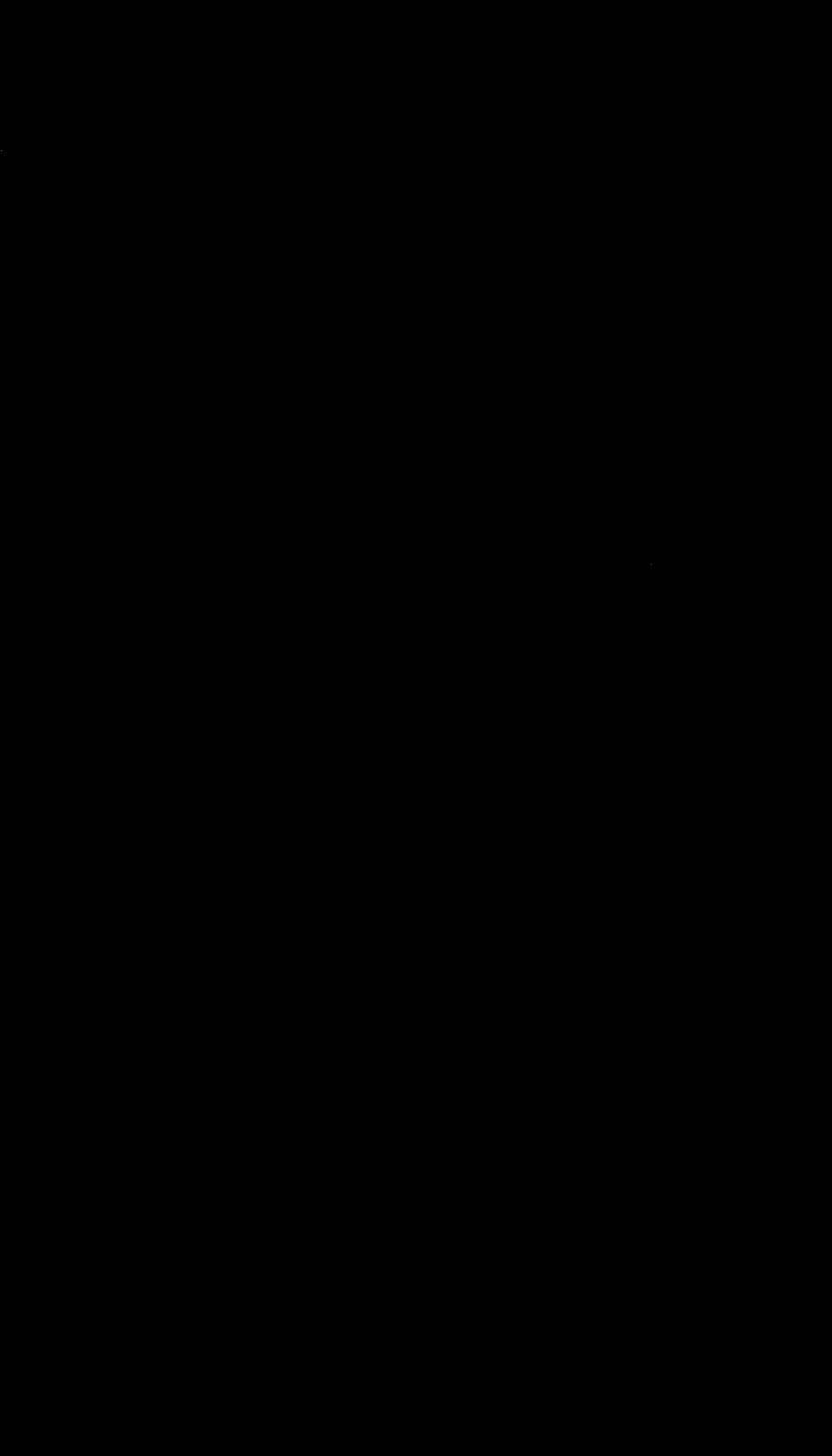

**Artdigiland.com Ltd**
direttore editoriale: Silvia Tarquini
23, Griffith Downs - The Crescent
Drumcondra
Dublin D9
Rep. of Ireland
www.artdigiland.com
info@artdigiland.com

**Stefania Carpiceci**
**LE OMBRE CANTANO E PARLANO**
**Il passaggio dal muto al sonoro nel cinema italiano**
**attraverso i periodici d'epoca (1927-1932)**
**vol. I**

Sul sito artdigiland.com sono disponibili
lezioni video di Stefania Carpiceci sui temi del volume,
in versione HD e in solo audio

in copertina:
copertina dello spartito della canzone *Parlami d'amore Mariù*, scritta
per il film *Gli uomini, che mascalzoni...* di Mario Camerini (1932);
musica di Cesare Andrea Bixio; versi di Ennio Neri; Edizioni Musicali
Soc. An. Stefano Pittaluga, Torino, 1933; (particolare)

editing e redazione: Francesco Carini, Letizia Rossi
impaginazione ed elaborazione immagini: Michela Tranquilli

crediti fotografici (voll. I e II):
Le foto dei film *La canzone dell'amore*, *La scala*, e *La segretaria
privata* provengono dalla Collezione Lorenzo Pellizzari, Milano.
Le locandine, le copertine degli spartiti musicali, dei periodici e
delle riviste d'epoca provengono dalla Biblioteca "Luigi Chiarini"
del Centro Sperimentale di Cinematografia, Roma. Si ringraziano
entrambi gli archivi per il loro contributo.

ringraziamenti:
L'autrice ringrazia per il loro aiuto: Emanuele Cavola, Giancarlo Con-
cetti, Alessandra Costa, Debora Demontis, Alberto Guerri e Laura
Pompei. Ringrazia, inoltre, per la particolare partecipazione a questo
progetto: Daniela Brogi, Massimiliano Gresele, Eleonora Saracino,
Silvia Tarquini, e Vittoria, Giuseppe e Francesca Carpiceci.

*a Lino Miccichè*

VOL. I

VOL. II

**Apparati**

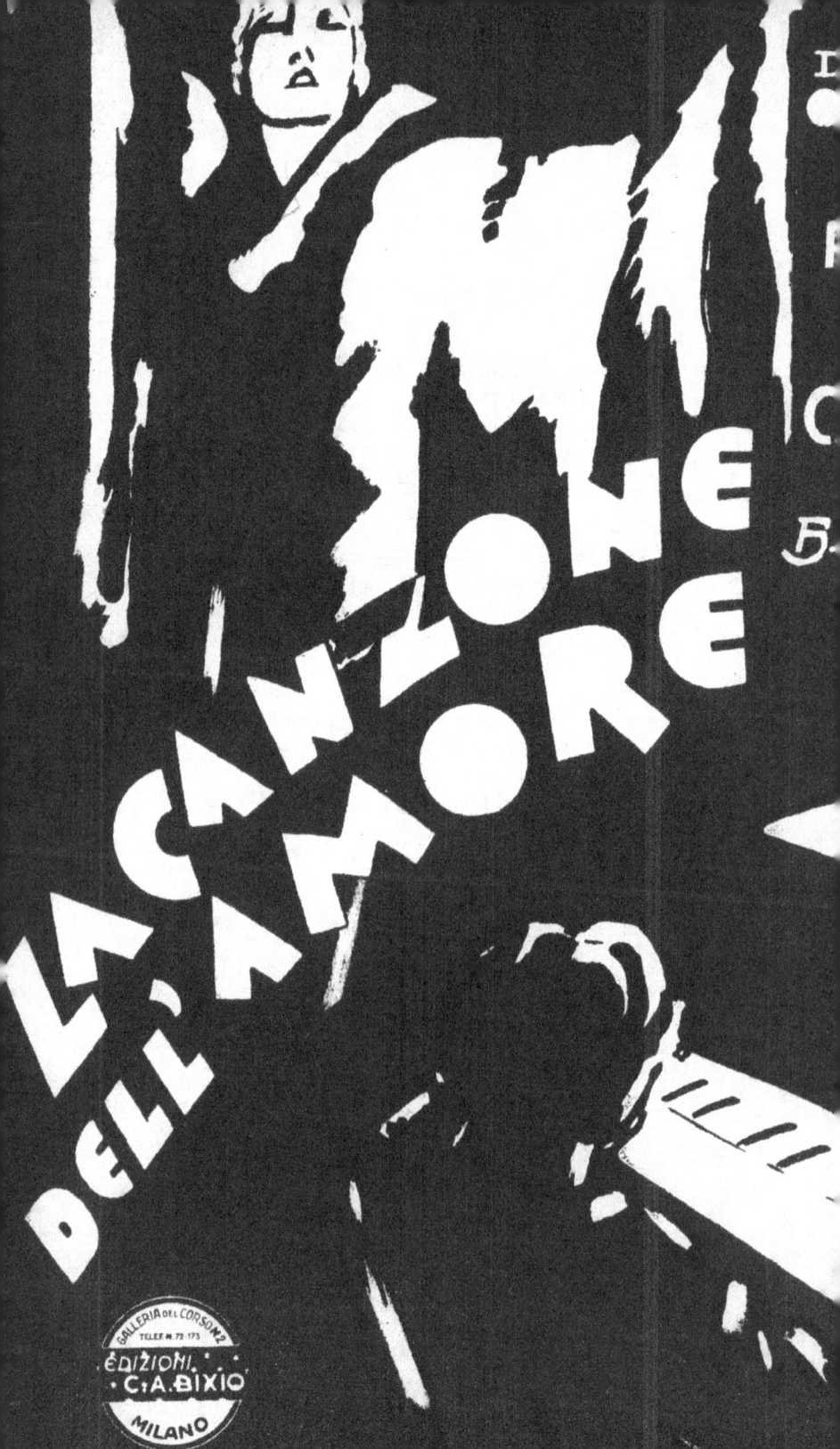

# Prefazione

Il libro che avete sotto gli occhi ha a oggetto un momento cruciale della storia del cinema in generale e di quello italiano in particolare: il passaggio dal muto al sonoro, che da noi vuol dire anche passaggio da una fase di decadenza impressionante, quella degli anni '20, a una graduale rinascita che pone le basi per lo sviluppo del cinema italiano. La ricostruzione che ne fa Stefania Carpiceci è meticolosa, documentata e di una chiarezza esemplare. Essa tiene conto del fattore storico-politico, di quello tecnologico, di quello industriale, di quello teorico e di quello estetico. I diversi approcci sono articolati fra loro in modo che il lettore possa seguirne i rispettivi sviluppi in maniera ordinata e didatticamente efficace.

L'avventura è appassionante. Il processo che ha portato anche l'Italia a convertirsi al sonoro, sia pure con un po' di ritardo e alcuni sintomatici incidenti di percorso, è anche il disvelamento della problematica situazione industriale e artistica in cui si trovava il nostro paese, ma insieme anche delle energie positive che nonostante tutto erano emerse, soprattutto fra i giovani, per passare dalla catastrofe alla rinascita. Tutto questo nel libro della Carpiceci è narrato come se si trattasse di costruire un documentario, utilizzando – con le preziose, a volte rare o inedite, citazioni d'epoca – un vasto materiale di repertorio. Il racconto prende il lettore senza annoiarlo, con stile rapido e stimolante.

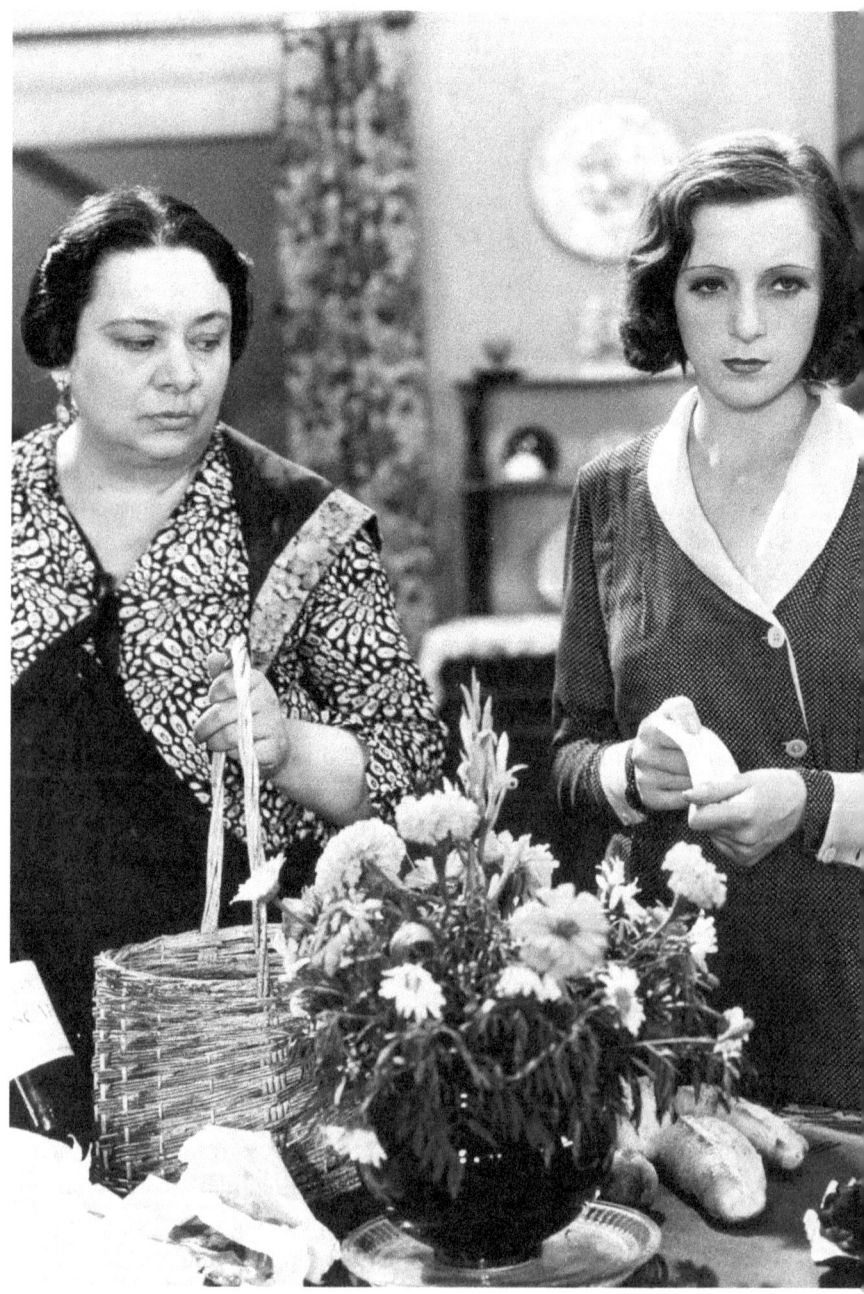

Arrivati però all'ultimo capitolo, quello riservato all'analisi dei film, il tono cambia. Ci si avvale sì come supporto ancora di alcune recensioni d'epoca, ma la documentazione lascia il posto alla finzione, cioè il discorso da oggettivo diventa soggettivo, mettendo in primo piano le capacità critiche e analitiche dell'autrice. Naturalmente sono le qualità acustiche dei film ad essere soprattutto analizzate, e questo è un fatto assai meritorio perché raro nella critica cinematografica, spesso troppo legata al preconcetto che il cinema sia prima di tutto immagine e solo a un secondo livello suono. E sono analisi rivelatrici di quanto di sperimentalismo si tenti ma anche di quanto di convenzione "verosimile" permanga.

Sintesi di studi già fatti ma soprattutto fresca e originale rilettura di come il fenomeno del passaggio dal muto al sonoro venne documentato dalle riviste d'epoca, questo libro è un testo base per affrontare da più punti di vista, e con una ben fondata analisi delle opere-chiave, un periodo fondamentale della storia del nostro cinema.

Adriano Aprà

# Il Cinema muto

*Settimanale Illustrato Cinematografico*

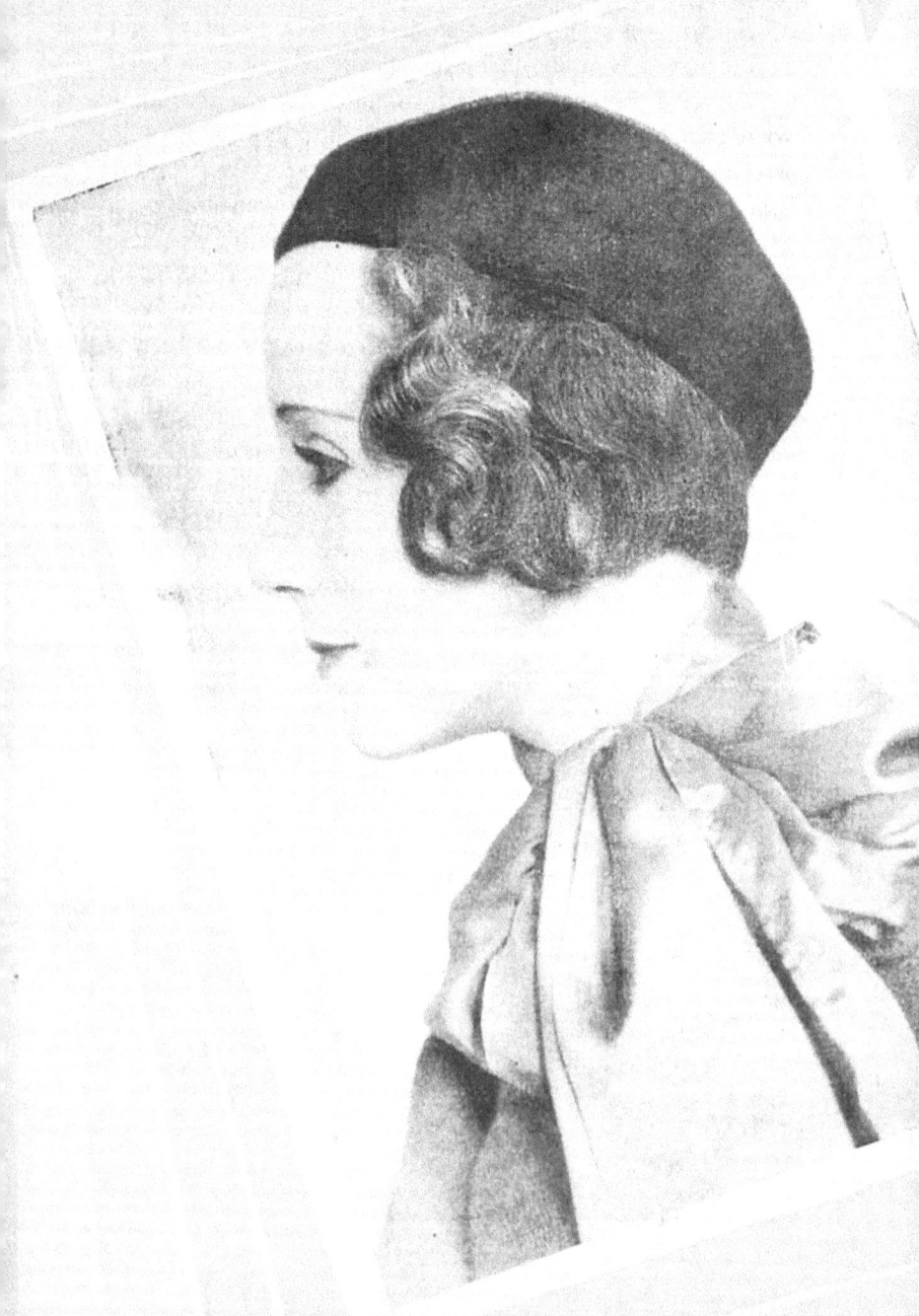

# Introduzione

È un periodo convulso e controverso quello della transizione dal muto al sonoro che, a cavallo tra la fine degli anni '20 e l'inizio degli anni '30, rivoluziona e trasforma la scena della cinematografia mondiale, con singole specificità nazionali talvolta ancora da indagare.

L'intento del libro è quello di analizzare quanto accadde allora in Italia, ricorrendo soprattutto al supporto di due privilegiati osservatori e oggetti di indagine: alcuni dei maggiori periodici cinematografici dell'epoca («L'Argante», «Cine-Gazzettino», «Cinema Illustrazione», «Il Cinema Italiano», «Cinema-Teatro», «La Cinematografia», «Il Cine Mio», «L'Eco del Cinema», «Kines», «La Rivista Cinematografica», «Rivista Italiana di Cinetecnica» e «Lo Spettacolo Italiano») e alcuni dei primissimi film (*Napoli che canta, Rotaie, La canzone dell'amore, Resurrectio, Nerone, La tavola dei poveri, La scala, La segretaria privata, La telefonista, Due cuori felici, La stella del cinema*) realizzati in Italia all'inizio degli anni '30.

I primi (ai quali si aggiungono anche due esempi di riviste teatrali, «Comoedia» e «Il Dramma», e un quotidiano, «Il Tevere», solitamente attenti al cinema), conservati presso la Biblioteca Nazionale Centrale di Firenze, ma in parte anche a Roma, presso la Biblioteca Centrale Nazionale, la Biblioteca Universitaria Alessandrina e la Biblioteca "Luigi Chiarini" del Centro Sperimentale di Cinematografia, costituiscono il *corpus* di un'ampia ricerca – di cui si rende testimonianza nella specifica bibliografia riportata nel secondo volume, dedicato agli apparati – cronologicamente circoscritta al quinquennio 1927-1932, in quanto date che segnano, da un lato, la nascita ufficiale del cinema sonoro, notoriamente designata dalla proiezione newyorkese del 6 ottobre 1927 di *The Jazz Singer* (*Il cantante di jazz*) di Alan Crosland, con Al Jolson, e, dall'altro, l'adozione del *doppiaggio* in Italia, quale soluzione nazionale alle molte difficoltà iniziali di traduzione suscitate dalla nuova scoperta.

I secondi, per i quali sono indubbiamente maggiori, rispetto al materiale cartaceo, i problemi di conservazione e, quindi, ridotte le opportunità di reperibilità – salvo quei rari casi di digitalizzazione che, per gli uni, come per gli altri, oggi sono forse maggiori del tempo in cui svolsi, all'incirca dieci anni fa, questa ricerca di dottorato – provengono invece dalla Cineteca Nazionale del Centro Sperimentale di Cinematografia e, visionati in pellicola e alla moviola, sono compresi invece nel biennio 1930-1932, ritenuto da me sufficientemente esemplificativo di quelli che furono all'epoca la neo-sperimentazione tecnica in Italia e i suoi primi frutti.

Entrambi costituiscono dei documenti preziosi, volutamente racchiusi in pochi anni, nell'intento di cogliere al meglio lo spirito, prima eversivo e rivoluzionario, poi, via via, evolutivo e di assestamento, di quella che fu la fase di passaggio dal muto al sonoro nel cinema italiano.

Ad eccezione del quinto e ultimo capitolo, delimitato dal perimetro dello schermo su cui scorrono le pellicole esaminate, tutti gli altri capitoli presentano una configurazione conica, con una base, ovvero un punto di partenza iniziale, ampio e contestuale, che va via via restringendosi in un unico vertice orientato in direzione delle riviste consultate e degli articoli in esse pubblicati, che spesso vengono qui riportati per intero, con rigorosa aderenza e fedeltà, nel doppio intento descrittivo e testimoniale, da un lato, ma anche critico, deduttivo e interpretativo, dall'altro.

Prendendo ad esempio spunto dal *Manifesto dell'asincronismo* di Sergej M. Ejzenštejn, Vsevolod Pudovkin e Grigorij Aleksandrov, in quanto caso-limite, paradossale ed esemplare, del fatto che in Europa il dibattito teorico sul cinema sonoro si accende ancor prima che esso approdi nelle sale cinematografiche, nel primo capitolo ho cercato anzitutto di raccogliere e riordinare alcuni dei principali indizi, disseminati nelle riviste italiane di allora, al fine di radiografare una presumibile discussione teorica sull'argomento che, oltre a sfiorare alcune questioni etimologiche (come quelle relative alla definizione più esatta da utilizzare per indicare i nuovi film e la nuova cinematografia), filosofiche (relative al paradosso che intercorre tra la rumorosità del cinema delle origini e la silenziosità del cinema sonoro) e interdisciplinari (sulla relazione tra cinema e teatro), affronta le problematiche sollecitate dall'inserimento della neo-colonna sonora, al fianco di quella visiva, attraverso i tre elementi acustici costitutivi, ovvero la musica, i rumori e le parole.

A questo proposito, mi è parso particolarmente interessante soffermarmi sull'evoluzione del rapporto tra cinema e musica – messo in luce, ancora prima che da illustri studiosi come Theodor W. Adorno, Hanns Eisler, Hugo Münsterberg, Gianni Rondolino, da alcuni anonimi cronisti di allora – che portò dall'accompagnamento musicale in sala alla nuova *arte cinemusicale*, la cui riproducibilità tecnica generava un'immutabilità testuale, perfezionando la relazione tra immagini e suoni.

Ancora. Se, da un lato, l'esiguo numero degli articoli rintracciati sul *sincronismo dei rumori* conferma l'ipotesi, avanzata ad esempio da Alberto Boschi, di una trascuratezza, allora evidente e ancor oggi diffusa, nei confronti dell'elemento acustico più innovativo e originale della triade sonora, il cospicuo numero di quelli incentrati sulla parola smentisce perlopiù l'ipotesi di un'iniziale vocazione *vococentrica*, teorizzata da Michel Chion, notoriamente assecondata in seguito dal cinema moderno e contemporaneo, in nome di una cinematografia pura, fenomenica e materica, che inizialmente sembra davvero prediligere l'immagine al verbo, fino a proclamare il principio dell'*asincronismo*, insieme a quello dell'incongruenza e delle diverse velocità dell'immagine, veloce come un lampo, e della parola, lenta come una tartaruga.

Il passaggio dalla teoria alla tecnica e alla prassi produttiva, affrontate nel secondo capitolo, è apparentemente ovvio ed automatico, ma in realtà è fonte di inesauribili sorprese. Mutuando una riflessione di Rick Altman, non è sufficiente solo constatare l'avvento di una neo-scoperta tecnico-scientifica, bensì è utile anche indagare le ripercussioni che questa comporta, soprattutto nella fase di transizione, in ambito produttivo e distributivo. Le trasformazioni di quest'ultimo appaiono evidenti, quanto profonde e radicali, a partire dalle apparecchiature di ripresa e di riproduzione (*microfoni*, macchine da presa, proiettori ecc.), passando per i luoghi di realizzazione e di visione dei film (ovvero i set, i teatri di posa, le sale cinematografiche), fino ai nuovi e vecchi mestieri del cinema (dall'attore al regista, dal *microfonista* al *tecnico del suono*) che si vedono all'inizio costretti o ad un fulmineo declino o ad un rapido mutamento.

E se un tratto comune al primo e al secondo capitolo concerne l'approccio, ora teorico, ora pratico, con cui il mondo dell'arte e dell'industria cinematografica affronta l'inserimento della nuova colonna sonora, ingegnandosi in soluzioni d'uso e sperimentazioni intorno alla musica, ai rumori e alle parole, un filo sottile congiunge i primi capitoli ai successivi, di impostazione più storica e analitica, laddove viene messa in luce, più che la discontinuità e la divergenza, la continuità e la convergenza che lega il cinema muto delle origini al cinema sonoro dell'avvenire, soprattutto durante gli anni caotici e confusi della transizione e del passaggio dal vecchio al nuovo.

Nel terzo capitolo – perlopiù sollecitato da una serie di articoli di politica cinematografica diffusi sulla stampa d'epoca e incentrati sui rapporti di competitività produttiva tra Usa e Europa – la commistione tra muto e sonoro appare ad esempio evidente, laddove l'industria cinematografica statunitense, animata da una frenesia egemonica e monopolizzatrice del mercato europeo, si vede costretta ad aggirare e a superare la barriera linguistica, inizialmente eretta al cospetto della nuova invenzione, ancor

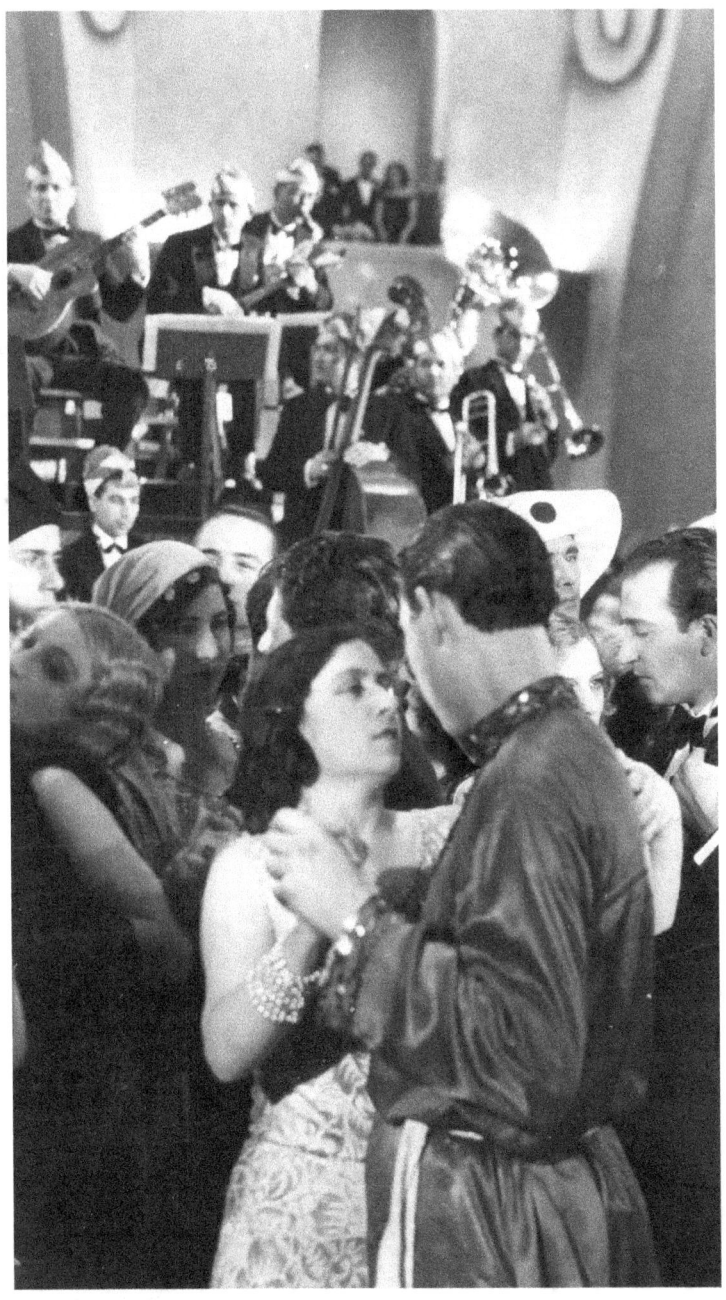

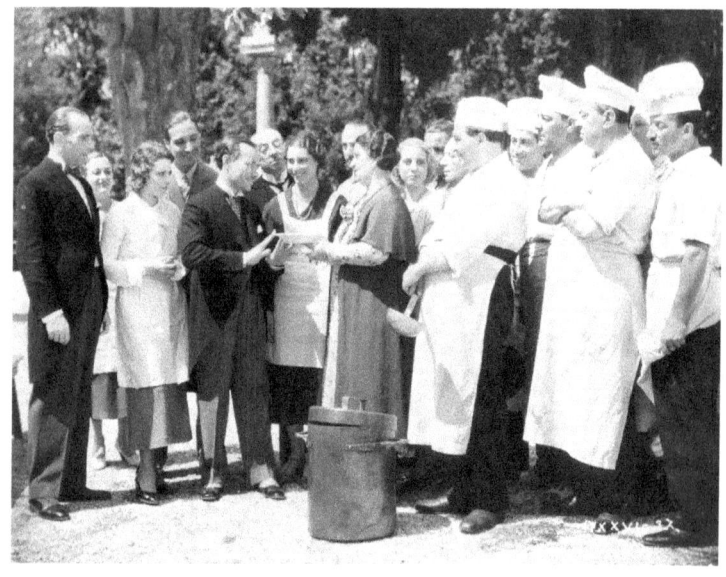

prima che con soluzioni *plurilinguistiche* o *doppiate*, attraverso la diffusione selvaggia di pellicole al contempo silenziose, *post-sincronizzate* e solo parzialmente parlate, ovvero in genere mute nei dialoghi e sonorizzate nei canti. Una pratica che, motivata da oggettive difficoltà di adozione della nuova tecnica di registrazione sonora, non risparmia neppure l'Italia: basti pensare ai primi due film analizzati all'interno del quinto capitolo, ovvero a *Napoli che canta* di Mario Almirante e a *Rotaie* di Mario Camerini, che, pur aprendo il varco alla nuova era, di certo non possono essere ancora definiti un esempio di cinematografia sonora al 100%. Viceversa, è con i film successivamente analizzati che si può cominciare a tracciare la linea evolutiva della nuova scoperta all'interno della cinematografia italiana, alla quale riservo un ampio quarto capitolo incentrato su questioni programmatiche e organizzative dell'intero settore produttivo e distributivo che, proprio in virtù dell'avvento del sonoro e grazie soprattutto all'intraprendenza industriale di Stefano Pittaluga – ma anche grazie ad altre iniziative, apparentemente minori e in realtà satellitari, come quelle dell'*ENAC*, del *LUCE* e della *Caesar Film*, ripercorse con dovizia di informazioni e dati raccolti – consente finalmente alla nostra cinematografia di rinascere e di uscire dal buio che l'aveva avvolta nel decennio precedente. Una rinascita che, se letta in continuità con i temi del terzo capitolo, rappresenta, pur tra mille contraddizioni e sfumature, il sintomo di una riscossa nazionale ed europeista rispetto all'imperialismo e al colonialismo cinematografico americano, che ha nella breve e fallimentare esperienza di Joinville – assimilabile a quella, di dimensioni inferiori, dell'*Italotone* – la sua manifestazione più eclatante.

Il quinto capitolo infine analizza l'oggetto filmico e non più le riviste, ma in continuità con tutto ciò che lo anticipa, compendio o approdo di un percorso che tocca tappe teoriche, tecniche e storiche essenziali. Andando a scoprire direttamente ciò di cui gli interventi giornalistici e critici precedentemente analizzati non sono che lo specchio o il riflesso.

*S. C.*

E' UN FILM CINES - PITTA

# LA

# TELEFONIS

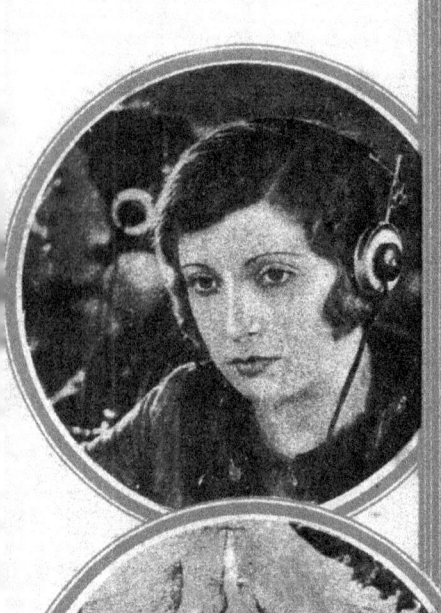

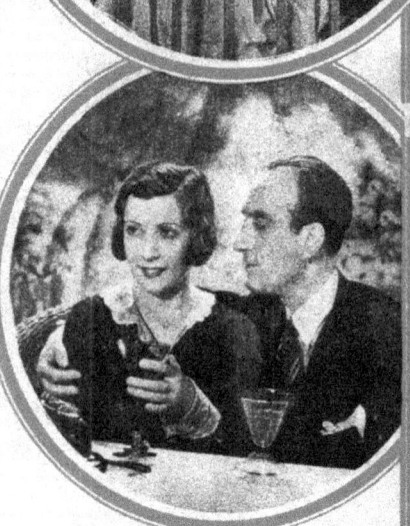

BACIO D'AMORE

MUSIC
OTT
STRANS

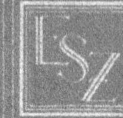

# Il dibattito teorico
# italo-europeo sul sonoro

*Non avevano perduto la vista
da sufficiente tempo
perché il senso dell'udito
gli si fosse avvivato
al di sopra della norma*
José Saramago[1]

Ufficialmente il dibattito teorico sull'avvento del cinema sonoro ha inizio in Europa nel 1928 con il *Manifesto dell'asincronismo* - il cui titolo esatto è in verità *Il futuro del film sonoro. Dichiarazione* - dei "tre russi" Sergej M. Ejzenštejn, Vsevolod Pudovkin e Grigorij Aleksandrov. L'evento è alquanto bizzarro se si pensa che è il primo rilevante intervento europeo e che proviene dall'Unione Sovietica, il paese che per ultimo e più lentamente degli altri nel vecchio continente assimila la nuova invenzione, mettendo in atto la transizione dal cinema muto a quello sonoro[2].

Nonostante l'inesperienza spettatoriale dovuta alla tardiva adozione del neonato sonoro cinematografico - registrato all'anagrafe americana del nuovo continente già dal 6 ottobre 1927[3] – e una sostanziale estraneità tecnica, i sovietici lanciano il loro grido d'allarme contro l'uso che oltreoceano si fa del nuovo progresso tecnico[4].

L'ideale lungamente vagheggiato d'un cinema sonoro è finalmente una realtà. Gli americani hanno inventato la tecnica del *film parlato* portandola a un livello che ne consente ormai un impiego pratico [...]. In ogni parte del mondo si discute di quest'arte muta che ha trovato la sua voce. Noi che lavoriamo nell'URSS, non abbiamo piena conoscenza delle imperfezioni dei nostri mezzi tecnici attuali: essi non sono ancora sufficienti per ottenere successi pratici e rapidi in questo nuovo campo. Comunque può essere interessante formulare alcune considerazioni di natura teorica, soprattutto perché ci sembra che tale progresso tecnico venga erroneamente impiegato.

Scettici e contrari alla neo-invenzione, i tre russi sono convinti che erroneo sia soprattutto l'approccio degli americani nei confronti del sonoro, il cui utilizzo condanna ancora una volta il cinema ad un ruolo di pura attrazione. L'unico loro obiettivo sembra infatti quello di voler «soddisfare la curiosità del pubblico», il quale accorre in sala solo per gustare lo spettacolo di voci riprodotte acusticamente e aderenti ai «movimenti delle labbra» degli attori. Una novità certo affascinante, che genera però altri errori e timori a catena. Laddove la parola riconquista terreno togliendolo alle immagini, il rischio è che il cinema si ritrovi subordinato al teatro e alla letteratura, dai quali dipende la narrazione filmica, e che saccheggi selvaggiamente i repertori preesistenti. Insomma, quella americana è giudicata un'irresponsabile tendenza che, nel prestare attenzione soprattutto alla tecnica, si priva di una coscienza teorica che invece, almeno in questa circostanza, i sovietici provano a risvegliare e a sollecitare.

Pudovkin, staccatosi dal trio, ci riprova nel 1933 pubblicando *Asincronismo quale principio del film sonoro*, all'interno del quale ribadisce – a distanza di un quinquennio dal primo manifesto sovietico e nonostante si sia ormai cronologicamente oltrepassata la fase iniziale e sperimentale del sonoro – l'evidente sproporzione che ancora intercorre tra il progresso tecnico-produttivo americano e le avveniristiche teorie sovietiche[5].

Dal punto di vista tecnico il *film sonoro* può essere considerato come già relativamente perfetto, per lo meno in America. Ma c'è una grande sproporzione tra il grado di sviluppo tecnico del sonoro e il suo sviluppo artistico-espressivo. Quest'ultimo è rimasto molto indietro alle possibilità tecniche. Io sostengo che dal punto di vista teorico noi nell'URSS siamo molto più avanti [...] degli USA, benché possediamo dei mezzi tecnici ancora primitivi. Le impostazioni teoriche e le soluzioni ci son chiare.

Un disequilibrio, quello che persiste tra America e Russia, le cui ragioni risiedono probabilmente anche nel diverso approccio alla realtà e nel differente principio di realismo delle due cinematografie. Se agli statunitensi quel che maggiormente interessa è che, con la nuova «invenzione meccanica», si possa «aumentare la naturalezza riproduttiva dell'immagine», per Pudovkin – che è il fautore della disarmonia e dell'aritmia tra mondo oggettivo e percezioni umane – è solo affrancandosi dalla «servile imitazione della realtà» che il sonoro può aumentare davvero «la potenziale capacità espressiva del film». Ed è per questo che egli si fa paladino dell'«impiego contrappuntistico del suono rispetto all'immagine» e di quell'*asincronismo* che fa della non coincidenza tra audizione e visione il suo principio fondante.

Mentre oltreoceano trionfano quindi i mediocri e banali «girotondi [...] del "tutto sincrono"», è nel vecchio continente che si propaga l'eco delle riflessioni sovietiche, all'origine di quel vivace dibattito critico e teorico che nel triennio 1928-1930 vede fronteggiarsi le opposte fazioni dei partigiani e dei detrattori, ovvero di coloro che si schierano a favore o contro la neo-rivoluzione tecnica[6].

### Luciani, Pirandello, Bragaglia, Bontempelli, Debenedetti, Cecchi

In Italia, come nel resto d'Europa, alcuni artisti e intellettuali, più o meno noti, si avventurano in una serie di disquisizioni sul *fonofilm*, di cui talvolta sono, però, ancora ignari spettatori.

Nel 1928, lo stesso anno del manifesto sovietico, Sebastiano Arturo Luciani – un musicologo interessato fin dagli anni '10 al cinema, al quale dedica importanti scritti teorici – pubblica *L'antiteatro. Il cinematografo come arte*, che contiene un capitolo, *La musica e la proiezione*[7], rivolto in verità più al cinema pre-sonoro che sonoro, ovvero a quello che è diffusamente noto come il cinema muto, ma che sappiamo bene essere più afono e sordo che silenzioso.

Del resto, si sa, nel cosiddetto *cinéma muet* o *silent cinema*, gli elementi acustici preesistono.

In esso gli attori parlano, anche se al movimento delle loro labbra non corrisponde l'emissione della voce o una vibrazione laringea. Più che muti, essi sembrano pertanto afasici, di fronte a spettatori che, se di certo non sono ciechi, sono comunque sordi a quei dialoghi che devono leggere in *didascalia*, presupporre o immaginare[8].

Ancora. Se è vero che sullo schermo si susseguono immagini silenziose e un po' spettrali, non vi è dubbio che particolarmente caotica e rumorosa è invece la sala cinematografica, all'interno della quale il pubblico manifesta spesso ad alta voce, con urla, pianti, risa e bisbigli, le proprie emozioni. Un caos acustico, a cui si assommano il ronzio dei proiettori in cabina e i commenti sonori e musicali di pianisti, orchestrali e rumoristi[9].

In generale è per scongiurare la paura del buio e del silenzio in sala, e pertanto per «necessità fisiologica», che l'«elemento fonico» viene affiancato alle primordiali visioni[10].

È [...] ormai fuori discussione che lo spettacolo cinematografico debba essere costantemente associato alla musica; che anzi non si possa concepire senza un accompagnamento musicale qualsiasi. I lettori avranno notato come un senso penoso di vuoto si produca in una sala durante una proiezione quando la musica si arresta bruscamente, e come quindi qualsiasi musica diventi tollerabile al cinematografo.

Introdotte inizialmente per evitare il silenzio in sala – o anche per riempire il vuoto, in attesa del cambio di bobina in cabina – le *performances* musicali con il tempo si trasformano. Dapprima sono autonome e improvvisate, poi man mano sempre più definite e correlate alla pellicola. Tant'è che se in origine ci si accontenta di saccheggiare arbitrariamente i repertori classici preesistenti, poi si diviene sempre più esigenti, ricorrendo ai *cue sheets* e ai *pastiches* musicali. I primi, di matrice hollywoodiana, sono dei manuali in cui vengono raccolte partiture idonee allo schermo, perlopiù appositamente composte. I secondi, cui accenna nello specifico Luciani, si avvalgono invece ancora di una certa dose di estemporaneità, rifacendosi comunque a due soli generi melodici, l'uno ritmico, l'altro lirico[11].

Riconosciuta [...] la necessità fisiologica di un elemento fonico qualsiasi che accompagni la visione, resta da stabilire il genere di questo accompagnamento. Il quale non può essere che musicale [...]. La musica che si esegue durante la proiezione dei *films* normali è di due generi: o è formata di *suites* di marce e di ballabili, o è composta di brani di carattere lirico-drammatico, tolti dalle opere più in voga o improvvisati da un pianista qualsiasi. Nel primo caso la musica ha una funzione ritmica, nell'altro espressiva[12].

Oltre alla musica, Luciani spera che ben presto si adottino anche al cinema, come già in teatro, i rumori ambientali e naturali, per i quali si ispira agli *intonarumori* del pittore futurista Luigi Russolo, e in virtù dei quali aspira, anzitempo, ad un'arte totale in cui i suoni, mentre risalgono alle immagini, da queste finanche discendono[13].

Per Luigi Pirandello, autore nel 1929 del noto saggio *Se il film parlante abolirà il teatro*, il futuro del cinema sonoro risiede nella «cinemelografia»: una nuova forma d'arte audiovisiva che congiunge «pura musica e pura visione»[14].
Premesso che le note non sono accessorie alle immagini, Pirandello disquisisce intorno a un'estatica armonia tra ciò che si vede e quel che si ode, aspirando a delle «libere associazioni visive», perlopiù «evocate dalla musica» o affiancate ad una «composizione preesistente».

Ecco: pura musica e pura visione. I due sensi estetici per eccellenza, l'occhio e l'udito, uniti in un godimento unico. Gli occhi che vedono, l'orecchio che ascolta, e il cuore che sente tutta la bellezza e la varietà dei sentimenti che i suoni esprimono, rappresentata nelle immagini che questi sentimenti suscitano ed evocano [...]. *Cinemelografia*: ecco il nome della vera rivoluzione: linguaggio visibile della musica.

Alla *cinemelografia*, in quanto arte incentrata sulla visibilità musicale o sulla musicalità visiva, Pirandello giunge però al termine di una serie di considerazioni che, ancor prima di indurlo a riflettere sull'adattamento della musica al film, o viceversa, lo allontanano dalla parola e di conseguenza dalla narrazione e dal romanzo, dal dramma e dalla tragedia, ovvero dal teatro e dalla letteratura.

Pur riconoscendo che ormai il silenzio è rotto e che prima o dopo bisognerà dar voce alla nuova cinematografia, egli ritiene controproducente ricorrere alla letteratura, perché il danno sarebbe duplice, oltreché reciproco: la parola scritta finirebbe con l'essere sacrificata entro i confini visivi, mentre le immagini perderebbero l'autonomia linguistica fino a quel momento conquistata.

Viceversa, pensa che sia sì nociva, ma non altrettanto allarmante, l'interrelazione fra cinema e teatro, alla quale dedica ampio spazio, tranquillizzando tutti coloro che temono uno schermo parlante e concorrenziale al palcoscenico.

In questi giorni di grande infatuazione universale per il *film parlante*, io ho sentito dire questa eresia: che il *film parlante* abolirà il teatro; che tra due o tre anni il teatro non ci sarà più, tutti i teatri [...] saranno chiusi perché tutto sarà cinematografia, *film parlante* o *film sonoro* [...]. Il teatro [...] può star tranquillo e sicuro che non sarà abolito, per questa semplicissima ragione: che non è lui, il teatro, che vuol diventare cinematografia, ma è lei, la cinematografia, che vuol diventare teatro, e la massima vittoria a cui potrà aspirare, mettendosi così più che mai sulla via del teatro, sarà quella di diventare una copia fotografata e meccanica più o meno cattiva. [E] se io al cinematografo non devo più vedere il cinematografo ma una brutta copia del teatro, e devo sentir parlare incongruamente le immagini fotografate degli attori, con una voce di macchina trasmessa meccanicamente, io preferirò andarmene al teatro, dove almeno ci sono gli attori veri, che parlano con la voce naturale.

Affermando che, come recita il titolo del suo intervento, *il film parlante non abolirà il teatro*, Pirandello ribalta il problema, nella convinzione che a rischiare sia in verità proprio il cinema, il quale, una volta acquisito il verbo, regredirebbe a teatro fotografato, con l'aggravante di un'incongruenza: la sproporzione che si verrebbe a determinare fra l'attore vivo e in carne ed ossa, che recita durante le riprese, e la sua ombra in celluloide, immateriale e bidimensionale, proiettata invece sullo schermo.

La voce è di un corpo vivo che la emette, e nel film non ci sono i corpi degli attori come a teatro, ma le loro immagini fotografate in movimento [...]. Le immagini non parlano; si vedono soltanto se parlano, la voce viva è in contrasto insanabile con la loro qualità di ombre e turba come una cosa innaturale che scopre e denunzia il meccanismo.

Allora la distanza e la disparità tra il corpo-ombra, impresso sulla pellicola, e la voce metallica, registrata su nastro, appaiono irrisolvibili e inconciliabili. Tant'è che Pirandello fantastica – in un soggetto cinematografico rimasto inedito e alquanto surreale – di una voce meccanica che, sfuggita al controllo del regista, abbandona il set, compromettendone le riprese. Un sabotaggio e un incubo, cui fa eco la favola di Esopo quale chiara metafora di tutti i timori e le perplessità pirandelliane *cinesonore*[15].

Sta capitando al cinematografo quella stessa ridicolissima disavventura che in una delle sue più famose favole Esopo fa capitare al vanitoso pavone, allorché lusingato beffardamente dalla diabolica volpe per la sua magnifica coda e la maestà del suo incesso regale, aprì la bocca per fare udire la sua voce e fece ridere tutti.

Se beffardo è pertanto il presente, ancor più incerto è per Pirandello il futuro del *fonofilm* che non sappia rinunciare alla parola. Ma se invece, dopo aver «malamente navigato» nel «mare avverso» della letteratura e aver oltrepassato «le due colonne d'Ercole della narrazione e del dramma», esso riuscirà a riprendere a «vele spiegate» il viaggio «nell'oceano della musica», ebbene sì, allora non potrà che avere davanti a sé nuovi orizzonti e approdi[16].

È con una metafora marittima, molto simile a quella pirandelliana, che anche Giacomo Debenedetti – uomo di lettere particolarmente dedito, anche negli anni della transizione dal muto al sonoro, alla critica cinematografica – invita la musica a tuffarsi nel cinema, in quel cammeo che è *La vittoria di Topolino*, scritto nella prima metà degli anni '30[17].
Qui, una volta introdotti i concetti di «materia» e «contenuto» – ossia di inquadratura passivamente immortalata dalla macchina da presa, da una parte e, dall'altra, intervento plasmante delle idee

e dei sentimenti del suo cineasta-autore – egli suggerisce alla melodia di gettarsi nella prima per lasciare affiorare un messaggio «oscuro» e inaspettato che non illustri solo quanto «rivelato dal regista», ma ne esprima un senso nuovo, «cospirante» e complementare.

Successivamente, nel 1937, Debenedetti pubblica su «Cinema» un altro saggio, *La musica e il cinematografo*, in cui, mescolando il presente con il passato, rievoca la questione del connubio tra musica e cinema, tracciando alcune delle sue principali tappe evolutive.

Un tempo il commento musicale veniva approssimativamente eseguito in sala e distrattamente ascoltato «con la coda dell'orecchio» dagli spettatori, mentre è a seguito del rivoluzionario cambiamento sonoro che la musica, composta «per [un] film», instaura con esso una nuova armonia, anche senza essere del tutto parte integrante «del film stesso»[18].

Favorevole ad un'interrelazione tra le due arti – per le quali auspica un'autonomia dialettica – anche Debenedetti si dichiara contrario, al pari di Pirandello, all'immissione della parola al cinema. Esattamente come lo scrittore siciliano, anche lui avverte il pericolo dell'incongruenza che si verrebbe a creare fra verbo e visione. Solo Topolino, il celebre cartone animato disneyano prestato dal fumetto al cinema, può a suo avviso scongiurare questo pericolo. Privo di qualsivoglia ambizione naturalistica e fiero della propria bidimensionalità «senza corpo [e] senza volume», il *cartoon* può fare davvero a meno della parola ormai imperante senza risentirne, arrivando addirittura a sostituirla con una «vibrazione» corporea.

Il valore dimostrativo di Topolino come attore sonoro consiste [...] in questo: ch'egli denuncia visibilmente le sue due dimensioni spaziali, senza neppure tentare di illuderci sulla presenza della terza e che la musica, uscendo da questo mondo scorporato, non ha più nulla di naturalistico, è tutta psicologia e lirica: è l'onomatopea di uno stato, di qualche cosa che fisicamente non può avvenire.

*Mickey Mouse* è insomma per Debenedetti il vero personaggio vincente della nuova cinematografia: l'unico simbolo e vessillo; il «solo attore [...] sonoro» in grado di ricucire il conflitto fra ombra e suono, a differenza di quanti invece hanno già rinnegato il loro «mimico mutismo». E a lui davvero poco importa se questo avviene ricorrendo a un idioma illogico e irrazionale, gutturale e animale, perché anzi crede fermamente nell'onomatopea, in grado di evocare oggetti, azioni ed emozioni.

Alla parola nega il diritto di cittadinanza al cinema anche Alberto Cecchi, altro «fine dicitore del giornalismo letterario» italiano che, in trasferta nel mondo della critica cinematografica, diviene titolare, dal 1929 al 1930, della rubrica "Cinelandia" su «L'Italia Letteraria»[19].

Per lui «i *films* non diventeranno mai *parlati*», ma piuttosto saranno «rumoreggiati». Si limiteranno cioè a riprodurre «i rumori, le musiche, i canti», ma di certo non le parole. Non solo, in quanto «parzialmente muti, parzialmente *parlati*», nei *movies* di domani, egli prevede che «ci sarà il rumore e non ci sarà la parola», il che non esimerà la settima arte da una serie di assurdità e imprevisti, spesso esilaranti[20].

Ci figuriamo, per esempio, che la passeggiata di due innamorati lungo il mare verrà accompagnata dallo sciacquio delle onde sulla riva, che i boschi risulteranno pieni di gorgheggi e di fruscii, le stazioni rimbomberanno di strepiti e fischi [...]. Avremo il frastuono delle città, la pace ventilata delle campagne, l'orrore delle bufere, i boati dei vulcani. Voci della terra, del mare, dell'aria. Starà bene. Sta bene. Ma [...] il risultato si rivelerà bastantemente grottesco, per il contrasto inevitabile tra l'ambiente, che si esprimerà in quei modi che abbiamo detto, e l'uomo che rimarrà muto [...]. Gli eroi dell'avventura [che rimarranno] mutoli, mutoli, silenziosi come pesci.

L'imprevisto maggiore risiede per Cecchi nell'effetto paradossale e grottesco – ricorrente ai tempi della transizione – che si viene a creare tra un ambiente acustico circostante, assai rumoroso, e i personaggi che lo popolano e attraversano, ma come affetti da un inspiegabile mutismo.

In verità per Béla Balázs, noto coevo teorico ungherese, è proprio in questo paradosso che si insinua uno dei principi base della neo-alfabetizzazione cinematografica, per cui ora finalmente, dopo l'occhio, è anche l'orecchio degli spettatori ad essere educato. Ora finalmente il pubblico ha l'opportunità di esplorare il contesto acustico e di porsi in ascolto delle «voci delle cose» e del «linguaggio intimo della natura», fino adesso sconosciuto[21]. Ma per quanto raffinata, la riflessione è assai lontana da Cecchi, il quale ritiene invece il pubblico di allora più disorientato che consapevole e sostanzialmente a disagio, mentre assiste un po' inerte e inebetito alla proiezione di pellicole più musicate e rumoreggiate che parlate. Il che è quanto effettivamente accade ai primissimi spettatori italiani nel corso della prima proiezione pubblica e nazionale de *Il cantante di jazz*[22], il *primo film sonoro americano* e internazionale di tutti i tempi, di fronte al quale è unanime il fastidio e lo stupore di quanti si ritengono costretti ad udire le canzoni e i gorgheggi del protagonista, Al Jolson, senza poterne però ascoltare dialoghi e parole.

Non è poi da dire il fastidio che dà l'inevitabile contrasto: che gli attori mandano voci dalla bocca solamente quando cantano, mai quando parlano; s'immagini un'operetta nella quale tenori, soprani e compagni diventassero improvvisamente muti – continuando tuttavia a muovere le labbra – ogni volta che avessero finito le loro romanzette[23].

L'esito è allora talmente deludente che per Cecchi i tempi non sono ancora maturi. Se l'imperfezione della neo-invenzione è tale, tanto vale a suo avviso eliminarla radicalmente e far sì che dalla cinematografia futura siano tolti anche i suoni e i rumori, in assenza delle parole. Drastica e integrale è pertanto la cancellazione che egli auspica del sistema di registrazione acustico appena nato.

Poiché qui si tratta di abolire una convenzione – quella che gli uomini non producano suono parlando – è necessario [abolire] quel continuo commento di rumori, quell'atmosfera sonora che è intorno alla vita degli uomini [...]. Per nostro conto giuochiamo che fra un anno o due non si parlerà più di *movietone* se non come saltuario complemento a qualche cinematografo. Ma niente rivoluzione, in questo senso.

Del resto la disaffezione di Cecchi nei riguardi del cinema sonoro è tale da lasciar sottintendere tutta la sua inutilità, attraverso il metaforico ed eloquente apologo del re d'Orléans[24].

Si racconta che a Philippe d'Orléans, reggente di Francia, si presentò un giorno un tipo particolare, desideroso di dar prova a Monsignore di quanto potessero volontà, studio e industria. Introdotto alla presenza del Duca, [egli], avendo consegnato un comunissimo ago da cucire ad un servo che lo tenne sollevato diritto ad altezza di spalla, presa una proporzionata rincorsa si slanciò avendo fra le dita un appuntito refe e di botto [...] lo infilò nella cruna di detto ago [...]. Condotta in questo modo a felice termine la scabrosa impresa, [...] rispose l'omino esserci voluti anni venti di pazienza ed esercizio. Al che Filippo si benignò ordinare alle sue guardie che la paziente ed esercitata creatura venisse vigorosamente randellata, replicando non potersi in alcun modo perdonare chi aveva impiegato un terzo della sua vita per così inutile scopo.

Per Anton Giulio Bragaglia, autore nel 1929 de *Il film sonoro*, la nuova scoperta tecnica è come una «guerra» che scoppia all'improvviso nel «paradiso terrestre» e in quel «paese della cuccagna» che è a suo avviso il cinema. L'esito è per lui deflagrante. Eppure, ciò nonostante, dedica alla neo-invenzione un libro, nel quale continuamente oscilla tra la «netta repulsione» e la «cauta accettazione» del mezzo, che forse però assai poco conosce[25].

Anzitutto, quel che preme a Bragaglia è placare – come già Pirandello – le ansie dei tanti drammaturghi italiani terrorizzati dalla bufera che ormai soffia dal cinematografo e che rischia di spazzarli via. Persuasiva è l'argomentazione a cui ricorre, mettendo a confronto – come già Pirandello – la voce naturale dell'attore di teatro, con quella registrata, sottolineando come il caldo e intimo contatto che dal palcoscenico si crea con lo spettatore in platea sia annullato dalla fredda e raggelante voce metallica riprodotta dallo schermo e in apparenza affetta da raucedine[26].

I teatri cominciano a fare uso della pubblicità per attaccare i formidabili avversari. Voci in scatola e fantasmi in celluloide che [...] secondo noi non potranno mai sostituire quel contatto intimo che c'è fra gli artisti e il pubblico, fra teatro d'ombra e teatro di carne. [...] Il guaio del *film sonoro* è stato additato, con acuta diagnosi, nella grossolana immediatezza che hanno [...] le crude riproduzioni dei suoni [...]. Quei suoni sono sembrati gargarismi feroci, e fatti acustici di sproporzionata corporeità, massiccia e stonata relativamente al fluido trascorrere delle immagini di luce. Manca la necessaria trasvalutazione o trasfigurazione delle immagini sonore, che sia analoga a quella delle immagini visive. Queste appaiono come un sogno, sono apparizioni miracolose che si snodano perfettamente armonizzate fra loro, nella parte sonora; invece manca affatto ritmo, proporzione, carattere fantastico. Anche se è in sé mirabile la "naturalezza" della riproduzione di suoni e di parole, quando non stridano e non gracidino insopportabilmente, è proprio tale vivezza e naturalezza, che rimane indigesta.

La voce, che è polidimensionale, e le ombre, che sono spettrali, non vanno d'accordo [...]. L'intangibilità dell'ombra, contrasta con la corporeità della voce [...], la quale ci investe e avvolge e contiene, mentre lo spettro dello schermo appena ci sfiora.

Contrario all'abuso della parola, sia al cinema sia al teatro, perché sinonimo di «anticinema» e di «antiteatro», il celebre drammaturgo e regista auspica pertanto un *film sonoro* più seguace del muto che emulo del palcoscenico. Un *fonofilm* che, invece di adottare le ignote sonorità del futuro, preservi quelle rassicuranti del passato, sia interne sia sottintese: da quelle grafiche dei dialoghi in *didascalia* a quelle musicali delle «immagini-simbolo» di tipo plastico-figurativo.

Perché non fare [...] delle pellicole sugli elementi [...] studiando a fondo il modo di rendere [...] vento [...] acqua e [...] fuoco? Un film sul vento, estremamente pittoresco nelle realizzazioni ottiche, che potrebbero andare dalla foresta squassata e contorta al vecchio castello in rovina dove ululano le raffiche [...]. Un film sull'acqua, dal filo gocciolante nell'acquaio al ruscello, al torrente [...]. Un film sul fuoco, dallo scoppiettio allegro del camino al divampare dell'incendio, sarebbero eccellenti occasioni per un buon impiego dell'intonarumori.

L'ipotesi di una «trasposizione musicale dell'emozione ottica» è insomma per Bragaglia un'alternativa valida da difendere e contrapporre al diffuso e dilagante uso meccanico e realistico che del suono intende fare la cinematografia futura. La sola in grado di garantire alla nuova tecnica finanche una nuova poetica.

Massimo Bontempelli è un altro nome «della storia della cultura italiana fra le due guerre» che si affianca a quanti fin qui nominati. Caposaldo del *novecentismo* europeo, scrittore, saggista e drammaturgo, è anch'egli autore in quegli anni di alcuni scritti sul *fonofilm* confluiti, insieme ad articoli sullo sport, la moda, l'arte, la politica, l'architettura, la musica e lo spettacolo, ne *L'avventura novecentista*[27].

In linea di continuità con il pensiero di molti altri intellettuali italiani ed europei, anche lui recepisce l'avvento del sonoro come un «evento pericoloso» e una «prova terribile» che occorre tuttavia affrontare senza pregiudizi ostili né facili entusiasmi, mantenendo semmai una «diffidenza meditata» e una sana equidistanza.

Figlio del progresso tecnico-scientifico, il cinema sonoro non deve per Bontempelli intendersi come «un *perfezionamento* del muto», che si arricchisce di parole, rumori e musica, ma neppure quale risultato di un'ibrida alleanza tra cinema e teatro. Piuttosto a lui piace pensarlo come una sorta di «terzo idioma» di un'arte dall'imperfetto avvenire[28].

Il cinema, in quanto espressione artistica, non deve infatti a suo avviso aspirare ad una perfetta riproduzione della realtà, quanto semmai preservare l'imperfezione audiovisiva iniziale.

Mi dicono che eccellenti risultati abbiano dato i tentativi di *sincronismo* tra i movimenti delle figure filmate e i canti o le parole emessi di dietro lo schermo da attori o da cantori o da grammofoni. Quando tutta questa materia sarà [...] regolata, il cinematografo sarà perfetto. Cioè non sarà più cinematografo. Mentre la meccanica si sforza d'imitare con la maggiore precisione possibile la realtà, sono spesso le sue imperfezioni che salvano il fascino dell'arte [...]. Il fascino e il mistero del muto erano in gran parte dovuti all'aspetto fantasmatico delle figure a due sole dimensioni [e silenziose]. Nello stesso modo si osservi che le voci del parlato sono, come qualità di suono, ben differenti da quelle reali; e che appunto quella loro innaturalezza (dovuta a imperfezione meccanica) dà a esse [...] un sapore, un fascino, che salva alquanto la possibilità della poesia, e che si andrà perdendo a mano a mano che la meccanica lo andrà perfezionando. Bisogna sempre ricordare che la consistenza di un'arte è fatta delle limitazioni materiali ch'essa incontra.

In conclusione di questa breve carrellata del pensiero allora circolante in Italia sul cinema sonoro, quel che emerge è il generale disorientamento che di fronte ad esso assale tanto i comuni spettatori quanto i noti intellettuali che ne dibattono. Un po' tutti si ritrovano in quel momento a vivere una disavventura simile all'odissea dei protagonisti di *Cecità* – il romanzo di metà anni '90 dello scrittore portoghese José Saramago –, i quali, contagiati da un'epidemia che li rende tutti improvvisamente ciechi, si ritrovano a sopravvivere come fantasmi in un mondo esclusivamente acustico, resosi pertanto estraneo, ostile ed insidioso.

E in effetti anche gli spettatori dei primi *fonofilm*, pur non perdendo del tutto la vista, si ritrovano di colpo catapultati in un inferno di rumori e di parole, popolato da attori che, se finora si sono aggirati sullo schermo come larve spettrali e pesci muti di un acquario, iniziano ora a blaterare discorsi spesso senza senso[29].

### *Talkies*, *film parlante* o *film parlato*: quale definizione per il nuovo cinematografo?

Accanto ad intellettuali e artisti noti, vi sono anche anonimi giornalisti che dibattono su periodici e quotidiani italiani d'epoca intorno alla nuova cinematografia che avanza, ponendosi anzitutto alcuni primi interrogativi di natura etimologica. La domanda e l'interrogativo che ossessivamente ricorre è: quale definizione coniare per il nuovo cinematografo?

Inizialmente la scelta cade sul termine inglese *talkie* o *talkies* che, in mancanza di un vocabolo italiano equivalente, sembra il più convincente e il solo da diffondere. La radice etimologica è chiara: *to talk* significa *parlare, discorrere, chiacchierare*.

Viceversa, nel definire l'epoca che precede il sonoro, e che comunque da questo non dipende e non è condizionata, il termine utilizzato è *movie* o *movies*, con il quale si intende una cinematografia non priva di suoni e di voci, bensì dotata di movimento. Il verbo *to move*, ovvero *muovere, spostare*, è allora idoneo all'arte delle immagini in movimento, la cui definizione come "cinema muto" è successiva: una *diminutio* e una condanna emessa a posteriori dalla cinematografia sonora[30].

Ad ogni modo, in merito all'etimologia dei primi *fonofilm* – e in particolare all'uso dei vocaboli *talkies* e *movies* – è possibile rintracciare alcune riflessioni già a partire dalla primavera del 1929 su «La Rivista Cinematografica» e su «Il Tevere»[31].

Si dicono *talkies* da *to talk* (parlare, chiacchierare) le pellicole cinematografiche riproducenti il suono accanto al movimento [...]. Le pellicole parlanti, insomma, in contrasto colle *movies*, le ormai antiquate pellicole capaci di riprodurre soltanto il movimento, bisognose di ausili estranei: i *sottotitoli* o diciture per dar gli elementi essenziali del dialogo o la spiegazione di quello che il movimento dei personaggi non basta ad esprimere [...]. *Talkies*: chi ha un nome migliore, in inglese, può farsi innanzi: si cerca la collaborazione del pubblico per questo nuovo battesimo del quale si sente il bisogno.

*Talkies* traggono la loro radice etimologica da *to talk*, di gergo inglese, che vuol dire precisamente parlare, chiacchierare.

Su entrambe le definizioni disquisisce anche il cronista che all'epoca intervista Stefano Pittaluga, il noto produttore ligure al quale va il merito, come vedremo più avanti, della rinascita del cinema italiano proprio in fase e in virtù della transizione dal muto al sonoro[32].

Per intenderci, fino a che non saranno trovate le equivalenti parole italiane, le *movies* sono le cinematografie conosciute fino ad ora, che riproducono soltanto i movimenti; le *talkies* quelle che riproducono, accanto al movimento, il suono.

Ma la ricerca di vocaboli italiani corrispettivi dei più comuni e diffusi termini inglesi, *talkie* e *movie*, non si arresta. Se ne dibatte per esempio a lungo sulle colonne de «Il Cinema Italiano», tra la fine del 1928 e l'inizio del 1929.
Nel gennaio del nuovo anno, l'editorialista Mario Magic utilizza, in *Il cinematografo in rivoluzione*, il termine *movietone* – con il quale in verità sappiamo si fa solitamente riferimento al primordiale sistema di registrazione acustica su pellicola, su cui torneremo approfonditamente più avanti –, la cui approssimativa traduzione letterale italiana è *film parlante*. Definizione su cui in realtà

già si discute da qualche settimana. Facendo un passo indietro, si nota come infatti, già alla fine del vecchio anno, due anonimi cronisti dissertano sulla declinazione del verbo *parlare*, domandandosi se sia meglio ricorrere al participio presente o a quello passato, per definire correttamente in italiano il *fonofilm*[33].

Saremmo grati all'inventore dell'espressione *film parlato*, nonché a coloro che la ripetono a tutto spiano, che ne spiegassero alla nostra ignoranza la proprietà; nonché insegnassero la nuova regola logica e grammaticale che consenta un tale uso del participio passato in sostituzione del participio presente di un verbo intransitivo [...]. Noi, intanto, imperterriti, seguiteremo a chiamarlo *film parlante*.

Abbiamo dato conto [...] delle convenienze grammaticali che consigliano di chiamare *film parlante* il film sincronizzato, sonoro, altisonante, becerante, che dir si voglia. [...] E chiamiamo il film che bercia *film parlante* o se più vi piace *film sonoro*.

La disputa, tutta nostrana, si concentra intorno a *film parlante* e *film parlato*. Salvo poi inserirsi definitivamente, dall'autunno del 1929, un terzo contendente, *film sonoro*, utilizzato da Guglielmo Giannini su «Kines», all'interno di un ragionamento estremamente raffinato, sotto il profilo idiomatico e concettuale[34].

Diciamo *cinematografia dei suoni*, perché ormai è impossibile dividere e separare *film sonoro* e *film parlante*. Il *sonoro* è un principio, il *parlante* è una realizzazione [...]. Diremo dunque *film parlante* per indicare il prodotto della *cinematografia dei suoni*, in attesa che si inventi una parola adatta.

Allora Giannini è ben lontano dalla vocazione *vococentrica* e *verbocentrica* della futura cinematografia e sembra voler porre ancora sullo stesso piano e sulla stessa scala, senza ordine gerarchico, il verbo e la voce, i rumori e le note musicali, tanto da coniare una ben più estesa definizione, quella di *cinematografia dei suoni*, all'interno della quale racchiudere sia il *film sonoro* sia il *film parlante*, di cui però l'uno è la causa, l'altro è l'effetto. E il sonoro rappresenta invece l'unico grande *gene* ereditario della futura cinematografia[35].

## Dall'accompagnamento musicale all'*arte cinemusicale*

Della necessità fisiologica della musica nel cinema muto si è già detto, a proposito di Luciani, ma occorre comunque segnalare che di essa parla ancor prima Carlo José Bassoli, su «L'Eco del Cinema», nel marzo del 1927[36].

Noi siamo dei convinti assertori della necessità di una strettissima alleanza tra l'arte muta e la musica [...]. Un film che si svolga nel silenzio è come un cieco che brancola nel buio ed il pubblico non guidato nel giudizio ne segue lo svolgimento con freddezza meccanica non essendo sufficiente la mano indicatrice della *didascalia* a scuoterne il sentimento. La folla per subire l'emozione visuale ha bisogno di una eccitazione nervosa. [...] È necessario che la musica commenti sempre senza interruzione l'azione cinematografica e che le orchestre [...] comprendano la missione a loro affidata che è quella di aumentare i proseliti dello spettacolo cinematografico.

Al tema e all'argomento dedica particolare attenzione la stampa di allora, se solo pensiamo ad esempio all'ampio *excursus* storico che Roberto Falciai, «valoroso critico musicale», allora titolare della rubrica "La musica al buio", traccia su «cinematografo», diretto da Alessandro Blasetti. In 11 mesi e 14 articoli egli ripercorre la graduale metamorfosi ed evoluzione che, proprio a partire dall'accompagnamento musicale del film muto, conduce alla successiva *arte cinemusicale* del *film sonoro*[37].
In *Preludio* Falciai rievoca quei «pionieri dello spettacolo cinematografico» che, in qualità di esercenti delle sale dei primordi, collocano in esse, sotto lo schermo, pianoforti e leggii per orchestre, al fine di superare «il grave ostacolo del buio silenzioso della sala» e del disagio dell'immobilità cui si sentono probabilmente costretti gli spettatori del cinema delle origini, a lungo seduti in poltrona, davanti a immagini mute, spettrali e un po' irreali. La soluzione, che ha anche il merito di scongiurare ogni pessimistico presagio sulla breve durata del cinematografo, in quanto inadatto agli «spettacoli pubblici», è di successo e via via si fanno sempre più impegnativi gli sforzi di pianisti ed orchestrali che si adoperano in esecuzioni e adattamenti musicali, sia

per rallegrare il pubblico in sala, sia per accordare al meglio gli arpeggi alle inquadrature[38].

I primi pianisti da cinematografo, quasi tutti, improvvisavano. Pagati in media trenta soldi per sera, con l'incarico di "tenere un po' allegro il pubblico durante la proiezione", buttavano le mani sulla tastiera e accavallavano note a fantasia.

Si videro allora le povere orchestrine sudar sette camicie e i suonatori prendersi il torcicollo per guardare continuamente lo schermo, onde mettere d'accordo i glissati con i capitomboli degli attori, il ritmo di danza con i piedi dei medesimi, gli accordi e gli arpeggi con i gesti più impetuosi.

Lungo il percorso evolutivo di trasformazioni e deformazioni, Falciai approda a quel depravato uso del grammofono, elettronicamente collegato al proiettore, che definisce la vigilia e l'anticamera dell'*arte cinemusicale* di matrice americana. Un'«arte nuova» che, una volta emessi i «primi vagiti», non si può più confondere né con il teatro operettistico né con il cinema del passato, quando ancora le partiture si adattavano in modo assai rudimentale allo schermo[39].

Ma non solo del connubio tra cinema e musica, Falciai si occupa. Alla fine del 1927 si sofferma anche sull'importanza dei rumori, sia in *Fisiologia cinematografica* sia in *Estetica cinemusicale I* e *II*, dove peraltro aggiunge che, oltre a scongiurare la reiterata paura del buio e del silenzio in sala, rumori e sonorità, associati alle immagini, costituiscono simultaneamente uno stimolo sia per il nervo ottico che per quello acustico di ogni singolo spettatore. Considerazioni a cui si assommano quelle di Magic e di Libero Solaroli espresse, tra la primavera e l'estate del 1929, rispettivamente su «Il Cinema Italiano» e ancora su «cinematografo». Preso atto della materiale sparizione delle orchestrine dal vivo dalle sale cinematografiche, sostituite dall'installazione degli altoparlanti, non ci si può più esimere, a loro dire, dal porsi nuovi interrogativi e sollecitare nuove riflessioni, magari meno tecniche e più teoriche, in merito alla metamorfosi e all'evoluzione del nuovo linguaggio cinematografico[40].

Esteticamente, il *fonofilm* è ben altro che la sostituzione dell'orchestra con qualche altoparlante. L'orchestra che accompagna i *films* muti [...] fa parte del mondo dello spettatore e sovrappone all'azione visiva motivi musicali soltanto approssimativamente adatti [...]. Il suono che viene dallo schermo è tutt'altro: è staccato nel tempo e nello spazio, appartiene all'azione finta sullo schermo [...], forma con essa una fusione che deve essere perfetta [...]. Una prodigiosa arte nuova nasce dalla fusione dell'elemento visivo e dell'elemento fonico.

Di fatto, con la sostituzione delle orchestrine e l'installazione degli altoparlanti qualcosa cambia, non solo in termini pratici e tecnici, ma anche estetici. La musica che fino allora apparteneva alla sala e in modo posticcio allo schermo, ora ne è parte integrante e appartiene saldamente a una nuova dimensione spazio-temporale. Le note musicali, finora disperse in platea, vengono ora fissate su supporto elettronico, prima discografico e poi pellicolare – come vedremo in seguito – fino a condividere un'immutabile fissità meccanica, dai tratti convergenti e non più divergenti, con i fotogrammi della pellicola. Un esito che, coinvolgendo ben presto anche i rumori e le parole, oltre alla musica, sembra peraltro rischiarare l'orizzonte e finalmente risolvere anche la questione, già dibattuta, della temuta incongruenza che si crea tra voci registrate e ombre in celluloide.

A riaprire la questione è Solaroli, il quale, ben più di Pirandello e di altri noti intellettuali di allora, ribalta il verdetto lasciando intravedere, come, ben oltre la tanto vituperata incongruenza o disarmonia, una nuova opportunità estetica si cela proprio dietro la coincidenza tecnica di voci gracidanti e metalliche, appena registrate, e di ombre e sagome bidimensionali e chiaroscurali, proiettate sullo schermo, in quanto entità da intendersi similmente deformate dallo stesso dispositivo tecnico audiovisivo.

Sono poi i cronisti di allora, perlopiù anonimi e sconosciuti, che segnano il passo e sembrano davvero far avanzare il dibattito teorico sul sonoro, dando risposte a questioni spesso lasciate insolute da studiosi ben più blasonati e scettici nei riguardi della cinematografia sonora, che invece loro osservano con più clemenza. Una volta oltrepassato lo stupore e aggirate le interferenze e contaminazioni con le altre arti, tra cui la musica e il teatro, quel che intravedono nella nuova arte, al di là di ogni reverenza o reticenza, è un'opportunità estetica. Sia pure nata nell'era della riproducibilità tecnico-sonora e nonostante gli aspetti meccanici e metallici, è questa un'arte autonoma e incontaminata, integra e coerente. E soprattutto talmente attesa e sospirata, talmente ben accolta e accettata, da essere finalmente persino assolta.

Per conto nostro diremo che non ci siamo mai convinti della legittimità artistica dell'accompagnamento orchestrale e a costo d'essere tacciati di calvinismo affermeremo che una proiezione senza musica ci soddisfa e ci incanta. L'accompagnamento orchestrale, comunque esso sia fatto, è sempre una contaminazione e non ci solletica affatto l'idea di gustare una sinfonia musicale parallela a quella visiva: qualsiasi interferenza della musica nel cinema è per noi dannosa. [Ma] bisogna riconoscere che il film musicale o musicato rappresenta un enorme passo in avanti sul film con accompagnamento orchestrale; i produttori e il pubblico hanno compreso che, se suoni debbono essere, questi suoni debbono venire da un altoparlante. La musica in sala era davvero una grave trasgressione alle più elementari leggi estetiche: ci sembra inutile dimostrare che i suoni debbono essere trasformati da una macchina, come lo sono le immagini [...]. Il far produrre suoni dall'altoparlante non è soltanto teoricamente legittimo, ma anche esteticamente interessante: tutta una nuova arte nascerà [...] che, come il cinemuto aveva per caratteristiche le deformazioni dell'obbiettivo, avrà per caratteristiche le deformazioni dell'altoparlante. Il gracidare, le intonazioni metalliche [...] faranno il paio con le deformazioni bidimensionali, chiaroscurali.

## Il *sincronismo dei rumori*

> *Bisogna che i rumori*
> *diventino musica.*
> Robert Bresson[41]

In principio più che il verbo è la musica a farla da padrona, anche se poi, lo abbiamo appena detto, è proprio la melodia che per prima gradualmente abbandona le sale cinematografiche. Con l'avvento del sonoro infatti i primi contratti a saltare sono proprio quelli stipulati tra esercenti e orchestrine: liquidati musicisti e pianisti, le note, incise su colonna sonora, si ritrovano a condividere con la colonna visiva lo stesso spazio del fotogramma pellicolare, che con sé comporta anche un'identica immutabilità temporale e testuale[42].

In principio più che il verbo sono le canzoni a veicolare la narrazione dei primi *fonofilm* hollywoodiani, come accadde per esempio al *Cantante di jazz*.

Non solo. In principio più che il verbo sono i rumori che, accanto alla musica, raccolgono maggiori consensi ed adesioni.

Del resto, già nel 1916 Russolo, nel suo *L'Arte dei rumori*, sosteneva che, abbandonato il silenzio del mondo e del tempo antico, l'era delle moderne invenzioni meccaniche e tecnologiche – su cui torneremo più avanti – non poteva non dar vita a un nuovo dominio, sovrano e trionfale, quello dei rumori, appunto, che solleciteranno una nuova «sensibilità degli uomini»[43].

Non solo, è ormai indubbio che, all'interno della triade acustica di cui fanno parte la musica, le parole e i rumori – così come indicato nel 1991 da Alberto Boschi in *Appunti per una teoria del rumore* – siano i rumori probabilmente a costituire l'elemento più cinematografico. Liberi da qualsivoglia legame con le arti preesistenti, come ad esempio la musica, il teatro o la letteratura, essi condividono con la settima arte la stessa affinità materiale. I rumori, lontani del resto dal «ragionamento concettuale» e dal «pensiero legato al linguaggio» – afferma Siegfried Kracauer in quel testo fondamentale del 1960 che è *Teoria del film* – appartengono agli «aspetti materiali della realtà», esattamente come gli «elementi visivi» o come i «fenomeni visibili», prettamente cinematografici, con cui essi si ritrovano a condividere un'analoga sorte[44].

Nonostante siano spesso dimenticati e sottovalutati, i rumori hanno pertanto un peso significativo e un indubitabile rilievo all'interno della suddetta triade. Il che è in qualche modo messo in evidenza all'epoca anche da Falciai che, già nel settembre del 1927, sempre su «cinematografo» e all'interno della sua rubrica *cinemusicale*, sembra intuirne la portata. Fatte le debite distinzioni tra *sincronismo dei suoni* e *sincronismo dei rumori*, egli si augura che in futuro il cinema sonoro possa assorbire i rumori, come la musica, perché – come dirà in seguito Kracauer – materialmente e fisicamente affini alle immagini e come loro aderenti alla realtà e alla natura circostante[45].

I [...] colleghi epistolari confondono in ammirevole accordo il *sincronismo dei suoni* con il *sincronismo dei rumori* [...]. Il rumore è il cugino del suono. È, precisiamolo bene, un suono senza armonia, informe, confuso. Fisicamente è un suono prodotto da vibrazioni che si accavallano invece di seguirsi. Il rumore è elemento primario nella nostra vita fisica di relazione; il suono ne è elemento secondario. Ciò per la semplice ragione che l'unica voce della natura sono i rumori e non i suoni, fabbricazione artificiale dell'uomo [...]. Nel campo dell'*arte cinemusicale* il *sincronismo dei rumori* [...] rappresenta una necessità sommamente piacevole per avvivare quadri e situazioni.

Purtroppo però si sa, le avveniristiche riflessioni di Falciai, raffinate tanto quanto quelle di Kracauer, sono destinate allora, come in seguito e come forse ancora oggi, a cadere nel vuoto e nell'oblio, mentre i rumori, surclassati dalle parole, oltre che dalla musica, fatalmente soccombono al *verbocentrismo* e al *vococentrismo* della cinematografia sonora.

## Il silenzio è d'oro, ovvero l'arte del silenzio al tempo del muto e del sonoro

> *Adesso i film erano sonori,*
> *e le tremule pellicole mute di un tempo*
> *finirono nel dimenticatoio.*
> *[...] Quei film erano morti*
> *solo da pochi anni,*
> *ma sembravano già preistorici,*
> *creature che avevano calcato*
> *la superficie terrestre*
> *quando gli uomini vivevano ancora*
> *nelle caverne.*
> Paul Auster[46]

Tra i sostenitori del cinema muto e i detrattori del cinema sonoro c'è chi, come Carlo Veneziani e soprattutto Giuseppe Marotta, esprime il proprio consenso per l'uno e il corrispettivo dissenso per l'altro, finanche in lirica. In un misto di rimpianto e malinconia, entrambi pubblicano le loro composizioni rispettivamente nel 1928, su «La Cinematografia», e nel 1931, su «Cinema Illustrazione»[47].

Veneziani compone addirittura un canto per quelle che definisce le divinità silenti: un'orazione funebre dedicata alla cinematografia senza parole, in via di estinzione.

Divinità, divinità silenti / quand'anche altra virtù non vi distingua [...] / dolce è il linguaggio di nessuna lingua! / Dolce il vostro parlar senza parlare, / fatto d'un gesto, d'una mossa stanca, / le frasi oscure le rendete chiare / con un colpetto, per esempio, d'anca.... / Voi sapete esclamar "t'amo" col piede / "t'odio" volgendo il coccige al nemico, / oppure: "Bada che qualcuno ci vede" / voi lo sapete dire con l'ombelico. / Grand'arte l'arte muta che non tace, / pur tacendo, sa parlar non so come, / ed esprime il dolore col torace, / l'ira coi fianchi, l'ansia con l'addome. / [...] Divinità, divinità, voi siete / del dio silenzio il vivo simulacro, / voi che dite le cose più segrete, / con la milza, col sen, con l'osso sacro.

Marotta si avvale invece di una presunta commedia di Anatole France per raccontare in prosa e in chiave grottesca la vicenda di un marito che, dopo aver sollecitato la moglie, muta dalla nascita, a sottoporsi a un intervento chirurgico per riacquistare la favella, alla fine si pente e, stremato dall'incontenibile cicaleccio di lei, ora implora per sé un'altra operazione: perdere lui la facoltà dell'udito.

Il *film sonoro* e il *film parlato* mi ricordano una bella commedia di Anatole France, nella quale sono argutamente descritti i dispiaceri di un uomo che sposò una donna muta. Costui soffrì lungamente della necessità di dover limitare ogni scambio di idee con la consorte e si reputò fortunato il giorno in cui un cerusico gli annunziò che con una piccola operazione era possibile darle la parola. Scienza e miracolo collaborarono [...], la donna parlò [...]. La donna muta acquistò miracolosamente la parola. E come l'ebbe acquistata, parlò e non cessò di parlare. Parlò per due, per quattro, per tutta una generazione di donne. La quantità va a scapito della qualità [...]. Lo sposo assolutamente abbrutito richiamò

43

il medico che aveva operato il prodigio e lo pregò di ritogliere alla donna il dono della parola. Ma scienza e magia non arrivarono a tanto e il
poveruomo si acconciò a un compromesso: poiché non era possibile far
tacere la moglie, preferì farsi togliere lui l'udito [...]. Ora capite perché
il *film sonoro* e il *film parlato* mi ricordano così spesso questa bella
commedia.

Insomma, come già Pirandello con la favola di Esopo e Cecchi
con l'apologo del re d'Orléans, anche il celebre scrittore napoletano si avvale di una storiella-metafora per descrivere lo smar-
rimento e il disagio del pubblico di allora di fronte alle prime
pellicole parlanti e farsi malinconico portavoce del diffuso rimpianto per quelle mute del passato.
Ma la nostalgia è un sentimento passeggero e certo gli spettatori
di allora non possono desiderare addirittura di perdere in massa
la facoltà dell'udito, come nella parabola surreale di Marotta.
Piuttosto loro si adattano in fretta alla nuova cinematografia
fino a divenire, al contrario, sempre meno tolleranti nei confronti del cinema muto. Eloquenti a questo proposito le osservazioni
di Enrico Roma su «Comoedia» dell'estate del 1930[48].

Oggi [...], dinanzi a un film muto, proviamo la sensazione di chi veda
un violinista suonare il suo strumento dietro una vetrina di caffè. Quei
gesti, non accompagnati dal suono, danno il terrore della sordità e s'in-
voca un rumore qualsiasi per liberarsi dell'incubo [...]. Finita l'idolatria
della silenziosa bellezza [...] si è tornati all'adorazione delle voci canore,
delle musiche, dei suoni, delle parole.

Rotto «il silenzio», quale «fascino del cinematografo» di un tempo, certamente – prosegue Roma – esso non può essere ricompo-
sto ma neppure rimosso. Non se ne può fare a meno. L'idolatria
nei confronti dei divi del muto e della loro silenziosa grazia
e bellezza è ormai tramontata e il suo ricordo offuscato dalle
barbariche invasioni acustiche, che tuttavia non rinunciano al
silenzio. Anzi, è proprio l'era sonora che dà i natali a quella che
Magic preannuncia fin dal titolo di un suo interessante articolo, pubblicato su «Il Cinema Italiano» nella primavera del 1930,
come la nuova «arte del silenzio»[49].

La sonorità farà nascere, nel cinema, l'arte del silenzio. Com'è noto, prima il cinema era muto. Era una gravissima imperfezione [...]. I testimoni del primo periodo del cinema [...] vedono come in un incubo una serie confusa e infinita di bocche convulse, contrattesi in una smorfia continua di gridi senza suono [...]. Per cancellare tale angosciosa impressione è stato adottato l'accompagnamento orchestrale. Serviva a distrarre [...]. Sul grigio schermo le bocche sbiancate di luce [...] si aprivano afone e affannate; e su loro placide [...] si levavano le note di un languido valzer [...]. Il cinema muto si ostinava [...] eroicamente – o inconsciamente – a parlare. E [...] non poteva essere silenzioso, perché sarebbe diventato insostenibilmente tragico [...]. Il cinema è guarito della sua afonia [...]. La sua coraggiosa ostinazione è stata premiata. Lo schermo parlerà [...]. Le cose sono uscite dall'ovattato regno del silenzio. Il vento fischia [...], il mare scroscia, risucchia [...], i treni sbuffano [...], le sirene gridano, le campane tintinnano, le strade rombano. E le bocche parlano, ridono, cantano, singhiozzano, gemono, invocano, chiamano. Ora lo schermo ha acquisito il dominio delle vibrazioni foniche che ci impediscono di ritrovarci soli nel deserto della nostra anima [...]. Divenuto sonoro, lo schermo potrà tacere, senza che il panico si diffonda [...]. La sonorità farà nascere l'arte del silenzio.

Una profezia, questa dell'arte del silenzio, che trova eco e conferma, oltre il tempo e lo spazio coevo e nazionale, prima in Balázs e poi nel regista francese Robert Bresson. Il primo osserva, nel 1931, in *Estetica del film*, quanto segue[50].

Anche il silenzio, per la prima volta nell'arte, avrà la sua espressione. Il silenzio, la più profonda e significativa delle esperienze umane, che nessuna delle arti mute, né la pittura, né la scultura, né il film muto, ci avevano potuto dare [...]. Nessuna delle arti figurative ha mai potuto rappresentare il silenzio, perché [...] il silenzio [...] acquista significato e valore solo là ove possono esserci anche i suoni: là ove le cose improvvisamente tacciono e l'uomo entra nel silenzio come in una nuova contrada. [Il] silenzio deve essere preceduto dai rumori. E perciò il silenzio ce lo può dare soltanto il *film sonoro*.

Mentre il secondo ribadisce, nel 1975, in *Note sul cinematografo*, che è al cinema sonoro che si deve l'invenzione, l'espressione e la valorizzazione del silenzio[51].

Insomma, mentre *le cinéma silencieux* tenta in ogni modo, come abbiamo già ampiamente detto, di soffocare il silenzio, di mortificarlo e di impedirgli di sospirare, sotto una spessa coltre di suoni e di rumori, paradossalmente a riscattarlo è proprio il *fonofilm*.

Apparentemente sembra una contraddizione, ma è la riprova che tra il cinema muto e quello sonoro esistono più convergenze che divergenze, lungo un percorso di affinità, ibridazioni e ribaltamenti che sono assai più numerosi e significativi di quanto spesso non si voglia intendere.

Possiamo applicare ad entrambi, in qualche modo e con una piccola forzatura, i principi della *trasversalità* e della *transensorialità*, teorizzati da Michel Chion ne *L'audiovisione*, secondo i quali un senso può richiamare l'altro in assenza, evocarlo ed invocarlo, senza mai rimuoverlo o rinnegarlo del tutto: è proprio quello che accade alle due cinematografie confinanti e comunicanti, per cui nell'era del muto l'udito viene sollecitato, nelle visioni sorde ed afone, da immissioni acustiche posticce, mentre in epoca moderna è la silenziosità ad essere agognata e raffigurata in mezzo a tanto rumore[52].

## «La parola è una tartaruga», «l'immagine è un lampo»

Se, come in un'equazione matematica, i rumori e la musica condividono con il cinema muto lo stesso rapporto che il silenzio ha con il cinema sonoro, quale risultato scaturisce dall'applicazione di questa formula alla parola? Elemento della triade acustica che, ricordiamo, è, dapprima, nell'era della transizione, osteggiato e poi invece osannato, in fase più matura.

Partendo dal principio per cui si parla al cinema muto, così come si tace nel *film parlante*, alcuni articolisti e cronisti già allora si soffermano su questa *trasversale* contraddizione, lanciandosi in disquisizioni e riflessioni, talvolta rudimentali, ma comunque significative.

«In verità il cinematografo, diciamo così, muto non aveva mai fatto a meno della parola. Costantemente la presupponeva»: è quanto afferma Magic su «Il Cinema Italiano» nel 1928[53]. Il che suggerisce di verificare, appunto *trasversalmente* e *transensorialmente*, se e quanto siano ricorrenti il mutismo e la silenziosità nella neo-cinematografia sonora.

Per un certo Marbelli, firmatario di un pezzo apparso su «Kines» il 22 febbraio 1931, il fatto che il cinema del passato non fosse muto al 100% fa sì che quello attuale non debba necessariamente essere *parlato al 100%*. Un principio-base, questo del non abuso di parole, come di immagini, che è, a suo avviso, una valida tutela e garanzia per una cinematografia se non perfetta, quantomeno pura[54].

Parto dall'affermazione che in un primo momento può sembrare paradossale: «È più parlato un film muto che un *film parlato* al 100%», per arrivare a dimostrare che il *film parlato* non è che una fase del progresso nel campo cinematografico, che [...] ci darà l'arte nuova: la cinematografia pura. Cosa era il film muto? Un film nel quale gli artisti parlavano [...] che ancora il progresso non ci [aveva] permesso di udire. [...]. Gli artisti parlavano e [...] il pubblico non li udiva perché non era stato ancora inventato quanto ora è stato inventato. Quindi: *primo punto base*: «L'arte muta [...] non era muta per principio, ma per necessità di cose: era dunque imperfetta». Arrivo finalmente al *film parlato* [...] al [...] *secondo principio base*: «In un *film parlato al 100%* gli artisti non debbono abusare della parola [...]». Applicando senza paura il principio succitato non si tornerebbe al muto al 100% ma si arriverebbe invece al film perfetto, al cinematografo puro.

Piuttosto osserva Magic, in una sorta di ipotetica botta e risposta con Marbelli, dallo stesso articolo sopra citato, è buona cosa che le immagini, invece di riflettersi nelle parole, si rispecchino ancora, come in passato, nelle cose e in generale nella materialità circostante. Preservando anzitutto lo statuto fenomenico, le inquadrature devono più che altro aderire alla realtà, senza ridursi ad essere delle banali illustrazioni dei dialoghi, ora fonici, come un tempo grafici, ora pronunciati oralmente, come in passato trascritti su cartelli e in *didascalie*[55].

Ma il vero 100%, su cui torna, già nel titolo un altro anonimo cronista, su «Cinema Illustrazione» del 22 ottobre 1930, è da intendersi come «cinema, solo e sempre cinema al 100%», qualora non abusa dell'uno e dell'altro mezzo, senza rinunciare ad entrambi. Non potendo ricorrere solo ad immagini al 100%, perché comunque esse avranno sempre bisogno della parola e della

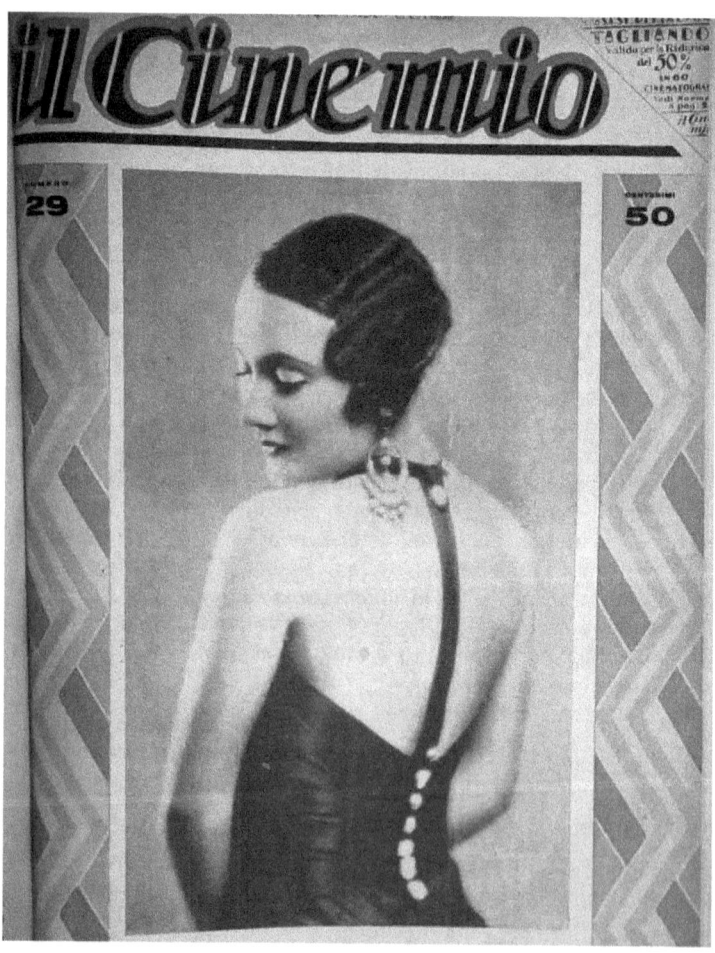

spiegazione verbale, il cinema deve contenere però l'uso dei vocaboli al 100%, dal momento che il «vero film parlato» non può sciuparsi in essi, ma essere un «duplicato sonoro dell'immagine»[56]. Ma attenzione, un duplicato che non è da intendersi come una ripetizione o un raddoppiamento, bensì come un organico e armonico completamento.

Contro il pericolo delle reiterazioni e delle ridondanze, a favore delle differenziazioni e delle complementarietà, spesso dovute ad un uso improprio del verbo connesso al quadro, si schiera anche il rotocalco «Cinema Illustrazione», dal quale emergono, a cavallo tra la fine del 1930 e l'inizio del 1931, due interessanti articoli, dai titoli emblematici, quali *Perché il cinema ritorni cinema* e *Formule e realtà*[57].

> Se è vero che l'immagine visiva e l'immagine canora [...] sono di per se stesse sufficienti a darci una compiuta espressione bisognerà d'ora in poi adoperarle in modo che esse non si sovrappongano, ma si completino: cioè l'una deve servire dove l'altra è insufficiente [...]. Dare l'equivalente sonoro di un'immagine visiva e viceversa, facile tecnica praticata a tutt'oggi, è dunque da scartare come puerile.

> Non si facciano dei doppioni visuali-sonori, ma si distribuisca la materia in modo che l'immagine o [...] la parola in ogni momento esauriscano da sole una determinata espressione.

È insomma con le migliori e innovative intenzioni, talvolta persino inattese e per questo sorprendenti, che la stampa specialistica di allora affronta quel nodo cruciale che è da sempre il rapporto al cinema tra parola e immagine. Dialettica che se spesso è mal tollerata – come sottolinea ampiamente Sergio Raffaelli nel 2001 in *La parola e la lingua*, per il quale esiste un *deficit* teorico e una marginalizzazione storiografica a lungo perpetrata ai danni della parola, alla quale solo di recente gli studi di settore avrebbero invece restituito un posto accanto alle immagini, risarcendo il vuoto del necessario confronto con esse che sappiamo esplicarsi in termini grafici, ai tempi del muto, e fonici, nell'era del sonoro[58] – qui sembra invece, sia pure timidamente, ma perlomeno senza pregiudizi, affrontata e analizzata.

Di contro non manca chi, nell'intraprendere la propria crociata a favore del visivo e in antitesi al verbo, se non rimuove, di certo tenta di nascondere e di lasciare fuori campo il sonoro, sposando e adottando il principio dell'*asincronismo*, di cui Pudovkin è allora – come detto – esegeta e profeta, mentre Kracauer e Chion – va detto – ne sembrano in alcuni tratti i discepoli e gli eredi, a distanza di circa trenta e sessant'anni[59].

Di *sincronismo* e *asincronismo*, ovvero di coincidenza o mancato accordo tra le parole – ma anche tra la musica e i rumori – e le immagini, si parla, sia pure in modo un po' dimesso e approssimativo, su «Il Cinema Italiano» e sul già citato «Cinema Illustrazione», dove è tra la primavera e l'autunno del 1930 che il solito Magic e un altro ignoto cronista si avventurano in merito[60].

Noi vogliamo sentir cantare senza essere costretti ad avere dinanzi agli occhi lo spettacolo ripugnante di un'enorme bocca che si contorce, noi vogliamo sentir parlare senza vedere chi parla, noi vogliamo sentire il rombo del treno, [...] i rintocchi delle campane, il crepitio delle mitragliatrici, tutte le voci, tutte le musiche, tutti i rumori del mondo senza essere costretti a sopportare sullo schermo [gli] strumenti che li producono. E sullo schermo vogliamo invece una visione che, insieme con le parole o con le musiche, si completi in una totalità di espressione.

L'elemento sonoro ha [...] acquisito alla odierna cinematografia possibilità estetiche di immensa portata [...]. L'estetica che ne sorgerà, farà giustizia del pregiudizio del *sincronismo*. Immagini e suoni hanno velocità diverse. Sincronizzarli significa imporre all'immagine una staticità che, per prova ormai fatta, è mal tollerata dal pubblico.

Sia pure timidi, gli accenni di Magic e del suo collega hanno anche il merito di traghettare il ragionamento verso un'altra importante sponda teorica: la differente velocità e ritmicità di parola e immagine, responsabile di ulteriori disarmonie e congenite disparità, di cui l'*asincronismo* ha rispetto, al contrario del *sincronismo* che tenta invece vanamente di annullarle.

In effetti se, nel film muto, l'immagine può ancora contare su di un «rapido montaggio» – come sostiene Pudovkin in un altro saggio del 1933, *Problemi del ritmo del primo film sonoro* – è con l'immissione della parola che l'assemblaggio di inquadrature e sequenze subisce una battuta d'arresto, o meglio un rallentamento[61].

Allora – o anche a distanza di decenni – anche altri teorici europei concordano con Pudovkin, uno dei tre russi firmatari del primo manifesto dell'asincronismo del vecchio continente. Tra di essi ad esempio Benjamin Fondane, il quale, nel 1930, in *Du muet au parlant: grandeur et décadence du cinéma*, ribatte sul tema del flusso visivo-temporale delle immagini, bruscamente interrotto proprio dall'inserimento della parola, che se indubbiamente avvantaggia il processo narrativo di un film, non può non rendere statiche e prolungate le proprie inquadrature. Un'immobilità e una lentezza, quella che con il sonoro si viene quindi a creare, che, anche per Jean Epstein, autore nel 1946 de *Le cinéma pur et le cinéma sonore*, è un passo falso per l'arte cinematografica, la cui essenza è invece racchiusa nelle immagini in movimento[62].

Insomma, quel che è certo è che l'abbinamento della parola all'immagine fa decadere il ritmo e la velocità del film. Un'argomentazione che spinge Magic, in genere favorevole al sonoro, a manifestare in questo caso ben più di un dubbio e di una perplessità dalle pagine de «Il Cinema Italiano», nel gennaio del 1929. A cui si affiancano, sulla stessa testata, anche altri colleghi-giornalisti, in articoli scritti anche a sei e a quattro mani[63].

Nel puro campo estetico che interessa l'industria artistica del film, dare la parola al cinematografo è un non senso. È perfettamente come attaccare una bella pariglia di cavalli a un aeroplano, oppure munire una corazzata di un paio di remi. La profonda ragione [...] per cui il cinematografo è la più importante manifestazione artistica moderna è il suo enorme vantaggio in velocità sulla parola. Sostituire l'immagine alla parola sia grafica che fonica significa guadagnare soprattutto in rapidità.

Il dibattito si fa rovente, mentre a capo e a sostegno del ritmo e della rapidità filmica, Magic afferma, come in uno *slogan*, che «l'immagine è un lampo», mentre «la parola è una tartaruga».

Far prevalere pertanto la seconda sulla prima, vuol dire condannare e compromettere la vitalità di una pellicola. Togliere «il respiro ch'è proprio del cinema: il suo ritmo della vita», far «smarrire del tutto» quel «ritmo travolgente [...] di sarabanda» che è davvero – come sostiene ancora nell'estate del '29 Giovanni Miracolo su «Comoedia» – solo del cinema e che «solo l'immagine cinematografica può cogliere e rappresentare»[64].

Ma la disparità congenita tra parola e immagine non si misura solo con il ritmo e la velocità, ma anche attraverso incongruenze fisiche e prospettiche.

In merito alla prima, val bene tener conto di due articoli di Giacinto Solito pubblicati su «Cinema-Teatro», tra l'inverno del 1929 e l'estate del 1930[65], salvo poi rinviare alla fine di questo capitolo all'interrelazione tra cinema e teatro che tale incongruenza, come abbiamo già più volte ripetuto, suscita.

Le ombre parlanti saranno sempre, anche quando le voci saranno perfette, macabre larve senza volume che emettono suoni.

L'immagine cinematografica a due dimensioni, che del film muto rappresenta uno dei maggiori pregi [...], è un grave ostacolo allo sviluppo del *film parlante* [...]. Proviamo un certo senso di ripugnanza nell'udir i suoni uscire dalla bocca di figure piatte attorno alle quali è un vuoto spaventoso, che ci fa pensare a delle orribili larve umane cui un cattivo genio ha dato la facoltà di parlare.

Tra i due scritti di Solito, ce n'è uno in cui inizialmente Mario da Silva rammenta anch'esso – su «cinematografo» del 5 febbraio 1930 – la differenza che intercorre tra una voce, fisicamente integra, e un'immagine spettrale e bidimensionale, per poi però soffermarsi più avanti soprattutto sulla sproporzione prospettica, sia visiva sia sonora, che questa diversità provoca laddove sopraggiungono improvvisi cambiamenti d'immagine o di suono, che non bisogna comunque rendere stridenti, bensì proporzionalmente accordare[66].

Tutto il male che si poteva dire del *fonofilm*, allo stato attuale in cui esso si trova, è stato detto, e il sottoscritto non fu degli ultimi a parlarne con conoscenza di causa [...] e a segnalarne le gravi manchevolezze che l'inquinavano. Le quali possono riassumersi qui [nella] sproporzione fra la integrità fisica della voce e la bidimensionalità dell'immagine visiva, [nonché nella] mancanza di una prospettiva sonora in corrispondenza col variare della prospettiva visiva, e cioè [del] piano [...] della voce rispetto al gioco dei piani e agli spostamenti della macchina [...]. Per la prospettiva sonora, qualche saggio è già stato compiuto nel senso di crearla. Naturalmente si sono avuti anche dei tentativi strazianti [...], ad esempio il brusco e improvviso aumento dell'intensità della voce in corrispondenza sincronica col passaggio, per stacco di macchine, da un personaggio in quadro grande allo stesso personaggio in primo piano; faccenda che la logica ammette e [...] esige, ma non l'orecchio, il senso musicale [...]. Ma [...] in qualche recente film tedesco e americano si è potuto realizzare l'aumento graduale dell'intensità della voce corrispondente all'aumentare delle dimensioni del personaggio, nel passare di questi dal quadro lungo al primo piano, sia facendo avanzare il personaggio fino all'apparecchio di ripresa, sia più cinematograficamente facendo muovere questo verso il personaggio mediante l'uso di carrello.

Le soluzioni tecniche hanno ovviamente trovato man mano la strada, dopo le prime *impasse* sperimentali. Viceversa più rade sono state le considerazioni teoriche in merito. Tant'è che in risposta agli interrogativi già allora posti da alcuni sconosciuti giornalisti, non possiamo che ricorrere ancora una volta a Chion, il quale in *Le son au cinéma* si sofferma sul punto d'ascolto sostenendo che, per relazionarsi all'immagine e ricercare il giusto equilibrio tra proporzioni sonore e visive, esso deve anzitutto tenere conto della tripartizione *audio-logo-visiva*, ovvero acustica, verbale e fotografica, per poi rarefare il *logos* e di conseguenza riequilibrare il rapporto tra visivo e uditivo. Fatte le debite distinzioni tra «parola-teatro», «parola-testo» e «parola-emanazione», è dalla terza – che egli considera diretta discendente delle *didascalie* del muto, e non dalle altre due, che definisce invece eredi della drammaturgia teatrale e letteraria – che a suo avviso occorre trarre ispirazione, in nome di un'autonomia e di un'armonia cinematografica che, senza negare la parola, deve però provare ad evitare la deriva *verbo* e *vococentrica*[67].

## Dal teatro fotografato al *film sonoro*

A conclusione dei principali temi dibattuti in Italia negli anni della transizione, torniamo, sia pure brevemente, al confronto tra cinema e teatro su cui, non distanti e non diversamente da Pirandello, si esprimono all'epoca, tra il 1929 e il 1931, un cronista non identificato de «La Cinematografia» e due giornalisti, Gian Capo e Giorgio Padovani, di «Comoedia» e «Kines»[68].
Al pari dello scrittore siciliano, anche loro ritengono che, mentre il film muto ha costituito in passato un'originale forza concor-

renziale del teatro, in virtù di personali atmosfere oniriche e rarefatte, ciò non accade e non potrà mai accadere con il *film sonoro*, che non costituisce per il teatro alcuna minaccia. Anzi, data la meccanica e metallica riproduzione di voci e volti, non è escluso che, non solo il pubblico diserti le sale cinematografiche, ma da esse massicciamente emigri. Fenomeno che difficilmente potrà invece mai verificarsi dal palcoscenico allo schermo.

Mentre il film muto è stato ed è un formidabile concorrente del teatro, il *film parlante* ridarà al teatro il suo pubblico. Sino a che la pellicola si svolgeva muta sullo schermo essa era l'originale e pura espressione di una forma d'arte assolutamente nuova e dinamica giunta alla quasi sua perfezione [...]. Il *film parlato*, o *parlante* che dir si voglia, anche se perfezionatissimo, non fa un passo in più dalla pura e semplice "novità" [...]. Ma una novità del momento, fredda, troppo fredda poiché nulla vi è di umano ma tutto di meravigliosamente meccanico. [...] Sta di fatto che il pubblico, passato il primo momento della novità, finirà col preferire la parola "vera", diretta e umana a quella meccanica del *film parlato*, la persona vera, ossia vivente e carnale dell'attore sulla ribalta, a quella piatta e più fredda dell'uomo sullo schermo. Orizzonterà, in altri termini, la sua preferenza verso il teatro, che gli dà uomini invece di fotografie animate, che gli dà accenti e parole, invece di suoni per quanto perfezionati.

Ieri lo scoraggiamento, il pessimismo nero, la salmodia funebre [...]: il teatro agonizza e muore, ucciso dal cinematografo. Oggi, dopo i primi infelici esemplari di *film parlato al 100%*, i necrofori alzano la testa: l'avevamo previsto! il cinema parlato è un fallimento, la gente disgustata e annoiata diserterà le sale delle lugubri ombre parlanti e ritornerà al teatro.

L'essere muto non costituiva per il cinema una inferiorità [...]. La forza dei *films* consisteva, anzi, in gran parte, nel loro silenzio, nella capacità [...] di esprimere i più diversi sentimenti senza ricorrere alla parola [...]. Alla mimica degli attori, gli spettatori [...] attribuivano parole proprie [...]. Ci rifugiavamo nelle sale oscure per sfuggire la verbosità [del] teatro [...]. La nostra anima si allargava e si commoveva ai *films* all'aria aperta, pieni di ingenua freschezza, di movimento [...]. Andavamo al cinema per vivere due ore di sogno, trasportati in un irreale paese di ombre: l'incimurrita voce dell'altoparlante ha rotto questo incanto. Non mi si fraintenda: il *talkie* è una grande invenzione [...] ma [...] per la parola c'è il teatro. E il cinema mai potrebbe soppiantare completamente il teatro.

Insomma, è opinione diffusa che il cinema sonoro non soppianterà il teatro, così come nel '29 recitava Pirandello. E anzi per molti cronisti di allora la questione non si pone, date le incolmabili differenze tra le due arti. Alla fine del 1930 Achille Nudi scrive su «Il Tevere» che mentre «il teatro è concettualmente un fatto fisico» il «cinematografo [è] un fatto metafisico». Dal canto suo Gian Capo rincara la dose sostenendo – nel già citato articolo – che queste «due» diverse «forme d'arte», dalle «affinità [...] soltanto esteriori», sono sì destinate a un percorso parallelo, ma senza mai intrecciarsi né sovrapporsi[69].

Non la pensa allo stesso modo Carneade, il quale nel 1931 afferma con fiducia su «Il Cinema Italiano» che, una volta superate le menomazioni di afonia e sordità del cinema muto, il *film sonoro* non potrà non affiancare il teatro e ad esso adeguarsi, pur ribadendo la sostanziale differenza che intercorre tra gli autentici scenari *en plein air* di quest'ultimo e le scenografie in cartapesta del palcoscenico[70].

Ormai in porto ci siamo veramente. Il *film sonoro* non dev'essere altro che del teatro: del teatro ridotto, del teatro [...] con una prospettiva particolarissima, ma del teatro. Chi s'attardasse a sostenere il contrario sciuperebbe il proprio tempo e la propria fatica [...]. Dato all'immagine il sussidio della parola, non si capisce perché ci si sia affannati tanto in un primo tempo ad intendere questa semplice ed umile verità. Che cosa aveva il cinematografo, in più del teatro, quand'era muto? La possibilità di annullare gli scenari di cartone e di legno e di chiedere alla vita i suoi sfondi reali; ed era soltanto la mancanza della voce e dei suoni che lo manteneva ancora in una condizione di sottordine. Se la conquista dei suoni e della voce non fosse venuta mai, l'inferiorità del cinematografo sarebbe stata insuperabile. Ma conquistati i suoni, conquistata la voce, perché non avrebbe dovuto balzare d'un subito sul medesimo piano del concorrente? [...]. Che il cinematografo debba dunque essere d'ora innanzi teatro e soltanto teatro è dimostrato in pieno. Esso ha sulla vecchia rappresentazione in palcoscenico i vantaggi di una panoramica sterminata e quella della contemporaneità dell'azione.

Un'opinione, quella di Carneade che, nel posizionarsi a favore soprattutto del teatro, sembra, non solo far regredire il cinematografo, ma disperdersi come goccia in un oceano di pareri contrari che, essendo benauguranti, invitano soprattutto il *film sonoro* a non ripercorrere la strada già battuta dalle altre arti, a non fermarsi al loro crocevia e a proseguire se possibile – come suggerisce anche Ernesto Cauda nella primavera del '29 sulla «Rivista Italiana di Cinetecnica» – lungo «una strada tutta sua, differenziandosi dal teatro e dal film muto». Un'esortazione che accoglie anche Giuseppe Forti quando, appena un mese dopo, narra, dalle pagine de «Il Tevere», di un tragitto al bivio percorso dal «film parlato» e dal «film sonoro», di cui il primo è una sorta di «teatro in scatola» o di «teatro in cestino da viaggio», l'altro è alveo di «tutti i suoni, le voci [e] i rumori» dell'ambiente circostante.

Il che trova un'eco in Europa. Per esempio nel regista francese René Clair, il quale nella famosa *Conférence* tenuta nel gennaio del 1929 alla Filmliga di Amsterdam, altro non fa che invocare la ripartizione e differenziazione tra *film parlato* (o *parlante*) e *film sonoro*, per poi ribadire che quest'ultimo, non solo è in grado di scongiurare il pericolo del *parlato al 100%*, ma può anche fare un uso parsimonioso dei suoni e dei rumori ancora una volta comunque in simbiosi con le immagine e il visivo[71].

Insomma, la nuova frontiera aspira a definire e a differenziare, attraverso ulteriori chiarimenti concettuali, il *film sonoro* e il *film parlato*, pur sempre sperando in un'integrazione di elementi visivi e acustici, in una spettacolarizzazione cinematografica, comunque creativa e autonoma rispetto al teatro[72].

1. Saramago, *Cecità*, Einaudi, Torino, 1996, p. 42, (ed. or. *Ensaio sobre a Cegueira*, José Saramago & Editorial Caminho, SARL, Lisboa, 1995).
2. Ejzenštejn, Pudovkin, Aleksandrov, *Il futuro del film sonoro. Dichiarazione*, in Ejzenštejn, *La forma cinematografica*, Einaudi, Torino, 1986, pp. 269-270, (ed. or. *Film Form*, Harcourt, Brace and Company, Inc., New York, 1949). Ma cfr. più in generale alcuni testi di Alberto Boschi: *Ejzenštejn, Pudovkin, Aleksandrov: verso il contrappunto musicale*, in Id., *L'avvento del sonoro in Europa. Teoria e prassi del*

*cinema negli anni della transizione,* CLUEB, Bologna, 1991, pp. 10-11; *Teorie del cinema. Il periodo classico 1915-1945,* Carocci, Roma, 1998; *Il passaggio dal muto al sonoro in Europa,* in Gian Piero Brunetta (a cura di), *Storia del cinema mondiale. L'Europa.* 1 *Miti, luoghi, divi,* Einaudi, Torino, 1999, pp. 395-426; *Dal muto al sonoro,* in Brunetta (a cura di), *Storia del cinema mondiale. Volume secondo. Gli Stati Uniti,* Einaudi, Torino, 1999, pp. 465-485. In particolare, ne *Il passaggio dal muto al sonoro,* lo studioso afferma: «Isolata tecnologicamente e produttivamente dall'occidente capitalistico, l'industria cinematografica dell'Unione Sovietica, dove il primo lungometraggio di finzione sonoro, *Putëvka v žisń* (Nikolaj Ekk), fa la sua apparizione soltanto nel 1931, porterà a compimento con particolare lentezza la transizione al sonoro, continuando a produrre film muti fino al 1935» (pp. 404-405). Occorre peraltro precisare che, anche se ormai è comunemente acquisita, la definizione dei "tre russi" non è del tutto corretta, dal momento che Ejzenštejn nasce a Riga, in Lettonia, nel 1898. Più in generale in merito ad alcune altre ampie teorizzazioni italiane sulla transizione europea e mondiale dal muto al sonoro cfr.: Emilio Garroni, *Per una teoria del film sonoro,* «Filmcritica», 185, gennaio 1968, pp. 29-68; *Due lustri di sonoro. Numero doppio dedicato al fonofilm in occasione del suo decimo anniversario: la sua storia, i suoi problemi estetici, tecnici e industriali,* «Cinema», 108, 25 dicembre 1940; R. [Rick] Altman, A. [Alberto] Boschi, W. [Wolfgang] Jacobsen... [et Al.], *L'immagine acustica. Dal muto al sonoro: gli anni della transizione in Europa,* «Cinegrafie», 5, novembre 1992, Transeuropa, Ancona, 1992; Rick Altman, Charles Wolfe, Martin Barnier... [et Al], *L'immagine acustica. II. Il passaggio dal muto al sonoro in America,* «Cinegrafie», 6, novembre 1993, Transeuropa, Ancona, 1993; Paola Valentini, *Il suono nel cinema. Storia, teoria e tecniche,* Marsilio, Venezia, 2006.

**3.** È questa la data della prima proiezione newyorkese di *The Jazz Singer (Il cantante di jazz)* di Alan Crosland, con Al Jolson, con cui si conviene di solito indicare il giorno e «l'anno di introduzione del suono sincronizzato» ad opera della *Warner Bros* e con cui ha pertanto inizio «il processo di invenzione e diffusione della tecnologia sonora»: cfr. David Bordwell, Kristin Thompson, *Storia del cinema e dei film. Dalle origini al 1945,* Il Castoro, Milano, 1998, p. 273 (ed. or. *Film History: An Introduction,* McGraw-Hill, Inc., New York, 1994). In verità la transizione dal muto al sonoro ha luogo in diverse date nel vecchio continente, sia pure tutte nel biennio 1929-1930, con eccezione come già detto dell'Unione Sovietica. Il 16 dicembre 1929 si proietta in Germania il primo *film sonoro* tedesco, *Melodie des Herzens,* di Hanns Schwarz, mentre in Italia, *La canzone dell'amore* di Gennaro Righelli viene presentato il 7 ottobre 1930. La Gran Bretagna apre nei dintorni londinesi, sotto l'egida della *British International Pictures,* gli stabilimenti sonori di Elstree negli stessi anni. Mentre la Francia non produce su territorio nazionale i suoi primi due film sonori: *Les trois masques* di André Hugon e *La route est belle* di Robert Florey. Ma su tutto questo cfr. ancora Boschi, *Il passaggio dal muto al sonoro in Europa,* cit. Infine, sempre di Bordwell e Thompson cfr. anche: *Cinema come arte. Teoria e prassi del film,* Il Castoro, Milano, 2003 (ed. or. *Film Art: An Introduction,* McGraw-Hill, Inc., New York, 2001); *Storia del cinema. Un'introduzione,* edizione italiana a cura di David Bruni ed Elena Mosconi, The McGraw-Hill Companies S.r.l, Milano, 2010 (ed. or. *Film History: An Introduction,* third edition).

**4.** Cfr. per il brano che segue Ezenštejn, Pudovkin, Aleksandrov, *Il futuro del film sonoro,* cit., p. 269. Nota bene: spesso i corsivi sono da me inseriti, qui, come spesso in tutto il libro, nell'intento di mettere in risalto tutto ciò che concerne il cinema sonoro.

**5.** Cfr. per quanto espresso fin qui, ivi comprese le citazioni e il brano che segue sia *Ibidem* sia Pudovkin, *Asincronismo quale principio del film sonoro,* in Id., *Film e fonofilm,* Le Edizioni d'Italia, Roma, 1935, p. 209, (tr. it. di Umberto Barbaro; ed. aggiornata Vsevolod

Pudovchin, *Film e fonofilm. Il soggetto. La direzione artistica. L'attore. Il film sonoro*, a cura di Umberto Barbaro, Bianco e Nero Editore, Roma, 1950).
**6.** Su tutto questo cfr. *Ivi*, pp. 209-210, ma anche Ejzenštejn, *Teoria generale del montaggio*, a cura di Pietro Montani, Marsilio, Venezia, 1985, p. 329, (ed. or *Izbrannye proizvedenija v šesti tomach*, Iskusstvo, Mosca, 1963-1970 e *Montaz*, vol. II) e anche Boschi, *Introduzione - La teoria classica di fronte alla svolta del sonoro: dal declino del muto alla seconda guerra mondiale*, in Id., *Teorie del cinema*, cit., pp. 43-50. Riguardo a Ejzenštejn e al suo rapporto con il cinema sonoro, cfr. ancora Boschi: *Sergej M. Ejzenštejn: dal montaggio interiore al montaggio verticale*, in Id., *L'avvento del sonoro in Europa*, cit., pp. 48-58; *Dal montaggio sovrano al montaggio proibito - Suono e montaggio secondo Ejzenštejn: il montaggio verticale*, in Id., *Teorie del cinema*, cit., pp. 245-252. In essi Boschi sintetizza le tappe evolutive della riflessione del maestro sovietico sul suono cinematografico: 1) *Una lezione di regia* (1932), in cui Ejzenštejn affronta quasi accidentalmente la questione del dialogo, intesa non come conversazione esteriore, bensì come monologo interiore; 2) *Teoria generale del montaggio* (1935-1937), a partire dalla rappresentazione visiva dei fenomeni acustici nel cinema muto (*Stacka/Sciopero*, 1925), vi è una significativa differenziazione tra il montaggio orizzontale del cinema muto e il montaggio verticale del cinema sonoro; 3) *La musica del paesaggio e il futuro del contrappunto nella nuova fase* (1945) che, in quanto parte del volume *La natura non indifferente*, auspica per il futuro cinema audiovisivo quel principio di organicità che domina nel libro e quindi nella letteratura. Infine, è sempre Boschi che nei suoi studi individua alcuni registi cinematografici (René Clair, Jean Epstein, Jacques Feyder, Abel Gance, Walter Ruttmann, Anton Giulio Bragaglia), autori teatrali (Marcel Pagnol, Luigi Pirandello) e critici o teorici della settima arte (Alexandre Arnoux, Benjamin Fondane) tra coloro che animano il dibattito sul cinema sonoro in Europa nel biennio 1929-1930, schierandosi ora a favore ora in opposizione della nuova invenzione. Dei partigiani e dei detrattori del cinema sonoro, lo studioso si occupa anche in *L'avvento del sonoro in Europa*, cit.
**7.** Luciani, *La musica e la proiezione*, in Id., *L'antiteatro. Il cinematografo come arte*, La Voce Editrice, Roma, 1928, pp. 55-64. In merito al musicologo Luciani cfr. anche Mario Verdone, *S. A. Luciani e il problema estetico della musica nel film. Capitolo settimo*, in Id., *Sommario di dottrine del film*, Maccari, Parma, 1971, pp. 111-117.
**8.** Su questo cfr. Michel Chion: *La voce nel cinema*, Pratiche, Parma, 1991, (ed. or. *La voix au cinéma*, Éditions de l'Etoile, Paris, 1982); *Le son au cinéma*, Éditions de l'Etoile, Paris, 1985. Ma cfr. anche Lino Miccichè, *Dal film "afono" al "fonofilm". (Il cinema sonoro come spettacolo di massa)*, Convegno AGIS "Il grande schermo: ieri, oggi, domani", Roma, 1995. Mentre sulle *didascalie* cfr. ancora, tra gli altri: Sergio Raffaelli, *La lingua filmata. Didascalie e dialoghi nel cinema italiano*, Le Lettere, Firenze, 1992; Francesco Pitassio, Leonardo Quaresima (a cura di), *Scrittura e immagine. La didascalia nel cinema muto*, IV Convegno Internazionale di Studi sul Cinema, Dipartimento di Storia e Tutela dei Beni Culturali, Università degli Studi di Udine, Forum, Udine, 1998.
**9.** Su tutto questo, come sulla paura del buio in sala, cfr.: G. W. Beynon, *Musical Presentantions of Motion Pictures*, Schirmer, New York, 1921; K. London, F*ilm Music: A summary of the Characteristic Featuress of Its History, Aesthetics, Techniques, and Possible Developments*, Faber & Faber, London, 1936; Theodor W. Adorno, Hanns Eisler, *La musica per film*, Newton Compton, Roma, 1975, (ed. or. *Komposition für den Film*, Rogner & Bernhard, München, 1969); Hugo Münsterberg, *Film. Il cinema muto nel 1916*, Pratiche, Parma, 1980, (tr. it. di Cecilia Rosso); Gianni Rondolino, *Cinema e musica. Breve storia della musica cinematografica*, UTET, Torino, 1991; Boschi, *Ascesa, fortuna e declino dell'analogia*

- *La musica come componente del film: il periodo muto*, in Id., *Teorie del cinema*, cit.; Sergio Miceli, *Musica e cinema nella cultura del Novecento*, Sansoni, Milano, 2000, (edizione ampliata e aggiornata, Bulzoni, Roma, 2010).

**10**. Cfr. fin qui, così come in merito a questa citazione e al brano seguente, Luciani, *L'antiteatro*, cit., p. 55.

**11**. Cfr. fin qui soprattutto Miceli, *Musica e cinema nella cultura del Novecento*, cit., p. 58 e Rondolino, *Cinema e musica*, cit., ma anche e ancora lo stesso Luciani, a cui ci si continua a riferire nel testo, salvo altra indicazione o ripetizione in nota, per ragioni di brevità.

**12**. Luciani, *L'antiteatro*, cit., pp. 55-56.

**13**. Cfr. ancora Luciani, *L'antiteatro*, cit., e Russolo, *L'Arte dei rumori*, Edizioni Futuriste di "Poesia", Milano, 1916.

**14**. Cfr. per queste citazioni e riflessioni, come per tutte le successive, Pirandello, *Se il film parlante abolirà il teatro*, in Francesco Callari, *Pirandello e il cinema*, Marsilio, Venezia, 1991, pp. 120-125, (già in «Corriere della Sera», 16 giugno 1929; «Anglo-American Newspaper Service», London-New York, giugno 1929). E insieme cfr. anche Boschi, *Luigi Pirandello: il teatro non ha nulla da temere dal film sonoro*, in Id., *L'avvento del sonoro in Europa*, cit. Infine cfr. anche l'intervista dello scrittore rilasciata a Oreste Rizzini, in una corrispondenza da Londra del 18 aprile 1929, dal titolo *Contro il film parlato*, pubblicata sul «Corriere della Sera» del giorno dopo, il 19, e ora sempre nel volume di Callari alle pp. 118-120.

**15**. In particolare su questo cfr. Callari, *Tra la fine del muto e l'inizio del sonoro*, in Id., *Pirandello e il cinema*, cit., pp. 74-77. Lo studioso sottolinea bene le tante contraddizioni manifestate dallo scrittore siciliano nei confronti del cinema sonoro, contro il quale tuona spesso, ma con il quale instaura frequenti rapporti di lavoro, che ora lo spingono a far visita ai primi stabilimenti sonori europei, innalzati a Londra e a Berlino, e che ora lo attraggono in America, dove si presta come soggettista e sceneggiatore. Rientrato poi in patria, egli cede paradossalmente, un proprio soggetto, da cui nasce, come avremo modo di analizzare più avanti, il *primo film sonoro italiano: La canzone dell'amore*. Ancora, Callari riporta il passo di una lettera inviata, nell'aprile del '29 da Pirandello a suo figlio Stefano, nella quale dichiara: «Farò un *film parlante* contro i *films parlanti*. Un'idea originalissima. L'uomo ha dato la sua voce alla macchina, e la macchina parla con una voce ch'è ormai diventata sua, non più umana; è come se il diavolo fosse entrato in lei; e con spirito diabolico commenta l'azione muta del film, arresta gli attori nelle loro azioni, li chiama, suggerisce loro questo o quell'atto, li incita, ride di loro, fa cose da pazzi». Dopodiché, per il brano che segue, cfr. ancora Pirandello, *Se il film parlante abolirà il teatro*, cit.

**16**. Cfr. ancora e infine, per tutte le citazioni fin qui, Pirandello, *Se il film parlante abolirà il teatro*, cit.

**17**. Cfr. Debenedetti, *La vittoria di Topolino*, in Id., *Al cinema*, a cura di Lino Miccichè, Marsilio, Venezia, 1983, pp. 43-59. Il saggio, ritrovato nell'Archivio Casa Debenedetti, va datato, secondo il curatore della raccolta degli scritti cinematografici debenedettiani, intorno alla prima metà degli anni '30. Cfr. comunque anche l'introduzione al testo: Miccichè, *Debenedetti e il cinema*, pp. IX -XL.

**18**. Cfr. per le citazioni fin qui, come per tutte quelle che seguono fino alla fine, salvo altra indicazione, Debenedetti: *La musica e il cinematografo* e *La vittoria di Topolino*, in Id., *Al cinema*, cit., p. 97 e p. 99, ma anche p. 44, p. 52 e pp. 44-45 e segg. In merito al primo dei due saggi ricordiamo che è già in «Cinema», 22, 25 maggio 1937, pp. 405-406.

**19**. La definizione di «fine dicitore» sembra sia di Anton Giulio Bragaglia, ma cfr. comunque Alessandro Tinterri, *«Amo le donne, le cravatte, lo stile...»*, in Cecchi, *Ombre bianche. Critiche cinematografiche 1929-1930*, a cura di Tinterri, Sellerio,

Palermo, 1989, p. 22 e p. 16. Mentre in merito alla collaborazione di Cecchi con «L'Italia Letteraria» cfr. anche Bianca Pividori (a cura di), *Critica italiana primo tempo: 1926-1934*, «Bianco e Nero», fascicolo 3/4, marzo-aprile 1973.

**20.** Cfr. fin qui e per quel che segue, salvo altre indicazioni, Cecchi, *I films sonori*, in Id., *Ombre bianche*, cit., pp. 30-31, (già ne «L'Italia Letteraria», 7 aprile 1929).

**21.** Balázs, *Estetica del film*, Editori Riuniti, Roma, 1975, pp. 141-144, (ed. or. *Der Geist des Films*, Berlino, 1931). In generale su Balázs e il suo pensiero teorico cfr. comunque anche la riedizione, curata da Leonardo Quaresima, de *L'uomo visibile. Con un'appendice sulla ricezione critica e un'antologia di recensioni cinematografiche dell'autore (1923-1929)*, edita dalla Lindau di Torino nel 2008.

**22.** Per l'esattezza da molti degli articoli d'epoca si apprende che la prima proiezione pubblica nazionale del *Cantante di jazz* ha luogo al *Supercinema* di Roma il 19 aprile 1929. A questa prima visione ne segue una seconda il 3 maggio al *Salone Ghersi* di Torino.

**23.** Cfr. per questo brano, come per il successivo più avanti, Cecchi, *Il cantante di jazz*, in Id., *Ombre bianche*, cit., p. 38 e pp. 38-39, (già in «L'Italia Letteraria», 28 aprile 1929).

**24.** Cfr. per il brano che segue, Cecchi, *I films sonori*, cit., p. 29.

**25.** Bragaglia, *Il film sonoro*, Corbaccio, Milano, 1929, p. 9. Su Bragaglia cfr. anche Boschi, *Anton Giulio Bragaglia*: «I tempi d'oggi hanno già pieni i timpani di parole e parole», in Id., *L'avvento del sonoro in Europa*, cit., pp. 25-29. Mentre di Bragaglia stesso cfr. *Evoluzione del mimo*, Ceschina, Milano, 1930. Ma cfr. anche, in merito ad alcuni concetti qui espressi, Balázs, *Estetica del film*, cit.

**26.** Per tutte le citazioni che seguono ancora fino alla fine, cfr. Bragaglia, *Il film sonoro*, cit., p. 33, p. 54 e p. 145. Ma anche p. 139 e p. 49, nonché p. 28 e p. 160.

**27.** A proposito de *L'avventura novecentista* (Vallecchi, Firenze, 1974) cfr. Chiara Simonigh, *Un'estetica per l'arte di massa*, in [Ira] Fabri, [Chiara] Simonigh, [Liborio] Termine, *Il cinema e la vergogna negli scritti di Verga Bontempelli Pirandello*, Testo & Immagine, Cascine Vica-Rivoli (TO), 1998, pp. 154-214. Da cui questa citazione e anche le successive da p. 154 e da pp. 203-204. Sul *novecentismo* cfr. anche Giuliano Manacorda, *Storia della letteratura italiana contemporanea 1900-1940*, Editori Riuniti, Roma, 1999; *Lo Spettacolo. Enciclopedia di Cinema-Teatro-Balletto-Circo-Tv-Rivista*, Garzanti, Milano, 1976, all'interno dei quali si rammenta di Bontempelli come uno dei principali sostenitori del movimento di rinnovamento cosiddetto *novecentismo*, nonché del *realismo magico*.

**28.** Cfr. per queste e altre successive citazioni, Bontempelli, *I miei rapporti col cinema (Documentario: montaggio del 1935)*. Secondo tempo: *Parlato (1930)*, in Fabri, Simonigh, Termine, *Il cinema e la vergogna...*, cit., p. 134 e pp. 132-136. Così come cfr. ancora, per alcuni dei brani che seguono, sempre dello stesso autore e nello stesso testo, *Lontano preludio (1922)*, p. 127 e p. 135.

**29.** Cfr. Saramago, *Cecità*, cit. Ma cfr. anche Rudolf Arnheim, *Nuovo Laocoonte: le componenti artistiche e il cinema (1938)*, in Id., *Film come arte*, Il Saggiatore, Milano, 1960, pp. 217-242, (ed. or. *Film as Art*, University of California Press, Berkeley-Los Angeles, 1957, ma già in «Bianco e Nero», 8, 31 agosto 1938, pp. 3-33), in merito almeno al disagio vissuto dagli spettatori, laddove «all'immagine visivamente feconda dell'"uomo in azione"», si sostituisce appunto quella «visivamente sterile, dell'"uomo che parla"» (pp. 241-242). Ancora su Arnheim cfr. Boschi, *Rudolf Arnheim: il disagio del sonoro*, in Id., *L'avvento del sonoro in Europa*, cit.

**30.** Cfr. Giuseppe Ragazzini, Adele Biagi, *Dizionario Inglese-Italiano. Italian English Dictionary*, Zanichelli, Bologna, 1997, dove si legge giustappunto: «to talk [...] parlare, discorrere, chiacchierare» (p. 484); «talkie [...] film sonoro - the talkies, il (cinema) sonoro» (p. 484); «to move [...] muovere, spostare» (p. 307).

**31**. Per i brani che seguono cfr.: O. R., *L'arte muta è minacciata dai progressi del fonocinematografo?*, «La Rivista Cinematografica», 5, 15 marzo 1929, pp. 9-10; Upi, *La "voce di cera" e il "nastro d'argento"*. La marcia dei fonofilm, "Dal teatro di posa allo schermo", «Il Tevere», 1° aprile 1929, p. 6.
**32**. E se in merito a Pittaluga rimandiamo appunto più avanti, cfr. qui Anonimo, *L'Arte italiana e il Cinema parlante nel parere di un competente. (Intervista del "Corriere della Sera" col comm. Stefano Pittaluga)*, «Cine-Gazzettino», 18, 4 maggio 1929, p. 3.
**33**. Cfr. Anzitutto il già citato Magic, *Il cinematografo in rivoluzione*, «Il Cinema Italiano», 1, 1° gennaio 1929, p. 1, dove si legge: «Il *movietone*, altrimenti detto "*film parlante*"». Così come per i due brani selezionati cfr.: Anonimo, *E tale film si chiamerà "parlante"*..., «Il Cinema Italiano», 31, 1° novembre 1928, p. 1; Anonimo, *Non si dice "film parlato" si dice "film parlante"*, «Il Cinema Italiano», 34, 1° dicembre 1928, p. 1.
**34**. Cfr. per il brano che segue Giannini, *Ripresa autunnale*, «Kines», 36, 15 settembre 1929, p. 2.
**35**. In merito alla voce e al *verbocentrismo* cfr. Chion, *Il vococentrismo*, in Id., *La voce nel cinema,* cit., pp. 16-18.
**36**. Cfr. per il brano che segue C. B. [Carlo José Bassoli], *L'atmosfera musicale agevola il successo dei films*, «L'Eco del Cinema», 40, marzo 1927, p. 146.
**37**. Nel cappello che precede il primo articolo di Falciai, *Preludio*, "La musica al buio", «cinematografo», 10, 10 luglio 1927, p. 9, la Direzione presenta sia il «valoroso critico» che l'iniziativa del giornale: dedicare la rubrica "La musica al buio" – della quale il critico è titolare dal 10 luglio 1927 al 13 maggio 1928 – al tema dell'accompagnamento musicale al film muto. La cui l'evoluzione porterà appunto alla citata *arte cinemusicale*.
**38**. Cfr. per i brani successivi Falciai, *Preludio*, cit., p. 9.
**39**. Cfr. ancora su «cinematografo» Falciai, "La musica al buio": *All'avanguardia*, 11, 24 luglio 1927, p.10; *Estetica cinemusicale II*, 10, 13 maggio 1928, p. 6. Così come successivamente cfr.: *Fisiologia cinematografica*, 19, 13 novembre 1927, p. 6; *Estetica cinemusicale I*, 8, 14 aprile 1928, p. 5; *Estetica cinemusicale II*, cit., p. 6.
**40**. Su quanto fin qui espresso e per tutto quel che segue da qui fino alla fine del paragrafo cfr.: Magic, *Fondamento estetico del fonofilm*, "Paragrafi", «Il Cinema Italiano», 21, 20 luglio 1929, p. 1; Solaroli, *Possibilità estetiche del fonofilm*, «cinematografo», 11, 26 maggio 1929, p. 5.
**41**. Bresson, *Note sul cinematografo*, Marsilio, Venezia, 1986, p. 31, (ed. or. *Notes sur le cinématographe*, Gallimard, Paris, 1975).
**42**. Boschi, *Le sorti della musica di accompagnamento nei primi anni Trenta*, in Altman, Boschi, Jacobsen... [et Al], *L'immagine acustica. Dal muto al sonoro: gli anni della transizione in Europa*, cit., pp. 21-27.
**43**. Cfr. Russolo, *L'Arte dei rumori*, cit., p. 9.
**44**. Cfr., in merito alla triade acustica, Boschi, *Appunti per una teoria del rumore*, in Boschi, Monica Dall'Asta, *Audiofanie. Voci, rumori e musica nel cinema*, «Cinema & Cinema», 60, gennaio-aprile 1991, p. 45, laddove dice che appunto la «triade di fenomeni acustici comunemente evocata quando si parla di colonna sonora» è quella formata da musica, rumore e parola, cui mi sono in gran parte ispirata e attenuta per la struttura di questo primo capitolo. Mentre per il resto che qui segue cfr. Kracauer, *Teoria del film*, Il Saggiatore, Milano, 1995, pp. 209-210 e 213, (ed. or. di *Theory of Film*, Oxford University Press, New York, 1960).
**45**. Cfr. fin qui, e fino alla fine, Falciai, *Il sincronismo dei rumori*, "La musica al buio", «cinematografo», 14, 4 settembre 1927, p.10. Così come cfr. ancora Boschi, *Appunti per una teoria del rumore*, cit., p. 45. Più in generale cfr. anche Altman, *Il rumore, la musica, il silenzio*, in Brunetta (a cura di), *Storia del cinema mondiale. Volume secondo. Gli Stati Uniti*, cit., pp. 370-392.

**46**. Auster, *Il libro delle illusioni*, Einaudi, Torino, 2004, p. 4, (ed. or. *The Book of Illusion*, 2002).

**47**. Cfr. pertanto per quel che segue: Veneziani, *Linguaggio muto*, «La Cinematografia», 7, 25 febbraio 1928, p. 13; Marotta, *Del "sonoro"*, «Cinema Illustrazione», 10, 11 marzo 1931, p. 7.

**48**. Cfr. per quel che segue Roma, *Firmamento senz'astri*, "Films sonori e parlanti", «Comoedia», 8, 15 agosto-15 settembre 1930, p. 25.

**49**. Per questo e per quel che segue cfr. Magic, *L'arte del silenzio*, "Paragrafi", «Il Cinema Italiano», 13, 30 marzo 1930, p. 1. Così come più in generale, per molti dei concetti espressi, cfr. anche: Altman, *Il rumore, la musica, il silenzio*, cit.; Franco Fabbri, *«Questo silenzio non mi convince!»*. *Il silenzio nel suono cinematografico*, in Ilario Meandri, Andrea Valle (a cura di), *Dossier Suono/Immagine*, «La Valle dell'Eden», 25-26, luglio 2010-giugno 2011, pp. 91-100.

**50**. Cfr. per il brano che segue Balázs, *Estetica del film*, cit., pp. 150-151.

**51**. Bresson, *Note sul cinematografo*, cit., p. 46.

**52**. Cfr. Chion, *L'audiovisione. Suono e immagine nel cinema*, Lindau, Torino, 1997, (ed. or. *L'audio-vision. Son et image au cinéma*, Éditions Nathan, Paris, 1990), laddove con il principio della *transensorialità*, lo studioso francese intende proprio la capacità e la qualità di un senso di evocarne un altro, nonostante la sua assenza. Un principio che egli attribuisce indistintamente al cinema muto come al cinema sonoro: il primo, in quanto capace di evocare visivamente e figurativamente gli elementi acustici assenti, ovvero di richiamare con l'occhio della macchina da presa, un orecchio assente; il secondo, in quanto spesso anch'esso capace di lasciare immaginare una fonte sonora assente dal campo visivo, attraverso la dinamica alternanza della *acusmatizzazione* e della *deacusmatizzazione* (pp. 107-118).

**53**. Cfr. Magic, *Del film parlante (n. 2)*, «Paragrafi», «Il Cinema Italiano», 27, 20 settembre 1928, p. 1.

**54**. Cfr. per il brano che segue Marbelli, *Polemica sul parlante*, «Kines», 8, 22 febbraio 1931, p. 13.

**55**. Cfr. Magic, *Del film parlante (n. 2)*. cit., p. 1.

**56**. Cfr. Anonimo, *Il vero 100%*, «Cinema Illustrazione», 43, 22 ottobre 1930, p. 5.

**57**. In merito ai due brani successivi cfr. Anonimo, *Perché il cinema ritorni cinema*, «Cinema Illustrazione», 53, 31 dicembre 1930, p. 5; Anonimo, *Formule e realtà*, «Cinema Illustrazione», 10, 11 marzo 1931, p. 5.

**58**. Cfr. Raffaelli, *La parola e la lingua*, in Brunetta (a cura di), *Storia del cinema mondiale. Volume quinto. Teorie, strumenti, memorie*, Einaudi, Torino, 2001, pp. 855-905.

**59**. Cfr. Kracauer, *Teoria del film*, cit., ma anche Chion: *La voce nel cinema*, cit.; *L'audiovisione*, cit.

**60**. In merito ai brani che seguono cfr.: Magic, *Note al programma de "Il Cinema Italiano"*, «Il Cinema Italiano», 18, 22 maggio 1930, p. 1; Anonimo, *Il vero 100%*, cit.

**61**. Pudovkin, *Problemi del ritmo del primo film sonoro*, in Id., *Film e fonofilm*, cit., p. 227.

**62**. Cfr.: Fondane, *Du muet au parlant: grandeur et décadence du cinéma*, «Bifur», 1930; Epstein, *Le cinéma pur et le film sonore*, in Id., *Écrits sur le cinéma 1921-1953*, Éditions Seghers, Paris, 1975, pp. 98-101, (già ne «La Technique Cinématographique», 3 octobre 1946). Su entrambi cfr. ancora Boschi, in Id., *L'avvento del sonoro in Europa*, cit.: *Benjamin Fondane: il film sonoro deve restare muto*, pp. 12-15; *Jean Epstein: pensiero verbale e pensiero visivo*, pp. 59-64.

**63**. Cfr. non solo ancora Magic, *Il cinematografo in rivoluzione*, cit., p. 1, ma anche gli altri articoli, scritti a sei e a quattro mani: Loris Catrizzi, Ezio Cristofari, Mario Magic, *Polemica sul "film parlante"*, «Il Cinema Italiano», 8, 10 marzo 1929, pp. 1-2; Serandrei, Magic, *Polemica sul film parlante*, «Il Cinema Italiano», 10, 1° aprile 1929, p. 3.

**64**. Cfr. ancora Magic, *Il cinematografo in rivoluzione*, cit., ma anche Miracolo, *Il film sonoro*, «Comoedia», 7, 15 luglio-15 agosto 1929, pp. 21-22.

**65**. Per i brani che seguono cfr. di Solito: *Movies or talkies? Polemiche*, «Cinema-Teatro», 7, 16 ottobre 1929, p. 6; *La nuova immagine dell'avvenire*, «Cinema-Teatro», 12, 1° luglio 1930, p. 8.

**66**. Cfr., per quanto detto fin qui e per quel che segue, Da Silva, *Eco del "sonoro" da Berlino*, «cinematografo», 1, 5 febbraio 1930, pp. 25-26.

**67**. Cfr. di Chion: *Le son au cinéma*, cit.; *L'audiovisione*, cit., pp. 143-155.

**68**. Per quanto detto e citato fin qui cfr.: Anonimo, *Discussioni sul film parlante*, «La Cinematografia», 12, 15-31 luglio 1929, p. 1; Capo, *Opinioni sonore e parlate*, «Comoedia», 10, 15 ottobre-15 novembre 1930, pp. 9-10; Padovani, *Morte del cinema muto?*, «Kines», 7, 15 febbraio 1931, p. 2.

**69**. Nudi, *Oltre il film sonoro*, "Dal teatro di posa allo schermo", «Il Tevere», 22 ottobre 1930, p. 5; Capo, *Opinioni sonore e parlate*, cit., pp. 9-10.

**70**. Su tutto quanto fin qui detto e su tutto ciò che segue cfr.: Carneade, *La strada giusta*, "Paragrafi", «Il Cinema Italiano», 29, 1° novembre 1931, p. 1; Cauda, *Films sonori*, «Rivista Italiana di Cinetecnica», 4-5, aprile-maggio 1929, p. 89; Forti, *"Quali gli sviluppi che il fonofilm potrà raggiungere?" Un nostro referendum tra gli artisti e i tecnici della cinematografia italiana*, "Dal teatro di posa allo schermo", «Il Tevere», 17 giugno 1929, p. 6.

**71**. Fin qui cfr. Clair, *Conférence (Filmliga Amsterdam 19 jan 1929)*, «Filmliga», 7, marzo 1929, (ora Id., *Seconda nascita o morte?*, in Francesco Bono, Alberto Boschi, Elfi Reiter (a cura di), *Filmliga. La Filmliga olandese (1927-1933). Avanguardia, critica, organizzazione del cinema*, Giornate Internazionali di Studio e Documentazione sul Cinema, Dams, Bologna, 1991, pp. 82-85).

**72**. Per queste ultime considerazioni cfr. infine: Padovani, *Morte del cinema muto?*, cit.; Editoriale, *Spettacolarismo, non teatralismo*, «La Rivista Cinematografica», 8, 30 aprile 1931, pp. 1-3.

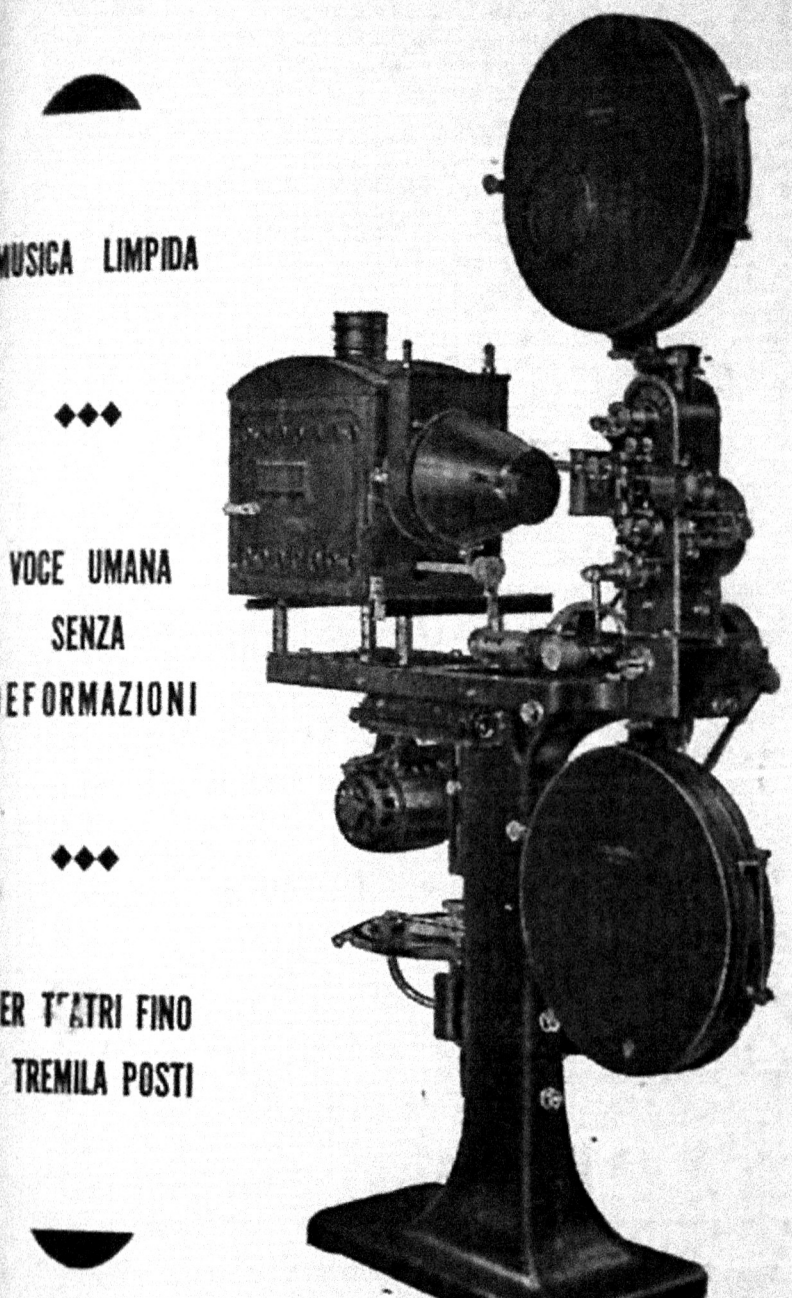

# Dalla tecnica alle nuove modalità produttive e distributive

*Non dovremmo chiamare vita*
*ciò che è latente in un disco,*
*ciò che si rivela [...]*
*appena muovo un interruttore?*
*Dovrò insistere sul fatto che tutte le vite [...]*
*dipendono da pulsanti che certi esseri sconosciuti*
*possono premere?*
Adolfo Bioy Casares[1]

Gli esperimenti volti ad associare le immagini alle parole sono antichi quanto il cinema, forse addirittura quanto il *pre-cinema*. Pensiamo ad esempio alla *lanterna magica*, uno dei dispositivi ottici più significativi del *pre-cinema*. Nata nel '600 grazie al gesuita Athanasius Kircher, ha inizialmente finalità scientifiche ma si trasforma rapidamente in una popolare forma di spettacolo itinerante che si diffonde capillarmente in tutta Europa fin oltre l'800. Il suo successo era basato sulla relazione tra immagini dipinte a mano su lastre di vetro, illuminate, e un commento verbale di affabulatori e imbonitori di piazza[2]. Quale tratto specifico e meraviglioso, il connubio verbo-visivo si tramanderà al *cinematografo*, che si caratterizza subito con proiezioni di immagini in movimento spesso accompagnate dalla lettura di didascalie, frasi di dialogo e di raccordo narrativo.

Ma dalla preistoria passiamo alla storia e arriviamo a cavallo tra il XIX e il XX secolo, ovvero all'epoca delle grandi invenzioni tecnologiche e scientifiche, tra le quali il fonografo di Edison, che costituisce una premessa alla nascita del cinema sonoro[3].

## Dal mago di Manlow Park alle *Majors* hollywoodiane: breve cronistoria tecnica del sonoro

«L'idea che l'immagine in movimento dovesse parlare» o che dovesse essere concepita «come un'inseparabile compagna, quasi una figlia del suono e della parola» è per Thomas Alva Edison, il padre del *kinetoscopio* e del *fonografo*, una sorta di ossessione. Quale inventore, nella seconda metà dell'800, della registrazione del suono, anche detta "scrittura con il suono", Edison desidera talmente affiancare l'audio all'immagine da dotare immediatamente il suo *kinetoscope* di un *phonograph*, fino ad arrivare ad ideare il *kinetofono* o *kinetoscope parlator*, unione e integrazione di suono e immagine[4].

Di Edison si è detto molto in altre idonee sedi. Qui brevemente accenniamo ad una biografia che lo vuole dapprima, negli anni dell'apprendistato, telegrafista operaio, poi, con la maturità, uomo d'affari e imprenditore, al contempo spericolato e stravagante, ma anche oculato e disciplinato. Un po' *dandy* e un po' *bohémien*, Edison è una sorta di leggendario stregone, non a caso noto come il «mago di Manlow Park», o di «Menlo Park», dal nome della località newyorkese presso cui sorgeva il suo primo minuscolo laboratorio, teatro, già nella seconda metà dell'800, di molte sue invenzioni. Tra queste, il *fonografo* messo a punto nel 1877 e brevettato nel febbraio del 1878. In quanto «fusione [di] registrazione telegrafica e [...] trasmissione telefonica», è di fatto accolto *à la fin du siècle* come una delle più grandi magie di tutti i tempi, macchina in grado di incidere e perpetuare la voce e la «parola umana» e quindi di catturare ogni «momento di vita vissuta». Una scoperta con cui ci si illude perfino di scongiurare, un po' come avviene con il coevo *cinematografo*, il tempo e la morte, ma che in realtà altro non è che riproduzione della vita impressa «in un disco», come afferma Bioy Casares nel celebre romanzo-apologo *L'invenzione di Morel*[5].

Eppure, anche se la fascinazione è immediata, inizialmente questo sistema di registrazione e di riproduzione dei suoni *su/da* un foglio di stagno trova scarsissime possibilità di utilizzo. Si può stentare a crederlo, eppure così è: tanta mirabilia tecnologica non ha sulle prime alcuna praticabilità commerciale. Tant'è che Edison decide di archiviarla, senza spendersi ulteriormente per risolvere le imperfezioni da cui il sistema è ancora affetto. Cambia pertanto laboratorio e, nel decennio che segue, fino almeno al 1894, si concentra, presso il West Orange, sul *kinetoscopio* senza *fonografo*, relegando le sue ricerche su quest'ultimo in ambito esclusivamente privato. Semmai sembra rimetterlo ad altri. Per esempio a Chichester Bell e a Charles S. Tainter, ma soprattutto a Emil Berliner che, in quanto inventore del *grammofono*, sperimenta anzitutto la sostituzione del cilindro con il disco: un significativo avanzamento tecnologico, che però segna una battuta d'arresto lungo la strada delle sperimentazioni mirate alla sincronizzazione del *phonograph* e del *kinetoscope* a causa della scarsa potenza sonora del grammofono che in quel momento ancora non si riesce ad aumentare[6].

La rinuncia di Bell, Tainter e Berliner, così come l'eccessiva cautela di Edison, allora più prudente imprenditore che folle inventore, non scoraggiano altri ideatori che, nel raccogliere il testimone dei suddetti brevetti, muovono i primi passi e si lanciano, agli albori del '900, in nuove sperimentazioni sulla sincronizzazione di immagini e suoni su disco o pellicola.

Sperimentata da altri due inventori statunitensi, Auguste Baron e Henry Joly, la sincronizzazione su disco viene però anche da loro repentinamente interrotta, per via della diversa velocità della «manovella del proiettore» e della «rotazione del disco» sul piatto. Successivamente la riprende in mano, su territorio francese, Léon Gaumont – inventore e produttore cinematografico, noto fondatore nel 1895 della omonima società di produzione – il quale arriva invece a brevettare, tra il 1904 e il 1912, e a parziale soluzione del problema della diversa velocità di grammofono e proiettore, un giunto flessibile, il *chronophone*. Il riscontro è immediato. Gaumont miete successi e riconoscimenti e in molti emulano le sue *phonoscènes*, ovvero le sue pionieristiche riproduzioni audiovisive di canti, scene d'operetta e *gag* comiche.

Viceversa, l'incisione su pellicola viene allora messa a punto da

Eugène Lauste, un francese attivo negli USA. Ma sulle prime non riscuote consensi e anzi appare surclassata dal *sound-on-disc*. Nonostante le sperimentazioni di Lauste e un successivo brevetto di Lee DeForest, è di fatto con il sistema *sound-on-disc*, altrimenti detto *Vitaphone*, e non certo con il *sound-on-film*, anche noto come *Movietone*, che il sonoro debutta al cinema tra la fine degli anni '20 e l'inizio degli anni '30. A questo traguardo, si sa, si arriva per tappe, compiendo una lunga marcia tecnologica, da Edison all'*audio-vision cinématographique* di fine anni '20'. Nel 1923 DeForest è alle prese, come accennato, con il brevetto di registrazione sonora su pellicola, successivamente perfezionato dagli inventori Theodore Case e Earl Sponable. Nel 1925 la *Western Eletric*, società alle dipendenze del colosso delle comunicazioni statunitensi, l'*American Telephone & Telegraph*, si avvicina al mercato cinematografico hollywoodiano, per mostrare, promuovere e vendere il nuovo sistema di sincronizzazione su disco. Inizialmente accolto con freddezza, il sistema riscuote successivamente attenzione da parte della *Warner Bros*, una delle note *Majors* o *Big Five* hollywoodiane che, ormai sull'orlo della bancarotta, coglie al volo l'occasione. Ed è in effetti dalla concertazione della *Western* e della *Warner* che nasce l'*affaire acoustique*.

Trasferitisi dal piccolo studio Vitagraph ai teatri insonorizzati della Manhattan Opera House, i fratelli Warner sperimentano il nuovo sistema grazie al quale lanciano poi, in data 6 agosto 1926, in anteprima mondiale al Warners' Theatre di New York, il «primo lungometraggio muto *post-sincronizzato* con [...] partitura musicale», ovvero *Don Juan* (*Don Giovanni e Lucrezia*) di Alan Crosland. In programma, nella stessa serata, vi sono anche altre sperimentazioni: un'aria da *I pagliacci* (1892) di Ruggero Leoncavallo e un discorso di Will Hays. Ad attrarre e a far clamore è comunque la novità della riproduzione acustica, che avviene «mediante [...] sistema *Vitaphone*», ovvero «su dischi *fonografici*», sincronizzata alle immagini proiettate sullo schermo. Ma è nell'anno successivo, quando nello stesso teatro viene proiettato, il 6 ottobre 1927, *The Jazz Singer* (*Il cantante di jazz*) sempre di Crosland, con Al Jonson, che l'entusiasmo sale alle stelle e ci si sbilancia intorno alla nuova conquista tecnologica e all'affermazione del sonoro al cinema.

Di lì alla nascita di "competitors", nella corsa all'inseguimento della neo-invenzione, il passo è breve. Decide infatti di competere con la *Warner* un'altra celebre *Major*, la *20th Century Fox*, che però entra in campo sperimentando ed adottando il sistema di sincronizzazione su pellicola, il *Movietone*. E così, sia pure lungo una strada accidentata e ancora tutta in salita, l'impresa realizza attualità e cinegiornali – i noti *Fox Movietone* – dedicati a parate militari, voli transatlantici ecc., alcuni dei quali vengono proietta-ti la prima volta il 2 maggio 1927 al Roxy Theatre di New York.

Per il momento si è ancora lontani dall'ipotesi di soppiantare il *Vitaphone* con il *Movietone*. La sua sarà piuttosto un'affermazio-ne futura, dovuta alla maggiore sincronizzazione tra immagini e suoni che il *Movietone* garantisce[8].

## La tecnologia sotto osservazione della stampa e dell'editoria italiana

Se, come detto, è nel vecchio continente europeo che si accende un animato dibattito teorico sull'avvento del sonoro, è dal nuovo continente americano che repentinamente si propaga nel resto pianeta, Italia compresa, l'eco della rivoluzione tecnico-sonora, ben presto posta sotto osservazione della stampa e dell'editoria specialistica nostrana. Tre i volumi più significativi sul tema al-lora editi: *Cinematografia sonora. Elementi teorico-pratici*, del 1930, di Ernesto Cauda; *Il fonofilm. L'arte e la tecnica della cine-matografia parlata e sonora*, del 1932, di Giuseppe Lega; *Afonie e raucedini del film sonoro. Loro cause e loro eliminazione*, del 1933, ancora di Cauda e Paolo Uccello. Ai quali occorre aggiun-gere il periodico la «Rivista Italiana di Cinetecnica» che, a partire dal 15 ottobre 1928, dedica un'attenzione specifica e scientifica ai nuovi sistemi di registrazione e di sincronizzazione dei suoni abbinati alle immagini[9].

Per Cauda «i sistemi di film sonoro esistenti [...] sono assai numerosi», ma si possono suddividere in quattro macrocategorie e quattro megagruppi essenziali: 1) «ad incisione»; 2) «elettromagnetici»; 3) «ad assorbimento e a luminescenza»; 4) «a registrazione foto-acustica». E tra questi i più rilevanti sono, a suo avviso, quelli al punto 1) e 4), ovvero ad incisione «su dischi grammofonici», nonché a registrazione ottica su «celluloide della pellicola». A loro volta, precisa Cauda, questi sistemi si possono comunque scomporre e ulteriormente definire in quanto «ad incisione grammofonica [...] *non sincronici* e [...] *sincronici*», «e a registrazione foto-acustica [...] a *intensità* e a *trascrizione variabile*». Il che lo induce ad eleggere al vertice i due sistemi standard, il *Vitaphone* e il *Movietone*, ma senza trascurare tutti gli altri, di cui comunque tiene conto, in una presunta guerra dei brevetti, siano essi ad incisione, fotoacustici e ad assorbimento, americani d'origine, ma non solo, e di altre nazionalità: il tedesco *Tobis-Klangfilm/Tri-Ergon*; il danese *Petersen Poulsen*; il francese *Film Rationnel Gaumont*; l'inglese *British Talking Pictures*; l'italiano *Fonofilm Robimarga*; l'americano *RCA-Photophone*[10].

E mentre Cauda si concentra sulla registrazione grammofonica, e in particolare sulle proprietà che i dischi devono avere per fronteggiare e risolvere il problema della deperibilità, minuziosa è la riflessione e analisi di Lega sul funzionamento della registrazione foto-acustica, incentrata sul processo di conversione delle vibrazioni sonore e delle correnti elettriche in fasci luminosi che, una volta condensati e fatti oscillare, vengono graficamente impressi su di una striscia sottile della pellicola e del suo fotogramma standard in *35 mm*[11].

La trasformazione delle ondulazioni elettriche in ondulazioni luminose è cosa che comporta un lavoro molto attento e molto delicato. Si tratta, infatti, di trasformare istantaneamente le variazioni della corrente elettrica in quelle della luce [...]. Questi procedimenti possono essere praticamente attuati usando il galvanometro a specchio o oscillografo di Blondel, oppure il galvanometro a corde, la lampada ad atmosfera gazzosa a modulazione o la cellula di Kerr [...]. Le correnti che partono dai microfoni passano attraverso un amplificatore che aziona un oscillografo di Blondel il cui specchio non è più grande di pochi millimetri. Si proietta un fascio luminoso su questo specchio; il fascio viene condensato, da una lente cilindrica, in una sottilissima striscia di luce che va a percuotere la pellicola da sensibilizzare. Le oscillazioni di questa striscia di luce si "scrivono" sul film, con delle linee più o meno lunghe o più o meno vicine simili a quelle che lasciano i sismografi sui diagrammi sismografici.

Una volta introdotti e descritti i dettagli tecnici, come ottenere gli esiti migliori? Cercano di spiegarlo a loro modo ancora Cauda e Uccello nel volume scritto a quattro mani e sopra citato, il quale si presenta, fin dall'introduzione, come una guida e un manuale per il provetto operatore cinematografico, che alle prime armi ottiene spesso registrazioni difettate da afonie e raucedini. Un supporto che anche la «Rivista Italiana di Cinetecnica» vuol fornire, stando almeno alle dichiarazioni d'intenti espresse nell'articolo inaugurale, reiterate poi in molti scritti almeno fino al 1933-1934. La linea editoriale della rivista punta del resto a «valorizzare [...] il tecnicismo», preoccupandosi di preparare al meglio gli operatori di mestiere che al cinema sonoro si dedicano. L'impostazione tecnologica non è comunque mai separata dalle riflessioni estetiche e teoriche, d'altra parte, come scrive Alberto Boschi, «non vi è forse periodo della storia del cinema in cui i rapporti fra possibilità (impossibilità) tecnologiche e scelte d'ordine estetico [...] siano così stretti e vincolanti come negli anni della transizione dal muto al sonoro»[12]. Allo stesso modo, potremo aggiungere, non c'è altra invenzione tecnologica che, come quella del sonoro, si ritrovi ad incidere così profondamente nella pratica e nell'organizzazione dell'industria cinematografica, determinando una profonda metamorfosi, ad esempio, dei luoghi deputati alla realizzazione e visione dei film, quali i set e le sale cinematografiche, allora soggetti a radicali rinnovamenti e ristrutturazioni. Così come a cambiare sono le professionalità che in tali luoghi si esercitano.

Con l'avvento dei nuovi apparecchi di ripresa (la macchina da presa), di registrazione (il *microfono*) e di proiezione (il proiettore in sala), a cambiare è anzitutto il metodo di lavoro, tanto dei cineasti quanto degli attori, fortemente condizionati dall'improvvisa comparsa sul set di nuove figure professionali, come l'*ingegnere del suono* e il *microfonista*. E poiché a mutare non è solo il processo ripresa, ma anche quello di proiezione e di visione del pubblico in sala, il proiezionista, da un lato deve mettersi al passo con i tempi e fare corsi di aggiornamento, e lo spettatore, dall'altro, deve farsi condurre per mano, come un bambino, in un nuovo processo di alfabetizzazione e una nuova modalità di ricezione delle immagini in movimento[13].

### La sceneggiatura e i primi scenari sonori

Sulle trasformazioni metodologiche e professionali dell'industria cinematografica negli anni della transizione dal muto al sonoro si sofferma Michel Chion ne *I mestieri del cinema*[14].

Poi arriva il suono. Tutti sono d'accordo sul cambiamento radicale che esso ha introdotto nel linguaggio cinematografico. Ma dal punto di vista professionale, il suono non si è accontentato di aggiungere qualche nuovo posto alla troupe dei mestieri del cinema: ha soprattutto obbligato la produzione cinematografica ad organizzarsi su altre basi.

Di fatto, con l'avvento del sonoro, il mondo del cinema *tout court* si riorganizza *ex novo* e su vasta scala: dalla base ai vertici della piramide professionale.

Il mestiere di sceneggiatore, ad esempio, riprende quota. La sceneggiatura – che François Vanoye definisce quale «processo di elaborazione» di un racconto che da un'idea di partenza giunge «allo *script* finale» e dal «testo narrativo-descrittivo» iniziale, in forma grafica, si tramuta in filmato – nell'era sonora decreta la «rivincita della parola sull'immagine», e lo sceneggiatore, rafforza la propria identità. Silvio Alovisio mette in evidenza come negli anni del muto alla sceneggiatura fosse attribuita scarsa considerazione[15]. Negli anni della transizione, più che di sceneggiatura si parla, in riferimento al periodo del muto, di «general outline script», quale sorta di trattamento sintetico e schematico, strutturato per blocchi narrativi e suscettibile di qualsivoglia improvvisazione e cambiamento, prima, durante e dopo le riprese. Tanto mutevole è il testo scritto del muto, quanto immodificabile sembrerebbe la sceneggiatura successiva dell'era sonora, destinata a quel che sarà il futuro *découpage* tecnico[16]. Entrambi i testi sono essenziali per la realizzazione di un film, ma se prima ogni possibile variazione era lecita e legittima, ora tutto si complica e la sceneggiatura sembra farsi sempre più rigida. Tutto va deciso preventivamente, durante la fase di scrittura che precede le riprese, perché nel corso di quest'ultime sembra assai difficile poter gestire, almeno nel momento iniziale di passaggio dal muto al sonoro, qualsiasi cambiamento, soprattutto di tipo dialogico e acustico. Questo è quanto viene messo a fuoco su «Il Tevere», nell'autunno del 1929[17].

Finora la sceneggiatura terminata non costituiva che una base per i lavori intrapresi del *metteur-en-scène* [...]. Assai frequentemente avveniva che la composizione del film comportasse delle trasformazioni essenziali della sceneggiatura [...]. In avvenire tutto ciò sarà impossibile. Le immagini del *film sonoro* non potranno essere modificate durante la presa delle vedute né potranno essere tagliate durante il lavoro di montaggio. Ogni modificazione, una volta condotta a termine la sceneggiatura, significherebbe una interruzione o una rottura nella musica d'accompagnamento del *film sonoro* [...]. La durata di ogni ripresa di vedute deve trovarsi in perfetta armonia con quella della musica d'accompagnamento. Nell'elaborazione della sceneggiatura, *metteur-en-scène*, autore, compositore e operatore devono mettersi d'accordo sulla lunghezza come sul carattere di ogni passaggio nel film.

Se in passato, in assenza del suono registrato, ogni libertà d'intervento è possibile anche durante le riprese, all'ultimo minuto, così come in fase di montaggio, ora la presenza della colonna sonora inibisce tagli e modifiche della colonna visiva.
E ancora, se negli anni del muto gli scrittori di cinema lavorano alle *didascalie* separatamente e autonomamente rispetto alle inquadrature, ora è chiaro come le parole e i dialoghi siano sempre più interdipendenti alle immagini. Non di supporto e parallele ad esse, bensì integranti. Su «La Cinematografia» dell'estate del

1928 si osserva che finora gli scrittori di cinema «venivano chiamati per scrivere delle trame riguardanti solamente l'azione», mentre ora devono preoccuparsi anche dei dialoghi. Pertanto «i metodi con i quali si scrive un soggetto [...] sonoro sono opposti a quelli usati per i soggetti comuni» fino ad allora diffusi. Ribadisce Luciano Doria nella primavera del 1929 su «Il Tevere», che ormai è chiaro che il suono non può più essere considerato un «elemento accessorio e decorativo» dell'immagine, essendo diventato spinta propulsiva dell'azione cinematografica.

Ed è in effetti grazie all'immissione dell'elemento fonico, sempre più determinante, che prendono forma, a cavallo tra la fine degli anni '20 e l'inizio degli anni '30, nuovi soggetti e nuovi scenari, spesso descritti nelle riviste e nei periodici italiani d'epoca. Esempi significativi, sia pure un po' primitivi e *naif*, si trovano in «cinematografo» del 23 giugno 1929 e in «Kines» del 9 agosto 1931[18].

Apertura a fundu - Locomotiva in atto di partenza - *Sonoro*: fischio della locomotiva [...]. Dettaglio: Ruote strette dai freni ad aria compressa - *Sonoro*: stridulo freni, ruote e rotaie [...]. Dissolvenza: In una grande arteria verso le 17.00 [...] la folla, i negozi etc. [...], due [giovani] si perdono nella folla [...]. *Sonoro*: frastuono strada, vocio etc. [...]. Cielo - Aeroplani che volteggiano - *Sonoro*: rombo motori in lontananza [...]. Inquadratura terra - L'ombra di un metropolitano che con i segnali mantiene l'ordine stradale [...], ombre di auto che gli passano vicino - *Sonoro*: suoni di trombe, sirene, vocio etc.

Apertura ad iride. Il centro di una grande città. Movimento congestionato di macchine, uomini. Rumore assordante di motori, urli di clacson, di tram [...]. Una via solitaria. Un camion si avvicina a gran velocità. Una bimba esce da una porta ed attraversa la strada. Visione delle ruote anteriori del camion, rumore del motore. Un urlo agghiacciante. Una corsia di un ospedale. Colpi di tosse, gemiti, pianti. Un letto coperto da un lenzuolo sotto il quale si distingue una forma. Dissolvenza. Un giglio spezzato. Una croce su un tumulo. Lontano suono di campane. Un salottino riservato di un *tabarin*. Echi di *jazz*. Un vecchio signore calvo con fra le braccia una donnina seminuda. Il vecchio cava di tasca il portafoglio e lo vuota in grembo alla donna: fogli da cento, mille [lire]. Risata soddisfatta della donna. Una stanza di una povera casa. Due bimbi aggrappati alle gonnelle di una donna lacera e smunta. Pianto dei bimbi: «Mamma, ho fame!». Un fiume in piena. Rumoreggiare di acqua. Un uomo: un grido: «Poveri miei figli!». La visione dell'acqua si avvicina precipitosamente con gran fracasso. Un tonfo. Un parco. Un uomo ed una donna giovani. Si abbracciano, si baciano. Lei: «T'amerò sempre». Stormire di fronde mosse dal vento. Una scala: un passo furtivo di uomo: si vedono le scarpe che salgono. Il cigolio di una porta. «Amore!». Un passo più pesante. PP del volto abbattuto dell'uomo del parco. Un'alcova. La donna del parco abbracciata allo sconosciuto. Il tonfo di un uscio aperto con un spallata. Un grido: «Mio marito!». Due colpi di revolver e fotogramma nero. La sala di una Borsa [Valori]. Ticchettio di telegrafiche. Una moltitudine di uomini si agita, grida cifre. Un agente impassibile segna su una lavagna cifre e cifre. [...] Un uomo ride soddisfatto. Un altro scende la scala appoggiandosi al muro: «Sono rovinato!». Fotogramma nero. Rumore metallico. Una cassaforte aperta [...]. L'oro empie tutto il fotogramma. Rumore assordante. Visione allucinante, abbagliante di oro, oro, oro, oro! Chiusura ad iride.

Più simili ai soggetti e ai trattamenti che a delle vere e proprie sceneggiature, gli esempi selezionati mostrano certo una scrittura telegrafica, schematica e ancora piuttosto rudimentale, ma indubbiamente attenta a un immaginario acustico, e soprattutto, audiovisivo. Una scrittura grazie alla quale è possibile cominciare a vedere i suoni e ad udire le immagini[19].

## «Il teatro sonoro è... *il tempio del silenzio*»

Prima di tutto cos'è un teatro di posa? Il teatro sonoro di posa, detto anche *studio* cinematografico, in inglese *stage*, è una sala, molto grande e molto alta, di forma solitamente rettangolare. All'esterno può presentare vari aspetti. Se il teatro è costruito, come un cortile coperto, nel centro di un edificio adibito ad uffici, l'esterno [...] è quello di un qualunque palazzo a più piani. Ma questo caso è raro, e per ovvie ragioni: il teatro, preferibilmente, deve essere isolato, affinché i rumori esterni non disturbino la lavorazione. [...] L'esterno di uno *studio* ha [...] sovente l'aspetto di un capannone industriale, di un immenso hangar: modernamente rivestito in lamiera, ottima difesa contro gli incendi. Uno stabilimento comprende più di un teatro di posa. Di solito questi teatri sono ciascuno isolato dall'altro e sorgono qua e là in un solo recinto, tra ampi cortili. Oppure [...] sono abbinati: un unico hangar è diviso in due teatri; e mentre in uno si gira, nell'altro si procede alla costruzione di un nuovo ambiente. [...] La riuscita di una scena dipende spesso da un tono di voce, da un lieve gesto, dal fuggevole sguardo di un attore. Intorno all'attore sono costantemente fissi dieci, venti, trenta volti che dovrebbero restare silenziosi, ma viceversa – per indisciplina o per necessità, perché il Direttore ha poca autorità o perché il lavoro stesso esige che ci si scambi qualche parola – parlano molto sovente. Si comprende dunque la necessità di evitare maggior confusione: isolare il teatro, interdirne, per quanto è possibile, l'entrata a tutti i curiosi. Assolutamente indispensabile è poi che il teatro resti chiuso: chiuso anche ai componenti della troupe o ad operai assistenti segretari che siano usciti per qualche affare attinente al film; chiuso perfino ai dirigenti e ai finanziatori della casa produttrice, e ai direttori degli Stabilimenti, ogni volta che, all'interno, si sta girando. A questo scopo, quando il Direttore ordina: «Si gira!», dalla cabina il tecnico dei suoni dà un segnale (per solito un colpo di clacson); il custode chiude gli aspiratori e le porte; e, automaticamente, una luce rossa si accende sull'ingresso. Davanti alla luce rossa tutti si arrestano. [...] Innumerevoli elementi possono pregiudicare la riuscita. Tutto, recitazione, azione, ripresa fotografica, ripresa sonora, può andare alla perfezione, e, ciononostante, essere lavoro inutile se una sedia ha scricchiolato, se qualcuno ha starnutito, se una lampadina ha oscillato, se è rimasto inciso sulla colonna sonora il lontano cigolio di una porta. Bisogna ricominciare dal principio, rigirare la scena da capo a fondo: e magari l'attrice non troverà più, neanche ripetendo la scena cento volte, quell'accento, quel leggero tremito della voce, quella breve esitazione nello sguardo, quel piccolo gesto giusto della mano, a cui era affidata tutta la commozione, la potenza cinematografica della scena, la sua chiarezza di fronte al pubblico. [...] È evidente che l'invenzione del sonoro ha moltiplicato questo pericolo per tutti quegli impedimenti e incidenti udibili che possono rovinare la scena. Affinché riesca la ripresa fotografico-sonora bisogna [...] che le parole e i rumori della scena s'incidano nel perfetto silenzio o, almeno, in un'atmosfera sonora accordata all'effetto della scena. [...] Prima e indispensabile condizione della ripresa sonora in teatro è dunque il silenzio perfetto dell'atmosfera attorniante.

La raffinata e lunga descrizione è di Mario Soldati ed è pubblicata, tra il 1934 e il 1935, in *24 ore in uno studio cinematografico*. Il libricino, scritto durante un esilio forzato sul lago d'Orta e uscito con lo pseudonimo di Franco Pallavera, è stato rispolverato e ristampato con il vero nome dell'autore, a metà degli anni '80, dalla editrice siciliana Sellerio. Sorta di diario di bordo, in esso Soldati annota dettagli e curiosità di un triennio cinematografico durante il quale svolge sul set mansioni da ciacchista, segretario d'edizione e aiuto regista. Il risultato è una guida per accedere al mondo di *cinelandia*: fabbrica di sogni per eccellenza, ma soprattutto luogo di fatiche e sudori che, soggetto a regole, orari e consuetudini, spesso molto rigide, subisce repentini modifiche proprio negli anni della transizione dal muto al sonoro[20].

Tra scosse e assestamenti, i teatri di posa e gli stabilimenti cinematografici passano, in men che non si dica, da uno stato di caos e frastuono, frequente nell'era del muto, a un irreale e ovattato silenzio, descritto con arguta ironia anche da Cesare Zavattini su «Cinema Illustrazione» il 15 ottobre 1930. Il testo è stato raccolto, insieme ad altri firmati dallo scrittore di Luzzara con pseudonimi di fantasia, nel celebre *Cronache da Hollywood*, pubblicato agli inizi degli anni '90 da Lucarini[21].

Siete mai stati in un teatro d'arte muta, di quelli di una volta? No? Ebbene io sì [...] e vi posso giurare che era una cosa da pazzi. Il minor rumore che si udisse era quello della voce umana, e pure, sotto il vasto capannone di vetro, rimbombavano gli urli, vibravano gli strilli, scoppiettavano gli ordini: «Avanti! Ferma! Fuori il primo attore! Più moto! Più vita!, Fermo, quello lì che è morto!». Poi martellate, tonfi, fischi, la mitragliatrice in sordina della macchina da presa, un pandemonio! Allora una vera folla assisteva alla presa delle pellicole: c'era il direttore, poi c'erano i suoi aiutanti, i macchinisti, gli operatori, gli artisti, le comparse "che non c'entravano" [...] e tutta questa gente passeggiava, chiacchierava, si industriava, insomma, in tutti i modi migliori e più corrispondenti allo scopo [di] far rumore. Il curioso in tutto questo è che quelli o quello che dovevano far rumore non ne facevano affatto! Le terribili esplosioni che si vedono in certi film, per esempio, sono quasi assolutamente silenziose. O sono ottenute con razzi, o con polvere pirica, bruciata all'aperto. È il caso di dire: molto fumo, con quel che segue. [...] La pellicola sonora o parlata, invece, si svolge nel più religioso silenzio, per via del *Terribile Mike*, così si chiama, qui in Hollywood, il *microfono*. Questo infernale strumento ha il dono di amplificare tanto tutti i rumori che il ronzio di una mosca viene riprodotto forte quasi come il rombo di un aeroplano.

Un confronto, quello tra riprese sul set negli anni del muto, prima, e del sonoro, poi, da cui scaturisce il paradosso o la contraddizione che segue.

Se c'era un'arte che era muta [...] per modo di dire, era quella muta. Per contrapposto, e questa è un'altra verità assoluta, se c'è un'arte che sia muta, o quasi, sul serio, questa è quella della cinematografia sonora.

Il che, ancor prima di qualsiasi riflessione teorica, sollecita osservazioni di ordine pratico. Prime tra tutte l'esigenza che con l'avvento del sonoro si ha di rinnovare i teatri di posa, al fine di isolare i suoni – siano essi parole, rumori e musica – e soprattutto di poterli registrare, prima, e riprodurre, poi, in modo chiaro e nitido. Una ristrutturazione addirittura radicale, con l'abbattimento dei «teatri di vetro» di un tempo sulle cui macerie vengono fatte sorgere le nuove città foniche, solitamente costituite da hangar isolati e pertanto silenziosi, così come detto nella «Rivista Italiana di Cinetecnica» del luglio del 1929[22].

Nel corso dell'ultimo anno l'interno dei teatri di posa di Hollywood è stato completamente cambiato. Tutto fu modificato per la presa del *fonofilm*. Invece di teatri di legno o di vetro non ci sono più oggi che teatri di materiale antifonico. Le costruzioni sono tutte piuttosto simili. Le pareti esterne sono formate da muri di cemento rinforzati e posati parzialmente su colonne antivibranti. Le pareti sono doppie per l'isolamento dei rumori esterni. Le pareti interne sono ricoperte, internamente ed esternamente, con materiali antifonici, come feltro, cartone poroso, tessuti di lana etc. Allo scopo di eliminare l'eco e le risonanze, le tettoie sono ricoperte all'interno da tendoni ondulati [...]. Tutte le finestre e le porte sono rese impenetrabili al suono [...]. Per lo più i teatri di posa sono di grandezza media (piedi 80x100). Essi sono spesso suddivisi da pareti antifoniche in modo da permettere il lavoro contemporaneo di due *troupe* o, quanto meno, la preparazione di una scena mentre se ne gira un'altra [...]. Se un teatro è situato in posizione da renderlo soggetto alle vibrazioni dovute al traffico esterno, si lavora di notte e si dedica il giorno alla sola preparazione delle scene. Per evitare il passaggio di aeroplani sopra i teatri, mentre si lavora, si provvede con l'innalzamento sui teatri stessi di un pallone-segnale, di giorno, e con segnalazioni luminose di notte.

Gli ambienti nei quali i *films sonori* vengono ripresi [...] devono soddisfare [...] determinate condizioni [...]. Dopo ricerche durate parecchi anni si sono potute formulare [...] leggi [...] relative all'isolamento contro i rumori esterni all'ambiente: 1) le pareti di calce, gesso, pietra o mattone attutiscono i rumori in proporzione del loro spessore; 2) il feltro e gli altri materiali porosi non isolano bene, usati da soli [...] 3) le doppie pareti garantiscono un più alto grado di isolamento che non le pareti semplici di uguale spessore. Per la costruzione logica e tecnicamente esatta d'un teatro di posa occorre tener presente anzitutto che tali teatri devono possedere un'acustica tutta speciale [...]. È [...] indispensabile: 1) evitare l'eco e le risonanze; 2) evitare gli assorbimenti del suono per effetto che non siano quelli delle pareti; 3) isolare l'interno dai rumori esterni.

I materiali di fabbricazione a cui si ricorre sono i più disparati: legno, feltro, gesso ecc. Mentre numerosi sono gli *escamotage* adottati per girare in momenti propizi e silenziosi che, di fatto, mutano ogni abitudine e cerimoniale sul set. E se su questi si sofferma anche Alessandro Blasetti su «Il Tevere» del gennaio 1930, è in particolare Lega che, nel suo testo citato e dedicato al *fonofilm* e all'arte della cinematografia parlata, afferma che «il teatro sonoro è... *il tempio del silenzio*», una sorta di luogo sacro dove le riprese seguono un loro protocollo e soprattutto una nuova ritualità quasi liturgica[23].

### Signore e signori, il *Terribile Mike*: sua Maestà il *microfono*

Nel captare le vibrazioni sonore e riconvertirle in onde luminose, il *microfono* è un po' come un orecchio bionico che, al pari dell'occhio della *mdp*, penetra nei teatri di posa, spia, ascolta e raccoglie i rumori, che rimbalzano dal profilmico al filmico.
Temuto, ma anche venerato come un re, è da lui che tutto dipende e deriva. La presenza del *Terribile Mike*, così come apostrofato da Zavattini, comporta l'insonorizzazione delle apparecchiature di ripresa cinematografica e del set, e costringe al silenzio tutti i suoi frequentatori.
Ferruccio Biancini su «Kines» della fine del 1929 descrive il *microfono* come uno strano aggeggio, che getta tutti nel mutismo e in uno stato di inerte e assoluto silenzio[24].

Strano congegno [...] il *microfono*, quella specie di scatoletta nera sospesa al centro di quel cerchietto metallico come un ragno colossale. Due fili legano il ragno alla cabina, mentre una piccola carrucola lo trascina [...] nel centro della scena [...]. Sul teatro muto si parla, si dice troppo, si fa troppo rumore. Su quello sonoro, grazie al *microfono*, si deve star zitti e come!

Di fronte al *microfono* si tace e ci si mostra reverenti, quando non veneranti. Il suo passaggio induce a un religioso e imperturbabile silenzio. Al *microfono* nulla sfugge. Privo di capacità selettive, deputato all'amplificazione, deve essere stato spesso causa, all'inizio, di episodi, buffi e imbarazzanti, come quelli immaginati, ancora una volta, dalla fervida penna zavattiniana e narrati sotto forma di aneddoto sempre su «Cinema Illustrazione» il 22 ottobre 1930.

Al Jolson stava provando – fu il primo a impressionare una pellicola sonora – una scena de *Il cantante di jazz*. La scena era andata benone: la voce era perfetta, la dizione anche, il gesto equilibrato ed elegante. Il direttore di scena si sfregava le mani soddisfatto [...]. L'infelice aveva fatto i conti senza la ferocia del *Terribile Mike*. Alla riproduzione della scena ecco un rombo di aeroplano, assordante. Qualcuno s'affaccia a vedere chi è che vola così basso sui tetti. Niente. Nemmeno una rondine; nella stanza il rombo continua, tanto forte da coprire la voce del cantante. È impossibile continuare. Si sospende la proiezione, ed il rombo cessa. Poi, quando pare che tutto sia silenzio, si riprende la proiezione: ecco che il rombo riprende. Allora si comincia a capire: era la pellicola. Insomma, a farla breve, ce ne vollero, del tempo e della fatica, per scoprire che una minuscola mosca, inosservata, aveva combinato tutti quei guai! Un'altra volta, durante la proiezione di un *film sonoro* si ode, ad un tratto, uno scroscio orrendo: pare che si siano spalancate le cataratte del Niagara, che milioni di metri cubi d'acqua rotolino dall'alto, oppure pare che un grattacielo si stia sfasciando e crolli al suolo. Cos'era stato? Un affare semplicissimo: un operatore di scena, preparandosi per approntare un nuovo ambiente, aveva sciolto un pacco di chiodi i quali, cadendo confusamente sul pavimento, avevano prodotto un leggero rumore che il *microfono* aveva raccolto e reso fino a quel punto d'intensità! Ora, però, le cose sono cambiate, poiché si annuncia che è stato inventato un nuovo tipo di *Terribile Mike*, capace di isolare dagli altri rumori le voci che si devono riprodurre.

Al di là dell'ironia, che rispecchia probabilmente una situazione non lontana dal vero, sono in molti allora, tra esperti e addetti ai lavori – tra cui Leandro Forno, una delle penne de «Il Cinema

Italiano» – a preoccuparsi dell'imperfezione microfonica della prima ora e a cercare di prevenire, sia pure attraverso una loro non semplice identificazione e collocazione, quei rumori che più di altri disturbano la ricezione acustica e ambientale[25].

È stato sempre impossibile, malgrado sapienti ricerche, definire i rumori suscettibili di turbare il *microfono*. Spesso, nel bel mezzo di un lungo silenzio significativo, in un esterno pieno di luna e di quiete, il *microfono* riprende strani rumori che si ripeteranno ineluttabilmente, dietro lo schermo. Un ingegnere appositamente adibito da una casa cinematografica alla ricerca delle fonti sconosciute di questi rumori, è riuscito, dopo vari studi, a stabilire le origini così: l'artista che respiri troppo forte o in maniera ineguale; uccelli in volo; api, che vengono a volare attorno al *microfono*; trombe d'automobile; motori d'aeroplano; fischi di locomotive.

Numerosi gli studi e le indagini messi in campo. Eppure, nonostante le sapienti ricerche, all'inizio appare quantomeno arduo, se non impossibile, riuscire a riconoscere – e magari a trascriverli su una lista nera – i rumori ritenuti molesti da sua Maestà il *microfono*. Si procede pertanto a tentoni, attuando le prime sperimentazioni.

Insonorizzare i teatri, come abbiamo visto – e le cineprese, come vedremo – non basta. Tra i primi interventi c'è anche quello, banale e manuale, di cercare di tenere il microfono il più possibile fermo, immobile. Fissità che causa però una preoccupante staticità degli attori e delle attrici.

Ed è a proposito della rigidità e della *omnidirezionalità* del *microfono* – così come la definisce Chion –, nonché delle conseguenze che questo provoca sulle capacità canore e recitative degli interpreti, che si legge in un articolo del 1932 apparso su «La Rivista Cinematografica». In questo testo si fa strada una soluzione: aggiungere un'«asta» o una «pertica» al fine di restituire mobilità al *Terribile Mike*. Soluzione che sappiamo essersi affermata nel tempo come giusta garanzia per le esigenze degli attori e delle attrici[26].

Il *microfono*, accessorio delicatissimo e di primaria importanza, quale ricevitore d'onde sonore [...] con apertura sensibile protesa unicamente in avanti, aggiunta alla rigidezza dell'intero apparecchio che ne rendeva impossibile, nella rigidità di una scena, gli spostamenti, limitava il raggio di ricezione ai suoni affluenti in linea frontale, diretta, mentre i rumori e le voci all'intorno subivano distorsioni dannose e abbassamenti di tonalità e di chiarezza. L'inconveniente costringeva l'artista non solo a non spostarsi fuori di quel limitato raggio di azione ma a guardarsi perfino dal volgere la schiena o semplicemente il fianco al tiranno *microfono*, pena la menomazione delle sue capacità canore o recitative. E ciò con sensibile danno al ritmo sciolto e spontaneo dell'azione.

Al fine di perfezionare le capacità tecnico-ricettive del *microfono*, gli esperimenti comunque non mancano, anzi potremmo dire che fioriscono a dismisura nei primi anni del sonoro.

Tra il 1930 e il 1932 ci si sofferma sulle proprietà dei nuovi microfoni a «bomba» o «a raggio», nonché sul fantascientifico «microfono negativo», all'interno di almeno tre articoli apparsi sulla «Rivista Italiana di Cinetecnica» e su «La Rivista Cinematografica». In essi i cronisti propendono all'unanimità per una registrazione differenziata degli elementi sonori della triade acustica, separazione che contribuisca alla neutralizzazione di suoni e rumori molesti. Un miglioramento auspicato su scala internazionale[27].

Secondo talune notizie provenienti dall'America [...] è stata fatta un'invenzione i cui risultati sarebbero prodigiosi e tali da rendere inutili tutti i dispositivi di isolamento acustico usati nei teatri di posa per *fonofilm*. Si tratterebbe [...] d'impiegare contemporaneamente [...] tre *microfoni*, di cui uno è un solito *microfono* [...] destinato [alla] voce dell'attore e gli altri due, posti a conveniente distanza e in luoghi opportunamente scelti, sono destinati a raccogliere i suoni parassitari, i rumori che non si vogliono riprodurre e che esistono sia all'aperto sia nei teatri non isolati. [...] I *microfoni negativi* vengono disposti in modo da ricevere soltanto questi rumori [...]. Caratteristica di questi *microfoni negativi* è quella di dare correnti di senso inverso a quelle date dai *microfoni ordinari*, cosicché le correnti degli uni e degli altri *microfoni* tendono ad eliminarsi. In altre parole le correnti dei *microfoni negativi* cancellano quella parte di corrente del *microfono positivo* che è dovuta ai rumori, lasciando passare agli apparecchi di registrazione solo la parte di corrente dovuta alla voce dell'attore. Il principio è geniale, ma ci manca per ora ogni dato per giudicarne la pratica attuabilità.

Il nuovo *microfono* cosiddetto *a raggio* è la preziosa invenzione che ha reso possibile [...] la ripresa di una conversazione tra due attori a parecchi metri di distanza in mezzo al frastuono assordante e alla molteplicità dei rumori di ogni specie di stazione ferroviaria. Il miracolo [...] è dovuto ad un minutissimo raggio di luce, che ha una larghezza di appena un quarto della grossezza di un capello umano. Questo raggio luminoso, attraverso un complesso sistema di piccole lenti e di minuscoli specchi, giunge ad impressionare la striscia di pellicola che costituirà poi il fotogramma sonoro.

Del *microfono bomba* [...] il segreto [...] sta tutto nella sua forma sferica. [...] La forma sferica [...] ammorbidisce, annullandole quasi, le vibrazioni moleste, ma inevitabili dei suoni indiretti, cioè rifratti da un ostacolo qualsiasi interposto fra la bocca di emissione e quella di ricezione [...]. La forma allungata del vecchio *microfono* [...] mal si prestava [...] per l'onda rifratta, la forma sferica è la più idonea [...]. I vantaggi qualitativi apportati dal *microfono* a forma sferica [...] hanno superato [...] gli ultimi ostacoli che distinguevano il prodotto dell'apparecchio sonoro dall'assoluto realismo della voce e dei rumori. A ciò si deve aggiungere che il nuovo *microfono* vanta sull'antico una maggiore semplicità sia per il peso ridotto da 12 libbre a circa 7, come per le parti, minori di numero, che lo compongono.

Tra tentativi andati a vuoto e sperimentazioni rivelatesi infruttuose, ecco sopraggiungere un effettivo miglioramento quello della «giraffa», introdotta nel 1931, alla quale poi subentra l'«asta» (*fishpole*), così come segnala ancora Chion.
Ma rimane difficile circoscrivere e limitare i cosiddetti rumori parassitari. Inquadrare l'universo acustico, così come si fa con quello visivo, è di fatto un miraggio[28].

Sfortunatamente la natura fisica del suono si oppone del tutto alla possibilità di un'inquadratura propriamente detta: i rumori che si trovano al di fuori del raggio d'azione del *microfono* [...] non si può che attenuarli se non sono troppo forti, senza poterli eliminare totalmente. Il solo vero mezzo per inquadrare il suono è quello di avvicinare il più possibile il *microfono* alla fonte.

Per «inquadrare il soggetto sonoro», al *microfono* non resta che avvicinarsi alla fonte e quindi restringere il «raggio d'azione», risolvendo così, sia pure parzialmente, il problema dei rumori parassitari. Detto questo, è chiaro che qualsiasi movimento del microfono, in avvicinamento o in allontanamento dalla fonte acustica, necessita del cosiddetto «uomo della pertica», ovvero del *microfonista*: nuovo «ingrato eppur popolare mestiere» che nasce allora e che immediatamente si rende indispensabile per la nuova era/area produttiva.

Normalmente una squadra del suono completa durante delle riprese [...] comporta almeno due individui in *tandem*: l'*ingegnere del suono* e il suo *microfonista*; il primo che controlla il livello audio e mette in funzione o ferma le apparecchiature dopo aver determinato i parametri di ripresa sonora, il secondo [che] dirige il *microfono* verso l'attore, negli stretti limiti e con le precauzioni che conosciamo. Tutti coloro che hanno assistito a delle riprese con questa tecnica sono stati colpiti dal profilo dell'*uomo della pertica* e certi hanno lasciato un ritratto un po' malizioso di questo tecnico, uomo del suono perso nel regno visivo, che è testimone di molta abilità e destrezza. Ce ne vuole per *sentire* mano a mano i limiti variabili e invalicabili dell'inquadratura, anche se sono preventivamente determinati discutendo con l'operatore; e anche evitare di disturbare gli attori e la squadra dell'immagine, e restare leggero e silenzioso attraverso gli spostamenti più complicati. Deve stabilirsi una comprensione immediata, un senso di armonia e di complementarietà tra lui e l'operatore, sapendo che il secondo associa il lavoro del primo ad una perpetua minaccia, quella dell'asta microfonica nel campo inquadrato.

Ma dei nuovi mestieri, dal *microfonista* al *tecnico del suono*, ci occuperemo più avanti. Mentre proseguiamo intorno ai luoghi e nella carrellata delle apparecchiature interessate alla nascita del sonoro cinematografico.

### Dalle *cabine insonorizzate* alle *scatole silenziatrici*: la macchina da presa è in gabbia

Negli anni della transizione, il microfono la fa da padrone. Temuto e venerato, come sottolineato, è lui che detta le regole ed è in sua funzione che si stabilisce il quotidiano piano di lavorazione del set. Ma anzitutto è per lui che avviene la ristrutturazione dei teatri di posa, abbattuti e ricostruiti *ex novo*. Così come è sempre per causa sua che la *mdp* viene costretta a una forzata prigionia, in compagnia dell'operatore, all'interno di gabbie o *cabine insonorizzate*: vere e proprie armature che avvolgono il dispositivo meccanico, attenuandone quel fastidioso ronzio che da sempre, fin dall'era del muto, si ode sul set, tutte le volte che è in funzione. Questa iniziale soluzione si paga a caro prezzo: il dispositivo e l'operatore possono sì effettuare riprese attraverso «una finestra rettangolare ricoperta da una spessa lastra di vetro» ma, di fatto, sono prigionieri ed hanno un unico punto di vista sul mondo, talvolta persino otticamente deformato da riverberi o imperfezioni della lastra[29].

Anche le *cabine antifoniche*, paragonate a quelle telefoniche, raccolgono l'attenzione dei giornalisti delle testate d'epoca, così come accade nel 1929 e nel 1930 da parte della «Rivista Italiana di Cinetecnica» e «Kines»[30].

Per eliminare il rumore delle macchine da presa si mettono queste all'interno di *cabine antifoniche* simili a quelle telefoniche e si fa la ripresa ottica attraverso una lastra di vetro. Siccome però la lastra di vetro può dare luogo a distorsioni o a mancanza di nitidezza, si preferisce in taluni stabilimenti di disporre l'apparecchio con l'obiettivo contro un foro della cabina, chiudendo poi ermeticamente il foro all'intorno, contro ogni possibile infiltrazione di rumori.

Si sa che l'operatore di ripresa sonora lavora rinchiuso in una vasta cabina - poggiata su ruote - le di cui pareti ricoperte di speciale materiale servono a isolare il rumore della macchina perché questo non sia percepibile ai *microfoni*. Queste cabine però non si son mostrate interamente soddisfacenti. Gli operatori mancano d'aria, mentre le dimensioni, la forma e il peso di questa specie di cabina-veicolo condannano gli obiettivi ad una fissità quasi assoluta, generando [...] una certa monotonia nell'inquadramento delle scene.

Testimonianze e descrizioni, queste, che sollecitano ulteriori riflessioni. Scongiurato il ronzio, la *mdp* si sente decisamente in trappola: menomata nella propria libertà di movimento, con ripercussioni stilistiche numerose ed evidenti.

Della monotonia di scena si parla già molto, allora. Del ridotto uso che si fa ad esempio del carrello, al contrario del ricorrente utilizzo delle panoramiche, si è spesso detto. Ed è chiaro come ad impedire i primi sia soprattutto la difficoltà di spostare sui binari le pesantissime *cabine antifoniche*, mentre ad agevolare le seconde sia l'opportunità di effettuare delle riprese comunque in movimento sull'asse e in grado di sfruttare al meglio l'apertura delle suddette cabine.

Ancora, è ormai accertato che i cineasti di allora, riluttanti all'idea di dover «rinunciare alla flessibilità e all'enfasi che il montaggio aveva offerto loro nell'era del muto», abbiano spesso optato per la cosiddetta «cinepresa multipla», ovvero per la presenza sul set di più dispositivi ottici, al fine di garantire, sia pure nei limiti di *mdp* ingabbiate e *insonorizzate*, un certo numero di inquadrature che potessero poi essere assemblate. Delle molteplici cineprese si legge per esempio in un articolo de «Il Cinema Italiano» del 20 novembre 1929[31].

Il direttore piazza gli apparecchi di assunzione. Il numero minore è di tre apparecchi, ma spesso ci si serve contemporaneamente di cinque o sei. Prendiamo una scena ordinaria con l'attor giovane e l'ingenua. Un apparecchio posto al centro e di faccia allo scenario prende un piano generale della scena con una lente di 40 mm. Un altro apparecchio posto alla sinistra dello scenario gira con una lente di tre o quattro pollici e non fotografa che l'attor giovane e lo segue anche quando si muove; il terzo apparecchio munito anch'esso di un obiettivo di quattro pollici, non fotografa che l'ingenua. Quando la scena è terminata si ottengono dunque tre *films* della stessa lunghezza con lo stesso *sound-track*, vale a dire il suono unico registrato su ognuno dei *films sonori* e su dischi. Più tardi la montatrice, seguendo le indicazioni del *metteur-en-scène* avrà il suo compito facilitato. Essa utilizzerà, per esempio, un centinaio di piedi di pellicola che mostrano i protagonisti insieme (piano profondo girato con la lente di 40 mm); poi quando la giovane comincerà a parlare utilizzerà il suo primo piano, girato con la camera tre.

Ma il progresso corre veloce e repentinamente si passa dalle *cabine insonorizzate* alle *scatole silenziatrici*, di vario materiale e grandezza, fino poi a sperimentare ancora cuffie e involucri di metallo, altrimenti noti come «*blimps*»[32].

Ogni metamorfosi è il superamento di ostacoli e impedimenti precedenti e permette alla *mdp* di riscattarsi e di riconquistare la sua agilità e libertà di movimento, così come registrato in tre cronache del 1930 de «La Rivista Cinematografica», di «Kines» e de «L'Eco del Cinema»[33].

In principio l'operatore e la sua macchina erano chiusi in una grande cabina impermeabile ai suoni. La presa visuale si effettuava quindi attraverso uno spesso vetro pure impermeabile al suono. Ma ne derivava una certa rigidità nella presa, ciò che permise di rivolgere al *film sonoro* vari disappunti tra cui quello di aver creato degli impacci al film muto riguardo la sua primitiva mobilità. Attualmente la macchina è ridivenuta mobile. Nonostante tutte le asserzioni non esistono ancora macchine assolutamente silenziose. Ma si è saputo riparare. La macchina è stata posta in una piccola costruzione impermeabile al suono, in modo che [...] sia possibile avvicinarsi col *microfono* fino a 50 o 60 cm dalla macchina, senza che per questo ne risulti per la scena che si gira un *suono fondamentale* indesiderabile. La macchina è perciò ridivenuta libera e mobile quanto il nostro occhio stesso, assolutamente come nel film muto.

Dall'America [giungono] speciali apparecchi che segnano un bel passo avanti nella perfezione tecnica della ripresa sonora. Si tratta di grandi scatole rettangolari internamente rivestite come le grandi cabine, nelle quali va chiusa la macchina da presa. Queste scatole presentano orifici vetrati all'altezza dell'obiettivo e del mirino per far sì che l'operatore possa inquadrare liberamente. Rinchiusa la macchina in una tale scatola, essa viene poggiata su un comune cavalletto che può essere spostato facilmente in tutti i sensi. Tale semplificazione segna una vera evoluzione nel campo della tecnica e per essa del *film parlato* e *sonoro*.

Le incomode ed ingombranti cabine lasciano il posto ai nuovi geniali cavalletti muniti di cuffie od involucri atti ad attutire il ronzio dei motori delle macchine da presa e ripristinano l'agilità del movimento per le più rapide svariate inquadrature.

## I *detronizzati* del sonoro: gli attori

Il *Movietone* ha portato la rivoluzione nella tecnica cinematografica. Teatri di posa, macchine di presa, tutto è stato o si sta riformando [...]. Le compagnie cinematografiche non solo hanno investito [...] per i nuovi adattamenti, i teatri di posa non solo hanno ordinato fino ad ora parecchie migliaia di macchine speciali (che proiettano luce e suono contemporaneamente), ma addirittura dei nuovi teatri fonici vengono costruiti per la perfetta esecuzione di questi lavori. Comunque la prima conseguenza diretta è questa: le *stelle* di Hollywood ed i *divi* dello stesso sito sono in liquidazione. [...] Hollywood cesserà di esistere.

Il mondo del cinematografo è in rivoluzione. È l'ora dei *talkies,* dei film parlanti [...]. Ma che cosa dicono i contemporanei? In molti regni artistici regna perplessità di fronte alla cinematografia che parla. *Stelle* di prima grandezza tramontano nel firmamento di Hollywood.

Tra le allarmanti e apocalittiche previsioni che alla fine degli anni '20 accolgono il sonoro vi è indubbiamente il timore che molti attori debbano incamminarsi sul viale del tramonto, non solo hollywoodiano, a causa delle loro voci gracidanti e ancora ineducate, se non inadeguate, al nuovo mezzo di registrazione acustica[34].

Moltissimi degli invidiati *astri* di oggi sono destinati a tramontare non possedendo qualità foniche tali da poter sostenere la prova del *microfono.*

Diffuso ed esteso è il disorientamento attoriale. In molti si sentono e di fatto vengono «detronizzati» – così come sostiene ancora il buon Zavattini – dall'Olimpo della cinematografia silenziosa, che un tempo chiedeva loro solo sorrisi smaglianti e sguardi fatali, mentre ora necessita non solo di bellezze da capogiro, ma anche di voci intonate e ben impostate, senza raucedini né cadenze dialettali[35].

C'è allarme a Hollywood nel mondo delle attrici e degli attori dell'arte muta. E si capisce, poiché non bastano più la bellezza fisica e lo sguardo fatale, ma si comincia a domandare ai divi, la voce, l'intonazione.

Il viso e il personale sono ancora elementi importanti, ma per avere delle possibilità di salire agli onori dello schermo, essi hanno perduto d'importanza di fronte al problema della lingua.

Per i nuovi interpreti non è insomma più sufficiente essere solo fotogenici, bisogna anche essere fonogenici: qualità un tempo indispensabile per dischi e radio e ora necessaria anche per il cinema sonoro. Quale «capacità più o meno misteriosa che [permette] a certe voci di "passare" meglio nella registrazione e negli altoparlanti, di incidersi meglio nei solchi», la fonogenia segue criteri che presto diventano, «molto in voga all'epoca delle *star*: attori/attrici, divi/dive sono giudicati rispetto alla fonogenia, esattamente come rispetto alla fotogenia, laddove la voce, come il volto e il corpo, risponde a requisiti quali il «fascino», il «sex-appeal» o «qualunque altra qualità di impatto sul piano della comunicazione e della seduzione»[36].

Dovendo i nuovi interpreti essere reclutati in base all'aspetto fonogenico, oltre che fotogenico, accade che gli attori e le attrici trasmigrino in massa dal palcoscenico allo schermo, mentre assai raramente il nuovo sistema parlante eredita gli antenati del cinema muto. Questo è almeno quanto si legge in un pezzo pubblicato su «Il Cinema Italiano» già nell'ottobre del 1929[37].

Se il *film parlante* dovesse attecchire, avremo la formazione di un tipo di attore assolutamente nuovo. Un esercito di attrici e di attori del teatro di posa, di opera e di varietà si getterà sul film e converrà ingaggiare tutta questa gente in mancanza di altri elementi: mentre le mute bellezze venute faticosamente in luce negli ultimi dieci anni finiranno con lo scomparire, senza canti e senza suoni. Chi mai, infatti, dei *divi* e delle *dive* attuali, a meno che non provengano dal teatro, è in grado di aprir bocca? Come pochi sono gli artisti capaci di ciò lo dimostra la divertente circostanza che a Hollywood è comparso un tipo veramente singolare, peraltro ignoto in America, e che offre i suoi servizi: il maestro di recitazione. E che questi maestri siano necessari, appare ben chiaro dal fatto che essi sono contesi.

Pertanto, se gli attori teatrali risalgono la china, gli interpreti del muto sembrano destinati all'oblio. A meno che un nuovo maestro, quello di recitazione e soprattutto di dizione, non impartisca loro l'arte della declamazione davanti al *Terribile Mike* così implacabile ed esigente. Sia pure abili nell'arte del teatro e dell'affabulazione, devono imparare a ridimensionare gli eccessi performativi e adattarsi alla nuova pantomima: senza perdere «l'incanto della parola» essi devono conquistare una «mimica [più] raffinata» e idonea allo schermo[38].

In questo senso l'attore ideale della futura cinematografia sonora è un ibrido che preserva e abbina l'eleganza pantomimica dell'interprete del muto e l'impeccabile dizione dei mattatori del palcoscenico, sia pure ridotta in scala, ovvero proporzionale alle dimensioni del telo bianco.

È naturale che l'avvento del cinema parlato abbia aperto un vasto campo d'azione all'attore teatrale. Lo schermo muto aveva creato i propri *astri* e la propria tecnica particolare ed in generale gli attori del teatro di prosa non riuscivano che raramente ad imporsi nel cinema. Durante l'era dei *films* muti era molto più pratico servirsi di attori che conoscevano la tecnica dell'arte muta, che l'insegnarne i segreti agli attori del teatro drammatico. Ma poi vennero i *films parlati* e quel che prima appariva uno spreco inutile di tempo e di energia divenne una necessità. E così vennero allo schermo ottimi artisti del teatro parlato [...]. Non c'è alcun dubbio che nel cinema sonoro le due arti, cioè l'arte muta e quella teatrale, hanno trovato il terreno comune in cui completarsi a vicenda creando una nuova arte che va sempre più perfezionandosi. L'attore cinematografico acquistando la parola ha dovuto abbandonare molto della sua vecchia tecnica della pantomima, ma ha dovuto apprendere l'arte della inflessione della voce, della dizione impeccabile etc., mentre l'attore teatrale ha dovuto esplorare i segreti della pantomima cinematografica.

A proposito della *detronizzazione* degli attori all'epoca della transizione, su «Kines» e «Il Cinema Italiano» a confessarsi sono due attrici americane che raccontano del loro disagio e della loro diffidenza nei confronti del sonoro, al quale cercano comunque di adeguarsi, tra il 1929 e il 1930, addirittura rinnovando il loro intero guardaroba con tessuti il più possibile adatti alla registrazione[39].

La celebre attrice [Norma Talmadge], una delle prime *vedette* dell'arte muta, ha così espresso il suo giudizio sull'innovazione apportata al cinematografo con la *sincronizzazione* dei suoni e della voce: «Se una persona, da dieci o quindici anni abituata a fumare o a prendere il caffè si dovesse improvvisamente privare dell'uno o dell'altro, penerebbe non poco ad adattarsi all'improvvisa astinenza. È press'a poco questo l'effetto della recente e brusca trasformazione del cinema [...] in sonoro. Da quattordici anni io ho consacrato tutta la mia attività al cinema, la cui prerogativa era il silenzio, è dunque logico ch'io guardi al *film parlante* con un poco di diffidenza. Debbo però convenire ch'esso mi interessa [...]. Da due mesi [...] mi sono familiarizzata con la nuova tecnica, ho preso lezioni di dizione e girato alcuni saggi parlanti».

Son già sei mesi che lavoro per i *films sonori* [dice Lilian Harvey]. Due li ho terminati [...]. Nel primo *fonofilm* in cui ho preso parte, il modo di vestirsi non aveva grande importanza, perché tutta una serie di scene sono state girate come film muto. Inoltre il mio guardaroba era semplice, talvolta perfino maschile [...]. Ma i guai son cominciati nel mio secondo lavoro. In principio mi rifiutavo di credere che il più leggero *fru-fru* di un vestito potesse disturbare la *sonorizzazione*. Proprio con un vestito che mi stava benissimo [...] la prova davanti al *microfono* diede un risultato completamente negativo [...] dal punto di vista acustico. Il direttore artistico pretendeva che io producevo lo stesso rumore come se camminassi rivestita di una corazza di ferro. Ho voluto persuadermene da me. Pregai quindi qualcuno di indossare il mio vestito e presi posto nella cabina della ripresa sonora. Non ero infatti assolutamente sicura che tutta questa storia di rumori non fosse un'invenzione per influire sulla scelta dei miei abiti. Così dunque mi arrampicai nella cabina. La donna che indossava il mio vestito avanzò lentamente verso il *microfono*. Dapprima non udivo nulla, ma quando ella si avvicinò, un rumore si fece udire nella cabina. Quando ella si trovò infine vicinissima al *microfono* e si mise a parlare e a muovere le braccia, si udì una specie di rumore metallico, un po' smorzato. Ero convinta. Dopo molte prove abbiamo infine trovato i vestiti adatti [...]. Si fa una nuova prova [...] e d'un tratto nel bel mezzo della recitazione ecco che scopro lo strascico. [...] Il grande strascico di seta del costume nuziale è stato soppresso [...]. I vestiti molto lunghi - è mia convinzione - non avranno nessuna buona accoglienza dalle artiste del *film sonoro*.

In conclusione, e a compendio di dichiarazioni come queste, è ancora l'arguta, raffinata e fantasiosa parabola zavattiniana ad immaginare come alcuni grandi divi di Hollywood, tra cui Mary Pickford e Douglas Fairbanks, vedano d'improvviso il loro luminoso *astro* oscurato dal sonoro. Un amaro destino che non risparmia neppure la divina Greta Garbo, il cui levigato volto, dotato di mirabile splendore fotogenico, sembra compromesso e ridicolizzato dal suo non fonogenico accento svedese[40].

Un paio d'anni fa Mary Pickford era considerata come una regina: la fidanzata dell'America, come era chiamata [...]. Ebbene, ora Mary Pickford non trova più lavoro, perché la pellicola *Coquette*, il suo primo tentativo di cinematografia parlata è stato un orribile insuccesso. La sua voce non va per quel tremendo giudice che è il *microfono*. E anche suo marito, Douglas, il bel Doug dal sorriso affascinate, deve lasciare lo schermo. La fama di Douglas Fairbanks era, almeno per il novanta per cento, basata sulla sua agilità, sui suoi salti meravigliosi. Ora, come si fa a parlare, durante e dopo tanti esercizi fisici? Per forza è impossibile. Le frasi, se escono, escono mozze. Dunque, o rinunciare all'acrobazia o rinunciare al film. Pare che Douglas rinunci al film, almeno al *film parlato*. Greta Garbo minaccia di perdere, pur ella, la sua corona di regina perché parla l'inglese con un forte accento svedese. Lo stesso si dica per Vilma Banky, dotata di un gustoso accento tedesco [...]. John Gilbert, il bellissimo John, l'uomo dai quindicimila dollari alla settimana, ha fatto, anche lui poveretto, una cattiva prova, perché la sua voce è troppo delicata per essere la voce di un uomo, e poi perché parla nell'esse.

## Il cavaliere solitario: l'*ingegnere del suono*

Se per l'attore e per il regista, come abbiamo visto e come vedremo, il sonoro è causa di metamorfosi e mutamenti, per l'*ingegnere del suono* è l'essenza stessa della propria esistenza e neonata professionalità. Catapultato dall'etere al set, dall'universo radiofonico allo stabilimento cinematografico, egli approda in quest'ultimo inizialmente con cautela e circospezione, per poi conquistare sempre più prestigio e autorevolezza[41].

Con l'avvento del sonoro, la sua collaborazione diviene essenziale già a partire dall'approvazione del soggetto e della sceneggiatura: è lui a dover valutare l'effettiva possibilità della realizzazione acustica, stando almeno a quanto si legge su «Il Cinema Italiano» del novembre del 1929, già citato[42].

Quando il soggetto e il testo dell'autore sono finalmente approvati dal *supervisor* del film si cominciano a stabilire i piani degli scenari e il copione viene rimesso al capo del suono, il quale con uno dei suoi ingegneri e il *monitorman* (il *monitore* che sarà responsabile delle assunzioni sonore e installerà i *microfoni* sul set) stabilisce le difficoltà sonore del soggetto. Durante questo tempo si fanno fare dei saggi agli attori per scegliere gli interpreti del film. Il *metteur-en-scène* fa dei provini della loro voce [...]. Per la prima volta il *metteur-en-scène* fa provare per il *monitore*, gli mostra i punti in cui i protagonisti si arresteranno e il *monitore* installa i suoi *microfoni*, i quali sono sospesi sopra la testa degli artisti alla distanza di circa tre piedi.

Conclusa la fase ideativa, la presenza insomma dell'*ingegnere del suono* e/o *monitore* come sopra definito, si fa essenziale e determinante sul set. Sempre più preminente, il *moniteur, mo-nitorman* o *monitore*, che dir si voglia, di fatto deve monitorare suoni e rumori del teatro di posa, stabilire le posizioni del *micro-fono* e talvolta anche della *mdp*, suggerire persino agli attori con quali toni o cadenze recitare ai fini della migliore intelligibilità acustica. L'immagine dell'*ingegnere del suono* che i commenta-tori creano sulle riviste al tempo della transizione è quella di un demiurgo: è dalla sua cabina, ovvero dalla «stanza in alto», dotata di «una larga finestra», che solitamente egli continua ad affacciarsi e a dominare l'«interno del teatro» di posa o del set, ed è da qui che, ancor prima che il ciak venga battuto, impartisce indicazioni spesso incomprensibili o poco tollerate da attori, au-tori e maestranze. Dal cielo «fa cadere [...] il verdetto», scandisce i tempi di registrazione e quindi di direzione degli attori e per questo si sente sempre più spesso dire che la sua è la vera e pro-pria «cabina di regia». Quando tutto è pronto e predisposto per le riprese, eccolo che si rinchiude nello «studio», da dove muove, con gesti minuziosi, precisi e calibrati, le manopole e i pulsanti di un complesso meccanismo elettronico che solo lui conosce e grazie al quale elimina tutti i rumori molesti e parassitari del set, purificando ogni suono e parola. Quale «ingegnere della voce», regola i toni delle voci. Li monitora, appunto, ma soprattutto li manipola. Per questo lo si crede all'epoca un prestigiatore, non-ché un mago dell'acustica del set. Di certo è lui il nuovo artefice della cinematografia moderna[43].

Nella cabina vetrata, situata a circa 3 metri di altezza, separato da ogni suono esterno da cinque spessori di cristallo, egli [...] vede tutto. Il *moni-teur*, nuovo personaggio degli studi cinematografici, vigila. Giù, nel tea-tro di posa, durante le prove, i direttori gridano i loro ordini, gli assisten-ti si agitano per eseguirli, gli artisti gesticolano e provano, i macchinisti e gli elettricisti spostano mobili e luci. Ma a lui nessun rumore perviene. Tutta quella dinamica attività si spoglia d'ogni rumore, inghiottita dalle muraglie vetrate, impenetrabili. Questa specie di anestesia dell'udito ricorda lo stato del malato sotto l'azione dell'etere [...]. Quando giù tut-to è pronto e la scena si gira, allora la cabina dell'isolato *moniteufr* (o *ingegnere del suono*) [...] diventa la chiave di volta di tutto il complesso sistema della registrazione sonora. Un immenso altoparlante porta a lui le voci, il suono ed i rumori, ed a lui spetta controllarli, prima che [...] siano fissati sulla cera dei dischi e sul nastro di celluloide [...]. Le dita sui regolatori d'ebanite, l'*ingegnere del suono* compie allora la sua opera: regola, dosa, gradua, aumenta, soffoca, uguaglia. Si potrebbe dire che egli sia l'artefice ed il poeta del suono banale: lo lavora, lo raffina, lo modella, lo purifica. Questo personaggio di cui non si può fare a meno nella moderna cinematografia parlata e sonora [...], questo mago [...] sembra essersi impossessato di tutta la possanza e la vanità della parola umana, ma per virtù di una regola che non ammette eccezioni è condannato al mutismo più assoluto, sospeso nel vuoto, solo, ignorato.

Protagonista numero uno di cui si apprezza fin dagli anni della transizione l'autorevolezza e la professionalità – così come detto su «Kines» del 1930 qui sopra riportato[44] – è lui il signore dell'universo acustico. D'altra parte, in quanto «cavaliere solitario», è tanto indispensabile quanto emarginato dal resto della troupe, la quale mal digerisce il suo strapotere e lo condanna ad un simbolico isolamento nella cabina-studio[45].

## «Un re senza corona e senza scorta»[46]: il regista

Se negli anni della transizione l'*ingegnere del suono* conquista uno smisurato potere, ecco che, in senso contrario e inverso, ad indebolirsi è il regista che, secondo quanto rivela, tra gli altri, Jean Epstein, viene messo a dura prova dalle nuove apparecchiature. Costretto a prestar attenzione alla tecnologia sonora, finisce col reprimere la propria libertà stilistica e creativa. Nonostante le evoluzione della *mdp* e del microfono gli permettano col tempo di recuperare agilità e mobilità, con nuovo dinamismo di forme e suoni, inizialmente è ostacolato, come abbiamo visto, dall'*ingegnere del suono*: figura autorevole ma molesta, alla quale vanno riconosciuti indubbi meriti tecnici, ma addebitate anche alcune responsabilità. Tra queste, la principale consiste nell'essere causa di monotonia drammaturgica. Nell'intento di ottenere la migliore intelligibilità fonica possibile, egli finisce infatti il più delle volte col provocare una intollerabile standardizzazione di suoni e toni e un appiattimento recitativo[47].

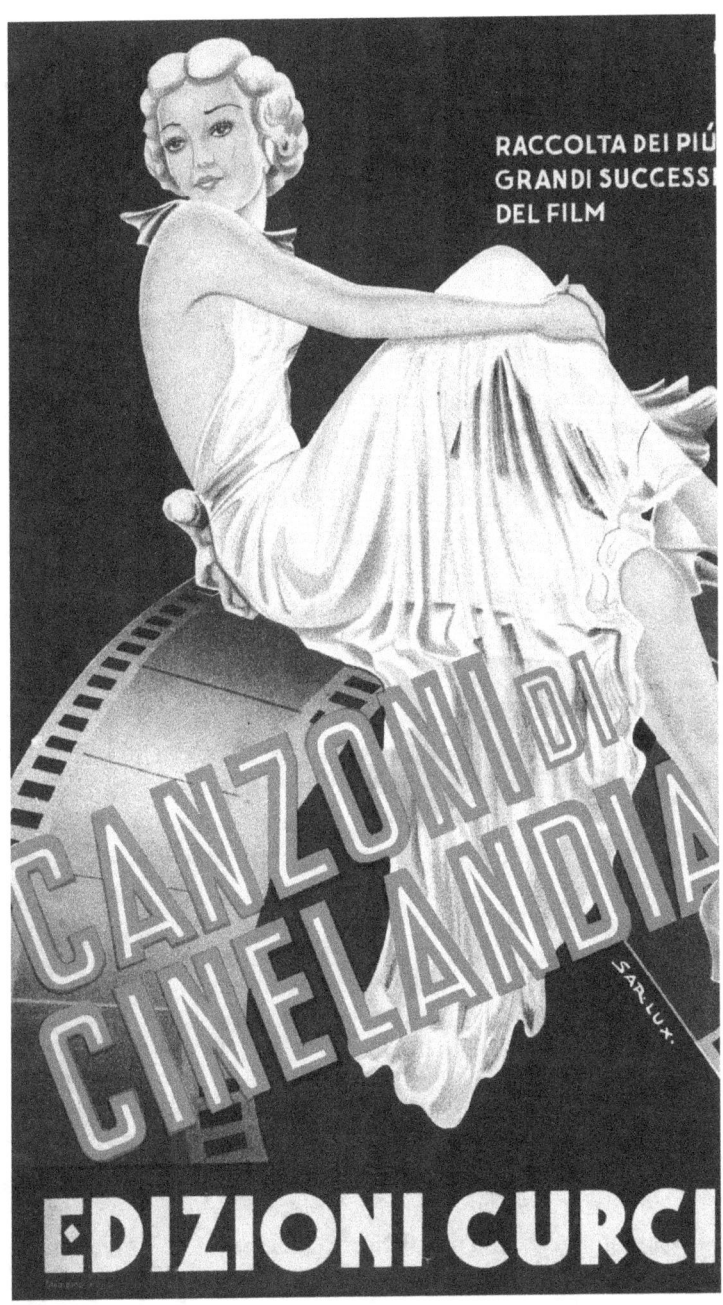

Il tecnico del suono è un uomo misurato; egli teme gli scoppi di voce e quei mormorii appassionati in cui si manifesta l'emozione; vuole una registrazione impeccabile, cioè regolare [...]. Ignora [però] che la sceneggiatura esige qui un grido rauco di disperazione. [Ma di fatto egli] non si occupa del dramma, ma del suo amperometro. Che importano le vite sconvolte! Che importano le risate, i pianti, i sospiri, purché le dita dell'operatore ruotino diligentemente le manopole, riducendo tutte le espressioni della voce umana a questa registrazione ottimale, a questo timbro standard[48].

Tutti i film parlano con una sola voce, senza sesso, né distanza. Questa monotonia è la perfezione di cui gli *ingegneri del suono* si felicitano. Il loro ideale è che attraverso l'altoparlante, la "s" si distingua dalla "z" [...] e poco loro importa quel che di un grido si comprende né se è di collera né se è di gioia[49].

Dal momento che la messa in scena sonora è affidata anzitutto alle manopole del *moniteur*, il regista decade dal ruolo di *metteur-en-scène* a quello di *régisseur*, così come sostengono altri due critici francesi di allora, Lars C. Moen e Michel J. Arnaud. In quanto addetto ad una non più esclusiva direzione di attori, perde terreno e autorità.

Insomma, sul nuovo set cinematografico sonoro, la scala gerarchica dei mestieri subisce un totale ribaltamento e *in primis* è proprio il ruolo del cineasta, il suo prestigio, la sua professionalità, il suo metodo, ad essere messo in discussione[50].

Già nel 1929, su «Il Cinema Italiano» e su «Cine-Gazzettino»[51], alcuni anonimi cronisti italiani riflettono su questo.

Il *film sonoro* ha rivoluzionato il sistema di dirigere un lavoro cinematografico. Mentre il direttore del film silenzioso era costretto a trovarsi il più vicino possibile al personale artistico e all'operatore, adesso per dirigere un *film sonoro* egli deve trovarsi in una capanna di vetro, situata circa 30 piedi più in alto del palcoscenico e di là trasmettere le istruzioni attraverso l'altoparlante.

Se negli anni del muto spesso gli interventi registici sono estemporanei e avvengono anche durante le riprese, ora tutto ciò non può più accadere. Ora il cineasta è costretto a provare tutto prima di registrare, senza poter intervenire durante la ripresa né per «correggere» né per «suggerire con la minima sillaba un lieve errore di interpretazione». Un tempo «rumoroso e dinamico», il regista è insomma ora costretto a strozzare in gola le proprie urla, i consigli e suggerimenti, limitandosi al più a comunicare a gesti con i propri attori.

Il suo diviene così, come osserva ancora Epstein, un ruolo "segnaletico". Resta sì il direttore e il capo del set, ma di fatto ormai non conta niente, non comanda nessuno e al più alza le braccia per dare qualche indicazione[52].

Dunque per un periodo il regista conduce un'esistenza dimezzata, senza corona e senza scettro, ma ben presto come nota Bassoli nel 1930 su «L'Eco del Cinema»[53], riconquista il suo primato.

In un primo tempo i *metteurs-en-scène* hanno subìto la tirannia dei nuovi trovati sonori, abdicando a tutto un passato così faticosamente raggiunto nella tecnica cinematografica, solo perché ignari di tutto ciò che ai suoni si riferiva; ma passato questo periodo che si verifica ogni qualvolta la scienza invade il campo dell'industria con lo scopo di perfezionare, oggi riprendono il sopravvento e familiarizzandosi con le nuove teorie e i nuovi sistemi, ritornano a quella sicurezza d'azione che li metteva in grado di dedicare la loro genialità creativa all'utilizzazione e al perfezionamento della nuova produzione.

## Dagli orchestrali ai nuovi operatori della proiezione: le nuove sale cinematografiche

La continua evoluzione del *film sonoro* è venuta via via creando nuovi oggetti di studi e di osservazioni, alcuni particolari, che un tempo sfuggivano all'attenzione dei cinematografisti. Uno di tali elementi è la costruzione delle sale di proiezione, le quali hanno ora non poca parte nel successo dei nuovi film.

Dopo il regno della produzione, quello della distribuzione. Dopo i teatri di posa, luoghi in cui si realizza un film, anche le sale cinematografiche, ovvero gli spazi in cui si assiste alla proiezione e visione di una pellicola, vengono sottoposte a un radicale processo di trasformazione e di ristrutturazione, così come titola l'articolo sopra riportato e tratto da «La Rivista Cinematografica» del febbraio 1930: *Nuovo progresso nella costruzione delle sale cinematografiche*[54]. Un'operazione, questa, alquanto complessa che, secondo quanto riportato dai recenti studi di Saverio Salamino e di Susanna Caccia, comporta alcune variazioni nello stile architettonico: meno decorativo che in passato e funzionale alla neo-invenzione. La rivoluzione sonora non si limita a piazzare qualche altoparlante, ma mette in moto una radicale ristrutturazione dell'ambiente, stando almeno a quanto scritto allora, tra febbraio e luglio del 1930, sia da un anonimo cronista che dal noto Cauda su «La Rivista Cinematografica»[55].

Non bisogna ritenere che l'installazione di un buon apparecchio sonoro sia sufficiente per garantire agli spettatori un'ottima audizione; è necessario invece che anche la sala di proiezione subisca un particolare trattamento che la metta nella condizione più favorevole affinché la riproduzione dei suoni risulti il più possibile gradevole.

Nell'equipaggiamento per le sale di proiezione sonora vi sono elementi di primissima importanza che influiscono sulla bontà della riproduzione in maniera altrettanto grande quanto la bontà e la perfezione delle apparecchiature [...]. A prima vista può parere che se una sala è munita di un ottimo apparecchio di riproduzione, di ottimi amplificatori e di ottimi altoparlanti, la riproduzione non potrà essere che perfetta [...]. Ebbene questo non è, o per lo meno queste condizioni, se pur necessarie, non sono sufficienti.

Gli orchestrali lasciano il posto agli altoparlanti, da cui vengono definitivamente sostituiti, ma perché le loro prestazioni acustiche siano ottimali, occorre ricostruire e ristrutturare le sale *ex-novo*, adottando nuovi criteri strutturali, equipaggiandole nel modo più idoneo e innovativo. Bisogna intervenire ad esempio sulla parete in fondo alla sala, che di fatto assorbe quasi totalmente il suono, ma anche sulle pareti laterali che, per ragioni di riverberi e risonanze, necessitano di elasticità. Bisogna trattare anche i soffitti con materiali idonei. Tener conto dell'inclinazione della pavimentazione della platea e valutare anche gli effetti dettati dall'assenza o dalla presenza della galleria, misurandone sempre l'altezza. Tutti fattori, questi, che comunque canalizzano senza ostacoli le propagazioni acustiche. Tutto ciò si evince nei due lunghi brani sotto riportati e tratti da un paio di già citati articoli de «La Rivista Cinematografica» incentrati in particolare sull'equipaggiamento sonoro delle nuove sale[56].

Se si osserva attentamente l'evoluzione della costruzione delle sale [...] cinematografiche, ci si accorge che gli architetti specializzati in questa branca abbandonano sempre più gli antichi metodi di costruzione dei teatri, metodi che finora erano sempre stati rispettati come regole fisse e immutabili. I notevoli risultati ch'essi ottengono da questa emancipazione dimostrano incontestabilmente ch'essi sono sulla buona via. Dando sovente prova di un'intelligente iniziativa, gli architetti d'oggi sono pervenuti a risolvere parecchi problemi, alcuni dei quali non erano stati finora affrontati che in modo incompleto. È cosi che la costruzione moderna delle sale può vantare dei progressi considerevoli, realizzati nei confronti dei seguenti punti di vista: visibilità, acustica, illuminazione e condizione dell'atmosfera [...]. La loro costante avidità di perfezionamento [...] ha prodotto una rivoluzione nella concezione della costruzione delle sale, rivoluzione che ha suscitato delle controversie appassionate [...]. Finora, la pendenza del pavimento dell'orchestra scendeva sempre verso il proscenio, e trovando naturale tale disposizione, non si era mai pensato a modificarla. Invece, da alcuni mesi, molti architetti preferiscono dirigere questa inclinazione, anziché verso la scena, verso il fondo della sala, di modo che chi sceglie un posto in platea, non "discende" più verso lo schermo, ma "sale" incontro ad esso [...]. Il pavimento della platea ad inclinazione invertita, offre, sia all'architetto, sia al direttore del locale, sia allo spettatore, alcuni dei seguenti miglioramenti: 1) possibilità di abbassare, in una misura considerevole, il piano della galleria, permettendo l'impianto nelle migliori condizioni d'una cabina di proiezione più vasta; 2) dato che questa viene posta più vicino all'asse longitudinale della sala [...] l'angolo di proiezione è di parecchio ridotto, il che è un vantaggio ritenuto assai importante dai tecnici della produzione; 3) visibilità perfetta in ogni posto [...]; 4) acustica favorita. La situazione più bassa della galleria permette di ridurre l'altezza del soffitto, annullando così deformazioni del suono che sovente il soffitto troppo alto produce. Inoltre la nuova disposizione si avvicina alla forma "padiglione del fonografo" assai favorevole alla buona propagazione dei suoni [...]. Da qualche anno è salito in onore il problema dell'acustica, ma ciò non esclude che quella della visibilità perfetta da qualsiasi posto resti prima condizione da realizzare in una sala [...]. È stato provato che, sia mediante un particolare trattamento dei muri, con materiale elastico, sia ricorrendo ad apparecchi speciali, è possibile correggere in una certa misura i difetti acustici in una sala di audizione. Ma quando la visibilità è cattiva [...] non resta altro a fare [...] che abbattere il fabbricato e ricostruirlo secondo dettami più appropriati. La formula del pavimento ad inclinazione inversa è quindi da incoraggiare. Certo essa modifica da cima a fondo la costruzione delle sale, esercitando la sua influenza anche sulla decorazione stessa [...]. D'altra parte essa dimostra anticipatamente la tendenza che si manifesta presso gli architetti moderni a voler emanciparsi definitivamente dai metodi antichi ispirati dalla costruzione dei teatri, orientando invece i propri criteri in modo da determinare un più stretto legame tra la costruzione delle sale cinematografiche e le funzioni cui esse debbono rispondere.

Il suono è proiettato verso il fondo della sala, con tale intensità, che una grande parte dell'energia sonora colpisce il muro di fondo e la porzione lontana dei muri laterali. Questo effetto di concentrazione nella direzione del suono è così potente in una grande sala, che gli spettatori i quali si trovano negli angoli presso la scena possono provare difficoltà a sentire. Una forte percentuale di alta frequenza è perduta in questi angoli e la pronuncia è poco distinta. In rapporto ai suddetti effetti è raccomandabile il trattamento di tutta la parete di fondo della sala con materiale che abbia un grande potere assorbente. Specialmente nella sala ove non vi è galleria, questo trattamento è indispensabile [...]. Dove invece vi è galleria il trattamento della parete di fondo dipenderà dalla possibilità di riflessione di questa sulla scena; è quindi necessario uno studio dell'ambiente per poter determinare la qualità del trattamento. Pare che in molti teatri la parete di fondo sia stata centinata [...]. Il trattamento dei muri laterali va affrontato in modo più particolare, perché essendo essi paralleli, è probabile che la ripercussione tra di loro dia luogo ad una specie di brontolio. L'applicazione può essere fatta sotto forma di pannelli decorativi, il che contribuirà ad abbellire il locale [...]. Il soffitto, generalmente può anche non essere trattato, quando sia possibile ricondurre la riverberazione al valore desiderato mediante il trattamento delle pareti. Tuttavia se il soffitto è molto alto, oppure se è centinato in modo da formare un dannoso punto di convergenza, deve essere sottoposto all'opportuno trattamento [...]. Per solito il trattamento della parete di fondo e di quelle laterali è più raccomandabile che non quello del soffitto [...]. Non bisogna però presumere che le buone condizioni acustiche d'una sala assicureranno un'altrettanta buona audizione di tutti i *films parlanti*. Tale risultato è subordinato tanto alla registrazione e alla riproduzione, quanto alle condizioni acustiche della sala.

Modificata l'architettura e la struttura della sala cinematografica, occorre fare valutazioni di ampiezza, potenza e ubicazione, ma anche stabilire preventivamente e con massima precisione le proporzioni tra altoparlanti e spettatori in sala. Ed è ciò che sottolinea Cauda in un articolo già citato e tratto da «La Rivista Cinematografica», di cui riportiamo qui ulteriori passaggi[57].

Per avere una buona riproduzione acustica occorre tener conto di [alcuni] elementi, di cui i principali sono i seguenti: 1) l'ampiezza della sala e la sua acustica; 2) la potenza del sistema di amplificazione; 3) la potenza, il numero, la qualità, la disposizione degli altoparlanti; 4) la regolazione dei volumi acustici. Generalmente la trasformazione della sala di proiezione da sala muta in sala per *film sonoro* vien fatta con la semplice modificazione e sostituzione degli impianti di riproduzione, senza preoccuparsi delle qualità acustiche della sala stessa. Tutt'al più ci si limita a installare degli apparecchi che danno un minimo di potenza in relazione alle dimensioni della sala [...]. La maggior parte delle sale di proiezione sono piuttosto nude, prive di stoffe e di tendaggi capaci di assorbire almeno in parte gli eccessi di riflessione e le risonanze, e quindi poco atte ad un buon rendimento acustico. Non si raccomanderà mai abbastanza agli esercenti [...] di attutire con convenienti accorgimenti gli eccessi di riflessione sonora, aggiungendo qualche tendaggio sulle pareti troppo nude [...]. La potenza del sistema di amplificazione deve essere adeguata alla potenza e al numero degli altoparlanti e [...] alle dimensioni della sala [...]. Potenza, numero, qualità e ubicazione degli altisonanti hanno una particolare importanza sulla bontà della riproduzione sonora. Per quanto riguarda la potenza in relazione alle dimensioni della sala, ricorderemo che la potenza [...] occorrente per avere il massimo rendimento, decresce col volume dell'ambiente, e in forte misura [...]. In un ambiente di soli 20 metri cubi occorre alimentare l'altoparlante con circa 14 milliwatt per metro cubo, laddove per un ambiente di 600 metri cubi saranno sufficienti 3 milliwatt per metro cubo [...]. Circa il numero degli altoparlanti le opinioni sono assai diverse. Alcuni tecnici ritengono che l'altoparlante unico presenti vantaggi di purezza dovuti all'eliminazione di possibili interferenze sia dei suoni diretti, sia dei riflessi. Altri ritengono indispensabile averne parecchi per una maggiore diffusione dei suoni, tenendo anche presente che gli altisonanti di grande potenza irradiano il suono con diversa intensità nelle diverse direzioni a seconda della frequenza dei suoni [...]. Anche la questione dell'ubicazione degli altoparlanti si presta a diverse opinioni. Si può dire che [...] la cosa è d'importanza relativa purché le macchine parlanti siano situate dietro lo schermo. Le posizioni laterali o quelle sotto lo schermo, al posto dell'orchestra, non sono più ritenute convenienti oggi. [...]. Grande importanza ha [...] la regolazione volumetrica del suono durante la proiezione. Questa regolazione è resa necessaria da due elementi: il numero degli spettatori e il soggetto che si svolge sullo schermo. Specialmente nelle grandi sale le qualità acustiche del locale variano enormemente a seconda che la sala sia vuota [o] più o meno occupata da spettatori. La massa del pubblico accresce di molto l'assorbimento del suono, cosicché una [...] regolazione volumetrica che può parere sufficiente [...] a sala vuota, può diventare insufficiente [...] a sala piena. Anche il soggetto richiede [...] che il volume del suono venga convenientemente variato.

Di pari passo alla trasformazione delle sale e all'adozione delle nuove apparecchiature, anche il mestiere di chi lavora e gravita nello spazio deputato al consumo visivo e acustico delle pellicole cinematografiche muta, profondamente. Gli altoparlanti, così come i dischi grammofonici, scalzano anzitutto i pianisti e gli orchestrali, un tempo dediti all'accompagnamento musicale dal vivo dei film muti. L'intera categoria è pertanto a forte rischio occupazionale, tant'è che si cerca di parare i colpi di scure attraverso una serie di iniziative sindacali, una sequenza di scioperi ed appelli che si estendono su scala internazionale. Ne parlano alcune nostre testate come «Il Cinema Italiano» e «Il Tevere» del biennio 1928-1930[58].

Il sindacato degli orchestrali parigini ha diramato ai consoci una circolare con cui rilevando il pericolo [...] della sostituzione della musica meccanica alla esecuzione diretta ed umana nei cinematografi francesi, invita gli orchestrali a non prestarsi alla preparazione dei *films sonori* in attesa che l'*Unione Internazionale degli Orchestrali* prepari la difesa [...] della categoria.

Un vivo movimento d'ostilità sta disegnandosi nel mondo dei musicisti americani contro il *film sonoro*, che essi chiamano sprezzantemente "musica in conserva". Intere pagine di pubblicità sono consacrate alla lotta contro il *talkie*. Una specie di *Sindacato* di *Musicisti* si è formato [...] per condurre la campagna.

Si è potuto leggere affisso per le vie di Roma un foglietto a stampa firmato da *Gli amici della musica* [...] incitante il pubblico [...] a disertare le sale cinematografiche nelle quali l'orchestra è stata sostituita da volgari apparecchi gracidanti.

Ad un certo punto però l'allarme rientra e i pericoli si attenuano. Superato il panico della prima ora, i musicisti, insieme ai rumoristi – altra categoria che, come quella degli imbonitori, rischia di precipitare dalla fama delle origini all'oblio – si adeguano al progresso e si adattano al cambiamento, reinventando la propria professionalità. Archiviata l'esibizione estemporanea, si dedicano ora alla registrazione in studio e su disco delle partiture musicali e delle composizioni *intonarumori*. Il dramma iniziale si tramuta in gioia e nuove opportunità. Lo spettro della disoccupazione si ribalta in una nuova e ancor più stimolante attività, stando almeno a quanto si legge, tra il 1930 e il 1931, su «La Rivista Cinematografica», «Il Cinema Italiano» e «Cinema Illustrazione»[59].

Il compositore non può che salutare con gioia l'avvento del *film sonoro*, ed ha per questo due ragioni fondamentali. La prima [...] è il vantaggio che viene ad avere un'opera musicale ad essere fissata meccanicamente e quindi ad essere riprodotta [...]. Quanto al secondo fattore [...] è ugualmente importante. Sono le possibilità inesauribili che offre il *film sonoro* al creatore di opere musicali. Nulla eccita l'immaginazione del compositore quanto gli avvenimenti che si svolgono sullo schermo in virtù delle leggi non ancora codificate del film.

I tecnici del *film sonoro* hanno talvolta delle trovate originali. Per esempio [...] hanno pensato di mettere in conserva l'assortimento di rumori prodotti dalla pioggia [...]. Sopra un terreno sgombro sono state fatte costruzioni provvisorie provviste dei più svariati sistemi di copertura: tegole, latta, zinco, tavole, paglia, asfalto ecc. Fra questi edifici sono stati disseminati vari tipi di tende: di tela, di feltro, di crine, di fogliame, di pelle di foca ed altri. Un giorno di pioggia gli apparecchi si sono messi in opera per registrare i differenti effetti sonori della pioggia cadente. Queste registrazioni, fatte su dischi, sono state accatastate poi in colonne negli appositi magazzini degli *studios*. Ogni disco è distinto da un numero, al quale, nel catalogo generale, corrisponde un cenno illustrativo: pioggia di una mattina di primavera su un *bungalow* irlandese; pioggia torrenziale su una tenda di pelle nell'accampamento dei nomadi [...]; pioggia violenta dopo una giornata afosa su tetti di asfalto etc. Al momento opportuno, quando per un *film sonoro* occorre un tipo di pioggia, nel catalogo generale sotto un dato numero si troverà il disco coi rumori necessari. Un apposito discotecario ha il compito di tenere in ordine queste preziose conserve sonore.

Uno dei rumori più difficili da riprodurre col *microfono* è certamente lo scrosciare delle onde contro i frangenti o contro la spiaggia [...]. Ora, però, potrà essere riprodotto fedelmente grazie a un ingegnoso sistema [...] che riproduce il tuonare delle onde artificialmente. Basta mettere qualche centinaio di pallini da caccia in un piccolo tamburo. Agitando poi il tamburo si ottiene un rumore non troppo forte che riprodotto, però, dal *microfono*, riesce a rendere perfettamente la "voce del mare" con la sua giusta tonalità e intensità.

Licenziati dalle sale cinematografiche per essere assunti dagli studi di registrazione, gli orchestrali, i pianisti e i rumoristi lasciano libero il campo agli esercenti e ai cosiddetti operatori della proiezione, o proiezionisti, i quali assumono nuovi incarichi e responsabilità. A loro spetta ad esempio la programmazione dei film in sala, ma anche la selezione dei brani musicali di accompagnamento della visione. Il loro impegno è inoltre quello di procedere nella sincronizzazione dei suoni e delle immagini. Un compito apparentemente facilitato dall'esistenza di cataloghi e repertori assai ricchi di note e informazioni, eppure molto delicato. Non sempre infatti la sincronizzazione dei rumori con le inquadrature riesce e non è detto poi che la qualità ottenuta abbia un riscontro commerciale. Stando almeno a quanto si legge sia ne *Il proiezionista di film sonori* di Enrico Costa – un manuale pratico del 1933 scritto ad uso degli *operatori di cabina* – e sia, soprattutto, negli articoli tratti da «La Rivista Cinematografica» del 1930 e del 1931, qui sotto riportati, rispettivamente intitolati *Alcuni consigli per la scelta dei dischi* e *La buona proiezione e la qualità dell'operatore*[60].

Al momento in cui ovunque [...] nelle sale [si sostituisce] l'orchestra, è opportuno dare alcuni consigli [agli] esercenti [...] nell'applicazione delle adattazioni musicali con i dischi commerciali. Certo vi sono cataloghi, appositamente compilati, assai completi, che costituiscono dei buoni ausiliari [...] convenienti all'accompagnamento di qualunque genere di *films*. Il valore [...] risiede evidentemente nel gusto della persona a cui è affidato tale compito, che a tutta prima può parere facile, ma che lo è assai meno quando si tratta di produrre un buon lavoro musicale e commerciale, poiché nei caratteri delle partiture accompagnatrici dei *films* bisogna sempre e soprattutto occuparsi del pubblico. Per tale motivo è assolutamente necessario "costruire" l'opportuna adattazione, basandosi sul genere del pubblico che abitualmente frequenta il locale.

Occorre perciò definire due specie di genere di partiture musicali, una per il pubblico popolare, l'altra per il pubblico scelto. Nel primo caso, si dovrà scegliere dei "pezzi" conosciuti, assai in voga; nel secondo si cercherà la musica classica, senza però abusare [...]. Nel cumulo delle centinaia di dischi uscenti ogni mese dalle fabbriche delle principali case, quali: *Columbia, Gramophone, Odeon* [...] *Polydor, Pathé* etc. occorre porre la mano sulla migliore registrazione [...]. Esistono inoltre dei dischi di rumori, come: treni in corsa, grida di folla, applausi, risate, sirene etc. Coloro che se ne servono non ne fanno però generalmente buon uso, poiché è quasi impossibile poter sincronizzare questa o quella scena, inserendo il rumore voluto proprio al momento desiderabile, e in questo caso la mancanza di sincronia tra le immagini e il suono produrrebbe un effetto poco raccomandabile, così è preferibile astenersi da questo procedimento di sonorizzazione e di attenersi ad un semplice accompagnamento d'istrumenti d'un rendimento più sicuro.

Ovunque sono venute creandosi nuove funzioni, mentre altre hanno visto aumentare la loro importanza. Tra queste ultime è da considerare in modo particolare quella degli operatori della proiezione. Dal tempo [del] film muto, l'operatore era semplicemente uno degli addetti al cinematografo; ad esso in sostanza non si chiedeva che una puntualità assoluta e delle qualità professionali assai ridotte. In realtà la sua azione sulla qualità dello spettacolo si limitava a regolare convenientemente la luminosità della proiezione, a fissare la posizione e l'inquadratura e ad eseguire opportunamente il cambio delle bobine, tutte cose relativamente semplici e non richiedenti che un breve tirocinio per l'apprendimento della professione [...]. Oggi, viceversa il *film sonoro* esige ben altre qualità da parte degli operatori, ben altre cognizioni di tecnica, poiché il minimo errore, la minima incertezza nell'impostazione hanno un'azione immediata sulle orecchie del pubblico e [...] sulla reputazione della sala. È quindi assolutamente necessario avere una proiezione sonora impeccabile, vale a dire apparecchi perfetti [e] perfettamente maneggiati. Ormai non si esagera affermando che la cabina di proiezione è diventata il cuore del cinematografo.

Infine assume particolare rilievo la cabina di proiezione, esattamente come quella di registrazione e di regia sonora all'interno del teatro di posa durante le riprese. Cuore pulsante da cui dipende la proiezione di un film, è anch'essa pilotata da un ingegnere che, simile a un «mago» o a un «domatore» di animali, scioglie i fili e converte le onde luminose in riproduzioni acustiche, ma soprattutto è attento che vi sia piena sincronizzazione tra le immagini e i suoni impressi su disco. È quel che scrive un anonimo cronista su «Cine-Gazzettino», nel settembre del 1929, durante una visita agli impianti *Western Eletric* di una rinnovata sala bolognese, su cui ritorneremo più avanti quando entreremo in dettaglio in merito a specifiche sale cinematografiche italiane[61].

Entriamo anzitutto in uno stretto vano presso la cabina. Inchiodati al suolo, un gruppo di motori elettrici, grandi chiocciole d'acciaio, o mastini accovacciati danno, pur così inerti e silenziosi, il senso della loro massiccia potenza, che comincia a ruggire quando l'ingegnere, con gesti rapidi e familiari, abbassa dei coltelli e gira dei commutatori. Egli ha l'aria di un domatore fra belve obbedienti o [...] del mago moderno, che ha sostituite le tavole cabalistiche con quelle dei logaritmi [...], oppure [...] di un ragazzo che si diverte con giocattoli che non hanno segreti per lui [...]. Egli ci mostra un quadro complicatissimo di fili – brevetto *Western* [*Eletric*] – una batteria di accumulatori, sull'uso dei quali si rifiuta di dar spiegazioni, trincerandosi dietro il segreto del brevetto. «Queste macchine – ci spiega la nostra cortese guida – servono a convertire la potenza – voltaggio, numero di fasi – della corrente elettrica locale [...]. La corrente così trasformata giunge agli apparecchi di proiezione [che] sono due per permettere di continuare lo spettacolo senza mai interromperlo, neanche quando, per esempio, si devono cambiare i dischi e imprimere una stessa e costante velocità alla rotazione dei dischi e allo svolgersi del film: il *sincronismo* è perfetto e infallibile. Questo per il sistema con dischi (*Vitaphone*). Le macchine di proiezione servono anche per il sistema *Movietone*, in cui è il film, come è noto, che porta in ogni fotogramma, la registrazione fotografica dei suoni ottenuta trasformando in vibrazioni luminose le vibrazioni foniche. Ecco, guardate qui. Il film scorre attraverso un semplice ingranaggio, dinanzi a questa piccola lampadina che è la lampada di eccitazione: la luce di tale lampada proietta la fotografia dei suoni impressa nel film, sulla cellula fotoelettrica. E, tolta una retina metallica, l'ingegnere ci mostra una lampada internamente rivestita di mercurio che cela la misteriosa sensibilità della materia, capace di *udire* quel che noi non possiamo che vedere. È il cuore dell'apparecchio – spiega l'ingegnere con un gesto delicato come una carezza – qualche cosa di paterno, indefinibilmente orgoglioso, nell'indicarlo. Il suono passa quindi – prosegue – agli amplificatori. Vi sono 4 quadri, con 15 valvole anodiche complessivamente simili a quelle della radio, (per il *Movietone* se ne applicano 18) e infine è portato agli altoparlanti situati dietro allo schermo. Un indicatore regolabile permette di controllare il volume, cioè l'intensità dei suoni». [...] Con la nostra gentile guida passiamo quindi a visitare gli altoparlanti. Sono tre, situati dietro lo schermo, di dimensioni gigantesche.

Sono ugole titaniche vibranti entro trombe che potrebbero contenere comodamente tre o quattro uomini ciascuna. Tre coppie di cavi elettrici collegati alla cabina vi portano i suoni che da esse si diffondono nella sala. Gli altoparlanti sono similmente collegati con un posto di trasmissione che permette di accompagnare i comuni *films* muti con la musica di dischi fonografici. Un solo impiegato può così sostituire l'orchestra più numerosa. Fra i dischi fonografici è collocato un controllo del volume simile a quello della cabina: un disco con una manovella che fa pensare a quella dei tramvieri: sul disco sono impresse cifre, come nel quadrante degli orologi. Spostando la manovella, si regola l'intensità del suono. «Quando si dà il massimo – spiega l'ingegnere – il suono diventa così forte che anche le sedie inchiodate nella platea si mettono a vibrare». E intanto l'ingegnere mette in azione un disco: si ode un ronzio appena percettibile. È questo ronzio che può essere ingrandito [...]. «L'impianto è proporzionato alla grandezza della sala, al numero dei posti, all'eventuale presenza di tappezzerie che assorbono i suoni, alla particolare risonanza delle pareti. La *Western* è stata la prima a studiare la cinematografia parlante. Altre l'hanno imitata. Ma sono con due anni in ritardo [...]. L'effetto del sistema a dischi – sincronismo *Vitaphone* – è uguale a quello del sistema fotoelettrico, il *Movietone*. [...] È una grande invenzione [...]. È l'Arte del domani.

## Il *film sonoro* e il suo spettatore

Il pubblico [dei *talkies*] è stato, per così dire, *sorpreso* dall'avvento di questo nuovo genere cinematografico, in quanto gli è piovuto addosso senza che una graduale preparazione ne avesse anticipato la conoscenza. Orbene, questa novità, ha aggiunto allo sbalordimento naturale, quello causato dalla differenza di lingua, dato che i *films parlanti* sono finora quasi tutti americani [...]. Ciò è bastato perché qualcuno scorgesse la condanna del *film sonoro* e i sintomi della decadenza del primitivo favore da parte del pubblico[62].

La sala cinematografica ha ragione di esistere, di aprire o chiudere, solo in presenza del pubblico e di quegli spettatori che, negli anni della transizione dal muto al sonoro, si ritrovano catapultati senza un'adeguata preparazione davanti al *film parlato*. Spesso essi si trovano a disagio a causa di una politica cinematografica spregiudicata, come quella statunitense che, nel monopolizzare il mercato internazionale, mette in circolazione pellicole parzialmente sonorizzate, di rado tradotte e più spesso semplicemente in lingua originale. I vantaggi distributivi sembrano immediati, salvo decrescere assai velocemente non appena il pubblico, che sulle prime è attratto dalla novità del sonoro, fino a fruirla passivamente, non si accontenta più delle prime rudimentali proiezioni sonore e si fa sempre più esigente, esprimendo tutto il proprio disorientamento, come sottolinea l'articolo anonimo *Il cinema come industria. Disorientamento*, pubblicato su «Cinema Illustrazione» nel dicembre del 1930, e qui di seguito riportato[63].

Il *film parlato* ha fatto arricchire delle organizzazioni che hanno saputo abilmente sfruttare la curiosità del pubblico producendo a getto continuo *film sonori* e *parlanti*, in tutta fretta, senza nessuna preoccupazione di ordine artistico, col solo scopo di far soldi. La cosa è andata bene per un po'. Il pubblico per un certo tempo s'è lasciato turlupinare, poi ha cominciato a veder chiaro, a giudicare, a criticare, ad esigere dai produttori qualcosa di più e di meglio dei soliti polpettoni teatrali, aridamente riprodotti sullo schermo, a reagire, con insospettata energia, ad ogni esibizione di film unicamente improntati allo scopo di sfruttare la curiosità dell'invenzione. [...]. E le ripercussioni sono state tali che alcuni valori cinematografici [...] sono precipitosamente caduti di fronte all'insuccesso commerciale della produzione.

Dopo il disagio iniziale, ma anche dopo l'euforia e la curiosità, il pubblico del *film sonoro* diviene insomma sempre più vigile e critico, sempre più attento ed esigente rispetto a quel che il mercato cinematografico gli offre, decretando dapprima il successo e poi l'insuccesso commerciale della nuova invenzione. Non ne provoca il decesso, ma certo non si esime da un certo dissenso, dopo il miope gradimento iniziale.

Ricorrono allora spesso sulle riviste e sui quotidiani nazionali alcuni *referendum* ed inchieste giornalistiche che raccolgono il parere del pubblico, puntualmente oscillante tra eccitazione ed entusiasmo iniziali e un innegabile rimpianto per ciò che si è perso. Ad esempio l'accompagnamento musicale dal vivo, il frastuono in sala, ma anche il silenzio originario delle pellicole, ai quali si somma l'inevitabile fastidio per i difetti tecnici [64].

Su «cinematografo» del 1929 Umberto Masetti svolge ad esempio un'indagine in cui registra il gradimento o il dissenso espresso dagli spettatori di allora nei confronti di determinati film o pellicole, esclusivamente americane, in programma in un cinema milanese da poco adibito alla proiezione dei nuovi *fonofilm*[65].

*Il cantante di jazz* era un buon film silenzioso ed aveva una *sonorizzazione* in molta parte ripresa contemporaneamente al film; il pubblico, accorso in massa allo spettacolo per la novità, se ne incuriosì, interessò, e lo gustò soprattutto perché era il primo del genere e come primizia prometteva molto a condizione che il miglioramento nella riproduzione acustica fosse rapido e decisivo. *Ombre bianche* è uno stupendo film silenzioso che [...] ha soggiogato il pubblico impedendogli di manifestare il suo dissenso per l'insufficiente rendimento della parte sonora [...]. Il pubblico ha dimostrato di gradire la sincronicità di ripresa; quella di adattamento successivo [gli] interessa molto meno [...]. Con *Primo amore* si sono manifestati i primi dissensi: il film è ben concepito nella parte visiva e dimostra una [...] contemporaneità grazie al sistema *Movietone* [...]. Tuttavia le accoglienze sono fredde e si manifestano contrasti [...]. Il pubblico incomincia a persuadersi che il prezzo (meccanicità del commento sonoro) col quale si paga il sincronismo assoluto [...] è troppo caro di fronte alla rinuncia cui si sottopone (commento musicale vivente); incomincia a spogliare il proprio giudizio dall'influenza della curiosità morbosa che l'accompagnava nelle prime rappresentazioni; e l'incomprensibile dialogo, dopo averlo incuriosito una prima volta, l'infastidisce. E siamo [a] *La donna e il diavolo* [...] scadente nella parte visiva. Nonostante la riproduzione sonora abbia reso un effetto acustico più perfezionato [...] il pubblico [lo] ha condannato apertamente.

Nel 1931 è invece Aurelio De Marco, editorialista di punta de «La Rivista Cinematografica», a riflettere sulle facoltà percettive (con risvolti psicologici, linguistici, narrativi, musicali ecc.) dello spettatore alle prese con i *talkies*[66].

Il pubblico dei *talkies* ha cambiato d'anima, di carattere, di temperamento [...]. È capace di reazioni sconosciute al tempo del film muto [...]. Mentre questo costituiva uno spettacolo riposante, il *film parlante* invece costringe lo spettatore a riflettere, a seguire l'azione costantemente, a tendere l'udito, la vista e lo spirito per seguire la vicenda di un dramma che sovente descrive degli stati d'animo o delle situazioni psicologiche [...]. Al fattore economico della crisi generale e a quello psicologico della nuova mentalità determinatasi nel pubblico, bisogna aggiungere altre incognite di non indifferente portata come quella relative ai problemi della lingua e della musica [...] e si avrà facilmente la spiegazione della minor frequenza della sale di proiezione [...]. Potremmo così sintetizzare: poiché un repentino disorientamento e una diminuzione di attrattiva hanno allontanato il pubblico, sarà necessario, per richiamarlo, un ripristino di equilibrio ed uno sfoggio di attrazioni. In quanto all'equilibrio pensiamo che in tempo [...] breve si ristabilirà [...] perché avendo ormai il *film parlato* superato il periodo della novità ed il pubblico il periodo delle attese miracolistiche, gli spettatori [...] si abitueranno a considerare il *fonofilm* come uno spettacolo d'arte più complesso e [...] sempre più perfetto.

Di certo, il neo-cinema sonoro, in quanto spettacolo d'arte complesso, imperfetto e perfettibile alla ricerca spasmodica di insospettate armonie audiovisive, deve tener conto del pubblico: educarlo, sedurlo, attrarlo. Ma soprattutto interpellarlo in quanto privilegiato «interlocutore» e «decodificatore». Al pubblico la cinematografia moderna richiede presenza attiva, consapevolezza e conoscenza[67].

1. Bioy Casares, *L'invenzione di Morel*, Bompiani, Milano, 1966, p. 101 e p. 104, (ed. or. *La invenciòn de Morel*, 1941).
2. In merito alla *lanterna magica*, quale dispositivo ottico del *pre-cinema* e precursore del cinema sonoro, di per sé incentrato sul principio del microscopio e della camera oscura che, servendosi di una fonte luminosa, all'interno di una scatola ottica, permette di proiettare all'esterno delle immagini, ingigantite da una lente etc., cfr. i seguenti testi: Giovanna Grignaffini, «*Signore e signori: il cinematografo*». *La nascita del cinema e il suo mito*, Marsilio, Venezia, 1995; Donata Pesenti Compagnoni, *Verso il cinema. Macchine spettacoli e mirabili visioni*, UTET, Torino, 1995; Gian Piero Brunetta. *Il viaggio dell'icononauta. Dalla camera oscura di Leonardo alla luce dei Lumière*, Marsilio, Venezia, 1997; Carlo Alberto Zotti Minici, *Dispositivi ottici alle origini del cinema. Immaginario scientifico e spettacolo nel XVII e XVIII secolo*, CLUEB, Bologna, 1998; Alberto Boschi, *Il passaggio dal muto al sonoro in Europa*, in Brunetta (a cura di), *Storia del cinema mondiale. L'Europa. 1 Miti, luoghi, divi*, Einaudi, Torino, 1999. Cui aggiungiamo un'inchiesta che, svolta dall'ingegnere Federico S. Bassoli su «L'Eco del Cinema», appare pubblicata sui numeri 162, 168 e 169 di maggio, novembre

e dicembre 1937, con il seguente emblematico titolo, *Dalla "lanterna magica" al cinema sonoro*.
**3.** Sulle grandi invenzioni del XIX e del XX secolo cfr., tra gli altri, i seguenti testi: Mario Calzini, *Storia tecnica del film e del disco*. *Due invenzioni in una sola avventura*, Cappelli, Bologna, 1991; Lino Miccichè, *1895: l'anno del cinema e di molto altro*, Convegno "1895 e dintorni: non solo cinema", Roma, 1996. Entrambi gli autori si soffermano sulle grandi invenzioni scientifiche del XIX-XX secolo che culminano con il *cinematografo* e con il *fonografo*. Riguardo invece alla *fotografia*, quale primo sistema di riproduzione meccanica di immagini messa a punto tra il 1816 e il 1829, è noto, che ad essa si associano i nomi di Joseph Nicéphore Niépce e Mandé Daguerre.
**4.** Per le citazioni riportate fin qui cfr. Riccardo Redi, *Inventare il suono in Italia*, in Sandro Bernardi (a cura di), *Svolte tecnologiche nel cinema italiano. Sonoro e colore. Una felice relazione fra tecnica ed estetica*, Carocci, Roma, 2006, p. 17. In merito invece ad Edison e a quanto detto fin qui, come in seguito, cfr. Alberto Riganti, Silvio Riolfo Marengo (a cura di), *Enciclopedia Universale Garzanti*, Garzanti, Milano, 1994, p. 473, dove Edison – nato nel 1847 e morto nel 1931 negli Stati Uniti – è indicato come l'«inventore statunitense» che «perfezionò il *telefono* (1896), inventò», oltre al *fonografo*, anche «la lampadina elettrica a filamento di carbone». Ancora, se sul *kinetoscopio* – quale sorta di cassettone in legno con apertura oculare, attraverso la quale, dopo aver inserito una moneta che ne azioni il dispositivo, si possono individualmente osservare le immagini in movimento impresse su pellicola di celluloide perforata, – si legge spesso in molti libri di storia del cinema, qui ci limitiamo a prestare attenzione soprattutto al *phonograph* o *fonografo*. Viceversa su *kinetofono, kinetoscope parlator* etc. cfr: Grignaffini, «*Signore e signori: il cinematografo*», cit., p. 61, laddove sostiene che «Edison tentò, fin dal 1894, la strada del *kinetoscope parlator*: una macchina capace di riprodurre simultaneamente suono e immagine»; Pesenti Compagnoni, *Verso lo spettacolo del "cinematografo". Antologia: Il Kinetofono*, in Id., *Verso il cinema*, cit., p. 275, laddove si legge che è «questo il nome che si dà al *fonografo* combinato col *kinetoscopio*, ossia ad un congegno di macchina che ci permette di ascoltare non solo la riproduzione del canto e della parola ma anche l'azione illustrativa di quel canto e di quella parola [...] Da una parte la macchina che conserva e tramanda la parola, dall'altra la macchina che fissa l'immagine dei nostri cari». E ancora cfr. la *Guida pratica per l'uso del Fonografo Edison (tanto per la riproduzione dei cilindri quanto per la loro incisione), del Grammofono e del Kinetoscopio Edison*, Elettricità, Milano, 1895.
**5.** Cfr. fin qui Calzini, *Thomas Alva Edison. Parte prima. Edison e i Lumière*, in Id., *Storia tecnica del film e del disco*, cit., pp. 16-21; Tom Gunning, *Da Edison a Griffith: il cinema e la modernità*, in Brunetta (a cura di), *Storia del cinema mondiale. Volume secondo. Gli Stati Uniti*, Einaudi, Torino, 1999, p. 52. Per correttezza occorre comunque precisare che, mentre è Calzini a riprendere la definizione di "mago di Manlow Park", è Gunning che invece utilizza la forma abbreviata di "mago di Menlo Park". Ancora, cfr. sempre Calzini, *Thomas Alva Edison*, cit., p. 18, laddove prima si sofferma sul funzionamento del *telegrafo* e del *telefono* – per cui il primo registra i messaggi attraverso una penna che, abbassandosi ad ogni impulso elettrico, traccia sul nastro di carta i segni dell'alfabeto Morse, mentre il secondo si avvale di impulsi elettrici che, attraverso fili e membrane, creano vibrazioni e quindi riproduzioni sonore – per poi arrivare al *fonografo*, quale sistema di *registrazione dei suoni* che, in quanto filiazione di *telegrafo* e *telefono*, è di fatto costituito da una penna che, applicata a una membrana, traccia dei segni su carta paraffinata, ad ogni impulso o vibrazione elettrica che riceve. E ancora cfr.:

Gunning, *Da Edison a Griffith*, cit., pp. 57-58; Bioy Casares, *L'invenzione di Morel*, cit., p. 104. Su alcune riflessioni e concetti qui espressi cfr. comunque anche André Bazin in *Che cosa è il cinema?*, Garzanti, Milano, 1986, (ed. or. *Qu'est-ce-que le cinéma?*, Éditions du Cerf, Paris, 1958).
**6.** Cfr. fin qui Gunning, *Da Edison a Griffith*, cit., pp.56-57. Dopodiché, in merito agli inventori citati, aggiungiamo che, se a Bell e a Tainter si deve l'invenzione del *grafofono* nel 1881, a Berliner, inventore tedesco, impiegato alla *Bell Telephone Company*, si attribuisce nel 1887 il brevetto del *grammofono*, sia pure sviluppato su una prima idea di Charles Cros, poeta e inventore francese dedito sia alla *fotografia* che al *telegrafo*. Su questo cfr. anche *Wikepedia. L'enciclopedia libera e collaborativa*: http://it.wikipedia.org/wiki/Pagina principale. Infine cfr. ancora Calzini, *Thomas Alva Edison*, cit.; Gunning, *Da Edison a Griffith*, cit. E ancora: cfr. Calzini, *Parte seconda. L'industria del disco e del film* e *Le origini del cinema sonoro. Parte terza. Il cinema sonoro*, in Id., *Storia tecnica del film e del disco*, cit., pp. 50-60 e p. 121, in particolare in merito alla nascita del disco (1888) e al suo lancio sul mercato (1913), ma anche alla sua applicazione, ad opera dei primi pionieri citati, in sostituzione del cilindro e in relazione alla nascita del grammofono. Infine cfr. anche Grignaffini, *«Signore e signori: il cinematografo»*, cit., p. 6, laddove ancora sul *kinetoscope parlator* sostiene che la «strada» viene immediatamente «abbandonata» da Edison «data la pessima qualità dei risultati ottenuti». Per ultimo cfr. anche Boschi, *Il passaggio dal muto al sonoro in Europa*, cit., pp. 399-400.
**7.** Per tutto quel che si è fin qui epresso e per quel che segue, in termini di breve cronistoria tecnologica, internazionale ma anche italiana, che precede e determina la nascita del cinema sonoro cfr. in ordine cronologico e sparso i seguenti testi e saggi: Paolo Uccello, Libero Innamorati, *La registrazione del suono*, Edizioni di Bianco e Nero, Roma, 1939; C. E. [Edoardo C.] Giussani, *Apparecchi per la registrazione dei suoni su film*, «Cinema», 67, 10 aprile 1939, pp. 38-39; Lewis Jacobs, *Intensificazione (1919-1929). Alta finanza*, in Id., *L'avventurosa storia del cinema americano. Vol. II*, Il Saggiatore, Torino, 1966, pp. 9-27, (ed. or. *The Rise of American Film. A Critical History*, Harcourt, Brace & Co., New York); Gianni Rondolino, *Il cinema americano degli anni di Roosevelt. I problemi del sonoro*, in Id., *Storia del cinema*, vol. I, UTET, Torino, 1977, pp. 266-270; Uccello, *Cinema. Tecnica e linguaggio*, Edizioni Paoline, Roma, 1982; Rick Altman, *Per un'archeologia del cinema sonoro*, in R. [Rick] Altman, A. [Alberto] Boschi, W. [Wolfgang] Jacobsen... [et Al], *L'immagine acustica. Dal muto al sonoro: gli anni della transizione in Europa*, «Cinegrafie», 5, novembre 1992, Transeuropa, Ancona, 1992, pp. 9-20; David Bordwell, Kristin Thompson, *L'introduzione del sonoro*, in Id., *Storia del cinema e dei film. Dalle origini al 1945*, Il Castoro, Milano, 1998, pp. 273-280, (ed. or. *Film History: An Introduction*, McGraw-Hill, Inc., New York, 1994); Fernaldo Di Giammatteo, *La ricerca dell'identità (1915-1930). Il passaggio dal muto al sonoro*, in Id., *Storia del cinema*, Marsilio, Venezia, 1998, pp. 131-137; Virgilio Tosi, *Breve storia tecnologica del cinema*, Bulzoni, Roma, 2001. Ma cfr. anche i seguenti saggi, in Brunetta, *Storia del cinema mondiale. Volume quinto. Teorie, strumenti, memorie*, Einaudi, Torino, 2001: Altman, *La parola e il silenzio. Teoria e problemi generali di storia della tecnica*, pp. 829-854; Giovanni Fiorentino, *Dalla fotografia al cinema*, pp. 43-79; Carlo Montanaro, *Il cammino della tecnica*, pp. 81-163. Cfr. poi ancora: Francesco Casetti, Mariagrazia Fanchi (a cura di), *La sensibilità meccanica. Cinema e tecnologia in Italia*, «Bianco e Nero», fascicolo 549, maggio-agosto 2004; Leonardo Gandini (a cura di), *La meccanica dell'umano. La rappresentazione della tecnologia nel cinema italiano dagli anni Trenta agli anni Sessanta*, Carocci, Roma, 2005; Ilario Meandri, *Tecniche e prassi di sincronizzazione musica e immagine: dal*

*processo compositivo alla* recording session, in Meandri, Andrea Valle (a cura di), *Dossier Suono/Immagine*, «La Valle dell'Eden», 25-26, luglio 2010-giugno 2011, pp. 114-129; Bernardi (a cura di), *Svolte tecnologiche nel cinema italiano*, cit.; Boschi, *Il passaggio dal muto al sonoro in Europa*, cit.; Calzini, *L'epoca del sonoro. Parte terza*, cit.; Gunning, *Da Edison a Griffith*, cit.

**8.** Con ogni probabilità la *Warner Bros* utilizza il *Vitaphone* fino al 1931, dopodiché passa anch'essa sotto il dominio esclusivo e incontrastato del *Movietone*, con tutte le modifiche e i perfezionamenti che seguiranno.

**9.** Cfr. le seguenti citate pubblicazioni italiane di allora: Cauda, *Cinematografia sonora. Elementi teorico-pratici*, Ulrico Hoepli Editore, Milano, 1930; Lega, *Il fonofilm. L'arte e la tecnica della cinematografia parlata e sonora*, Novissima Enciclopedia Monografica Illustrata, C. Cherubini Editore, Firenze, 1932; Cauda, *Uccello, Afonie e raucedini del film sonoro. Loro cause e loro eliminazione*, Arti Grafiche Pizzi & Pizio, Milano, 1933. Nonché appunto la «Rivista Italiana di Cinetecnica», con particolare riferimento all'articolo di apertura, *Presentazione*, apparso sul numero 1 del 15 ottobre 1928, p. 1. In più, seppure da noi qui non approfonditi, cfr. anche due altri testi tecnico-artistici di quegli anni, temporalmente coincidenti con la nostra periodizzazione, ovvero: Eugenio Giovannetti, *Il cinema e le arti meccaniche*, Sandron, Palermo, 1930; A. [Aldo] Nanni, *Tecnica e Arte del Film. Fra le quinte della cinematografia*, Antonio Vallardi Editore, Milano, 1931; Cauda, *La cinematografia per tutti. Guida pratica per cinedilettanti*, ACIEP, Roma, 1931

**10.** Cfr. appunto ancora Cauda, *Parte I. Cenni generici sui vari sistemi di fonofilm*, in Id., *Cinematografia sonora*, cit., pp. 3-56, in cui l'autore precisa che il 1) è ad incisione su disco; il 2) è a magnetizzazione su filo d'acciaio; il 3) è ad assorbimento attraverso raggi ultravioletti e a luminescenza, grazie alla proprietà di alcuni corpi, che emettono raggi luminosi e il 4) è a registrazione su pellicola. E dove ancora afferma che il sistema ad incisione sincronica su disco viene considerato come film sonoro vero e proprio, mentre quello non sincronico è indicato come una banale sostituzione dell'orchestra con il disco. Segue poi la definizione dei sistemi a registrazione foto-acustica a intensità e a trascrizione trasversale, di cui «i primi sono quelli in cui il suono è reso fotograficamente mediante la variazione dell'intensità dell'annerimento della striscia di pellicola destinata a questo scopo», mentre i secondi «si caratterizzano per il fatto che il suono viene riprodotto per mezzo di una serie di linee trasversali a detta striscia di pellicola, più o meno allungate e di intensità costante». Per ulteriori approfondimenti sull'argomento cfr. anche: Boschi, *I sistemi di sincronizzazione*, in Id., *Il passaggio dal muto al sonoro in Europa*, cit., pp. 399-402; Bordwell, Thompson, *L'introduzione del sonoro*, cit., pp. 281-283.

**11.** Cfr. fin qui ancora Cauda, *Parte I. Cenni generici sui vari sistemi di fonofilm*, cit. Mentre in merito a Lega, a quanto detto fin qui e al brano che segue cfr. *Il fonofilm*, cit., di cui i segg. paragrafi: *Procedimenti tecnici del "fonofilm"* p. 12; *Come si realizzano i "fonofilm"*, pp. 16-17.

**12.** Per la citazione riportata cfr. Boschi, *Limitazioni tecnologiche delle prime produzioni sonore*, in Id., *Il passaggio dal muto al sonoro in Europa*, cit., p. 405. In merito a Cauda e Uccello cfr. *Afonie e raucedini del film sonoro*, cit. Infine sulla «Rivista Italiana di Cinetecnica», così come sulle riviste e quotidiani d'epoca anche i seguenti testi: Ufficio Documentazione della Mostra (a cura di), *Nuovi materiali sul Cinema Italiano 1929-1943. Vol. I-II*, Quaderni informativi nn. 71-72, XII Mostra Internazionale del Nuovo Cinema, Ancona, 1976 (con particolare riferimento a: Lucilla Albano, *Volontà-impossibilità del cinema fascista: riviste e periodici degli anni trenta in Italia*, pp. 101-147; Bernardi, *L'attenzione al cinema nelle riviste di critica teatrale: "Comoedia", "Scenario" e altre ancora*, pp. 152-199; Paolo

Di Maria, *"La Rivista del Cinematografo"*, pp. 360-371); Riccardo Redi (a cura di) *Cinema scritto. Il catalogo delle riviste italiane di cinema 1907-1944*, AIRSC-Associazione Italiana per le Ricerche di Storia del Cinema, Roma, 1992; Lorenzo Pellizzari, *La critica cinematografica in Italia, 1929-59*, in Brunetta (a cura di), *Storia del cinema mondiale. Volume quinto. Teorie, strumenti, memorie*, cit., pp. 445-484. Infine, per tornare alla questione tecnico-estetica del sonoro, qui segnaliamo anche il saggio d'epoca di Luigi Chiarini, *Cenni sull'estetica del sonoro*, che emblematicamente precede, come recita il frontespizio, il volume di Innamorati, Uccello, *La registrazione del suono*, cit. e che si estende da p. 12 a p. 19.

**13.** Ed è questa la struttura del capitolo che segue e che abbiamo scelto di dedicare ai mestieri del cinema, ma anche ai luoghi e alle modalità di ripresa, proiezione e fruizione del nuovo sistema sonoro.

**14.** Cfr. anche per il brano che segue, Chion, *L'evoluzione dei mestieri nella storia del cinema*, in Id., *I mestieri del cinema. Dai capolavori del muto ai giorni nostri, tutte le professioni che realizzano la magia del cinema*, Grafica Santhiatese Editrice, Santhià (VC),1999, p. 22, (ed. or. *Le cinéma et ses métiers*).

**15.** Cfr. fin qui: Vanoye, *La sceneggiatura. Forma, dispositivi e modelli*, Lindau, Torino, 1998, p. 10, (ed. or. *Scénarios modèles, modèles de scénarios*, Éditions Nathan, Paris, 1991); Chion, *Il progetto*, in Id., *I Mestieri del Cinema*, cit., p. 69; Alovisio, *Voci del silenzio. La sceneggiatura nel cinema muto italiano*, Museo Nazionale del Cinema di Torino, Fondazione Maria Adriana Prolo, Il Castoro, Milano, 2005.

**16.** Per quanto fin qui espresso cfr. ancora: Vanoye, *La sceneggiatura*, cit., p. 12; Alovisio, *Voci del silenzio*, cit.; Rondolino, Dario Tomasi, *Manuale del film. Linguaggio, racconto, analisi*, UTET, Torino, 1995, p. 3, laddove in particolare quest'ultimo precisa a che per «*découpage* tecnico» si intende la suddivisione della sceneggiatura in «singole immagini, dette inquadrature o piani, che a loro volta sono numerate» e delle quali «si indica il contenuto, il punto di vista della cinepresa, la presenza di eventuali movimenti della macchina ecc.».

**17.** Per il brano che segue cfr. Anonimo, *La cinema nuova. Cinema sonoro*, "Dal teatro di posa allo schermo", «Il Tevere», 9 ottobre 1929, p. 5.

**18.** Cfr. su tutto ciò che precede e che segue: Il supporter, *La rivoluzione in Cinelandia*, «La Cinematografia», 26, 31 luglio-14 agosto 1928, p. 3; Doria, *"Quali gli sviluppi che il fonofilm potrà raggiungere?" Un nostro referendum tra gli artisti e i tecnici della cinematografia italiana*, "Dal teatro di posa allo schermo", «Il Tevere», 17 maggio 1929, p. 6; Aldo Quinti, *Circuito. Dallo scenario per il film sonoro "La grande prova" di Aldo Quinti*, «cinematografo», 13, 23 giugno 1929, p. 14; Evandro Petrella, *La vita. Quattro quadri per uno scenario sonoro*, «Kines», 32, 9 agosto 1931, p. 3. Di questi ultimi due sono peraltro i brani che seguono.

**19.** Su questi ultimi concetti espressi cfr. ancora Rondolino, Tomasi, *Manuale del film*, cit., pp. 1-2, laddove in particolare è scritto che per soggetto si intende «la prima manifestazione concreta di un'idea [...], un piccolo racconto, uno spunto narrativo, il breve riassunto di qualcosa [...] destinato a prendere forma [...], contenuto in poche righe, al massimo un paio di paginette» e per trattamento una forma più letteraria e meglio definita sotto il profilo narrativo, con descrizione un po' più dettagliata delle scene, della loro ambientazione ecc.

**20.** Per il lungo brano introduttivo e per quel che segue cfr. Soldati, *Ill. Luce rossa: si gira*, in Id. *24 ore in uno studio cinematografico*, Sellerio, Palermo, 1985, pp. 30-34. Ma cfr. anche, per avere ulteriori linee guida del suddetto libricino, Guido Davico Bonino, *Nota* e Soldati, *Avvertenza. (Milano, 1935)*, in Ivi, pp. 151-152 e p. 9 e segg.

**21.** Cfr. per il brano che segue, come per quello immediatamente dopo, Quello di

Hollywood [Cesare Zavattini], *Arte muta... mah?*, «Cinema Illustrazione», 42, 15 ottobre 1930, p. 6, ora in Zavattini, *Cronache da Hollywood*, a cura di Giovanni Negri, Lucarini, Roma, 1991, pp. 7-9.
**22.** Per i brani che seguono, entrambi tratti dalla «Rivista Italiana di Cinetecnica», 7 luglio 1929, cfr.: Anonimo, *Dati tecnici sul fonofilm americano*, "La tecnica del fonofilm", p. 134; Cd, *L'acustica nei teatri di presa per fonofilms*, pp. 143-144. Ma cfr. anche, in generale, altri articoli d'epoca come: [Mario] Magic, *Il cinematografo in rivoluzione*, cit., p. 1; C. B. [Carlo José Bassoli], *I vantaggi pratici del Cinefono Pineschi*, «L'Eco del Cinema», 68, luglio 1929, p. 2.
**23.** Cfr. pertanto A. B. [Alessandro Blasetti], *Difficoltà e sorprese di un'impreveduta potenza: il microfono. Ai margini di una nuova arte*, "Dal teatro di posa allo schermo", «Il Tevere», 15 gennaio 1930, p. 5, laddove si legge: «l'oggetto principale delle preoccupazioni è attualmente l'eliminazione dei rumori esterni. In tutti i teatri di posa si trova oggi una scena isolata dai suoni; ma essa non lo è mai completamente. Per esempio non si può combattere il ronzare di un aeroplano che passa sopra il teatro. Questo rumore è accompagnato da violente vibrazioni dell'aria ed ha già cagionato perdite serie [...] Gli aeroplani devono evitare i teatri di posa e passare ad 800 metri al largo quando sul teatro si libra un pallone [...] di colore arancione, di giorno, ed illuminato, la notte, di cui la corda è pure munita di un festone di bandierine rosso-arancione». Ma soprattutto cfr. Lega, *Come si realizzano i "fonofilm"*, cit., p. 14, da cui la citazione che abbiamo anche scelto come titolo del paragrafo cui concluso.
**24.** Cfr. per il brano che segue Biancini, *Presa di contatto col microfono*, "Lettere berlinesi", «Kines», 49, 15 dicembre 1929, p. 12. Mentre per quel che viene prima cfr. Zavattini, il quale, non solo definisce il *microfono* un «infernale strumento» che «ha il dono di amplificare [...] tutti i rumori», in *Arte muta... mah?*, cit., p. 6, ma ne dà anche altre descrizioni – come detto fin qui e altrove, salvo altre indicazioni – in Quello di Hollywood [Zavattini], *Tutto per un pacco di chiodi!*, «Cinema Illustrazione», 43, 22 ottobre 1930, p. 10, (ora in Zavattini, *Cronache da Hollywood*, cit., pp.12-13).
**25.** Cfr. per quanto detto fin qui e per il brano successivo L. F. [Leandro Forno], *I rumori che disturbano il microfono*, «Il Cinema Italiano», 28, 20 ottobre 1931, p. 3.
**26.** Cfr. quindi: Chion, *Il suono durante le riprese*, in Id., *I Mestieri del Cinema*, cit., pp. 165-173, così come per il brano che segue, Anonimo, *Il microfono "Bomba"*, "Tecnica cinematografica", «La Rivista Cinematografica», 3, 15 febbraio 1932, pp. 5-6.
**27.** Cfr. allora i tre articoli e quindi i tre brani che seguono, tutti di Anonimo: *Il microfono negativo*, «Rivista Italiana di Cinetecnica», 8, agosto 1930, p. 25; *Il microfono "a raggio"*, "Tecnica cinematografica", «La Rivista Cinematografica», 17, 15 settembre 1930, pp. 21-22; *Il microfono "Bomba"*, cit., pp. 5-6.
**28.** Per questo e quel che segue, salvo altre indicazioni, cfr. Chion, *Il suono durante le riprese*, cit., p. 166 e p. 173.
**29.** Su quanto espresso fin qui cfr. ancora Boschi, *Il passaggio dal muto al sonoro in Europa*, cit., p. 405.
**30.** Cfr. su questo e quel che segue: Anonimo, *Dati tecnici sul fonofilm americano*, cit., p. 135; Anonimo, *Perfezionamento agli apparecchi di ripresa sonora*, «Kines», 30, 27 luglio 1930, p. 14.
**31.** Per quanto fin qui espresso cfr. Bordwell, Thompson, *L'introduzione del sonoro*, cit.., p. 277 e p. 279. Cfr invece per il brano che segue: Anonimo, *Come si "girano" i "talkies"*, "Quel che bolle in pentola", «Il Cinema Italiano», 33, 20 novembre 1929, p. 2.
**32.** Cfr. per questo, in particolare, Tosi, *Breve storia tecnologica del cinema*, cit., p.

74, laddove indica i *blimps* come delle «guaine di materiali fonoassorbenti». Ma cfr. anche Boschi, *Il passaggio dal muto al sonoro in Europa*, cit., p. 405.

**33.** Cfr. per i brani che seguono: Erich Pommer, *Il film sonoro e la sua tecnica*, «La Rivista Cinematografica», 8, 30 aprile 1930, pp. 3-4; Anonimo, *Perfezionamento agli apparecchi di ripresa sonora*, cit., p. 14; Carlo Josè Bassoli, *Divagando sul sonoro. 100% parlante - soundmen - microfoni ecc.*, «L'Eco del Cinema», 84, novembre 1930, p. 4.

**34.** Cfr. per i brani precedenti e per quel che segue: Anonimo, *Hollywood tramonta...*, «Il Cinema Italiano», 36, 20 gennaio 1928; Beniamino De Ritis, *Stelle mute... cadenti. A Hollywood*, «La Rivista Cinematografica», 2, 30 gennaio 1929, p. 4; L. Di S. C., *Cinematografia parlante*, «Cine-Gazzettino»,10, 9 marzo 1929, p. 5.

**35.** Cfr. fin qui [Zavattini], *Detronizzati*, «Cinema Illustrazione», 41, 8 ottobre 1930, (ora in Zavattini, *Cronache da Hollywood,* cit., pp. 5-6). Mentre per i brani che seguono cfr. l'opinione espressa da Pittaluga nell'intervista già citata nel primo capitolo e pubblicata in Anonimo, *L'Arte italiana e il Cinema parlante nel parere di un competente*, cit., p. 3. Ma cfr. anche A. J. Fischer, *Se aspirate al film parlato*, «Cinema Illustrazione», 41, 8 ottobre 1930, pp. 6-7.

**36.** Cfr. per quanto fin qui espresso e citato Chion, *L'audiovisione. Suono e immagine nel cinema*, Lindau, Torino, 1997, p. 90 (ed. or. *L'audio-vision. Son et image au cinéma*, Éditions Nathan, Paris, 1990).

**37.** Cfr. per il brano che segue: Anonimo, *Lo schermo parlerà*, «Il Cinema Italiano», 30, 20 ottobre 1928, p. 1.

**38.** Cfr. fin qui e per quel che segue, salvo altre indicazioni: Il supporter, *La rivoluzione in Cinelandia*, cit., p. 3; Anonimo, *Brown discute il sonoro*, "Notiziario Metro Goldwyn-Mayer" «Il Cinema Italiano», 22, 15 agosto 1931, p. 4.

**39.** In merito alle confessioni divistiche e hollywoodiane cfr.: Anonimo, *Norma Talmadge e il film parlante*, «Kines», 20, 26 maggio 1929, p. 11; Lilian Harvey, *La moda femminile e il "sonoro"*, «Il Cinema Italiano», 10, 9 marzo 1930, p. 3.

**40.** Il che probabilmente le accade in film come *Flesh and the Devil* (*La carne e il diavolo*) del 1927 e come *Anna Christie* del 1930, ma soprattutto come *Anna Karenina*, il *primo sonoro* interpretato dalla celebre diva svedese nel 1935. Per quanto detto fin qui da Zavattini e riportato di seguito cfr. ancora [Zavattini], *Detronizzati,* cit. Infine, in merito alla *detronizzazione* degli attori del cinema muto, che dalla gloria decadono nell'oblio, proprio in seguito all'avvento del sonoro, non si può non rievocare *The Artist* (2011), celebre film francese che, diretto da Michel Hazanavicius, interpretato da Jean Dujardin e da Bérénice Bejo, vincitore di molti Oscar nel 2012, proprio di questo argomento tratta. Così come, spingendosi ancor più indietro nel tempo e avanti nel tema, non si può dimenticare – e di nuovo citare – il romanzo di Auster, *Il libro delle illusioni*, in cui si narra la parabola discendente di un divo del muto, Hector Mann, che misteriosamente e quindi metaforicamente sparisce al comparire dei primi vagiti sonori cinematografici.

**41.** Cfr. in merito ancora Chion, *Il suono durante le riprese*, cit., p. 165, laddove lo studioso francese definisce in particolare l'*ingegnere del suono*, «un professionista venuto nella maggior parte dei casi dalla radio».

**42.** Cfr. per il brano che segue Anonimo, *Come si "girano" i "talkies "*, cit., p. 2.

**43.** Cfr. per quanto fin qui detto Chion, *Il suono durante le riprese*, cit., p. 169. Ma cfr. anche Soldati, *24 ore in uno studio cinematografico*, cit.

**44.** Cfr. per il brano sopra riportato: Anonimo, *Un personaggio importante della cinematografia sonora*, «Kines», 30, 27 luglio 1930, p. 14. L'articolo è riportato fedelmente anche su «Il Tevere» del 27 agosto 1930.

**45.** Per quanto fin qui detto cfr. ancora Chion, *Il suono durante le riprese*, cit., p. 165.

**46.** La citazione del titolo del paragrafo proviene da *La canzone di Marinella* di

Fabrizio De André, in *Volume III* (1970). Rendiamo omaggio alla suddetta canzone, sia pure per far riferimento – nelle riflessioni interne al paragrafo – più ad un re senza corona e senza scettro, che senza scorta, ovvero la figura del regista cinematografico che, negli anni della transizione, appare dimezzato e decaduto, ovvero in perdita di autorevolezza.

**47.** Per quanto fin qui detto e segue cfr. Epstein, *Écrits sur le cinéma 1921-1953*, Éditions Seghers, Paris, 1975, ma anche Boschi, *La trasformazione del ruolo del regista nel passaggio dal muto al sonoro*, in Anja Franceschetti, Quaresima (a cura di), *Prima dell'autore. Spettacolo cinematografico, testo, autorialità dalle origini agli anni Trenta*, III Convegno Internazionale di Studi sul Cinema, Dipartimento di Storia e Tutela dei Beni Culturali, Università degli Studi di Udine, Forum, Udine, 1997, pp. 225-232, ivi compresi i riferimenti a Jean George Auriol, *La vilaine querelle du cinéma parlant*. *Le cinéma et les moeurs*, «La Revue du Cinéma», 4, 15 octobre 1929, pp. 42-48.

**48.** In merito a questo brano di Epstein riportiamo qui in francese: «*L'opérateur de prise de son est un homme pondéré; il craint les éclats de voix et ces passionnés murmures où l'émotion se manifeste; il veut un enregistrement impeccable, c'est-à-dire régulier [...] il ignore que le scénario exige ici un cri rauque de détresse; il ne s'occupe pas du drame, mais de son ampèremètre. Qu'importent les vies bouleversées! Qu'importent les rires, les pleurs, les soupirs, pourvu que les doigts de l'opérateur tournent diligemment les manettes, ramènent toutes les expressions de la voix de l'homme à cet optimum de reproduction, à ce timbre standard*». E per esso cfr. appunto Epstein, *Londres parlant*, «Cinéa Ciné pour Tous», 15 décembre 1929, (ora in Id., *Écrits sur le cinéma 1921-1953*, cit., pp. 201-204). Così come per la traduzione dal francese all'italiano può essere utile cfr. anche Boschi, *Jean Epstein: la scoperta del movimento acustico*, in Id., *L'avvento del sonoro in Europa*, cit., p. 19.

**49.** Come sopra riportiamo qui la versione originale di Epstein: «*Tous les films parlent d'une seule voix, sans sexe, ni distance. Cette monotonie est la perfection dont les ingénieurs de son se félicitent. Leur idéal est qu'à travers le haut-parleur, le s se distingue du z [...] et peu leur importe cela que d'un cri on ne comprenne ni s'il est de colère, ni s'il est de joie*». E come sopra per essa rimandiamo ad Epstein, *Le cinématographe continue...*, «Cinéa Ciné pour Tous», novembre 1930, (ora in Id., *Écrits sur le cinéma 1921-1953*, cit., pp. 226-228).

**50.** Per quanto fin qui espresso crf. Moen, Arnaud, *Le metteur en scène et le film parlant*, «La Revue du Cinéma», 4, 15 octobre 1929, pp. 50-54. E cfr. ancora, a proposito di questo articolo, Boschi, *La trasformazione del ruolo del regista nel passaggio dal muto al sonoro*, cit.

**51.** Cfr. per il brano che segue: Anonimo, *Verso la radiocinematografia*, «Il Cinema Italiano», 10, 1° aprile 1929, p. 2. Mentre per le citazioni che seguono il suddetto brano, salvo altre indicazioni, cfr. L. Di S. C., *Cinematografia parlante*, cit., p. 5; Anonimo, *Attenti al filo*, «Il Cinema Italiano», 35, 1° dicembre 1929, p. 2.

**52.** Cfr. la versione originale, da Epstein, *Londres parlant*, cit., laddove afferma: «*Dans la réalisation d'un film parlant, quant à présent, ce chef n'a qu'un rôle signalétique ; parfois il lève les bras pour exprimer qu'il ne commande rien, ni à personne*».

**53.** Per il brano sotto riportato cfr. Bassoli, *Divagando sul sonoro*, cit., pp. 3-4.

**54.** Cfr. per il brano sopra riportato Anonimo, *Nuovo progresso nella costruzione delle sale cinematografiche*, "Tecnica cinematografica", «La Rivista Cinematografica», 19, 15 ottobre 1931, p. 9.

**55.** Cfr. anzitutto: Salamino, *Architetti e Cinematografi. Tipologie, architetture, decorazioni della sala cinematografica delle origini 1896-1932*, Prospettive, Roma,

2009; Caccia (a cura di/edited by), *Luoghi e architettura del cinema in Italia/Cinema houses: places and architectures in Italy*, ETS, Pisa, 2010. Mentre per i brani che seguono cfr., da «La Rivista Cinematografica»: Anonimo, *Il trattamento acustico delle sale cinematografiche*, 4, 30 febbraio 1930, p. 11; E. C. [Ernesto Cauda], *L'equipaggiamento delle sale per proiezione sonora*, 6-7, giugno-luglio 1930, p. 9.

**56**. Per i brani che seguono cfr.: Anonimo, *Nuovo progresso nella costruzione delle sale cinematografiche*, cit., pp. 9-10; Anonimo, *Il trattamento acustico delle sale cinematografiche*, cit., pp. 11-12.

**57**. Per ciò che segue cfr. ancora E. C. [Ernesto Cauda], *L'equipaggiamento delle sale per proiezione sonora*, cit., pp. 9-10.

**58**. Sulla crisi occupazionale di orchestrali e pianisti cfr., ancora una volta, la pluricitata intervista a Pittaluga, *L'Arte italiana e il Cinema parlante nel parere di un competente*, cit., p. 3. Mentre per i brani riportati e prelevati da «Il Cinema Italiano» cfr.: H., *Gli orchestrali francesi contro i "parlanti"*, 35, 10 dicembre 1928, p. 2; L. F. [Leandro Forno], *Il "sonoro" e i musicisti americani*, 6, 9 febbraio 1930, p. 2. Così come per quello tratto da «Il Tevere» cfr.: Cauda, *Film sonoro e mentalità nuova*, "Dal teatro di posa allo schermo", 3 aprile 1930, p. 5.

**59**. Per quanto fin qui detto e per quel che segue cfr.: Friedrich Holländer, *La musica nel film sonoro*, «La Rivista Cinematografica», 12, 30 giugno 1930, p. 5; L. F. [Leandro Forno], *La ripresa sonora della pioggia*, «Il Cinema Italiano», 17, 10 giugno 1931, p. 4; Anonimo, *La voce del mare*, "Chiacchiere di studio", «Cinema Illustrazione», 2, 14 gennaio 1931, p. 2.

**60**. Cfr. Costa, *Il proiezionista di film sonori. Manuale pratico ad uso degli operatori per la completa comprensione di un impianto e per la ricerca dei guasti*, Ulrico Hoepli Editore, Milano, 1933. Ma soprattutto per i brani che seguono cfr. Anonimo, *Alcuni consigli per la scelta dei dischi*, "Tecnica cinematografica", «La Rivista Cinematografica», 17, 15 settembre 1931, p. 7; Anonimo, *La buona proiezione e le qualità dell'operatore*, "Tecnica cinematografica", «La Rivista Cinematografica», 13-14, 15-30 luglio 1930, p. 25. Mentre, sia pure più in generale e soprattutto successivi di circa un decennio-ventennio rispetto alla nostra periodizzazione, cfr.: Uccello, *Difetti e rimedi. Le cabine di proiezione*, «Cinema», 62, 10 gennaio 1939, p. 44; Arrigo Usigli, *Difetti e rimedi. Replica sul "sonoro"*, «Cinema», 63, 25 gennaio 1939, p. 88; Gaetano Mannino-Patané, *Il cine sonoro (Passo normale). Proiezione-acustica*, Ulrico Hoepli Editore, Milano, 1943; Costa, *Il Cinelibro (passo ridotto). Guida per cineasti dilettanti e professionisti sulla ripresa e proiezione ottica e sonora*, Ulrico Hoepli Editore, Milano, 1954.

**61**. Cfr. per il brano che segue Anonimo, *Una visita ai grandiosi impianti "Western Eletric" al Cinema Savoia di Bologna*, «Cine-Gazzettino», 37, 12 settembre 1929, p. 8. In merito invece alle sale italiane ristrutturate a seguito dell'avvento del sonoro rinviamo al Quarto capitolo di questo libro.

**62**. Brano di Editoriale, *Il film sonoro e il pubblico*, «La Rivista Cinematografica», 19, 15 ottobre 1932, pp. 1-2.

**63**. Per il brano che segue cfr. Anonimo, *Il cinema come industria. Disorientamento*, «Cinema Illustrazione», 51, 17 dicembre 1930, p. 10.

**64**. Tra gli articoli referendari e d'inchiesta su pubblico e spettatori di allora posti di fronte alle prime proiezioni di *fonofilm*, qui segnaliamo: E. Minelli, *L'avvenire del film sonoro. Referendum*, «L'Eco del Cinema», 73, dicembre 1929, p. 42; G. [Guglielmo Giannini], *Concorso sul film sonoro*, "L'ambiente", «Kines», 16, 28 aprile 1929, p. 15; Anonimo, *Il nostro referendum sul film sonoro*, «Kines»: 18, 19 e 20, 12, 19 e 26 maggio 1929, p. 12, p. 13 e p. 7.

**65**. Cfr. in merito al brano che segue Masetti, *La donna, il diavolo e altre sonorità*, "Le prime visioni a Milano", «cinematografo», 14, 7 luglio 1929, p. 13.

**66**. Per il brano che segue cfr. De Marco, *Dalla diagnosi ai rimedi,* «La Rivista Cinematografica», 18, 30 settembre 1931, pp. 1-2.

**67**. Per tutto ciò fin qui espresso cfr. Francesco Casetti, *Dentro lo sguardo. Il film e il suo spettatore*, Bompiani, Milano, 1994, pp. 13-18. E ancora, sulla questione spettatoriale cfr. anche due recenti pubblicazioni di carattere generale come: Mariagrazia Fanchi, Elena Mosconi (a cura di), *Spettatori. Forme di consumo e pubblici del cinema in Italia 1930-1960*, Edizioni di Bianco & Nero, Marsilio, Roma-Venezia, 2002; Casetti, Mosconi (a cura di), *Spettatori italiani. Riti e ambienti del consumo cinematografico (1900-1950)*, Carocci, Roma, 2006.

ROMA
Aprile 1930-VIII

# :KiNES:

## CENT. 5

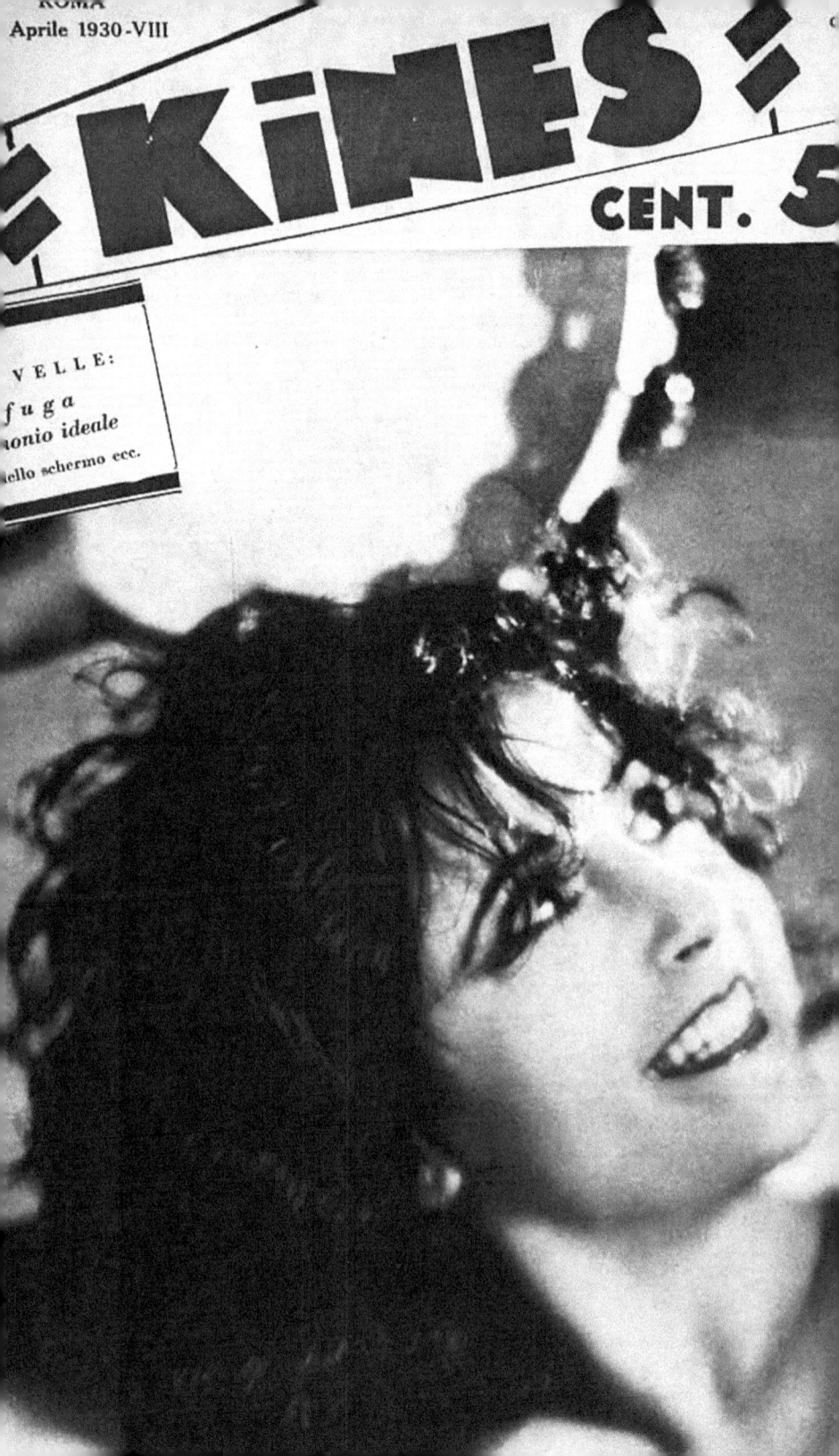

# L'asse Usa-Europa

*Lo vidi spalancare la bocca*
*e il gesto gli conferì*
*uno strano aspetto vorace,*
*come se avesse voluto ingoiare*
*tutta l'aria,*
*tutta la terra,*
*tutti gli uomini.*
*[...] Una voce profonda*
*mi raggiunse debolmente.*

Joseph Conrad[1]

L'avvento del cinema sonoro coincide, in America come in Europa, con il crollo economico della borsa di Wall Street e risente della Grande Depressione del 29 ottobre 1929. La crisi recessiva che, secondo la storica americana Ruth Ben-Ghiat porta alla rovina l'«ordine borghese-capitalista», mettendo in luce la «vulnerabilità delle frontiere» e il contrasto tra «tradizioni nazionali» e aspirazioni «sovranazionali», ha ripercussioni di tipo politico, sociale, culturale che si riflettono sulla storia del cinema. Il terremoto finanziario fa tremare anche le varie cinematografie nazionali, che di fatto attraversano una sorta di anno zero e di muro del suono.

Dopo un'iniziale e «progressiva involuzione», l'Europa riesce peraltro a liberarsi dalla stretta concorrenza americana e a sfruttare a proprio vantaggio la nuova invenzione del sonoro, come «antidoto» e anabolizzante grazie al quale ricostruire, sia pure lentamente e gradualmente, i tessuti connettivi della propria industria cinematografica.

Per un «assioma [...] molto semplice» accade che, mentre si estende la disoccupazione, proporzionalmente aumenta il tempo libero che la gente ha a disposizione e che spesso trascorre nelle sale
cinematografiche. Queste ultime divengono così delle «valvole di
sicurezza» contro incertezze, ansie ed angosce, nonché meta di
pellegrinaggio, «palazzi di sogno», dove il pubblico approda per
rimuovere la visione di «città grigie» travolte dalla crisi[2].

## Dalla diavoleria americana all'autonomia europea

È della necessità di una rinascita del cinema italiano che si dibatte alla fine degli anni '20 su varie testate, quotidiani e periodici nazionali. Bisogna scongiurare il dominio di un'America da
sempre egemone sull'Europa.
Senza opporsi alla nuova invenzione del sonoro c'è chi, come
Raffaello Matarazzo, non ha reticenza ad apostrofarla – su «Il
Tevere» del 12 febbraio 1930 – come un'autentica «diavoleria
americana» concorrenziale e manipolatrice dei futuri destini della cinematografia europea, un tempo gloriosa, durante i fasti
del muto, ora pericolosamente all'angolo: inerte, impreparata e
reverenziale. Timore che, solo qualche mese prima, nell'agosto
del 1929, anche Alessandro Blasetti esprime dalle colonne dello
stesso quotidiano[3].

L'incoscienza con cui l'Europa sta inerte più che incerta, supina più che
sbalordita dinanzi all'invasione del *film sonoro* americano non ha su-
perlativi adeguati [...]. La morte dell'industria cinematografica europea
[...] viene accolta ed introdotta dalla accanita imbecillità o dalla compra-
ta acquiescenza dei nostri Direttori Generali [...]. Il *film sonoro* dialogato
è lo strumento con il quale l'America si propone di radere al suolo l'industria europea, oggi, ridivenuta pericolosa concorrente di *films* muti
[...]. Convincendo i balordi industriali europei [...] che ormai il film muto
è morto [e che] non si può [che] produrre, come già in America, se non
*films sonori*.

La perplessità di Blasetti è pari a quella manifestata ancor prima,
nella primavera dello stesso anno, da un anonimo cronista su «Il

Cinema Italiano», il quale è certo che l'avvento del sonoro non potrà che scatenare una lotta spietata, un «brutale pugno d'acciaio» tra la «strapotente industria filmistica americana» e una dimessa produzione cinematografica europea, alla quale viene peraltro impedito in tutti i modi di provare ad intaccare il primato e il privilegio sonoro hollywoodiano, reprimendo qualsivoglia sua velleità indipendentista.

L'industria americana [...] sfrutta fino alle conseguenze estreme il privilegio di avere, per prima, realizzato i *films sonori* e tenta di soffocare sul nascere le velleità di concorrenza europea [...]. L'America [...] oggi meno che mai è disposta a cedere di un millimetro il posto di preminenza che si è conquistato.

Quello tra America e Europa è un corpo a corpo combattuto a suon di brevetti e di filiali costruite su territorio altrui. Dell'invasione e occupazione cinematografica americana ci occuperemo ampiamente più avanti, a proposito degli stabilimenti americani della *Paramount* sorti a Joinville-le-Pont, località francese della regione Champagne-Ardenne. Al momento soffermiamoci, sia pure brevemente, sulla guerra dei brevetti che si consuma ai primordi del sonoro tra Stati Uniti e Germania.

Il sistema di registrazione tedesco su pellicola sonora, brevettato come *Tri-Ergon*, è perfettamente all'altezza del *Movietone* americano, e potrebbe costituire un'occasione di emancipazione tecnologica del vecchio continente. Messo a punto tra la fine degli anni '10 e la prima metà degli anni '20, lanciato sul mercato nella primavera del 1929 – grazie ad un accordo stipulato tra la *Tobis-Klangfilm*, un gruppo internazionale di società elettriche, e la *UFA*, nota casa di produzione tedesca – il *Tri-Ergon* permette di fatto ai tedeschi di combattere con gli americani ad armi pari. Una corsa ai brevetti che immediatamente produce un *contingentamento*, ovvero una regolamentazione restrittiva dell'accesso delle pellicole americane in Germania. Gli Americani rispondono con il divieto di circolazione dei film tedeschi sul loro territorio. Lo scontro, sia pure acceso, ha breve durata e ha termine con un accordo tra la *Tobis-Klangfilm* e la *Western*

*Eletric.* Un patto incentrato sulla spartizione dei monopoli sul mercato internazionale delle apparecchiature sonore[4].

Il 22 luglio 1930 fu creato un cartello internazionale per dividersi il mercato mondiale. La *Tobis-Klangfilm* ottenne i diritti esclusivi per vendere apparecchiature sonore in Germania, Scandinavia e nella maggior parte dell'Europa centrale e orientale; gli americani ebbero il controllo di Canada, Australia, India e Unione Sovietica.

All'accordo si giunge per tappe, riassunte e ripercorse in un articolo dall'emblematico titolo *Lo sviluppo del fonofilm in Europa*, pubblicato sulla «Rivista Italiana di Cinetecnica» nell'agosto del 1930.

Il primo apparecchio sonoro tedesco fu sperimentato in Germania circa sette anni fa. Era il cosiddetto *Tri-Ergon* i cui brevetti furono in seguito sfruttati da un sindacato svizzero-tedesco [...]. Nel '28 [...] si fondò in Germania l'attuale *Tonbild-Syndikat A. G. (Tobis)* [...]. Anche il gruppo A. E. G. [...] entrò in campo e, assieme [alla] *Polyphon-Werke A. G.,* fondò la *Klang-film* [...]. Dopo qualche mese di lotte [...] di brevetti, i due gruppi si fusero assieme [...]. Si può dire che il *fonofilm* ha iniziato industrialmente la sua marcia in Germania il giorno 8 aprile 1929, con la firma [...] fra la [*Tobis-*] *Klangfilm* e l'*UFA*. In virtù di questo accordo [si prevede la] costruzione dei quattro grandi *studios* sonori di Neubabelsberg, presso Berlino.

All'intesa sottoscritta tra la società elettrica americana e la casa di produzione tedesca si accenna anche ne *L'UFA e il film sonoro*, pubblicato il 20 aprile 1929 su «Il Cinema Italiano». Mentre è in successivi articoli – apparsi sulla stessa testata e nello stesso anno con titoli quali: *Il contingentamento tedesco per i films sonori; Come i tedeschi impongono l'intercambiabilità; Klangfilm e Western sempre in guerra per i brevetti* – che ci si sofferma sulle conseguenze del protocollo tedesco-americano.

Gli articoli danno conto del superamento delle ostilità e di una successiva serie di accordi di reciproca cooperazione, di libera circolazione e di *intercambiabilità* di pellicole, brevetti e sistemi di diffusione sonora, tutti più o meno stipulati a partire dall'estate del 1930.

I tedeschi avevano escluso dal loro commercio i *films* americani (salvo quelli della *Warner Bros*) e l'America, dal canto suo, aveva chiuso le porte all'industria germanica [...]. Ora la pace è fatta e gli avversari sono divenuti ad un accordo che è stato concluso il 22 luglio scorso. [...] La rivalità di ieri viene sostituita dalla cooperazione, per cui d'ora in poi le produzioni dei due paesi avranno reciprocamente la libera entrata. Per ciò che riguarda la fabbricazione e la vendita degli apparecchi, gli interessati si sono accordati sul principio dell'*intercambiabilità* senza riserve dei loro brevetti, allo scopo di trarre il miglior partito dalle idee dei tecnici sia americani che tedeschi.

La questione non riguarda solo la Germania, ma l'Europa intera e le sue singole nazioni che, unite in una nuova e vitale forma di collaborazione e di cooperativismo, cercano di far fronte comune allo strapotere degli Stati Uniti, per avviarsi verso una rinascita cinematografica continentale che, in virtù dell'avvento del sonoro, si fa più plausibile e vicina. Almeno questo è quanto ci si augura in *L'Europa e il film sonoro* pubblicato su «La Rivista Cinematografica» il 15 aprile 1930[5].

Il problema del *film sonoro* non è particolarmente tedesco, bensì europeo [...]. Il momento attuale esige che assicuriamo alla produzione europea del *film sonoro* le garanzie artistiche e finanziarie di cui [...] ha bisogno. La questione d'una produzione in collaborazione che un tempo aveva piuttosto il carattere d'un affare politico, è divenuta ormai un problema vitale per tutti i paesi produttori [...]. Una produzione in collaborazione, perfettamente regolata, eserciterà la più benefica influenza sulla stasi del film europeo.

Un'aspirazione, quella all'internazionalità, promossa anche da un altro anonimo cronista in *Verso il film di tipo "internazionale"*, pubblicato su «La Rivista Cinematografica» il 30 giugno 1931, per il quale la definizione «film internazionale» è ben più che una provocazione. Se da una parte, infatti, mai come ora ci si trova alle prese con il «film nazionale» – e nazionalista – costretto entro i confini e le frontiere linguistiche del *fonofilm*, dall'altra, ben presto ci si comincia a rendere conto di come ad essere *nazionali* siano i criteri economici e produttivi, mentre i film, in quanto prodotti culturali, dovrebbero ambire ad essere *universali*.

Parrà strano che si torni a parlare di *film internazionale*, proprio ora in cui l'avvento del *film parlato* pare avere spalancato le porte al *film nazionale*, e avergli procurato quel diritto di cittadinanza, che l'egemonia americana pareva avergli interdetto. Eppure è proprio così: mai come ora si è stati convinti della necessità del *film internazionale*, o meglio, d'una produzione *nazionale*, ispirata ad un criterio *internazionale*. Non si tratta qui di uno di quei principi sostenuti per amor di paradosso [...]. Per noi tali termini non sono antitetici, in quanto *nazionale* è l'industria e *internazionale* è il genere del prodotto. Quindi non vi è alcuna incompatibilità fra il fatto di sostenere l'industria nazionale, considerata come attività e come fattore economico, e quello d'indirizzare la produzione secondo un principio universale, che la rende ugualmente accetta in ogni paese.

Il *film internazionale* è destinato però a rimanere un'utopia. Troppi interessi sono in ballo. E soprattutto non è affatto semplice contenere la tendenza imperialista americana, che, come vedremo, tenterà la carta della macchinosa pratica delle *pluriversioni* o *versioni multiple*.

## Dalle *versioni silenziose* alle *sincronizzazioni* fino alle *pluriversioni*

Al momento di sferrare l'attacco imperialista all'Europa, l'America ha inizialmente la meglio sul fronte del sonoro al cinema. Ma la vittoria e la gloria, lo abbiamo detto, hanno breve durata: ben presto Hollywood si arrende alla strenua difesa e controffensiva della cinematografia del vecchio continente.

Spenti i riflettori del Warners' Theatre, ridimensionati l'entusiasmo e la curiosità che inizialmente circonda *Il cantante di jazz*, è la *lingua* il primo vero ostacolo che la scalata americana incontra. Convinta di poter diffondere il *fonofilm* senza impedimento alcuno su scala planetaria e di poter contribuire a riscattare il paese dalla bancarotta del 1929, l'industria hollywoodiana vede invece restringersi al solo territorio anglofono un mercato cinematografico che illusoriamente aveva pensato come porto franco. Viceversa, la cinematografia europea, quella italiana compresa, vede nella nuova Babele che il parlato determina, un'occasione da cogliere al volo proprio per affrancarsi dal dominio statunitense. Tutto questo nel momento in cui – sappiamo bene – la vena protezionista e nazionalista nasce da atteggiamenti politici prima che dalle strategie commerciali[6].

> Il giorno in cui l'arte muta si mise a parlare rinacque Babele. Era prevedibile. Automaticamente vennero ad essere rialzate le frontiere fra nazione e nazione, che il muto, universale per sua natura, aveva abbattute e disperse. L'America tornò ad essere americana, la Germania tedesca, francese la Francia; e all'Italia s'offrì l'occasione [...] di liberarsi dalla schiavitù cinematografica straniera e di risuscitar dalle ceneri [...]. D'altra parte è bene che la produzione straniera rimanga all'estero.

Esprime questa consapevolezza Pietro Solari in un articolo pubblicato nel 1931 su «La Rivista Cinematografica». Messa a fuoco la perdita dell'universalità visiva del cinema delle origini, è altrettanto chiaro che l'idea di una libertà riconquistata dalla schiavitù commerciale statunitense è un miraggio.

Si esprimono su questi temi, in senso contrario, anche Enrico Roma e Mario Da Silva nella primavera del 1931 e in quella del 1930, rispettivamente su «Cinema Illustrazione» e su «cinematografo». Se per Roma è inconcepibile una nuova «forma d'arte [...] circoscritta nei confini di ciascun paese produttore, prigioniera della lingua», per Da Silva è incomprensibile come chi si lamenta della perdita del «linguaggio internazionale» delle immagini cinematografiche non riesca a valutare i vantaggi produttivi che ne derivano[7].

Mentre in Italia si dibatte, l'America non si dà per vinta. Tutt'altro che fautrice dell'«internazionalizzazione» o di un'«intelligente collaborazione» tra vecchio e nuovo continente – su cui peraltro si legge ancora in un paio di altri articoli oltre a quelli già citati, pubblicati tra la fine del 1930 e l'inizio del 1931 su «Cinema Illustrazione» – Hollywood si ingegna piuttosto a creare efficienti sistemi di controllo cinelinguistico del mercato mondiale, in generale, ed europeo in particolare[8].

Tra le prime soluzioni sperimentate per superare l'ostacolo linguistico c'è quella degli imbonitori, cui fa cenno un articolo pubblicato su «Lo Spettacolo Italiano» del 1° gennaio 1930. Vi si descrive l'attività di attori stranieri che, al seguito delle pellicole hollywoodiane, eseguono l'ingrato compito di comunicare allo «spettatore straniero un'idea», sia pure superficiale e generica, del «soggetto trattato nel film». Attori-imbonitori ai quali talvolta si affiancano o si sostituiscono – come testimonia una cronaca di «cinematografo» dell'8 giugno 1929 – «appositi opuscoli», meno costosi e altrettanto utili a spiegare o riassumere «il senso [di una] canzone o [di un] dialogo».

Ma non ci sono solo gli imbonitori a risolvere il problema della lingua. Talvolta accade che il male si estirpi alla radice e che, in modo un po' contorto, si finisca col far circolare le versioni silenziose dei *talkies*. Una pratica cui subdolamente ricorrono sia la *20th Century Fox* sia la *MGM-Metro Goldwyn-Mayer*, almeno secondo quanto testimoniano le due cronache firmate da Fabrizi, nell'autunno del 1929, su «Il Cinema Italiano».

La *FOX* ha deciso, pur non rallentando minimamente la produzione sonora, di far nello stesso tempo *versioni silenziose* delle stesse *talkies*. Molti *films parlanti*, realizzati negli ultimi mesi, saranno rieditati in versione muta.

La *MGM* prepara *versioni silenziose* di quasi tutte le produzioni che prepara prima come *parlanti* [...]. Non si deve pensare che le *versioni silenziose* di questi *films* saranno semplicemente delle nuove edizioni dei grandi *films parlanti*. Si realizzano invece separatamente, ma nello stesso tempo, due *films* distinti. Tuttavia, si potrà, all'occasione, cambiare e variare la distribuzione di questi *films*.

A stupire non è tanto il fatto che negli anni della transizione convivano film «intermente *parlati*» e le loro *versioni silenziose* – segno peraltro della ostinata permanenza del cinema muto in era sonora – ma che si tratti di ibridi e arbitrari rifacimenti dei prodotti originari. Ogni intervento è ammesso, quand'anche selvaggio e velleitario. Le pellicole sonore vengono accantonate e se ne girano *ex novo* versioni silenziose o mute, che dir si voglia. Può anche accadere che, originariamente privi di suoni, parole e rumori, i film vengano post-sincronizzati o post-sonorizzati «in un secondo tempo con musica di accompagnamento ed effetti sonori registrati separatamente». Tutto può accadere. Non esiste alcuna regola. E questo può riguardare una stessa pellicola, al cui interno si può trovare una caotica «alternanza fra sequenze mute in cui le battute pronunciate dai personaggi sono riportate in didascalia [...] e sequenze pienamente sonore con dialogo sincrono, registrato in presa diretta»[9].

Insomma, prima di arrivare ad avere gli *all-talkies*, ovvero i film e le pellicole interamente parlate, negli anni della transizione si passa dalle versioni silenziose alle pellicole mute post-sincronizzate o post-sonorizzate, o ancora ai *part-talkies*, ovvero opere parzialmente parlate, con al loro interno alternanza di dialoghi sonori e dialoghi scritti, in didascalie, esibizioni canore e muti colloqui tra interlocutori.

Usi ibridi e confusi di cui preziosamente sono testimoni alcuni anonimi cronisti di allora, in pezzi tratti rispettivamente da: «cinematografo» del 7 ottobre 1928; «La Rivista Cinematografica» del 15-30 dicembre 1929; «Il Cinema Italiano» del 1° aprile 1931; «Cinema Illustrazione» del 15 aprile 1931[10].

[Vi sono] due tipi ben distinti di *films parlati*. Il primo *tipo*, completamente [...] *cantato*, riguarda esclusivamente operette, riviste [...]. Riguarda, cioè, forme di arte [spettacolare] in cui la comprensione della lingua ha un'importanza secondaria di fronte alla musica, alla coreografia, alla messinscena. Tali tipi di *films* potranno avere successo [...] in tutto il mondo [...]. Il secondo *tipo* di *films sincronizzato* riguarda il film normale. I suoni e i rumori sostituiscono o completano in esso il commento orchestrale sinfonico, che oggi è diventato una necessità per il pubblico.

Dato il grande favore che continua a godere l'accompagnamento musicale sincronico, è necessario, finché non si potrà largamente disporre di *films sonori*, fornire gli spettacoli cinematografici di *films sonorizzati*, ossia di *films* muti ai quali è stato innestato l'elemento sonoro. [Pertanto si] suggerisce ai fabbricanti di dischi di incidere dei dischi piccoli [...] con la registrazione dei più svariati rumori e che vengono frequentemente impiegati, quali aeroplani, cannoni, mitragliatrici, automobili, folla, applausi, uragani, corse, rumori di onde, del vento ecc.

Sembra ormai certo che l'America manderà quest'anno in Europa non già *films sonori*, ma *versioni sonorizzate*, qualcuna delle quali rinverdirà i *films* che ebbero in passato lusinghieri successi. Lo stesso [David

Wark] Griffith si occuperebbe attualmente di sonorizzare talune delle sue produzioni migliori.

Al muto non si torna [...]. Tuttavia il parlato e il sonoro vanno adoperati in ben altro modo di come si sta facendo [...]. Per il parlato credo che si dovrà limitare a poche frasi essenziali, anzi, più che a frasi, a parole comprensibili dovunque [...]. Per il resto suoni, suoni, nient'altro che suoni: il gocciolio della grondaia, il mormorio di una cascatella, una scarica di fucileria [...] il gracido delle rane. E musica [...] si deve giungere presto al poema sinfonico cinematografico.

Concludendo, se negli anni di passaggio al sonoro al muto non si torna, si potrebbe però dire che in esso però si resta, attraverso il mantenimento inalterato delle visioni (e proiezioni) silenziose, oppure in virtù di sincronizzazioni o sonorizzazioni a posteriori, con immissione differita ad esempio del commento musicale, un tempo eseguito dal vivo e ora post-registrato[11].

Man mano però il campo si libera e accade che, come riportato da Leandro Forno su «Il Cinema Italiano» del 20 giugno 1931, la *20th Century Fox* rinunci bruscamente, dopo averne abusato all'indomani dell'avvento del sonoro, sia alle versioni silenziose, sia ai film nati muti, ormai consapevole della loro inefficacia[12].

I direttori della produzione della *Fox Film* hanno deciso di non girare più *films* muti giacché essi non si risolverebbero che in una irreparabile perdita di danaro. La decisione è come vedesi assai importante anche perché è facile presumere che sarà seguita da quella di molte case.

Abbandonata la produzione e la distribuzione delle pellicole mute e/o silenziose, ci si ritrova di fronte a un vero dilemma: come creare un'identità universale del *film sonoro*? Come potergli garantire l'identità nazionale e al contempo far sì che possa essere «fruibile oltre i confini del paese d'origine»? La risposta è nel nuovo «plurilinguismo» delle cosiddette *pluriversioni* o *versioni multiple* che surclassa la pratica della *post-sonorizzazione* o l'utilizzo dei *part-talkies*, ma dura solo per una breve fase, poco più di un triennio: dal 1929 al 1931.

A volte descritta come «semplice» ed «efficace», altre come «macchinosa» e poco «soddisfacente», la «prassi» delle *pluriversioni* prevede, come si sa, la realizzazione di «versioni in diverse lingue di uno stesso film». Molte analisi e ricostruzioni di tipo teorico e storico si sono susseguite intorno a tale pratica, soprattutto in anni recenti, ma allora non se ne davano molte notizie. Una delle prime è l'annuncio che la *MGM* è intenzionata a dedicarsi alle *versioni multiple*, su «Il Cinema Italiano» del 15 dicembre 1929. Mentre è all'inizio dell'anno nuovo che «La Rivista Cinematografica» testimonia che tale prassi è ormai sempre più diffusa ad Hollywood[13].

Una delle maggiori difficoltà presentate dai *films parlanti* è quella della lingua: ma con la buona volontà degli artefici, anche questo problema finirà per avere un'adeguata soluzione. In America, i produttori sembrano decisi a fabbricare per ogni *film parlante* [...] due o tre *versioni sonore* e *parlanti* in lingua inglese, spagnola e tedesca (o francese).

Sembra questa l'unica soluzione per assolvere il *parlato*, la sola strada praticabile – come sottolinea Solari in un articolo già esaminato, tratto da «La Rivista Cinematografica» del 1931 – affinché le pellicole sonore possano riuscire a varcare le frontiere e ad approdare sui mercati internazionali[14].

[Chi] voglia allargare le possibilità di smercio dei propri *parlati* oltre le frontiere delle lingue originali non ha via d'uscita che girare edizioni diverse, con compagnie d'attori stranieri.

L'ideazione delle *pluriversioni* ha una matrice monopolistica e imperialistica da parte americana, e l'iter realizzativo è quello hollywoodiano. Al termine di riprese e montaggio, le produzioni americane, rivendicando ancora una volta il primato sonoro sull'Europa, si ingegnano per trasporre i loro film in «versioni in lingua straniera» o *VLS* – per utilizzare la forma abbreviata – a fini puramente commerciali. Le pellicole vengono di fatto trasposte in altre *versioni linguistiche* attraverso quel complesso meccanismo – forse troppe volte sottovaluto dalla storiografia cinematografica, come giustamente osserva Nataša Ďurivičová, – che consiste nel «rigirare l'intero film *originale* con attori diversi in grado di parlare correttamente» altre lingue. Una pratica che molti studiosi, afferma ancora la Ďurivičová, giudicano eccentrica, bizzarra e schizofrenica, oltreché laboriosa e dispendiosa, ma comunque adottata allora da Hollywood nell'intento di superare l'ostacolo linguistico. Una soluzione che fa ben comprendere l'investimento americano nell'esportazione[15].

Al di là dei giudizi frettolosamente espressi dagli storici del cinema, perlopiù a totale negazione e rimozione della pratica dei *multipli* della transizione, non c'è dubbio che anche allora sono molte le perplessità espresse dai cronisti delle testate italiane, in merito all'avvicendamento di troupe differenti che, impegnate sui set e nei teatri di posa allestiti e dotati magari di un unico impianto scenografico, girano e recitano *ex novo*, in *VLS*, scene identiche a quelle dei ciak originari. Alle quali poi si assemblano inquadrature e sequenze provenienti dagli originali che, se prive di dialogo e perlopiù paesaggistiche, vengono riciclate per le neo *versioni linguistiche*. Tra coloro che si soffermano sulla difficoltà e laboriosità di tale procedimento, c'è il non meglio identificato firmatario de *Le lingue e la cinematografia*, pubblicato su «La Cinematografia» nell'estate del 1930[16].

Il compito di fare una seconda versione di un *film sonoro* è quasi altrettanto difficile quanto l'originale. L'intero dialogo deve essere tradotto nella lingua in cui si desidera fare la versione [...]. Certe volte il dialogo e le scene devono essere completamente mutate. Il metodo di rappresentare i vari ruoli deve anche essere mutato, poiché la mimica delle varie razze differisce sostanzialmente, e mentre certi gesti e certe espressioni del volto vanno bene per un attore che reciti in inglese, riuscirebbero ridicoli in un attore che recitasse in spagnolo od in francese. Nel manovrare [poi] gli apparecchi per la registrazione del dialogo i tecnici che non conoscono la lingua incontrano gravi difficoltà nel giudicare la giusta inflessione. [...]. La direzione di un film in [*versione in*] *lingua straniera* viene semplificata notevolmente se si è fatta prima la versione inglese, poiché direttore ed attori possono osservare [il] film originale ed assimilarne tutto quello che possono.

Se poi alle difficoltà linguistiche e gestuali, sopra dette, si assommano anche gli ostacoli economici, allora non c'è che da augurarsi di poter abbandonare in fretta la prassi *multilinguistica*. Un accantonamento accarezzato già nell'inverno del 1930, così come in quello del 1931, dagli stessi americani, stando a quanto si legge in due articoli di Forno su «Il Cinema Italiano». Il giornalista mette l'accento proprio sul dispendio pecuniario della pratica, al quale difficilmente corrisponde un adeguato guadagno. I costi affrontati non riescono infatti quasi mai ad essere ammortizzati dalle *Majors* americane attive nel vecchio continente e pertanto esse meditano una rapida interruzione di tale pratica[17].

I produttori americani si trovano fra il diavolo e il precipizio. Sono costretti a produrre *versioni* [in lingua] *straniere* dei *films* senza nessuna certezza di riguadagnarne il costo nei corrispondenti mercati. La produzione di una *versione* [in lingua] *straniera* è costata fino ad oggi da 60 a 125.000 dollari. È difficile che tale spesa possa essere ammortizzata. La ditta più generosa è stata finora la *MGM*, che ha investito nelle sue edizioni straniere da 85 a 125.000 dollari. La *Paramount* ha fissato nel suo bilancio un massimo di 80.000 dollari per versione, la *Warner Bros* da 80 a 100.000 dollari e l'*Universal* 60.000.

Si conferma che a causa della crisi economica le case americane hanno deciso di sospendere provvisoriamente la produzione dei *films* nelle *versioni* [in lingue] *straniere*. È noto che la *pluriversione*, oltre a complicare ed aggravare notevolmente il lavoro, costituisce una spesa enorme, sì che assai spesso il ricavato finanziario si riduceva a ben poco, quando addirittura non era inferiore alle spese sopportate. La deliberazione degli industriali americani se corrisponde a verità, recherà certo su alcuni mercati europei, dove arrivavano da Hollywood i *film parlati* nella rispettiva lingua, un senso di sollievo, eliminando in parte la pericolosa concorrenza americana.

Eppure, ancor prima che un senso di sollievo avvolga i mercati europei e che la tentazione al risparmio induca l'industria cinematografica americana a rinunciare a qualsiasi egemonia e concorrenza, qualcos'altro passa nel mezzo. Prima infatti di gettare la spugna e di arrendersi, Hollywood tenta un'ultima strategia e una diabolica offensiva. Nell'intento di colonizzare il vecchio continente, ne invade e ne occupa materialmente il territorio, trasferendo in *loco* alcune filiali di ditte o case di produzione cinematografica. Tra queste la più nota, su cui ci soffermiamo, è la *Paramount*, che erige i propri *studios*, quelli della *Société des Cinéromans Films* nella già citata località francese di Joinville-le-Pont.

Come testimonia «Cinema Illustrazione» del 3 dicembre 1930, è dopo aver fallito nella realizzazione delle *versioni multiple* in America che la società cambia strategia e si sposta in Europa con l'intento di aprire sul posto, a Parigi, a Londra o a Berlino, dei nuovi centri di produzione cinematografica addetti a tale prassi.

Dopo aver sperimentato invano il tentativo di adattare i *films parlati* ai vari mercati europei, i produttori di Hollywood sono ricorsi al sistema delle edizioni speciali dei vari *films* in [*versioni in*] *lingue straniere*, ma [...] il risultato di questo metodo non è stato favorevole. Il costo delle varie edizioni supera troppo spesso le possibilità di rendimento dei paesi a cui sono destinate [...]. Le organizzazioni americane hanno perciò deciso di abbandonare [...] questo sistema e di trasferirsi in Europa per creare a Parigi, Londra e Berlino altrettanti centri di produzione.

È di fatto la *Paramount* che, fra tutte le società americane e nonostante il ritardo che sconta, secondo Martin Barnier, rispetto alla *Warner Bros* del *Cantante di jazz*, è in grado di creare e dirigere, in un arco temporale che va dall'aprile del 1930 al dicembre del 1931, un polo di produzione *multilinguistica* che passa alla storia come il *modello Joinville*[18].

## Il prototipo Joinville-le-Pont

> *Sur Paris, gronde un vent*
> *[...] un vent de la lontaine Amérique.*
> *[...] Le soir sent le printemps et l'inquiétude.*[19]

È Ilya Ehrenbourg che, nel settembre del 1931, in *Usine de Rêves. Hollywood pour Européens* apparso su «La Revue du Cinéma», racconta di un vento primaverile che soffia su Parigi provenien-

te da oltreoceano, gravido di presagi. Un tornado, più che una
brezza, foriero di inquietudini per quanti in Europa cercano di
resistere all'ennesimo intervento americano: la colonizzazione
cinematografica attraverso gli *Studios Paramount* di Joinville-
le-Pont. Un evento a cui gli europei cercano di opporsi, anche se
i responsabili della *Majors* assicurino che «*versioni europee* non
significa [...] imitazione servile di un originale» hollywoodiano e
che anzi «gli artisti» del vecchio continente potranno godere «di
[...] piena libertà per le loro creazioni»[20].
In Italia vige un certo scetticismo nei confronti dell'iniziativa
che, se non è letta come simbolico predominio americano, è di
certo percepita come invadente e sintomatica permanenza statunitense in Europa. Una situazione che non si pensa di avversare,
ma con la quale si intende piuttosto scendere a patti, collabo-
rando di fatto all'espansione americana, per ottenere magari un
reciproco tornaconto. Questo almeno è lo spirito con cui «La Rivista Cinematografica» saluta, il 15 aprile 1930, la nascita degli
stabilimenti *Paramount* in Francia[21].

I nuovi programmi di lavorazione delle grandi editrici americane tendono a risolvere la difficoltà della lingua [ma anche] ad infierire un
grave colpo alle speranze di quanti avevano visto nell'avvento del *film
parlante* il crollo dell'espansione della produzione d'oltreoceano. Ora
giungono notizie di altri provvedimenti di portata ancora maggiore, che
avranno per effetto di consolidare se non il predominio, la permanenza
in Europa dei *films* americani [...]. Ad opera della *Paramount*, si avrà
presto in Francia l'inizio di una produzione su vasta scala [...]. La grande
editrice americana farà di Parigi un nuovo attivissimo centro che sosti-
tuirà Hollywood, per quanto riguarda la produzione europea; un centro
da cui s'irradierà un'intensa attività che darà luogo a *films parlati* nelle
principali lingue d'Europa [...]. Tale programma [...] è stato variamente
accolto; da molti giornali francesi [...]. [Si] sono levati veri inni di esul-
tanza, cori laudativi in omaggio all'opera degli Americani; da altre parti,
invece, è sorto un grido d'allarme che dovrebbe scuotere i cinematografisti indifferenti e sollevarli contro la nuova e più pericolosa forma
dell'invasione americana. [...] Noi [...] riteniamo che, come non è il caso
di entusiasmi eccessivi [...], non è neppure questione di preoccupazioni
allarmanti. Indubbiamente con una immissione di forze, quali sono la
potenza finanziaria e la praticità affaristica degli americani, l'industria
cinematografica europea avrà un incremento considerevole, ma nello

stesso tempo sarà pregiudicata la speranza di affermazione nazionale per opera stessa dei vari paesi. Se ne avvantaggeranno l'industria
ed il commercio in genere, non l'amor proprio nazionale [...]. Noi non
proclamiamo l'assurda tesi, cara a molti che l'Europa deve bastare a se
stessa [...], ma sosteniamo: i cinematografisti d'Europa hanno il dovere
di occuparsi di quanto avviene in casa loro, e possibilmente sfruttare le
varie eventualità secondo il proprio interesse. Gli americani in Europa
potrebbero costituire anche un irrimediabile pericolo; ma non sarebbe
bandendo un'ipotetica crociata che la minaccia [...] verrebbe sventata.
Anzi, per il momento, visto che la produzione indigena non prende ancora né lo slancio né le proporzioni che sarebbero necessarie, è il caso
di accogliere di buon grado [...] l'impulso che proviene dai produttori
d'America, ma a patto che si tratti d'impulso e non di sopraffazione;
di collaborazione e non di assorbimento [...]. Tra le diverse editrici dovranno essere stabilite intese per una cooperazione fondata su criteri di
parità e diretta alla realizzazione di *films* adatti al gusto di tutti i pubblici
[...]. In questo modo la coesistenza dell'attività straniera non solo non
riuscirà dannosa, ma procurerà vantaggi notevolissimi [...]. Ne viene
quindi che non è lecito disinteressarsi dell'espansione di queste nuove
propaggini dell'attività americana nel vecchio continente; anzi è necessario procurare di occupare tra esse un posto nel campo delle nuove
competizioni [...]. Lo schieramento di forze americane in Europa, lungi
dall'allarmare o dal lasciare indifferenti, deve stimolare a cercare nuove
occasioni per la nostra valorizzazione. Dalla collaborazione con i forti
l'attività nazionale non potrà uscire menomata; ma anzi in essa troverà
motivo, spinta di sana emulazione.

Su Joinville, anche detta «novella Hollywood», dunque, si esprimono dubbi e perplessità, ma al contempo si manifestano speranze e aspettative. Da alcuni articoli pubblicati sui periodici di allora, come ad esempio «Il Cinema Italiano» del dicembre del 1929,
è possibile raccogliere informazioni frammentarie ma utili a ricostruire le tappe cronologiche che, a partire dagli annunci declama-
tori iniziali, scandiscono i passaggi tecnico-organizzativi dell'iniziativa, individuano i protagonisti coinvolti e conteggiano alcuni
dei finanziamenti più consistenti. Insomma, ci si sofferma su tutto
ciò che contribuisce a dar vita al *prototipo* franco-americano, o
europeo-americano, dei *multipli* degli anni della transizione.

Robert T. Kane, uno dei più importanti produttori indipendenti di Hollywood, ha comunicato che entro il 21 marzo sarà costituita a Parigi

una società franco-americana per la edizione di *films parlanti* e *sonori*. Il capitale della nuova importante editrice sarà di 250 milioni di franchi. La società che ha intanto assunto impegni per 15 milioni di franchi adatterà i vecchi teatri *Gaumont* a Joinville e installerà gli apparecchi di ripresa della *Western Eletric*.

In merito all'accordo tra la *Western Eletric* e la *Gaumont* si legge anche in altri precedenti articoli pubblicati nel dicembre del 1927 o nell'agosto del 1929, rispettivamente su «L'Eco del Cinema» e su «Kines». Pezzi nei quali i nuovi *studios* della *Société des Cinéromans* di Joinville vengono descritti come luoghi in cui si decidono «le sorti della nuova cinematografia francese». Dove pertanto la fusione con gli americani, lo sfruttamento della loro neo-invenzione sonora e la ristrutturazione degli stabilimenti sono letti nell'ottica di un rilancio positivo della produzione francofona[22].

La fusione *Pathé-Natan-Cinéromans* sembra una cosa certa, per quanto nulla di ufficiale sia stato ancora annunziato. Certo è che [si preparano] cose importantissime e [si stanno] per trasformare gli studi di Joinville in teatri sonori [e] sarà reso noto il sistema che verrà impiegato per i prossimi *films sonori*.

E anche se a prospettarsi è un accordo franco-americano dalle inevitabili diverse proporzioni azionarie per i due paesi, sono in molti – come ad esempio Oreste Biancoli in *Hollywood a Parigi* pubblicato su «Comoedia» nell'autunno del 1930 – a considerare Joinville un perfetto polo di convergenza e un ponte di collegamento tra la Mecca del cinema hollywoodiano e la cittadina francese. Secondo una ricostruzione che ne fa nel 2003 Riccardo Redi in un saggio dal titolo *La fabbrica dei multipli: Joinville*, le parti contraenti sono certe di potersi avvantaggiare dell'impresa ognuna per suo conto. Fin dal 1929, anno in cui calano in Francia le personalità della *Paramount*, tra cui «il vicepresidente [...] Jesse L. Lasky e il direttore generale della produzione Walter Wanger», gli intenti appaiono chiari: far replicare e distribuire in Francia e in Europa i film hollywoodiani. Altrettanto esplicite sono le intenzioni espresse, non più tardi di qualche mese dopo, ovvero nel marzo 1930, dall' «amministratore delegato della *Paramount* francese Adolphe Osso», il quale si rivela fiducioso che questa nuova iniziativa porterà un aumento della produzione nazionale[23].

Accanto a riflessioni campaniliste, fioriscono sulle cronache dell'epoca descrizioni della struttura architettonica dei nuovi *studios*, ristrutturati secondo i criteri e i materiali necessari al sonoro e al *plurilinguismo*[24].

Gli *studios* [si] prospettano su tre *avenues* ed occupano una immensa superficie cinta interamente da un muro. Entrando si ha subito l'importanza della casa e dell'ordine che vive in essa. Sulla *avenue* Gallieni sono i locali della direzione [...]. Il lavoro cinematografico richiede tranquillità e raccoglimento ed è perciò che un ordine severissimo vieta l'accesso agli *studios*. Giungendo alla galleria del primo piano s'offre allo sguardo una interessante prospettiva. Lo studio principale, tagliato in alto da passerelle che servono a manovrare gli apparecchi d'illuminazione, i *sunlights*, i riflettori ecc. In basso sono i *décors* che sviluppano le loro *silhouettes* ed inondano i personaggi in un fascio di luce abbacinante. [...] Il grande studio comprende tre grandi reparti di 500 metri cadauno [e] si presenta sotto l'aspetto di una nave di 60 metri di lunghezza su 25 metri di larghezza e 10 di altezza con passerelle in tutta la lunghezza per modo di eseguire tutte le manovre richieste dalla messa in scena sia per i *décors* che per la luce. Il piccolo studio invece ha 60 metri di lunghezza e 15 di larghezza, comporta due reparti di 450 metri circa ciascuno per la presa vedute, muniti degli stessi perfezionamenti ed equipaggiamenti del grande. La superficie totale dei tre *studios* è di 6.500 metri.

Un grande portone di ferro, con sopra scritto a colossali lettere bianche il nome della nota casa cinematografica, ti arresta sulla soglia degli *studios* [...]. Un mondo nuovo si apre dinanzi agli occhi. Si parlano tutte le lingue, si vedono uomini e donne di tutte le razze, di tutti i colori. Una torre di Babele.

In sintesi il sistema di costruzione dei teatri sonori che la *Paramount* innalza quasi in serie a Joinville. Elevata la ordinaria impalcatura in ferro, come per i precedenti teatri a vetri, se ne chiudono le pareti in muratura con mattoni ordinari a camera isolante che si colma di lana vegetale [...], il cui spessore supera la cavità del mattone e viene frenato da una graticciata di legno sulla quale si imbellettano prima delle pezze isolanti e poi una rete metallica.

Oltre a questi, vi sono altri articoli che nel 1930 cercano di detta-re le coordinate geografiche degli stabilimenti della *Paramount*, la cui esatta collocazione resta in realtà a tutt'oggi, sempre secondo Redi, incerta. Tra le cronache d'epoca, il 1° gennaio è «Il Cinema Italiano» che segnala quelli che Jean Mitry definisce gli antichi stabilimenti «des la Reservoirs» – con riferimento specifico al nome della via che si trova esattamente «à Saint Maurice, ancien quartier de Joinville» – presso la cui area sorgerebbero appunto gli stabilimenti della *Majors* hollywoodiana. Sulla stessa testa-ta, due pezzi datati 16 marzo descrivono un'«assolata Provenza» quale terra dei nuovi «teatri di posa» eretti «nelle vicinanze della capitale francese». «Cinema-Teatro», nell'incertezza della località prescelta dalla *Paramount*, ipotizza che questa possa trovarsi a Nizza, o non lontano da Parigi. Infine, in autunno, è ancora Biancoli su «Comoedia» a segnalarne l'insediamento «sulla Mar-na, al di là del *Bois* di *Vincennes*»[25].

Disegnata la planimetria degli stabilimenti, descritta la loro struttura, con tanto di ripartizione in vani e locali, si susseguono sulle testate italiane di allora annunci dai toni enfatici, propa-gandistici e promozionali, che alimentano l'attesa dell'inizio dei lavori e della loro inaugurazione. L'inaugurazione ha luogo il 17 aprile 1930.

Nella primavera del 1930, a distanza di una settimana l'uno dall'altro, il 15 e il 23 marzo, due articoli – in parte già esaminati – su «Cinema-Teatro» e su «Il Cinema Italiano» ipotizzano la messa in funzione degli stabilimenti e la messa in cantiere di una decina di pellicole in francese a partire dall'autunno entrante[26].

Impianteremo in Europa [...] un grande stabilimento per la produzione di *films* internazionali. [...] Quest'inverno i nuovi stabilimenti [possono] già funzionare, essendo in linea di massima già tutto deciso. [E gli] ame-ricani non [fanno] le cose per ischerzo.

Il signor [Adolph] Zukor, capo della *Paramount* ha deciso di far realizzare a Parigi [...] i *films parlanti* in lingua francese, inglese ecc., destinati al mercato europeo. Saranno subito preparate dieci pellicole in lingua fran-cese. [...] La stampa di qui è entusiasta della decisione della *Paramount*.

Sulle suddette testate e su «La Rivista Cinematografica» compaiono poi, ancora in estate, altri flash di agenzia sui lavori in corso a Joinville e negli *Studios Paramount*. Attività che sembrano già frenetiche, tanto da indurre ad azzardare cifre e a prevedere esiti alquanto ambiziosi come decine e decine di *versioni linguistiche* differenti – tra cui anche quella italiana – di un unico film di origine hollywoodiana; ritmi di lavoro alquanto sostenuti e intensi; promozioni pubblicitarie delle pellicole realizzate a cadenza regolare e forse addirittura mensile[27].

La *Paramount* ha espressamente attrezzati per la produzione europea teatri di posa a Joinville (Parigi) e già da qualche mese la lavorazione di diversi film in spagnolo, francese, svedese, vi si svolge intensa e continua.

Ci giunge la notizia che a Parigi si stanno girando della *Paramount* [una serie di] *film parlati* in [più lingue].

Il nuovo organismo, creato dalla *Paramount* a Parigi per la lavorazione dei *films parlati* nelle principali lingue europee, è entrato nel pieno della produzione, pur essendo questa suscettibile di nuovi e più ampi sviluppi, tanto da prospettare un lancio mensile di parecchi *films* nel prossimo futuro. Per ora, gli *Studios Paramount* (ché così si chiamano definitivamente i teatri di Joinville) producono *films* in dieci lingue.

Diversamente dal previsto di lì a breve molti degli obiettivi della *Paramount* cadono nel vuoto e l'avventura dura poco meno di un biennio. Ben presto infatti l'operazione appare fallimentare, non soltanto per il dispendio economico che comporta, ma anche per ragioni socioculturali e artistiche. Ne scrive ancora Biancoli su «Comoedia», all'interno dell'articolo già ampiamente citato[28].

Lavorare a Hollywood, nelle diverse lingue [...] non è sembrata, ai dirigenti della *Paramount*, la migliore delle soluzioni per due ragioni: una economica e l'altra artistica. Il film girato a Hollywood verrebbe a costare cifre enormi, non solo ma sarebbe disambientato, troppo lontano da quel pubblico al quale dovrà essere rappresentato [...]. Il principio base che ha spinto [...] alla creazione di questa Hollywood parigina, è stato quello dell'ambientazione del film: girare cioè in Europa la pellicola destinata ai pubblici europei.

Non sembra plausibile rigirare un film americano in versione europea su territorio europeo, in altra lingua e con altra troupe, se non a scapito della propria autonomia artistica. Nonostante quanto sostiene Leandro Forno, giornalista spesso presente su «Il Cinema Italiano»[29].

[Le] pellicole [straniere] non sono delle copie più o meno perfette delle originali inglesi, alle quali si siano aggiunte delle frasi in altri idiomi, si tratta invece di lavori assolutamente nuovi ed originali. Gli artisti che vi prendono parte, parlando e cantando ciascuno nella sua lingua, sono ora spagnoli, ora portoghesi, francesi o russi, secondo il film di cui si tratti. Ognuno di queste produzioni è un lavoro a sé, ben terminato dalla prima sino all'ultima scena. Brevi, naturalmente ne sono i soggetti, ed ispirati alle caratteristiche della nazionalità a cui appartengono gli interpreti.

In verità, per quanto si possa credere nell'originalità delle *versioni linguistiche straniere*, esse non sono altro che prodotti *seriali* di fabbricazione industriale e copie d'imitazione delle originarie versioni americane. Il che è evidente fin dalle modalità di lavoro adottate per realizzarle. Fin dall'inizio infatti «l'originale» viene «stabilito in America», dopodiché gli addetti ai lavori – dai traduttori, impegnati nella conversione linguistica del copione «inviato dall'America», ai *metteurs-en-scène*, indotti a lavorare su un set le cui scenografie preesistenti vengono allestite e «combinate a Hollywood» – non devono far altro che attenersi al testo scritto e a quello filmico messi a punto oltreoceano. Ancora, mentre le «scene d'azione», cioè prive di dialogo, restano immutate e «identiche in ciascuna versione», quelle «parlate», che dovrebbero mutare, cambiano assai poco, secondo quanto sostiene Alberto Boschi: se è infatti indubitabile che le copie vengono rigirate e recitate da nuovi autori e attori, di differente nazionalità e idioma, altrettanto innegabile è il principio secondo cui tutto ciò avviene «sul medesimo set», all'interno di un'identica scenografia e quindi in una *location* il più vicina possibile – quando non è propriamente la stessa – a quella originaria. Deprivate di qualsiasi autonomia espressiva, le *VLS* di

Joinville altro non sono che copie, prodotti *standard e seriali*. Il che in parte spiega perché «la *Paramount* francese» ha avuto una «vita effimera», pur essendo riuscita a mettere in cantiere «tra il 1930 e il 1931 quasi un ottantina di *film parlanti* nelle principali lingue europee (francese, tedesco, spagnolo, italiano, portoghese, svedese, ceco, polacco, rumeno)»[30].

Le notizie sulle difficoltà *Studios Paramount* a Joinville rimbalzano sui giornali italiani di allora. Se al termine di un congresso europeo che si svolge a Parigi sul finire del 1930 – e di cui si fa testimone «Il Cinema Italiano» – la *Majors* ha un bilancio complessivo in attivo e mantiene invariato il suo «primato» di produzione sonora internazionale, di ben altro tenore sono le voci che cominciano ad un certo punto a circolare, sempre tra la fine dell'anno e il 1931, sui destini della filiale. Sempre più insistentemente, se ne preannuncia l'imminente chiusura su «Kines», «Cinema-Teatro» e «L'Eco del Cinema»[31].

A Joinville hanno chiuso, e c'era da aspettarselo: la fabbricazione dei film non si fa senza elementi idonei. La ciambella che riesce col buco ad Hollywood, dove c'è di tutto [...], non può sortire ugualmente perfetta a Parigi. Né si può pensare a fare dell'arte *standard*.

Joinville ha chiuso i battenti dopo averci gratificati di alcuni *films* scadentissimi che non meritano nemmeno l'onore di essere ricordati. È stato veramente deplorevole questa dimostrazione della faciloneria americana [...]. Una grande casa come la *Paramount* non aveva il diritto di perpetrare ai propri danni un simile reato. Siamo convinti infatti che la produzione di Joinville ha gravemente danneggiato la fama della *Paramount* [...]. È necessario che la produzione si assesti e si adegui ai gusti del pubblico e alle nuove necessità che scaturiscono dalla rivoluzione del sonoro. Sulla soglia del 1931 crediamo [...] di poter affermare che l'esperienza di un anno così scombinato porta a una sola conclusione: e cioè che ciascuno deve fare da sé. Ogni nazione deve avere la sua cinematografia.

La *Paramount* ha smentito la chiusura degli *studios* di Joinville e conferma di aver disposto la somma di 200 milioni per il nuovo programma di produzione in Francia.

A poco più di un anno dall'apertura degli *Studios Paramount* a Joinville, c'è chi è ancora disposto a scommettere sull'efficacia dell'iniziativa, ma anche chi ne documenta il deplorevole esito, condannando la prepotenza imperialista e colonialista degli americani e ribadendo ancora una volta la necessità di un'autonomia nazionalista ed europeista.

Il 24 maggio 1931 è su «Kines», ma non solo, che si traccia un bilancio di quello che si proclama *Il primo anniversario degli Studios Paramount a Joinville*. In molti articoli la resa dei conti è decisamente antiamericana e filoeuropeista. Mentre si delinea il profilo – in maggio su «Il Cinema Italiano» e in giugno su «La Rivista Cinematografica» – di una metamorfosi interna che, svincolando gli *studios* dalle *VLS*, li spinge verso una programmazione autonoma, magari dettate da comitati letterari e cinematografici di inestimabile scientificità nazionale ed europea[32].

Nello scorso aprile si è festeggiato a Joinville il primo anniversario degli *Studios Paramount*. Una cerimonia improntata alla più schietta semplicità si è svolta nei teatri e nei giardini adiacenti. Erano presenti tutti i dirigenti e gli artisti [...]. In una serie di riunioni, [...] Robert T. Kane [e altri] hanno esaminato il già fatto e gettato le basi per il futuro programma che deve sempre più improntarsi ad una continuità e ad un perfezionamento degni del nome della *Paramount*. Dalle comunicazioni diramate è risultato che gli *Studios Paramount* hanno lanciato sul mercato europeo, nel corso di un anno, 150 *films*, fra *lungometraggi* e *shorts*, in quattordici lingue. Ben 22.000 mq di terreno sono coperti a tutt'oggi da costruzioni diverse, fra le quali bisogna contare quattro grandi teatri sonori arredati con installazioni *Western Eletric* [e] che possono considerarsi oggi come i più moderni e potenziati per vastità e perfezione in Europa. Per il 1931 sono stati stanziati 200 milioni di franchi per una produzione che deve raggiungere, e raggiungerà, il livello di perfezione tecnica ed artistica che è precipuo contrassegno dei *films* [della] *Paramount*. Uno dei segni precursori di tale miglioramento è la creazione del "Comitato Letterario", il quale ha l'incarico di selezionare scenari originali da realizzare a Joinville. Questo comitato, formato dai più noti [...] scrittori, è presieduto da Pierre Benoît. Quindi non si avranno più edizioni identiche di uno stesso film in diverse lingue, ma lavori originali, creati espressamente per i diversi mercati europei.

Ma il destino di Joinville è sempre nelle mani degli americani. Stando a quanto si legge su «Cinema Illustrazione» la situazione appare, in data 25 maggio 1932, e quindi esattamente dopo un anno dal primo anniversario degli *studios* parigini, tutt'altro che florida e le prospettive affatto promettenti. Per correre ai ripari è la stessa *Major* che per prima medita di abbandonare la pratica dispendiosa e fallimentare delle *pluriversioni* per introdurre il *doppiaggio*, sia pure snaturando la conformazione originaria di Joinville. La notizia trova immediata conferma, su «Il Cinema Italiano», da parte di Americo Aboaf, il responsabile della *Sezione Italiana* a Joinville – sulla quale ci soffermiamo più approfonditamente più avanti –, nonché in un breve dispaccio d'agenzia, in cui si legge che ad essere *doppiata* è l'ultimissima produzione *Paramount* di Joinville[33].

A seconda dell'opportunità e della adattabilità del soggetto, la *Paramount* presenterà film *doppiati* [...]. Per quanto riguarda il *doppiato* posso assicurarvi che si lavora al suo perfezionamento con una costanza ed un fervore di cui non tutti si rendono conto e vi preciso che ci avvarremo di tutte le possibilità che possono esserci offerte anche localmente. Dall'avvento del *film parlato* il problema dell'universalità del cinematografo s'è imposto ed è inutile disconoscere che all'infuori del *doppiato* nessun'altra soluzione adeguata s'è presentata [...]. Resta dunque il *doppiato* come l'unico mezzo per dare alimento all'esercizio [...]. D'altra parte si è constatato con piena evidenza come e quanto il pubblico accetti con favore il *doppiato* quando esso è ben realizzato, poiché questa soluzione permette di conoscere e apprezzare la migliore produzione estera che altrimenti non potrebbe giungere nei nostri cinematografi. E per contare [...] su tale favore si lavora [...] instancabilmente, fino a raggiungere la perfezione del sistema. Nei teatri della *Paramount* [...] si studia attorno al *doppiato* con passione e perseveranza e forse fra non molto si segnerà una buona vittoria.

I teatri *Paramount* [...] hanno terminato il *doppiaggio* delle versioni italiane, francesi e tedesche dei *fonofilm*.

Articoli questi che, nonostante i toni e al di là della fondatezza dei risultati, camuffano e rimuovono un'unica verità, ovvero che, a distanza di appena un biennio dalla loro inaugurazione, gli *Studios Paramount* di Joinville devono, se non proprio chiudere, certamente trasformarsi per dichiarato fallimento e quindi lasciare che in sostituzione delle *pluriversioni* o *versioni multiple* si affermino il *doppiaggio* e il *sottotitolaggio*.

## La produzione italiana a Joinville

Si fa un gran dire sul *film parlato* in genere e su quello *parlato in italiano* in ispecie. Ognuno ha la sua brava idea da esporre ed i suoi consigli da dire. Chi più, chi meno, sente la necessità assoluta ed impellente: bisogna dare allo schermo italiano la voce italiana, ogni altra soluzione o ripiego dovendosi scartare in modo decisivo, se non si vuole falsare tutta l'importanza e l'interesse della nuova forma di spettacolo e comprometterne l'avvenire abusando della buona fede del pubblico. Si discute [...] e abbondantemente della cosa, perché evidentemente il problema è appassionante. Ed ecco che in proposito ci giungono notizie di fatti precisi. Non si meraviglino i lettori. Parliamo [...] di *films parlati in italiano con attori italiani messi in scena da direttori italiani!* E si tratta di una cosa seria e grandiosa condotta con sinceri intendimenti artistici. La casa che ha affrontato e risolto il problema è la *Paramount* la quale, fin dall'assurgere del *film sonoro* e *parlato* e della sua affermazione, si è posta all'avanguardia della produzione in lingue europee. Già da qualche tempo, infatti, ferve il lavoro nei grandiosi teatri della *Paramount Ciné Studio Continental* e sotto la direzione del signor [Robert] T. Kane a Joinville [-le-Pont] presso Parigi, ove già parecchi *films* sono stati eseguiti in francese, spagnolo e svedese, con artisti e direttori dei rispettivi paesi. Ed ora, silenziosamente, come ogni manifestazione di lavoro concreto, si sta organizzando la lavorazione per l'edizione speciale di *films italiani in lingua italiana con attori italiani diretti da direttori italiani*. [...] Per gli artisti è intendimento della grande editrice americana attingere alle fresche linfe della razza italica e raggruppare tipi giovani di bella prestanza e che stiano a rappresentare la nuova e forte giovinezza. Attori e attrici dello schermo e soprattutto della scena di prosa, coloro che si formano all'arte della recitazione nelle filodrammatiche come nei piccoli teatri privati, vedono dunque davanti a sé aprirsi la via del successo, forse della gloria. Tentino!

È su «Kines» del maggio del 1930 che rimbalza la notizia, già riportata da altre testate, relativa a edizioni cinematografiche americane trasposte in *versioni italiane* e in genere preannunciate da titoli analoghi e ricorrenti come quello del pezzo sopra riportato: *La Paramount italiana edita films in italiano con attori italiani diretti da italiani*[34]. Ad un mese di distanza dall'inaugurazione della filiale europea della nota *Majors* americana, due brevi flash di agenzia appaiono sempre a maggio, rispettivamente l'11 e il 18, e ancora su «Kines», al fine di salutare l'evento. Il primo cronista ritiene l'iniziativa un grave caso di colonizzazione e monopolizzazione statunitense anche nei confronti dell'Italia, come dell'Europa, il secondo ne sembra particolarmente entusiasta, anche perché tra i primi cineasti convocati a Joinville a dirigere un *film parlato in italiano* vi è Amleto Palermi, allora uno degli artisti italiani più stimati. Convocazione che trova peraltro conferma in altri due pezzi riportati sulla stessa testata il 15 e il 29 giugno. All'interno dei quali si apprende che: a) la data del primo ciak è il 26 giugno; b) alcune capitali europee come Parigi, Montecarlo o Berlino dovrebbero allestire le riprese in esterni, al di fuori degli stabilimenti di Joinville; c) le iniziative di lancio e promozione della pellicola sono in corso ecc.[35].

Il *primo film italiano* s'è iniziato da appena un paio di settimane ma l'affiatamento degli artisti, l'entusiasmo che li anima e la preparazione minuziosa fanno sì che il film sarà completato in brevissimo tempo, tanto da dar per sicuro il suo lanciamento in Italia nella prossima stagione cinematografica. Gli artisti che girano questo *primo film italiano* della *Paramount* [sono] Maria Jacobini [...] Livio Pavanelli [...] Sara Zarda [...] Oreste Bilancia [...]. Il complesso artistico [...] lavora sotto la direzione di Amleto Palermi [...]. Il film [...] è *parlato* [...]. La trama [...] varia, movimentata, passionale [...]. Si svolge in ambienti ora lussuosi, ora borghesi di una grande città moderna [...]. Il film [...] sarà pronto fra poche settimane e sarà lanciato in Italia nella stagione veniente.

Ancora, in un articolo di luglio de «L'Eco del Cinema» vi è riportata, non solo la conferma ufficiale dell'inizio delle riprese italiane a Joinville, ma anche la notizia della neo-nomina come Amministratore Delegato della *Sezione Italiana*, e della cosiddetta *Società Anonima Italiana Films Paramount*, di Americo Aboaf. Questa nomina, accompagnata da una cerimonia ufficiale presenziata da alcune personalità istituzionali, segna il varo della lavorazione franco-italo-americana.

Il signor Americo Aboaf ha assunto [la carica] di Amministratore Delegato della *Società Anonima Italiana Films Paramount* [...]. L'inaugurazione della lavorazione italiana negli *studios* di Joinville (Parigi) della *Paramount* ha avuto luogo coll'intervento della stampa franco-italiana e dell'ambasciatore conte Manzoni, del console commendatore Vittorio e del commendatore Esposito, rappresentante dell'Istituto Nazionale *Luce*.

Informazioni sulla pellicola di Palermi sono disseminate in uno dei tanti notiziari della *Paramount*, riportato su «Il Cinema Italiano», sempre nell'estate del 1930. Si parla della lavorazione ultimata in poche settimane, del *Perché no?* finalmente definitivo, e della distribuzione, accompagnata da un discreto successo e consenso di pubblico. Inoltre si dice che, per una pellicola appena conclusa, entrano in lavorazione un secondo e un terzo film italiano, entrambi diretti da Jack Salvatori: *Il segreto del dottore* e *Il figlio perduto*. Quest'ultimo è titolo provvisorio del noto *Il richiamo del cuore*. Quel che appare comunque evidente è che il padiglione italiano di Joinville segue ritmi di lavorazione alquanto sostenuti e a metà tra la catena di montaggio industriale e il laboratorio artigianale in fase sperimentale.

Per quel che riguarda la lavorazione italiana, si procede con bel ritmo. Il *primo film parlante italiano* di cui è stato fissato il titolo, *Perché no?*, è terminato da un pezzo [...]. Alla visione è risultato superiore ad ogni aspettativa. L'eleganza della messinscena e l'impronta di vera italianità impressa all'azione, insieme all'interpretazione che è degna d'ogni elogio, fanno del film un autentico lavoro d'arte che non mancherà di suscitare nella prossima stagione l'interesse che merita. Appena terminato il primo film, s'è subito iniziata la lavorazione del secondo dal titolo *Il segreto del dottore*. Il lavoro per tale film, che svolge un intenso dramma di passionalità e di dovere, è già avanzatissimo; si suppone che esso possa senz'altro essere visionato a giorni [...]. Mentre si lavora intensamente all'esecuzione di *Il segreto del dottore* si allestisce un terzo grandioso film che porta provvisoriamente come titolo *Il figlio perduto*. [Un] dramma.

A conferma della rapidità con cui si sfornano i titoli italiani dalla fabbrica dei *multipli* franco-americana, altri quattro titoli vengono messi in cantiere, sommandosi ai primi tre citati, ovvero: *La donna bianca* e *La vacanza del diavolo* di Salvatori, *La riva dei bruti* di Mario Camerini e *Televisione* di Charles De Rochefort.
Della positiva esperienza italiana a Joinville testimoniano anche le rivelazioni di alcuni dei protagonisti coinvolti in questa singolare esperienza. Il già citato Aboaf, Camerini e Blasetti i quali, ricoprendo nello stesso periodo rispettivamente i ruoli di

imprenditore, regista e critico, raccontano – su «Il Cinema Italiano», «L'Eco del Cinema» e il «cinematografo» – delle realizzazioni e delle programmazioni da agosto a dicembre del 1930. Un resoconto positivo che lascia ben sperare in merito a un lento ma progressivo decollo della cinematografia sonora nazionale[36].

Gli ultimi giorni dello scorso luglio sono stati convocati a Parigi i direttori della rete europea della *Paramount Film*, per l'esame delle provvidenze per la stagione 1930-1931 e la selezione del prodotto. La *Paramount italiana* era naturalmente rappresentata dal suo Consigliere Delegato Americo Aboaf, al quale, appena di ritorno abbiamo domandato [...] notizie [...]. Americo Aboaf, sintetico e preciso, rivelando ogni giorno di più la preparazione che l'ha portato, giovanissimo, ad assumere un posto di così grande responsabilità, è stato molto esplicito con noi. Ci ha dato la sensazione di aver ben tutelato l'interesse della sua grande casa che si identifica con quello dell'esercizio italiano a cui necessita ottima e numerosa produzione [...]. Aboaf ha giudicato con tranquillità ed ottimismo le condizioni della ventura stagione, convinto come è che la molto migliorata qualità artistica e commerciale della nuova produzione [...]. Del prodotto per la ventura stagione ha parlato con entusiasmo. Il gruppo completo è in elaborazione; comprenderà circa quaranta film [...]. Il caposaldo del gruppo, con la pregevolissima produzione di Hollywood, è costituito naturalmente, dalla produzione parlante in italiano, con [...] le tre pellicole *Perché no?*, *Il segreto del dottore*, *La voce del cuore* realizzate con un formidabile lotto di artisti italiani che rispondono ai nomi di Maria Jacobini, Carmen Boni [...], Soava Gallone, Lamberto Picasso [...]. Ma non è tutto qui. Da oggi a gennaio prossimo il ritmo della lavorazione negli stabilimenti Joinville accelererà notevolmente, fino a consegnare alla *Paramount italiana* i parlanti in programma.

Il signor Mario Camerini, il giovane e notissimo direttore artistico italiano, è ritornato in Italia dopo una permanenza di circa due mesi a Joinville, la nuova Hollywood che la *Paramount* ha, con tanto coraggio e con tanta lungimirante avvedutezza creato presso Parigi. Mario Camerini, rientrando in patria, si è dichiarato entusiasta dell'organizzazione degli *Studios Paramount* [...] e non ha nascosto una certa soddisfazione per il lavoro da lui portato a termine. Come si sa, il primo film diretto dal Camerini è tratto da una novella di Joseph Conrad [*Victory/Vittoria*, 1915] ed è stato annunziato col titolo provvisorio de *La riva dei bruti*.

La *Paramount* ha fatto i suoi calcoli, ha detto: mi conviene preceder gli altri nel produrre parlanti nelle diverse lingue del mercato europeo. E ha fatto Joinville. Ciò nonostante la produzione *Paramount* sarà una ulteriore alimentazione delle scarse programmazioni dell'esercizio, darà lavoro a decine di artisti italiani e, c'è da presumere, non si riproporrà di svolgere azione propagandistica. Ben venga quindi [...] la produzione *Paramount*. Ben vada quindi alla *Paramount* la sincera ed amichevole parola di «cinematografo».

Eppure sembra che, dopo i risultati positivi ottenuti da *Perché no?*, molte delle aspettative entusiasticamente annunciate in merito alle pellicole successive siano in gran parte andate deluse. Stando almeno a giudicare dai toni con cui ad esempio Guglielmo Giannini su «Kines» ed Enrico Roma su «Cinema Illustrazione» recensiscono, tra il dicembre del 1930 e il settembre del 1931, rispettivamente, *Il richiamo del cuore* e *La donna bianca*, *La riva dei bruti*, *La vacanza del diavolo* e *Televisione*[37].

Quali sono le cause dell'insuccesso [dei film]? Non certo, come affermano i superficiali dello schermo cinematografico – i quali, purtroppo, lo regolano – l'antipatia del pubblico per il famigerato *100% parlato*. Il pubblico non è contro il *parlato al 100%* o meno: è contro il cattivo film, noioso e privo di interesse. E *Il richiamo del cuore* è precisamente questo. Ce ne spiace molto per [il caro amico, Americo] Aboaf e per la *Paramount*, ma non si può non dirlo. [...] Chi è pro o contro il *parlato* solo per aver visto e udito ciò che dolorosamente s'è udito e visto, ha torto marcio. Per ora, nel *parlato italiano*, non s'è ancora affermato un artista capace di scriverne per esprimere qualcosa.
Gli attori, tutti amici nostri, non possono essere giudicati serenamente da questo esperimento. Quelli che più ci son piaciuti – e meglio sarebbe dire meno dispiaciuti – sono Ada [Cristina] Almirante, Carlo Lombardi, il piccolo Elio Cosci e Carmelina [Carmen] Boni [...]. Da Sandro Salvini, già autore di cinematografo, ci aspettavamo di più. Il dialogo è assurdo, la riduzione e [la] sceneggiatura degne di un principiante. Quella barca capovolta in una vasca è offensiva per un pubblico che non sia quello di una cittadina dell'Anatolia o dell'isola di Zanzibar. Il genitore del film, Jack Salvatori, faceva l'attrezzista [...], parlava inglese e se lo portarono in America. Oggi è direttore artistico. Una volta, pur parlando inglese, era più difficile diventare portiere d'albergo. Non c'è che dire: siamo in pieno *delirium tremens*. E chissà quanto durerà questa curiosa mania di voler fare dirigere i film a tutti meno che a coloro che ne hanno le qualità per dirigerli.

L'*Odeon* ci ha dato l'ultimo film *Paramount* parlato in italiano, messo in scena a Parigi, con attori italiani, che è il meglio riuscito fra tutti. Tecnicamente meno disinvolto, perché non improvvisato a braccio come

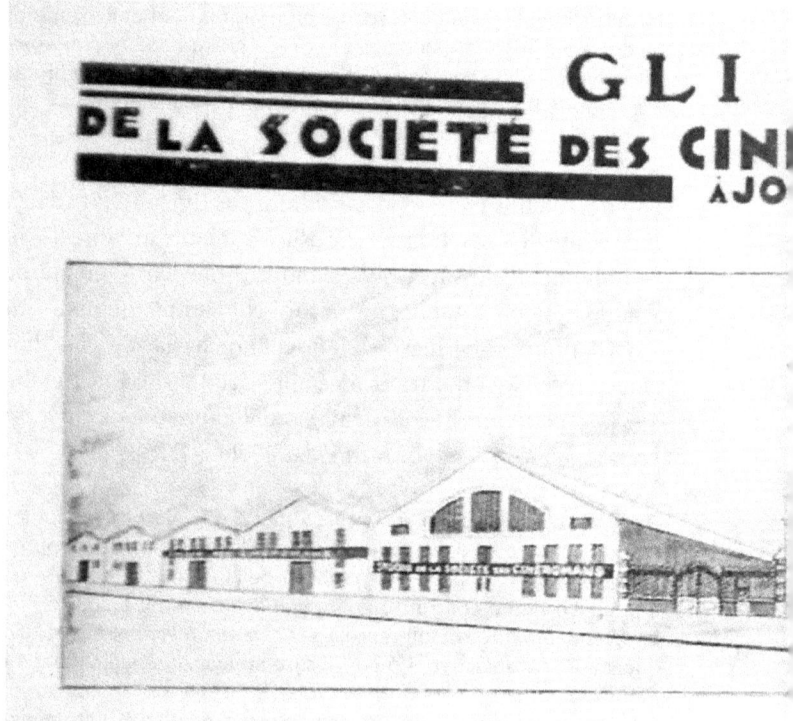

i precedenti, lo scenario de *La donna bianca* tenta, se non altro, di riconquistare al *talkie* le troppo facilmente dimenticate qualità del muto, muovendo l'azione con esterni pittoreschi, con elementi vecchio stile, ma tuttavia meno intollerabili delle squallide pareti di una parapettata da palcoscenico. Ma è stata fatica inutile. Questa produzione è nata con un vizio d'origine, da cui nessun miracolo avrebbe potuto redimerle. Né si riesce a comprendere come questa grande casa americana abbia dato sì scarsa importanza al tentativo che, con spese non indifferenti, ha voluto in Europa. La vicenda, tratta da un dramma di [William] Somerset Maugham, si svolge in Cina, tra le piantagioni di cacciù dell'interno, il quartiere indigeno e il possedimento britannico dello stretto di Malacca. Vi si narra un dramma di gelosia tra due donne, una bianca, moglie di un colonizzatore inglese, e una cinese, causato dal comune amore per un giovine ingegnere europeo, volubile dongiovanni trapiantato in Oriente per la disperazione delle donne, troppo spesso sole, animate dalla rude vita del campo. L'autore non trascura l'occasione per farci l'elogio della razza primitiva a paragone degli uomini civilizzati. Luogo comune, che sarebbe bene lasciar finalmente da parte. Molte scene si svolgono nel

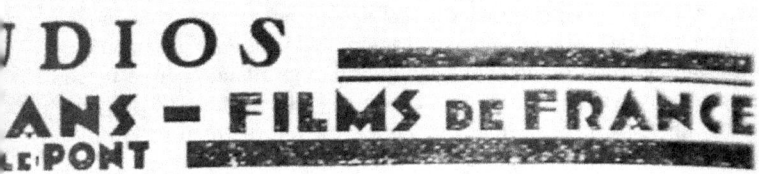

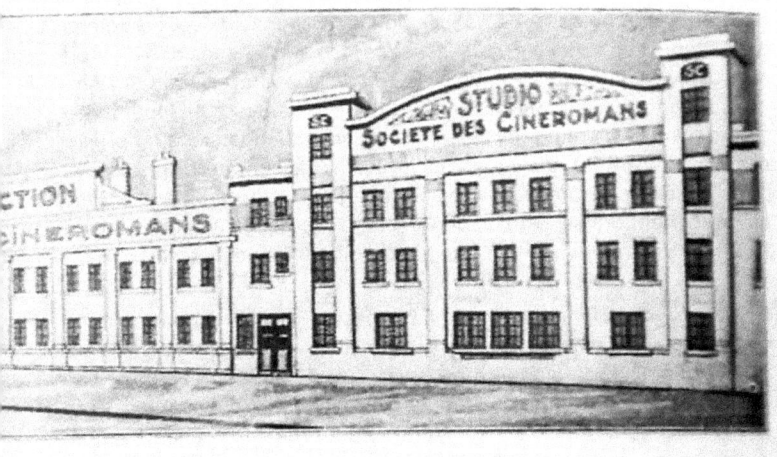

tribunale inglese, con procedura americana, ahimé! Ed è fatale per noi il confronto con *Corte d'Assise* [di Guido Brignone, 1930] della *Cines*, da cui il direttore della *Donna bianca* avrebbe molto da imparare. Tra gli interpreti, per quanto indisciplinata e troppo esuberante, ma di bella figura e di non comuni qualità drammatiche, va ricordata Matilde Casagrande, la quale dice un lungo discorso, al processo, con bell'impeto, con chiara dizione, raggiungendo la necessaria efficacia. Meno bene il [Lamberto] Picasso, il [Sandro] Salvini e il [Carlo] Lombardi [...].

Ecco un altro campione (l'ultimo?) della produzione americana girata a Joinville [-le-Pont]. *Film parlato al 100%*, secondo le direttive del 1930. Gli americani hanno voluto attribuire la colpa di così pessimi risultati ai nostri attori. S'accomodino. Un fatto è comunque incontestabile, che, cioè, il [Mario] Camerini ha saputo fabbricare in Italia due *films* tecnicamente e artisticamente pregevoli e che in produzioni nazionali Carmen Boni, [Camillo] Pilotto, [Carlo] Lombardi avevano già dato ottime prove. Lo scenario di questo disgustoso film [*La riva dei bruti*] è tratto da un romanzo [*Victory/Vittoria*, 1915] di [Joseph] Conrad. Ridotto allo scheletro, l'argomento non poteva essere più inadatto a costruire un film sopportabile. C'è il solito giovinotto deluso in amore che s'è rifugiato in un'isola tropicale, non volendo più saperne del prossimo. Due coniugi cinesi gli son servi e compagni. Un giorno, approdando con la barca nella sua rada tranquilla, si trova a bordo una ragazza. Ella si è rifugiata per sfuggire alle persecuzioni dei molti uomini tormentati dalla di lei bellezza che si azzuffano per possederla. Suo malgrado, impietosito, il giovinotto le accorda ospitalità nell'isola, fino al passaggio del primo piroscafo, cui farà segno. Intanto laggiù, nella "riva dei bruti", il grasso e maturo padrone dell'albergo, che non si rassegna ad aver perduto la bella preda, pensa di vendicarsi. E suggerisce a una banda di malfattori suoi ospiti, di fare un salto nell'isola, dove troveranno, oltre a una stupenda ragazza, oro a mucchi. La spedizione brigantesca ha luogo. Ma i due giovani, con l'aiuto del cinese, riescono a difendersi e a far prigionieri i malfattori. Tornata la tranquillità sull'isola, l'amore che già covava sotto la cenere divampa. E il misantropo potrà ritornare nella società con quel bel fiore selvaggio sottobraccio. Salvo qualche particolare, il film è messo in scena volgarmente e recitato in modo pietoso.

Di questa produzione americana fabbricata a Parigi in un momento di grave confusionismo, in edizioni parlate in varie lingue, s'è parlato anche troppo. Non è quindi il caso di ripetere il già detto, tanto più che *La vacanza del diavolo* non è né peggiore né migliore delle precedenti *films*, quasi tutte girate con gli stessi attori. Anche lo scenario, inquadrato da Jack Salvatori, è banale. Una povera ragazza di New York fa innamorare perdutamente di sé un giovine milionario, che ha funzioni direttive nella grande azienda agricola paterna. Figurarsi. Lo sciagurato non pensa più agli affari e rischia di far perdere al genitore magari la battaglia delle barbabietole. Perciò interviene il fratello maggiore del ragazzo, che, per salvarlo dal pericolo di quelle sottane, offre alla fanciulla una buonuscita di cinquantamila dollari, perché se ne vada. Ma c'è una piccola complicazione: i due si sono sposati e la ragazza non è un'avventuriera, ma ama sinceramente il marito e non chiede di meglio che lavorare con lui. È quindi prevedibile che, sbollite le ire paterne, le nozze segrete avranno il consenso di tutta la famiglia. Credo che questa storia sia stata già messa in scena 7.452 volte. Ma siamo a Ferragosto. E l'autunno imminente ci porterà, speriamo, *films* meno stupide di quelle che abbiamo dovuto goderci durante l'estate.

Joinville [-le-Pont]. È detto tutto. Due soli giorni di programmazione e fischi sonori [per *Televisione*]. Pare impossibile. Quando, nei nostri cinema, si parli in italiano, la tempesta non tarda a scatenarsi (la Pittaluga a parte, che da queste parte fa le cose sul serio). E si capisce. Come volete che un *régisseur* straniero possa giudicar la dizione di attori nostri? Scommetto che per il [Charles] de Rochefort, [il Silvio] Orsini è un ottimo attore italiano, mentre il suo spiccato accento napoletano (in certi momenti decisamente comico) e la sua enfasi declamatoria, ne farebbero un buon elemento per la "Compagnia Scarpetta". Anche la graziosa [Anna Maria] Dossena è immatura per parti così importanti, sebbene dica con disinvoltura e tutt'altro che male. [Il Cesare] Zoppetti, buon attore del teatro di prosa, non ha ancora preso confidenza col *microfono*. Spezza perciò le battute e fa pause ingiustificate, come pel timore che i suoni si sovrappongano e la registrazione non risulti chiara. Ma può far meglio. La sola che abbia assolto con bravura il suo compito è la signora Amina Pirani Maggi, caratterista ancora giovine ma versatile, fotogenica e fonogenica, che andrebbe tenuta da conto. Il suo personaggio è banale e convenzionale, tolto di peso dalle centomila commedie dialettali, dove non manca mai una comare sempliciona e brontolona e ignorante, che parla sempre a sproposito e non sa ripetere, se non storpiandole, le parole difficili. Tuttavia ha potuto dar prova di possedere le qualità necessarie al cinematografo. Bella maschera, bella voce, *vis* comica. Attrici come lei non abbondano di certo. Bisogna dire, a parziale discolpa degli interpreti, che la registrazione fonica lasciava molto a desiderare, soprattutto riguardo al volume delle voci. Difetti di ripresa. L'argomento? Dio ci scampi e liberi! Un ingegnere povero, debitore di alcune mensilità d'affitto della sua camera ammobiliata trasformata in laboratorio, è riuscito, dice lui, a perfezionare la "televisione". Se qualcuno (mettiamo la figliola della padrona di casa, che segretamente lo ama), va a fargli visita, lui, per offrirle una mezz'ora divertente, non ha che da far funzionare il suo motorino, ed ecco, sullo schermo una specie di giornale *Fox* o *Pathé*, cantato e parlato. Questo cinematografo a domicilio, costui lo chiama "televisione". Poiché, come s'è detto, la morosità lo porta alla vigilia dello sfratto, la provvida innamorata pensa di parlare di lui al suo principale, speculatore senza scrupoli. Questi, convintosi che l'affare è buono, in un primo tempo propone al giovinotto una specie di società per lo sfruttamento dell'invenzione, poi, aiutato da un compare, pensa bene di rubare il segreto, non ancora brevettato, tentando di disfarsi dell'ormai inutile ingegnere. E, non ancora contento, si mette in capo di sedurre con la violenza quella povera dattilografa che involontariamente lo ha messo sulla via della ricchezza. Ma la "televisione" (o meglio una applicazione singolare di essa, che dà alle persona la miracolosa ubiquità di Sant'Antonio, facendole apparire simultaneamente nei luoghi a diretto contatto con quello in cui si trovano e viceversa) rivela al disgraziato genio il pericolo che la fanciulla corre, dimodoché egli può accorrere in sua difesa, infliggere al satiro la lezione che si merita, e costringerlo onestamente a sottoscrivere il contratto di società con lui. Così la padrona avrà quanto le spetta e, ora che ha fatto quattrini, non avrà scrupolo a dargli quella cara figliola per mancia. Questa storia non occupa che il terzo del metraggio totale. Il resto è occupato dai molti *dal vero* e da quadri coreografici di *revue* a colori, spesso belli ma estranei al soggetto. Uno *stock* da smaltire in qualche modo? Il dialogo del dramma è, in compenso, idiota al massimo grado. Son finite le malefatte di Joinville? Non credo... Ma potremmo anche rinunziarvi...

Definiti film perlopiù scadenti e forieri di insuccesso, essi sono frutto non tanto dei meriti quanto delle malefatte di Joinville, per le quali sembra presto non esservi rimedio, a meno di abbandonare le *pluriversioni*, per il futuro *doublage*.

*Doppiaggio* di cui in effetti si comincia a parlare, a circa due anni di distanza dalla nascita di Joinville, su «Il Cinema Italiano» del 20 aprile 1932. È infatti nell'articolo anonimo, intitolato *La Paramount si prepara a "doppiare" i suoi fonofilm in Italia*, che si accenna alla nuova pratica, la quale non solo surclassa la dispendiosa e difettosa, quanto suggestiva e affascinante tecnica delle *pluriversioni* o *versioni multiple*, ma di fatto snatura la conformazione genetica e originaria di Joinville. Permettendo però anche all'industria cinematografica italiana di riscattarsi in patria e in modo indipendente sia dall'America sia dall'Europa[38].

---

1. Conrad, *Cuore di tenebra*, Garzanti, Milano, 1982, p. 227, (ed. or. *Heart of Darkness*-1902).

2. Cfr. fin qui, citazioni comprese, Ben-Ghiat, *La cultura fascista*, Il Mulino, Bologna, 2000, pp. 9-10, (tr. it. di Maria Luisa Bassi), ma anche: Peter von Bagh, *Dopo la caduta. Il cinema e la crisi del 1929/After the Crasch. Cinema and the 1929 Crisis*, in Paola Cristalli (a cura di), *Il Cinema Ritrovato XXVI edizione. Bologna dal 23 al 30 giugno 2012*, XLI Mostra Internazionale del Cinema Libero, Fondazione Cineteca di Bologna, Bologna, 2012, p. 41; Gianni Rondolino, *Il cinema americano degli anni di Roosevelt. I problemi del sonoro*, in Id., *Storia del cinema*, vol. I, UTET, Torino, 1977, p. 260 e pp. 265-266. Ancora, cfr. in tema di Grande Depressione e cinema, René Prédal, *Cinema: cent'anni di storia*, Baldini & Castoldi, Milano, 1996, (ed. or. *Histoire du cinéma. Abregé pédagogique*, Cinémaction, Corlet, 1994), laddove ad esempio lo storico francese afferma che: «l'avvento del sonoro precede di poco la grande crisi economica mondiale che ha inizio negli Stati Uniti nel 1929»(p. 105). Ma cfr. anche, per un quadro storico generale, Eric J. Hobsbawm, *Il secolo breve. 1914-1991: l'era dei grandi cataclismi*, Rizzoli, Milano, 1994, p. 126, (ed. or. *Age of*

*Extremens - The Shorts Twentieth Century 1914-1991*, Pantheon Books, Random House, New York, 1994).
**3.** Per questo che precede e segue cfr. su «Il Tevere» e all'interno della rubrica "Dal teatro di posa allo schermo": Matarazzo, *Cinematografia sonora*, 12 febbraio 1930, p. 5; Blasetti, *Binocolo sull'abisso. Quel che vuol nascondere lo schermo parlante*, 5 agosto 1929, p. 6. Così come, per il brano ancora successivo, cfr. Anonimo, *La mostruosa pretesa*, «Il Cinema Italiano», 12, 20 aprile 1929, p. 1.
**4.** Su tutto ciò cfr. anzitutto alcuni libri e saggi quali: Kristin Thompson, *Exporting Entertainment. America in the World Film Market 1907-1934*, BFI, London, 1985; Thompson, *National or International Film?* «Film History», 3, 1996; Alberto Boschi, *Il passaggio dal muto al sonoro in Europa*, in Gian Piero Brunetta (a cura di), *Storia del cinema mondiale. L'Europa. 1 Miti, luoghi, divi*, Einaudi, Torino, 1999, pp. 395-426; Andrew Higson, Richard Maltby (a cura di), *"Film Europe" and "Film America". Cinema, commerce and cultural exchange 1920-1939*, University of Exter Press, Exter, 1999; Luca Malavasi, *Internazionalismo, europeismo e italianità: modernità e rinascita del cinema nazionale*, in Raffaele De Berti, Massimo Locatelli (a cura di), *Figure della modernità nel cinema italiano (1900-1940)*, ETS, Pisa, 2008, pp. 265-278. Mentre in merito al brano riportato cfr. David Bordwell, Thompson, *La Germania sfida Hollywood. 9. Introduzione del sonoro. Parte terza: lo sviluppo del cinema sonoro 1926-1945*, in Id., *Storia del cinema e dei film. Dalle origini al 1945. Volume primo*, Il Castoro, Milano, 1997, pp. 281-282 (ed. or. *Film History: An Introduction*, McGraw-Hill, Inc., New York, 1994). Così come per quello riportato subito dopo, più avanti, cfr. Anonimo, *Lo sviluppo del fonofilm in Europa*, «Rivista Italiana di Cinetecnica», 8, agosto 1930, p. 22. Mentre per molti di quelli che all'epoca si dedicano alla questione e al tema e che appaiono su «Il Cinema Italiano» del 1929, siglati M. [Mario Magic], cfr.: *L'UFA e il film sonoro*, "Notiziario del film sonoro", 12, 20 aprile, p. 3; *Il contingentamento tedesco per i films sonori*, 23, 10 agosto, p. 2; *Come i tedeschi impongono l'intercambiabilità*, 27, 20 settembre, p. 1; *Klangfilm e Western sempre in guerra per i brevetti*, 28, 1° ottobre, p. 3. Infine cfr. anche, per il terzo brano più avanti riportato, Anonimo, *La fine della lotta dei brevetti*, "Notiziario", «La Rivista Cinematografica», 15-16, 15-30 agosto 1930, p. 52. Occorre comunque precisare che, in merito ai brevetti, alla guerra tra Germania e America, qui ci limitiamo solo a riportare le cronache, più o meno precise, dell'epoca, senza provare ad addentrarci oltre, per non correre il rischio di toccare un argomento tanto più vasto ed ampio, che meriterebbe più spazio, ma che rischierebbe di portarci fuori tema.
**5.** Per i brani di seguito inseriti, sia per il primo, come per il successivo, cfr.: Gregorio Rabinovich, *L'Europa e il film sonoro*, «La Rivista Cinematografica», 7, 15 aprile 1930, p. 4; Editoriale, *Verso il film di tipo "internazionale"*, «La Rivista Cinematografica», 12, 30 giugno 1931, p. 1. E più estesamente cfr. anche i seguenti libri e saggi: Higson, Maltby (a cura di), *"Film Europe" and "Film America". Cinema, commerce and cultural exchange 1920-1939*, cit.; Malavasi, *Internazionalismo, europeismo e italianità: modernità e rinascita del cinema nazionale*, cit.
**6.** Cfr. fin qui, così come per il brano che segue, Solari, *Assoluzione del "parlato"*, «La Rivista Cinematografica», 5, 15 marzo 1931, p. 9.
**7.** Fin qui, citazioni comprese, invece cfr. Roma, *Esperienze del sonoro e del parlato. Il secondo tempo*, «Cinema Illustrazione», 15, 15 aprile 1931, p. 14; Da Silva, *Eco del "sonoro" da Berlino*, «cinematografo», 2, 5 marzo 1930, pp. 24-25.
**8.** Cfr. fin qui i due articoli anonimi su «Cinema Illustrazione»: *Il cinema come industria*, 49, 3 dicembre 1930, p. 7; *Il cinema come industria. Contingentamento*, 1, 7 gennaio 1931, p. 10. Cfr. invece ancora, per quel che segue e salvo altre

indicazioni: Anonimo, *Ultime notizie da Hollywood*, «Lo Spettacolo Italiano», 1, gennaio 1930, p. 10; Anonimo, *Gli americani e il film muto*, «cinematografo», 12, 8 giugno 1929, p. 11. E ancora cfr. i due articoli più avanti riportati di F. [Fabrizi] su «Il Cinema Italiano» del 1929: *Il mercato internazionale chiede films muti*, 27, 20 settembre, p. 1; *La Metro girerà ancora films muti*, 28, 1° ottobre, p. 3.

**9.** Su quanto fin qui espresso e citato cfr., al di là dei brani estrapolati dalle riviste d'epoca, il solito Boschi, *Modelli di film sonoro*, in Id., *Il passaggio dal muto al sonoro in Europa*, cit., pp. 408-409.

**10.** Per i brani che seguono cfr.: Anonimo, *La dibattuta questione del Cinematografo "parlato"*, «cinematografo», 20, 7 ottobre 1928, p. 1; Anonimo, *Per la sonorizzazione di films muti*, "Tecnica cinematografica", «La Rivista Cinematografica», 23-24, 15-30 dicembre 1929, p. 97; H., *L'America produrrà in maggioranza films sonorizzati*, «Il Cinema Italiano», 10, 1° aprile 1931, p. 1; Roma, *Esperienze del sonoro e del parlato*, cit., p. 14.

**11.** Per quanto fin qui detto cfr. ancora Boschi, *Dal muto al sonoro*, in Brunetta (a cura di), *Storia del cinema mondiale. Volume secondo. Gli Stati Uniti*, Einaudi, Torino, 1999, con particolare riferimento al paragrafo *Il muto negli anni del parlato*, pp. 476-477.

**12.** Per il brano sotto riportato cfr. quindi L. F. [Leandro Forno], *La Fox non girerà più film muti*, «Il Cinema Italiano», 18, 20 giugno 1931, p. 3.

**13.** Cfr., prima, per quanto fin qui detto e citato: Boschi, *Il brusio delle lingue: plurilinguismo, versioni multiple, doppiaggio*, in Id., *Il passaggio dal muto al sonoro*, cit., pp. 411-412. Poi, su uno dei primi annunci relativi alla *MGM* impegnata nelle *pluriversioni*, cfr.: L. F. [Leandro Forno], *Il programma di produzione 1930. Lettere da New York*, «Il Cinema Italiano», 37, 15 dicembre 1929, p. 1. E ancora, per il brano che segue invece cfr. Anonimo, *Il problema della lingua per i films parlanti*, "Films sonori e parlati", «La Rivista Cinematografica», 1, 15 gennaio 1930, p. 14. In merito invece agli studi che sulle *pluriversioni* o *versioni multiple* si sono, in generale e in particolare, succeduti nel tempo e affermati di recente, cfr. i seguenti disparati saggi e libri: Nataša Ďurivičová, *Tradurre l'America. Il plurilinguismo hollywoodyano (1929-1933)*, in Rick Altman, Charles Wolfe, Martin Barnier... [et Al], *L'immagine acustica. II. Il passaggio dal muto al sonoro in America*, «Cinegrafie», 6, novembre 1993, Transeuropa, Ancona, 1993, pp. 45-63; Anna Antonini (a cura di), *Il film e i suoi multipli. Film and its multiples*, IX Convegno Internazionale di Studi sul Cinema, Dipartimento di Storia e Tutela dei Beni Culturali, DAMS/Gorizia, Università degli Studi di Udine, Forum, Udine, 2003; Ďurivičová, Hans-Michael Bock (edited by/sous la direction de), *Multiple and Multiple-language Versions/ Versions multiples*, «Cinema & Cie », 4, spring 2004, Il Castoro, Milano, 2004; Barnier, *L'identité nationale des versions multiples*, in Alain Masson (réuni par), *Du muet au parlant*, dossier di «Positif», 520, juin 2004, pp. 81-83; Hans-Michael Bock, Simone Venturini (edited by/sous la direction de) *Multiple and Multiple-language Versions II/Versions multiples II*, «Cinema & Cie», 6, spring 2005, Il Castoro, Milano, 2005; Francesco Pitassio, Leonardo Quaresima (edited by/sous la direction de), *Multiple and Multiple-language Versions III/Versions multiples III*, «Cinema & Cie», 7, fall 2005, Il Castoro, Milano, 2005; Veronica Innocenti (a cura di) *MLVs Cinema and Other Media/Versioni multiple. Cinema e altri media*, Campanotto, Pasian di Prato (UD), 2006. Nonché in ultimo cfr. anche il saggio di Giulio Bursi e Cosetta G. Saba, *Le versioni multiple*, di prossima pubblicazione all'interno della *Storia del cinema italiano. Volume IV-1924/1933*, a cura di Quaresima, Marsilio, Edizioni di Bianco e Nero, Venezia-Roma, 2013 (uscita prevista). Saggio per il quale occorre precisare che molti cambiamenti editoriali e redazionali sono ancora possibili, ivi compresi quelli dei loro titoli, qui ancora provvisori.

14. Cfr. per quel che segue Solari, *Assoluzione del "parlato"*, cit., p. 9.
15. Cfr. fin qui Ďurivičová, *Tradurre l'America*, cit., pp. 45-46 e insieme cfr. ancora Boschi, *Il brusio delle lingue*, cit.
16. Cfr. per il brano che segue Cip., *Le lingue e la cinematografia*, "Nel regno del film sonoro", «La Cinematografia», 12, 29 giugno-13 luglio 1930, p. 3.
17. Cfr. per i due brani di Forno che seguono, tratti da «Il Cinema Italiano»: *Quanto costano le versioni straniere agli Americani*, 37, 1° dicembre 1930, p. 1; *Le case americane sospendono le versioni straniere*, 31, 20 novembre 1931, p. 2.
18. Cfr. per quanto fin qui detto e citato Anonimo, *Gli Studios de la Société des Cinéromans Films de France à Joinville le Pont*, «L'Eco del Cinema», 49, dicembre 1927, p. 6. In particolare per il brano appena sopra riportato cfr. ancora Anonimo, *Il cinema come industria*, cit., p. 7. In merito a Barnier cfr. invece il suo, *Le esitazioni tecnologiche della Paramount fra il 1929 e il 1930*, in Altman, Wolfe, Barnier... [et Al], *L'immagine acustica. II.*, cit., pp. 30-44. Ricordiamo peraltro e infine che Joinville-le-Pont è una cittadina francese della Valle della Marna e della regione Île-de-France e che su questa località è possibile trovare informazioni anche su *Wikepedia. L'enciclopedia libera e collaborativa*: http://it.wikipedia.org/wiki/Pagina principale. In merito poi alla definizione di *Studios Paramount* la si ritrova spesso all'interno degli articoli sfogliati e selezionati durante la nostra ricerca. Infine, occorre precisare che dal 1930 al 1931 ad aprire e a chiudere non sono i suddetti stabilimenti e quindi la filiale della Paramount in Francia, ma il *modello Joinville* delle *pluriversioni* o *versioni multiple*. È suddetta pratica che dura un solo lustro, mentre poi sia la *Majors* che la sua filiale volgono, come vedremo, verso il *doppiaggio*.
19. Ehrenbourg, *Usine de Rêves. Hollywood pour Européens*, «La Revue du Cinéma», 26, 1° septembre 1931, pp. 3-15.
20. Cfr. ancora *Ivi*, p. 15 e p. 10, soprattutto laddove in francese si legge quanto citato e tradotto: «*la notion des "versions européens" ne signifie pas nécessairement l'imitation servile d'un original...*»; «*notre oeuvre est approuvée non par des employés anonymes mais par des créateurs authentiques*».
21. Cfr. per il brano che segue Editoriale, *Espansionismo americano in Europa*, «La Rivista Cinematografica», 7, 15 aprile 1930, pp. 1-2. Cfr. ancora, per tutto ciò che segue, salvo altre indicazioni: Ehrenbourg, *Usine de Rêves*, cit., p. 3; H., *Un gruppo franco-americano impiegherà 250 milioni per il film sonoro*, «Il Cinema Italiano», 38, 22 dicembre 1929, p. 1.
22. Cfr. per quanto detto fin qui, ivi comprese le citazioni, e per il brano che segue Anonimo, *Gli Studios de la Société des Cinéromans Films de France à Joinville le Pont*, cit.; Anonimo, *La fusione Pathé-Natan-Cinéromans*, «Kines», 31, 11 agosto 1929, p. 4.
23. Cfr. fin qui, prima, Biancoli, *Hollywood a Parigi*, «Comoedia», 9, 15 settembre-15 ottobre 1930, pp. 25-27, e poi Redi, *La fabbrica dei multipli: Joinville*, in Antonini (a cura di), *Il film e i suoi multipli. Film and its multiples*, cit., p. 115.
24. Per i tre brani che seguono cfr.: Anonimo, *Gli Studios de la Société des Cinéromans Films de France à Joinville le Pont*, cit., pp. 4-5; Biancoli, *Hollywood a Parigi*, cit., p. 25; Anonimo, *Mentre si gira*, «cinematografo», 8, 30 agosto 1930, p. 32.
25. Cfr. per quanto fin qui detto, in successione e in progressione, prima Redi, *La fabbrica dei multipli: Joinville*, cit., p. 116, e poi, sia H., *È la Paramount che produrrà in Francia films sonori*, «Il Cinema Italiano», 1, 1° gennaio 1930, p. 2, sia Mitry, *La rénovation sonore*, in Id., *Histoire du cinéma. Art et industrie. IV. Les années 30*, Éditions Universitaires Jean-Pierre Delange, Paris, 1980, p. 17. Soprattutto laddove, in merito a quest'ultimo, quel che si legge in francese è che: «*La Paramount (...) pour ne pas perdre le marché international qu'elle dominait depuis plusieurs années, voulut que toute sa production (...) eut autant de*

*répliques que de langues européennes. Pour ce faire elle installa, à grands frais, un centre de production à Joinville-le-Pont. Les anciens studios dits "des Réservoirs" (rue des Réservoirs à Saint Maurice, ancien quartier de Joinville)»*. Cfr. anche gli altri due articoli, tratti da «Il Cinema Italiano», 11, 16 marzo 1930: Anonimo, *La discesa degli americani*, p.1; H., *Il programma europeo della Paramount*, p. 1. Così come, ancora in progressione, cfr.: Loreti, *Il film sonoro prodotto in Europa. Una colossale iniziativa americana*, «Cinema-Teatro», 4-5, 15 marzo 1930, p. 8; Biancoli, *Hollywood a Parigi*, cit., p. 25.

**26.** La data indicata e relativa all'inaugurazione degli *studios* di Joinville, la deduciamo dalla celebrazione del primo anniversario degli stabilimenti, di cui si narra negli articoli riportati più avanti nella nota 32. In merito a quelli citati e ai loro brani riportati, invece cfr.: Loreti, *Il film sonoro prodotto in Europa*, cit., p. 8; H., *La Paramount inizia a Parigi la produzione parlante*, «Il Cinema Italiano», 12, 23 marzo 1930, p. 3.

**27.** Fin qui e per i brani che seguono cfr.: H., *Il primo film italiano della Paramount*, «Il Cinema Italiano», 20, 10 giugno 1930, p. 5; Loreti, *Difendersi*, «Cinema-Teatro», 12, 1° luglio 1930, p. 3; Anonimo, *Films parlati italiani eseguiti in Francia. "Notizie della Paramount"*, «La Rivista Cinematografica», 15-16, 15-30 agosto 1930, p. 38.

**28.** Per il brano che segue cfr. ancora Biancoli, *Hollywood a Parigi*, cit., pp. 25-26.

**29.** Cfr. per quel che segue L. F. [Leandro Forno], *La produzione della Paramount*, «Il Cinema Italiano», 6, 9 febbraio 1930, p. 1.

**30.** Per riflessioni e citazioni fin qui espresse cfr., prima, Ehrenbourg, *Usine de Rêves*, cit., pp. 3-4 e p. 6, laddove in francese qua e là si legge: «*l'original est établi en Amerique*»; «*ils traduisent un scénario 100% parlant [...] traduisent un scénario envoyé d'Amerique*»; «*les décors sont combinées à Hollywood*». E poi cfr. ancora Boschi, *Il brusio delle lingue*, cit., pp. 412-413. Mentre in merito alle numerose e specifiche *VLS* di Joinville rimandiamo ancora a Redi, *La fabbrica dei multipli: Joinville*, cit., pp. 115-122.

**31.** Fin qui cfr. H., *Il congresso della Paramount a Parigi*, «Il Cinema Italiano», 33, 20 ottobre 1930, p. 2. Mentre per i brani che seguono cfr.: K. [Kines], *Posizioni e imposizioni*, «Kines», n. s., 3, 7 dicembre 1930, p. 2; Anonimo, *Consuntivo 1930*, «Cinema-Teatro», 1, 16 gennaio 1931, p. 4; Anonimo, *La voce del mondo*, «L'Eco del Cinema», 93, agosto 1931, pp. 5-7.

**32.** Fin qui e per il brano che segue cfr. Anonimo, *Il primo anniversario degli Studios Paramount a Joinville*, «Kines», 21, 24 maggio 1931, p. 3. Così come per quanto fin qui espresso cfr.: Anonimo, *Il programma di produzione della "Paramount" di Joinville*, "Notizie della Paramount", «La Rivista Cinematografica», 11, 15 giugno 1931, p. 8; H., *La Paramount a Joinville. 200 milioni per la produzione*, «Il Cinema Italiano», 14, 10 maggio 1931, p. 3. In merito invece ai comitati letterari e culturali di eccellenza, di cui si parla prima del brano riportato, cfr. ancora Redi, *La fabbrica dei multipli: Joinville*, cit., p. 116, laddove in particolare sostiene che essi fossero costituiti da scrittori, artisti e uomini di spettacolo di una certa fama e prestigio, come «Paul Morand, Pierre Benoît, Sacha Guitry, Edouard Boutet».

**33.** Cfr. prima Anonimo, *La situazione della Paramount*, "Recentissime", «Cinema Illustrazione», 21, 25 maggio 1932, p. 2; e poi per i brani che seguono Anonimo, *Una parola animatrice della situazione. (Colloquio col capo della Paramount, Americo Aboaf)*, «Il Cinema Italiano», 11, 10 aprile 1932, p. 2, H., *La produzione Paramount ultimata a Joinville*, «Il Cinema Italiano», 25, 1° ottobre 1932, p. 5.

**34.** Per quanto sopra riportato e fin qui detto cfr. Anonimo, *La Paramount italiana edita Films in Italiano con Attori Italiani diretti da Italiani*, «Kines», 21, 25 maggio 1930, p. 13.

**35.** Fin qui e per ciò che segue cfr. «Kines» 1930, prima Anonimo, *Direttori italiani alla Paramount*, 19, 11 maggio, p. 2; *[Senza titolo]*, "Le Vespe" 20, 18 maggio, p. 5;

e poi Anonimo, *Il primo film italiano della Paramount*, 24, 15 giugno, p.7; Anonimo, *Febbrile preparazione sonora*, 26, 29 giugno, p. 2. Dove, in particolare nei primi due, si legge quanto segue: 1) «Amleto Palermi è stato scritturato dalla Paramount per la lavorazione in italiano di alcuni film della grande editrice di Hollywood. Che il primo *film parlante* in Italia debba essere edito [...] dagli americani è un colmo di cui bisogna esser grati ai monopolizzatori delle possibilità industriali»; 2) «A Parigi hanno iniziato la fabbricazione di *film parlati* in italiano. Amleto Palermi è già [sul] luogo e gira per conto della *Paramount*». In merito a Palermi rinvio, tra l'altro, alla voce enciclopedica da me curata: *Palermi, Amleto*, in *Enciclopedia del cinema. Volume IV. MAR-SH*, diretta da Enzo Siciliano, Achille Tartaro, Gabriella Nisticò (redattore capo), Istituto della Enciclopedia Italiana Treccani, Roma, 2004, pp. 360-361. Cfr. invece, in merito alla generalizzata produzione italiana di Joinville, e per tutto quel che segue nella trattazione, salvo diversa indicazione: Anonimo, *La voce del mondo*, «L'Eco del Cinema», 80, luglio 1930, pp. 1-2; Anonimo, *Notiziario Paramount*, «Il Cinema Italiano», 23 e 27, 10 luglio e 20 agosto 1930, p. 4 e p. 5; Anonimo, *Ultimissime della Paramount di Parigi... e della Paramount di Hollywood*, «Kines», 35, 31 agosto 1930, p. 4; Anonimo, *Negli Studios Paramount di Joinville*, «L'Eco del Cinema», 82, settembre 1930, p. 3. E soprattutto, per uleriori informazioni e approfondimenti in merito alla filmografia italiana degli *Studios Paramount* cfr. Roberto Chiti, Enrico Lancia, *I film di Joinville. La Paramount e i film in versione italiana*, in Id. (a cura di) *Dizionario del cinema italiano. I film dal 1930 al 1944. Vol. 1*, Gremese, Roma, 1993, pp. 401-405, (nuova edizione aggiornata, 2005).

36. Ancora, riguardo ai titoli italiani di Joinville, cfr. Chiti, Lancia, *I film di Joinville*, cit. Così come, per molto di quel che si è detto fin qui cfr.: Anonimo, *Notiziario Paramount*, cit., p. 5; Anonimo, *Ultimissime della Paramount di Parigi...*, cit., p. 4. Mentre per I tre brani che seguono cfr.: Anonimo, *Il programma della Paramount italiana*, «Il Cinema Italiano», 26, 10 agosto 1930, p. 4; Anonimo, *La voce del mondo*, «L'Eco del Cinema», 84, novembre 1930, p. 2; Blasetti, *Servizio di turno*, «cinematografo», 12, 30 dicembre 1930, pp. 3-4.

37. Cfr. pertanto le recensioni che seguono. Di Giannini, su «Kines», *"Il richiamo del cuore"*, "Prime visioni", n. s., 4, 14 dicembre 1930, p. 3. Mentre di Roma, su «Cinema Illustrazione» del 1931, all'interno della rubrica "Le prime a Milano", *"La donna bianca"*, 7, 18 febbraio, p. 12, e all'interno invece della rubrica "I nuovi films", p. 12: *"La riva dei bruti"*, 29, 22 luglio; *"La vacanza del diavolo"*, 33, 19 agosto; *"Televisione"*, 36, 9 settembre. In merito ai suddetti film dobbiamo precisare che: a) per la *La donna bianca* è esistito un titolo originario e provvisorio, quello de *La dama bianca*; b) il terzo film italiano realizzato a Joinville ha il titolo definitivo di *La voce del cuore*.

38. Cfr. fin qui Anonimo, *La Paramount si prepara a "doppiare" i suoi fonofilm in Italia*, «Il Cinema Italiano», 12, 20 aprile 1932, p. 1.

ITINERARI D'ARTE

I PRIMI 25

SASP

E DI SUCCESSO

DELL'ANONIMA

PITTALUG[A]

STAGIONE

1929-30

QUARTIER LATINO

TRIONFO PRIMULA ROSSA

VERGINE FOLLE

SFIDA ALLA MORTE

SIMBA

IL TENENTE DEI COSACCHI

CACCIA AL GORILLA

FIGLIA DI RE

ROVENTE SAHARA

IL FAVORITO DI SCHÖNBRUN

MISSISIPI (Show-Boat)

ARCA DI NOE'

SFINGE DEI TROPICI

IL CANTANTE DI JAZZ

TEMBI

ACQUA DEL NILO

ORMA DI D'ARTAGNAN

BROADWAY

NEL TURBINE IMPERIALE

IL CANTANTE PAZZO

ASS[O]...CU[...]

RE D[I] JUN[...]

OMBR[A] PEC[...]

WATERL[OO]

CORTE MARZIALE

Richiedete lo specchio sintetico indicativo della S.A.S.P.

# La rinascita sonora italiana

*Ma lo spettacolo*
*del puro movimento è così magico*
*che l'uomo non lo può sopportare*
*senza difesa*
*[...] osservarlo al cinematografo,*
*quando manca la musica.*
*E la musica è movimento interno,*
*che eccita la fantasia motrice.*
*Chi comprende la magia della musica*
*non esiterà un momento*
*a riconoscere che [...] la scienza sola non ha genio,*
*è soltanto acrobazia del cervello.*
Robert Musil[1]

Anche in Italia, oltre che in Europa, la «presenza del film americano» nel primo dopoguerra è «minacciosa» e «massiccia». A partire dalla fine delle ostilità, «valanghe di pellicole» straniere si riversano su territorio nazionale, suscitando reazioni contrastanti tra chi le tollera e chi le respinge. Se, da un lato, la tendenza è chiudere le frontiere, per proteggere e rilanciare la produzione nazionale, dall'altro, si pensa che non si possa non aprire i varchi alle altre cinematografie e in particolare, ancora una volta, a quella americana che è spesso la sola fonte di sostentamento di una prosciugata distribuzione interna.

Del resto che negli anni precedenti all'«avvento del sonoro in Italia [...] la situazione della nostra cinematografia [fosse] catastrofica» è ormai noto, mentre è forse meno risaputo che, in fase di transizione, si sia tentato di contrastare il cronico malessere sia ricorrendo ad autonome, e talvolta anarchiche, iniziative nazionali, sia stipulando patti internazionali talvolta compromissori.

È in questa alternanza di autonomia e dipendenza che ci troveremo ad analizzare e valutare la produzione e la distribuzione negli anni del passaggio dal muto al sonoro[2].

## Dall'*ENAC* all'*Italotone*

«Formalmente [...] costituito [...] il 10 novembre 1928, presso il Ministero dell'Economia Nazionale», l'*ENAC-Ente Nazionale per la Cinematografia* è un «organismo misto dotato di capitali pubblici e privati», che inizialmente opera nella distribuzione nazionale. Nonostante il parziale sostegno statale, avrà vita breve. Esperimento pionieristico, l'Ente viene infatti già «liquidato alla fine del 1930» e i suoi due direttori-cofondatori, Tomaso Bisi e Giuseppe Barattolo – in rappresentanza della compagine politica e governativa di regime –, proseguono la loro attività in ambito privato.

L'Ente è tra i primi organismi in Italia a prodigarsi a favore del sonoro e del film dotato di musica, rumori e, forse, anche parola. Questo è almeno quanto si apprende da un articolo pubblicato su «Il Cinema Italiano» del 10 novembre 1928, che accenna a un «progetto di realizzazione di *films parlanti*», sia pure in un'ottica ancora reverenziale nei confronti del teatro[3].

L'Ente [...] editerà dei *films* nei quali saranno riprodotte le classiche rappresentazioni dei nostri massimi teatri di opera – Teatro della Scala e Teatro dell'Opera in prima linea – sincronizzate col suono e con la voce.

La sopracitata comunicazione, alquanto generica e lapidaria, è ribadita a breve da altri messaggi che si susseguono, tra la primavera e l'estate del 1929, con maggiori precisazioni in merito alla configurazione dell'Ente, su «Il Cinema Italiano» e «cinematografo». Apprendiamo per esempio della creazione di un'apposita *Società Anonima Films Sonori* dipendente dall'Ente che, costituita a Roma grazie a un accordo stipulato tra un gruppo di capitalisti italiani e una compagnia inglese, dispone di un capitale iniziale di circa 15 milioni di lire e del brevetto DeForest, al fine di poter produrre *fono-film* italiani. Più vaghe e controverse sembrano invece, all'interno degli articoli qui sotto riportati e tratti ancora da «cinematografo» e dalla «Rivista Italiana di Cinetecnica», le notizie relative alla sede operativa della società, che taluni individuano nei teatri di posa della Farnesina e tal'altri in un nuovo stabilimento sulla Casilina[4].

L'*Ente Nazionale [per la] Cinematografia* ha predisposto la costruzione di un grande stabilimento che raccoglierà quanto vi è di più moderno e perfetto [...]. Tale stabilimento sorgerà sulla via Casilina [...] e gli ingegneri dell'Ente [lo] hanno progettato compiutamente [...]. Un immenso teatro a *T* è divisibile in due o apribile su tutta la parete del fondo, in modo da sboccare, quando occorra, sull'esterno [...]. Sarà costruito tutto con materiali *afonici* e coibenti [...] per la produzione del *film sonoro*.

Sul dolce declivio di una collina, nei pressi della celebre Villa Farnesina, alle porte di Roma, è sorto come per incanto, in pochi mesi, il primo teatro di posa italiano per la produzione di *films sonori*. L'*Ente Nazionale per la Cinematografia*, stabilito come primo programma la creazione di pellicole sonore e *sonorizzate*, si trovò nella necessità di dover disporre di uno stabilimento adatto per il nuovo sistema di lavorazione. Scartata la soluzione di attendere la costruzione degli stabilimenti già progettati per il grande terreno di sua proprietà sulla via Casilina, decise di affittare e trasformare qualcuno dei numerosi teatri muti già esistenti in Roma. La scelta cadde su quelli della *Suprema Film*, in località Farnesina, come già detto: ciò anche perché la zona si prestava bene per girare dei buoni esterni. Naturalmente furono necessari numerosi lavori di trasformazione ed adattamento per rendere lo stabilimento adatto alla ripresa sonora. Così furono demolite le ormai inutili vetrate, e sostituite con lastre di *eraclid* e di *cellotex*; materiali questi particolarmente adatti ad evitare la riflessione regolare delle onde sonore. Di più, nell'interno dello studio venne installato un completo attrezzamento di tende felpate [...]. Anche il pavimento, costituito da grosse tavole di legno, ha una sottostruttura di feltro, che attenua abbastanza bene i rumori [...]. Di particolare importanza sono le apparecchiature elettriche per la ripresa sonora [...]. Il sistema adottato dall'*Ente Nazionale per la Cinematografia* è quello di DeForest, modificato dalla *British Talking Pictures*.

In riferimento ai teatri muti della Farnesina apprendiamo anche che è la *Suprema Film*, già proprietaria, ad affidarli in gestione all'*ENAC* che li trasforma, per accogliere la nuova invenzione, ricorrendo al già citato brevetto americano DeForest, i cui diritti vengono trasferiti dall'inglese *British Talking Pictures* all'Ente italiano.

Messe insieme le suddette informazioni, la prima considerazione da fare è che, se indubbiamente la *Cines* di Stefano Pittaluga è «l'organismo trainante» della produzione nostrana agli albori del sonoro – nel corso di quella che è ormai nota come la seconda fase di vita della *Cines* (tra il 23 maggio 1930, data di inaugurazione dei primi teatri sonori italiani, e il 25 settembre 1935, giorno del loro catastrofico incendio)[5] –, esistono attività e iniziative ad essa collaterali o satellitari che, se certo non ne mettono in discussione il prestigio, ne ridimensionano alcuni primati assoluti. Contemporaneamente al complesso degli *studios* della *Cines* di via Veio, sorto su un'area di circa 21 kmq quadrati a sud di Roma, nel quartiere San Giovanni, sorge infatti lo stabilimento sonoro *ENAC*, presso la Farnesina. Pertanto è plausibile che alcune mini-sperimentazioni audiovisive preparino il terreno a ben più noti lungometraggi sonori della storia del cinema italiano, come *La canzone dell'amore*, ufficialmente il *primo film sonoro italiano*, diretto da Gennaro Righelli nel 1930, su cui ci soffermeremo nel capitolo di analisi testuali.

Costellazioni dell'universo cinematografico finora meno conosciute, che arricchiscono il percorso, verso il cinema sonoro. *Positive sonorità* – secondo la definizione che ne dà, fin dal titolo di un suo pezzo, Guglielmo Giannini – che, realizzate dall'*ENAC*, vengono per la prima volta presentate nella capitale, nella primavera del 1929 al *Corso Cinema Teatro*, tra lo stupore e le perplessità del pubblico alla presenza di Benito Mussolini, protagonista nella stessa circostanza di un corto identificato come *La conquista delle Alpi*, in cui tiene un discorso davanti a 25.000 alpini presso il Colosseo a Roma. Eventi di cui fanno la cronaca appunto Giannini su «Kines» e un anonimo corrispondente su «Il Cinema Italiano», con identica enfasi nazionalista, finanche millantatrice di una tecnica superiore a quella straniera[6].

Abbiamo potuto assistere alla proiezione di vari brevi *films sonori* presentati al *Corso Cinema Teatro* di Roma dall'*Ente Nazionale per la*

*Cinematografia*. L'esperimento [...] è riuscito molto bene. Come esperimento. E da questo tentativo si può e si deve partire per compiere altri studi ed altri esperimenti, non già pratiche realizzazioni industriali che dovrebbero essere molto e molto più perfette dei brevi film proiettati [...]. A credere alle mirabilie che ci contano i giornali stranieri, ed a ben pesare i primi *films sonori* che ci sono stati offerti in riduzione, dovremmo essere tratti a pensare che la manifattura dei film novissimi sia di molto progredita in confronto ai campioni che ci ha presentato l'Ente [...]. Era giusto che anche in Italia si avesse l'idea del *film sonoro* e c'è solo da meravigliarsi che [...] solo l'Ente [...] ci abbia pensato. La prima impressione che lo spettatore italiano riceve assistendo alla riproduzione d'uno spettacolo londinese o parigino è quello dell'inferiorità del nostro [...]. Seconda impressione: un nuovo mezzo d'espressione è stato inventato, e con questo nuovo mezzo si possono dire [...] solamente nuove cose [...]. Da questa invenzione nascerà una nuova forma d'arte.

Il film, magnificamente riuscito, riproduce perfettamente oltre la figura e i gesti del Duce, anche la sua parola, alla quale è conservata la chiarissima dizione e la esatta tonalità della voce [...]. Questo film è stato completamente ripreso con le macchine di cui l'*ENAC* si è assicurato per l'Italia l'esclusività di sfruttamento, costruzione ed eventuale perfezionamento, servendosi dell'originale brevetto Leo DeForest [...]. Il Duce ha voluto anche visionare altre produzioni sperimentali sonore manifestando il suo continuo interessamento e le sue palesi approvazioni.

Questo primo esperimento *fonofilmico* del duce, analogo ai *cinegiornali sonori* dell'Istituto Nazionale *LUCE* – sui quali ci soffermiamo più avanti – che, si sa, sono tra i principali mezzi per la costruzione del culto mussoliniano, viene affiancato ad altri tre, di tutt'altro tono.

Il primo, *Giardini che vivono*, è un documentario naturalistico attribuito alla direzione di Giuseppe Forti, del quale resocontano nel 1929 sia un anonimo su «Kines» sia il noto Giuseppe Vittorio Sampieri su «Cinema-Teatro». Se ne elogia la resa tecnica ed estetica, sia visiva che acustica. Un cameo lieve e poetico che alterna con armonia silenzi e rumori.

Il secondo, *Serenata Tzigana*, «melodramma *cinefonico*», sembra essere una fiaba con tanto di fondali in cartapesta e *cartoons*, fantocci e marionette mutuati direttamente dal teatro. Al filmato, diretto da Baldassare Negroni, interpretato da Grazia Del Rio, e musicato dal maestro Mario De Risi, accenna «cinematografo» nel 1930, giudicandolo stupefacente per resa mimica e *sincronizzazione* acustica.

De *L'orologio magico*, anch'esso una favola cinefotografata popolata da streghe e gnomi, si fa invece pubblicità illustrata su «Kines», decantandone le mirabilia audiovisive[7].

Sotto gli auspici dell'*Ente Nazionale per la Cinematografia*, su soggetto di Carlo Dall'Ongaro, Giuseppe Forti ha realizzato il *primo film sonoro italiano, Giardini che vivono*. Noi che abbiamo potuto vedere il nuovissimo lavoro siamo ben lontani dal volergli attribuire un'esagerata importanza. Più che film, *Giardini che vivono*, può essere tenuto in conto di *sketches*. Il soggetto, difatti, non è che una serie di impressioni colte nella romana Villa Borghese, dall'alba al tramonto. Ma a chi si interessa di cinematografo in generale e di cinema sonoro in particolare apparirà evidente quanto da uno spunto simile abbia potuto ricavare un direttore artistico sensibile e coscienzioso. E difatti *Giardini che vivono* è un vero gioiello di *cinematografia silenziosa* ed un *film sonoro* perfettamente riuscito. È il primo tentativo del genere che si compie in Italia e dà la misura esatta delle nostre possibilità anche nel nuovissimo campo. Giuseppe Forti, che ha avuto come operatori *cinefonici* Ugo Cocanari e Attilio Tabanelli [...] ha realizzato il suo lavoro a Villa Borghese, all'aperto, senza cabina isolante, senza mezzi tecnici formidabili [...] e tuttavia è riuscito.

*Giardini che vivono* [...] è un piccolo gioiello [...]. Non so quanto sia costato, si dice molto, si dice poco. Ma è certo che non è da buttar via. Anzi costituisce una prova tale da persuadere anche i più scettici della possibilità di vita della cinematografia nazionale. *Giardini che vivono* non è un film vero e proprio, come soggetto: è piuttosto una serie di impressioni cinematografiche, rese con uno squisito senso di poesia [...]. La breve pellicola ci fa vedere la vita di un grande parco romano, Villa Borghese, dall'ora dell'apertura, all'ora della chiusura dei cancelli. [...] È questo, per se stesso, un nuovo genere di film dal vero, degno del più grande favore [...]. Molto interessante la *sonorizzazione*, fatta con modestissimi mezzi e riuscita pressoché perfetta. È ciò merito di Giuseppe Forti (il primo che in Italia abbia avuto il coraggio di fare un *film sonoro*), il quale ha realizzato il film a Villa Borghese, all'aperto, senza cabina isolante, senza mezzi tecnici eccezionali.

[*Serenata tzigana*] fiaba *cinefonica* in due atti [...] ci narra di [idilliaci] amori e di paurosi draghi, di guerrieri d'acciaio [...] e di genietti benefici e meravigliosi. Questa nuova incursione nel difficile e desideratissimo campo del fantastico fiabesco è stato realizzata con fantocci grottescamente concepiti e composti con un sistema così originale che si rimane meravigliati dinanzi alla loro azione ed alla loro mimica. Commentata da una perfetta *sincronizzazione* musicale marionettata, dovuta all'impareggiabile maestro concertatore [Mario] De Risi, questa fiaba costituirà senza dubbio la più interessante presentazione del genere di quest'anno.

*L'orologio magico*: fiaba *cinefonica* in 3 parti. Un viaggio fantastico nell'incantato regno delle fate e degli gnomi, realizzato da fantocci meravigliosi e commentato da una perfetta *sincronizzazione*.

Fiabe o *sketches*, episodi o esperimenti, a metà strada tra realismo e fantasia, questi tre corti sono indubbiamente meteoriti che preludono alla formazione di una nuova costellazione. Ben presto tutto ruoterà intorno ad un unico astro e pianeta: la *Cines-Pittaluga* che, come già accennato e come vedremo più in dettaglio, diviene la protagonista assoluta della scena cinematografica. Mentre l'*ENAC*, che ha alcuni meriti pionieristici, si avvia rapidamente al declino, stando a quanto riportato in un articolo de «Il Cinema Italiano» del 30 marzo 1930. Una parabola discendente che conduce all'abbandono della produzione delle pellicole sonore e alla assunzione di una funzione di assistenza, controllo e coordinamento, dell'industria cinematografica italiana[8].

Il Ministro delle Corporazioni, proseguendo nell'esame della situazione attuale della produzione cinematografica italiana [...] ha espresso il proposito di dare all'Ente una nuova organizzazione più adeguata all'azione che nello stesso campo sono chiamate ad assolvere le associazioni sindacali, definendone la funzione di assistenza, di coordinamento e di disciplinamento generale delle varie iniziative, senza alcuna forma di gestione e di produzione diretta.

Mentre si esaurisce l'esperienza *fonofilmica* produttiva dell'*ENAC* e si profila la *leadership* della *Cines-Pittaluga*, qualcos'altro avviene nel mezzo, in merito ancora agli scambi fra Italia e Stati Uniti.
Accade ad esempio che un gruppo di artisti italiani, residente da tempo negli USA, decida di approfittare del sonoro per fondare

una società autonoma di produzione *fonofilmica*. Sfruttando i progressi tecnologici americani, Giovanni Rizzo, Nerco Francesconi e Alfredo Verrico, rispettivamente nei ruoli di Presidente, Vice-Presidente e Direttore Generale, creano, dirigono e amministrano la *Italotone Film Productions Inc.*, con cui tentano di affrancarsi dallo strapotere produttivo hollywoodiano.

Potendo contare su un iniziale e discreto capitale in dollari, la neo-ditta mette in cantiere una dozzina di pellicole sonore, le cui riprese si prevede debbano svolgersi presso il *Metropolitan Studios*, uno stabilimento hollywoodiano di grande estensione suddiviso in ben cinque teatri di posa, tutti rigorosamente forniti di macchinari e attrezzature idonee al sonoro.

Il primo tra i titoli messi in cantiere dalla neonata ditta è *Sei tu l'amore?*, tratto da una *pièce* teatrale di Pier Angelo Mazzolotti, per la cui interpretazione si pensa al reclutamento di alcune delle migliori *star* italiane presenti ad Hollywood e per il quale elevate sono le attese e le aspettative. Questo è quanto si legge su alcuni numeri de «L'Eco del Cinema» apparsi tra il 1929 e il 1930[9].

L'Italia avrà presto *films parlati* e *sonori* editati in lingua italiana e fabbricati a Hollywood. La comunicazione ci giunge da Alfredo Verrico, editore capo della *Verricogram* e membro della nuova corporazione che organizzerà la distribuzione di questi *films* in Italia, Sud America e Stati Uniti [...]. La Compagnia ha un capitale di 500.000 dollari e la sua ragione sociale è *Italotone Film Productions Inc.* Presidente Giovanni Rizzo. Vice-Presidente Nerco Francesconi. Segretario [Direttore Generale, *sic*] Alfredo Verrico.

Il *Metropolitan Studios*, fra i più grandi, è ora anche il meglio attrezzato per i *film sonori*. Su di uno spazio immenso questo studio possiede ben cinque grandi teatri di posa forniti dei più perfetti e costosi macchinari della *Western Eletric Company* [...]. La *Italotone* ha in programma 12 grandi *films parlati* e cantati [...]. Direttore Generale della *Italotone* è il signor Alfredo Verrico, molto noto in questi circoli per essersi da lungo tempo dedicato all'industria cinematografica in America. È fermo intendimento del signor Verrico di dare il massimo risalto alle arti, alle bellezze [...] italiane troppo spesso deturpate nei *films* di alcune case straniere.

Dopo un esame minuzioso ed accurato di centinaia di scenari si è addivenuti alla scelta della commedia *Sei tu l'amore?*, rappresentata recentemente dalla *Compagnia Dina Galli* con grande successo. Il suddetto lavoro, dovuto alla penna di uno dei più giovani, ma già noti autori moderni, sarà messo in lavorazione sotto il titolo di *Giorgetta e compagni*. L'interpretazione delle parti principali sarà affidata ai migliori artisti italiani attualmente in Hollywood e negli Stati Uniti. A dirigere il lavoro sono stati chiamati i signori Guido Trento, il cui passato artistico è internazionalmente noto, ed il dottor Alfredo Sabato, che ha dato prova della sua capacità artistica e in Italia e in Hollywood [...]. Il sistema sonoro che verrà usato dall'*Italotone* sarà [...] *RCA-Photophone* [...]. È stato altresì concluso un contratto onde usufruire anche della musica scritta espressamente dal maestro [Alberto] Cavazza sulla commedia *Sei tu l'amore?* di [Pier Angelo] Mazzolotti [...]. Attendiamo alla prova i nostri connazionali e facciamo voti perché l'industria cinematografica italiana, che ha sempre costituito uno dei più complessi e gravi problemi del nostro paese, possa essere agevolata dai loro arditi sforzi.

In un'altalena di titoli provvisori e definitivi, che vanno da *Giorgetta e compagni* fino appunto a *Sei tu l'amore?*, passando per *Rose rosse*, la prima pellicola parlata della *Italotone* italohollywoodiana è affidata alla direzione di due registi, Guido Trento e Alfredo Sabato – da tempo attivi e stimati per le loro capacità artistiche proprio su territorio americano –, mentre il commento musicale è di Alberto Cavazza e l'interpretazione di Luisa Cavallotti e di Alberto Rabagliati. L'inizio delle riprese, si legge su «Kines» del mese di giugno, è datato 12 maggio 1930[10].

L'*Italotone Film Productions [Inc.]* ha completato il *casting* della commedia musicale *Sei tu l'amore?* [...] che lunedì 12 maggio si comincerà a girare negli stabilimenti [...] in Melrose Avenue, [ad] Hollywood. Louise [Luisa] Caselotti [...] sarà una Georgette incomparabile per grazia [e] brio [...]. Ad Alberto Rabagliati [...] è stata affidata la non facile parte di Mario, un giovanotto romantico e povero che lavora, quale disegnatore, nello studio di un ingegnere [...]. Dirigeranno questa vicenda cinematografica, che è una [...] commedia di [Pier Angelo] Mazzolotti ed una [...] operetta del maestro Alberto Cavazza, i signori Guido Trento e Alfredo Sabato.

La pellicola – incentrata sulle inquietudini sentimentali di una giovane fanciulla che, corteggiata da tre facoltosi vicini di casa, si innamora di uno squattrinato disegnatore – esce in Italia alla fine dell'estate ed è accolta in modo contrastante.

Su «cinematografo» è Umberto Masetti a considerare la coproduzione italoamericana perfettamente riuscita. Un giudizio che trova concorde anche Raffaello Matarazzo, il futuro regista dei *larmoyant* italiani anni '50 che allora, in veste di giornalista scrive di questo film su «Il Tevere» di ottobre, con toni più cauti rispetto al collega[11].

La prova è felicemente superata [...]. Applausi convinti e calorosi seguono [...] *Sei tu l'amore?*, film *sonoro* e *parlante* realizzato ad Hollywood da artisti italiani e italoamericani e con capitali messi a disposizione dalle nostre colonie dei centri nord-americani [...]. Il film [è] prodotto dall'*Italotone*.

L'esperimento fatto a Hollywood dalla *Italotone* ci dà particolare soddisfazione poiché si tratta di un tentativo che, discretamente riuscito, ha rivelato all'Italia un gruppo di uomini i quali, anche in terra straniera, non possono dimenticare che lavorare per la propria patria in qualsiasi condizione ciò avvenga è sempre la più bella delle opere.

Alle due recensioni firmate, tanto elogiative quanto telegrafiche, se ne affianca un'altra, siglata e di difficile attribuzione, pubblicata ancora su «Kines» il 28 settembre 1930, di toni opposti e molto esaustiva. Al termine di una proiezione del film, svoltasi in una sala cinematografica milanese, l'anonimo recensore non può infatti che mettere l'accento sull'aspetto ibrido della pellicola, la cui narrazione si impasta con i generi cinematografici hollywoodiani e la cui recitazione, ad esempio quella della Caselotti e di Rabagliati, si contraddistingue per un'esotica, quanto mai fastidiosa, dizione italoamericana.

Si comincia male con i *films parlati italiani*! Giovedì sera qui a Milano nel vasto *Teatro Odeon* presentarono *Sei tu l'amore?* tratto da una commedia di Pier [Angelo] Mazzolotti che fu anche ridotta in operetta e fatto da una casa americana [la] *Italotone Film Productions [Inc.]*. Il nome di questa casa di Hollywood non deve riuscire nuovo [...]: si tratta di una casa formata da italiani residenti nell'America del Nord, con capitali italiani, per fare laggiù della propaganda d'italianità. Lo scopo è altamente lodevole, ma per laggiù: tra noi non c'è da fare della propaganda e non si può ammettere [di] sentire pronunciare (anche in film) in un italiano così ostrogoto come lo pronunciano i due protagonisti principali del *Sei tu l'amore?* [...]. Per quanto riguarda il soggetto del film la riduzione fu fatta malissimo: vollero, per fare effetto, mettervi delle *girls*, aggiungere una festa da ballo in costume che è semplicemente grottesca e lo stesso lavoro non ha avuto nessun sviluppo. Non si comprende nulla ed è un vero polpettone. Per quanto riguarda gli interpreti [...] il *film parlato* o *film sonoro* [...] comincia a far delle vittime: in un film muto i due principali interpreti [Luisa] Caselotti e [Alberto] Rabagliati avrebbero ottenuto un successone. La Caselotti [...] ha un'espressione del viso molto efficace, la sua fisionomia esprime; il guaio è che quando parla, poiché l'italiano lo sa molto male, è un disastro. Il Rabagliati è un bel giovane, ma non ha scena, non sa muoversi, gesticola male e cammina peggio e parla con un accento lombardo che fa venire la pelle di cappone. Gli altri sono dei comici: niente di straordinario, alquanto volgarucci, ma comici [...]. Il pubblico milanese accorso [al *Teatro*] *Odeon* in folla impressionante ha dato nuova prova della sua grande educazione, ma in un'altra città c'è il rischio che il pubblico fischi di santa ragione sentendo recitare in quel modo. Per questo primo esperimento non potevano scegliere peggio [...]. Però [...] malgrado l'infelice presentazione del primo film completamente *parlato* al quale abbiamo assistito devo riconfermare [il] *film sonoro* è una scoperta meravigliosa e ora la cinematografia ha un avvenire.

Eppure la pellicola supera le aspettative al botteghino e l'*Italotone* prosegue imperterrita l'attività, secondo quanto riportato in un pezzo di Leandro Forno su «Il Cinema Italiano» del febbraio del 1931, dal titolo *La produzione italiana dell'America*.

Pur bruciando al traguardo la prima proiezione pubblica de *La canzone dell'amore* di Gennaro Righelli che, lo ricordiamo, ha luogo al *Supercinema* di Roma il 7 ottobre 1930, e nonostante il *battage* pubblicitario che ne preannuncia l'uscita in sala, *Sei tu l'amore?* non sottrae alla pellicola di Righelli il *primato* di primo *film parlato in italiano*.

## La *Cines* che Stefano Pittaluga creò

Se nelle loro intenzioni il sonoro è un'arma con la quale gli americani tentano di colonizzare il mercato cinematografico europeo, ivi compreso quello italiano, è nelle mani di Stefano Pittaluga che la nuova tecnica funge da «detonatore» per la rinascita della cinematografia nazionale[12].

Genovese di origine – per la precisione di Campomatone, dove nasce il 2 febbraio 1887 –, ma torinese di adozione, Pittaluga è, secondo Adriano Aprà, una «figura inedita [...] del cinema italiano» di allora, in grado di incarnare il triplice ruolo di «produttore-distributore-esercente»[13]. Dinamico e coraggioso, Pittaluga intraprende giovanissimo una breve, ma intensa carriera cinematografica. Morirà prematuramente ad appena 44 anni, il 5 aprile 1931, a seguito di una banale influenza dopo una delicata operazione chirurgica. I pezzi commemorativi usciti all'indomani della sua scomparsa forniscono preziosi particolari della sua biografia.

Da «Lo Spettacolo Italiano» si apprende che "il ligure" crea giovanissimo nella città natale, con la complicità paterna e un capitale iniziale di appena «100.000 lire [...], una piccola azienda di noleggio di pellicole cinematografiche», riuscendo nel giro di qualche anno non solo a quadruplicare il patrimonio di partenza, ma anche a soddisfare il fabbisogno distributivo di mezza Italia. In un altro pezzo pubblicato su «Il Cinema Italiano», si legge che a Torino – dove, è noto, fonda in data 19 aprile 1919 la *SASP–Società Anonima Stefano Pittaluga* – può vantare, già sul finire del 1926, il cospicuo capitale di circa 100 milioni di lire. Una crescita che tocca, tutto il territorio italiano, da nord a sud, almeno nell'iniziale ambito dell'esercizio, del noleggio e della distribuzione, di cui Pittaluga è particolarmente esperto[14].

Dopo essersi messo in luce con produzioni di genere, tra cui la serie di Maciste, e dopo essere stato parte attiva e determinante dell'assorbimento dell'*UCI–Unione Cinematografica Italiana* nella *SASP*, per intercessione della *BCI–Banca Commerciale Italiana*, Pittaluga diviene, a detta di storici come Mario Gromo e Gian Piero Brunetta, una delle figure centrali del cinema di allora: «l'unico personaggio dotato di una statura e di un profilo imprenditoriale da moderno capitano d'industria», in grado di risollevare le sorti di una cinematografia «fortemente danneggiata». Il solo che, dotato di «intelligenza imprenditoriale» sembra avere il coraggio di marciare da Torino a Roma con il preciso intento di recuperare gli stabilimenti *Cines* dall'area archeologica di via Veio, oltre Porta San Giovanni. Pittaluga procederà ad un accurato restauro e ammodernamento, operazione che è stata di recente ridimensionata – nella portata e negli effetti – da Giulio Bursi e Luca Mazzei. Senza dequalificarne affatto le premesse, i due studiosi leggono di fatto l'impresa come un fallimento politico, economico e culturale, a differenza di quanto pensava il coro dei giornalisti di allora[15].

Come rammenta Riccardo Redi, durante il Consiglio di Amministrazione del 12 aprile 1929 – tenutosi a Torino presso la sede della *SASP* – l'imprenditore genovese comunica la propria intenzione di rilevare e ristrutturare i teatri di posa della *Cines*. Nel mese di novembre, stando a quanto si legge sulle pagine di «Kines», la nota società romana – sorta nel 1905 e, dopo alterne stagioni, ora alla vigilia della nuova era sonora – è ormai rinnovata e attrezzata con sistemi di registrazione *RCA-Photophone*, grazie anche ad una serie di accordi internazionali eseguiti lungo la rotta New York-Londra-Parigi-Roma[16].

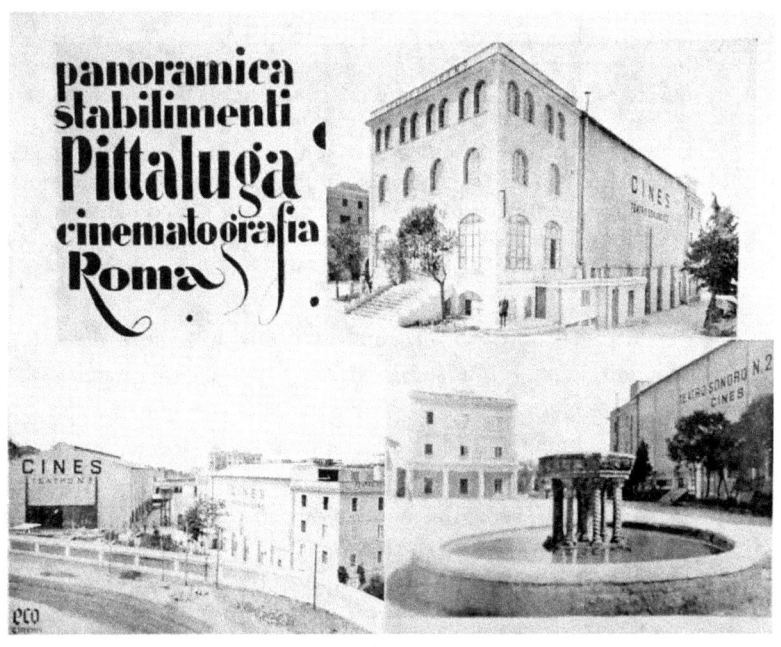

Gli *Stabilimenti Cines* di Roma, di proprietà della [*Società*] *Anonima* [*Stefano*] *Pittaluga*, che sono stati completamente rimodernati ed attrezzati per la nuova produzione cinematografica sono costituiti da tre grandiosi teatri indipendenti l'uno dall'altro. Nel suo ultimo viaggio a Parigi e a Londra, lo stesso Amministratore Delegato della *SASP*, dopo attenta selezione, si è accordato con la *RCA* (*Radio Corporation of America* di New York) per l'acquisto e l'impianto dei suoi apparecchi per la lavorazione sonora, cantata e parlante. Gli apparecchi della *RCA*, con la quale il commendator Pittaluga ha firmato l'accordo di acquisto, sono i più moderni e i più perfetti del genere.

In verità i neo-apparecchi *RCA-Photophone*, pur collaudati da tecnici americani esperti, appositamente inviati dagli USA alla *Cines* – così come si legge in un altro articolo dello stesso giornale – sono al centro di non poche critiche. Imperfetti e spesso di seconda mano, sono comunque i soli che, aggiudicatisi la gara di appalto in Italia, approdano presso la casa pittalughiana consentendo l'addestramento tecnologico delle maestranze e determinano le primissime sperimentazioni *fonofilmiche*, tra cui il noto *Dodici mamme sopra una panca* di Odoardo Spadaro[17].

[Stefano] Pittaluga [...] acquistò apparecchi americani *RCA* [*-Photophone*] da restaurare e li affidò all'équipe di tecnici che aveva riunito per questo scopo: il reparto sonoro era composto dall'ingegner Cavazzuti, direttore, dal signor Trentino, dal signor Giovanni Paris e da me [Leopoldo Rosi]. Costituito il reparto sonoro, si fecero le prime esperienze: la prima fu la ninna nanna di [Odoardo] Spadaro, che ebbe il titolo di *Dodici mamme sopra una panca*: gli operatori furono [Ubalbo] Arata, [Massimo] Terzano e [Carlo] Montuori. Non venne bene: gli operatori inquadrarono anche noi, c'era troppa luce entro le cabine di ripresa.

Per la precisione il primissimo esperimento sonoro della *Cines* vanta molteplici titolazioni: talvolta viene segnalato con il titolo di *Dodici mamme e dodici culle*; tal altra con quello appunto di *Dodici mamme sotto la panca*; infine come *Ninna nanna delle dodici* [o *12*] *mamme*.

La sua prima proiezione avviene durante una visione privata del Consiglio di Amministrazione della *SASP* che, secondo quanto viene riportato su «Kines» del 4 maggio 1930, si riunisce appositamente al *Supercinema* di Roma il 25 aprile. La prima proiezione pubblica ha luogo ufficialmente durante una serata esclusiva organizzata dal *LUCE* l'Istituto Nazionale per la Cinematografia Educativa di Luciano De Feo a Villa Torlonia il 17 maggio. In questa occasione vengono presentate, secondo quanto riportato da «Il Cinema Italiano» di qualche giorno dopo, alcune altre prime sperimentazioni italiane[18].

Sabato 17 corrente, una felice iniziativa dell'instancabile animatore dell'Istituto Internazionale [Nazionale, *sic*] della Cinematografia Educativa [*LUCE*], Luciano De Feo, ha offerto a un ristretto e sceltissimo pubblico una serata di eccezionale interesse cinematografico e di elevato godimento estetico, con la presentazione, nella sala di Villa Torlonia, dell'edizione di un perfetto sonoro della *Metro Goldwyn-Mayer. Hollywood Revue* e dei primi *saggi sonori* editi dalla [*Cines*] *Pittaluga* [...]. Fra i presenti: S. E. [Giuseppe] Bottai, una larga rappresentanza della politica, dell'aristocrazia e della stampa romana, e del mondo cinematografico italiano ed estero [...]. Dopo la *cinerivista* [americana] sono stati presentati gli attesi primi *saggi sonori* editi dalla [*Cines*] *Pittaluga*. Di essi il primo è stato un plastico documentario riproducente il discorso del Duce agli Avanguardisti convenuti in Roma, e la festa di ginnastica allo Stadio. La riproduzione della poderosa voce del Duce, perfetta anche nelle sue caratteristiche sfumature, ha entusiasmato gli spettatori, che hanno salutata l'amata e suggestiva figura con un fervido applauso. È seguito un saggio musicale di arpe e piano concertato dalla maestra Caserini. Anche questa riproduzione sonora è stata molto favorevolmente accolta dagli uditori [...]. Per ultimo, è stato presentato *Ninna nanna delle dodici mamme*, cantato dall'autore [Odoardo] Spadaro, e cinematografato da Mario Almirante, e avente fra gli interpreti, oltre Spadaro, Isa Pola, Marcello Spada e Giorgio Bianchi. La riproduzione dei suoni, e la parte visiva sono apparse accurate [...]. Mario Almirante s'è lodevolmente preoccupato di allontanarsi quanto più possibile dal "teatro fotografato" [...]. Noi conosciamo le gravi difficoltà che la produzione sonora purtroppo presenta, specialmente per un'industria, come la nostra, che deve ricominciare [...] e non ha a disposizione le inesauribili risorse [...] offerte dal continente americano. [Ad ogni modo] questi primi saggi ci autorizzano ad attendere dalla [*Cines-*] *Pittaluga* le maggiori produzioni, di cui serenamente e cordialmente auspichiamo il successo.

Si tratta di anticipazioni, in attesa del grande evento dell'anno, l'inaugurazione ufficiale dei rinnovati stabilimenti della *Cines*, alla quale la stampa di allora dà ampio spazio e risonanza. Un evento che, svoltosi in data 23 maggio 1930, rappresenta l'autentico spartiacque del passaggio dal muto al sonoro nel cinema italiano.

Tra i numerosi articoli dedicati allo storico avvenimento[19], abbiamo qui scelto un brano tratto da «Il Cinema Italiano» di giugno, in cui si mette l'accento sulla riapertura dei teatri di posa, a venticinque anni di distanza dalla loro fondazione, alla presenza di circa 700 invitati. Seguono un secondo e un terzo brano appartenenti allo stesso numero de «Lo Spettacolo Italiano» di maggio. In essi sono trascritti fedelmente il discorso ufficiale di apertura di Stefano Pittaluga e quello di Giuseppe Bottai, allora Ministro delle Corporazioni. Un binomio politico e imprenditoriale, che chiaramente mette l'accento sulla rinascita cinematografica italiana sotto l'egida del regime fascista. Infine un quarto brano, che riprende e conclude quello tratto dal citato «Il Cinema Italiano»[20].

Venerdì 23 maggio alle ore 15.00 sono stati inaugurati ufficialmente gli stabilimenti *Cines Pittaluga* per la produzione cinematografica sonora, cantata e parlante. Come è noto gli stabilimenti [...] erano rimasti chiusi ed inoperosi per una lunga serie di anni. Difatti alcuni dei teatri che sorgono fuori la vetusta Porta di San Giovanni furono costruiti nel 1905 e si denominarono *Stabilimenti Cines*. Sono così venticinque anni che esistono questi teatri di posa la cui marca gloriosa li ha resi celebri ed apprezzati in tutto il mondo. Nell'anno delle loro nozze d'argento gli *Stabilimenti Cines*, completamente rimodernati ed attrezzati secondo i canoni e le nuove esigenze della moderna produzione cinematografica, riprendono il loro ritmo di lavoro per l'impulso della *Società Anonima [Stefano] Pittaluga*. Alla cerimonia inaugurale è intervenuto un pubblico foltissimo di invitati, circa 700 persone, fra cui ministri, spiccate autorità politiche del Partito Fascista, dell'arte, del giornalismo, del cinematografo ecc.

[Discorso di Pittaluga] Eccellenza, dopo lunghi anni di inattività gli stabilimenti della *Cines*, trasformati in conformità delle esigenze di una nuova industria [...] oggi riaprono alla vita ed al lavoro. La Vostra presenza qui, Eccellenza, è un segno indubitato dell'interesse che il Governo Fascista porta, a mezzo della Vostra persona, a questa branca di attività speciale ed eccezionale che unisce in una sintesi felice l'arte e l'industria, la fantasia e l'invenzione alla tecnica più difficile della fotografia del suono e della recitazione. Non è senza ragione che il nostro animo di produttori è pieno di viva e sicura speranza per vedervi qui, Voi che siete uno dei più giovani e più apprezzati collaboratori del Capo. Questa nuova industria ha bisogno di essere capita ed amata, e Voi possedete tutti i requisiti per capirla ed amarla, perché avete l'animo sensibilissimo ad ogni manifestazione d'arte e la mente pronta a comprendere l'importanza delle nuove applicazioni del cinema, quale potentissimo mezzo di propaganda della cultura, dell'arte e dello spirito della Nazione nel mondo. Accogliete quindi, Eccellenza, il nostro sincero e devoto saluto di benvenuto e l'espressione della nostra viva riconoscenza, per Voi personalmente, e per il Governo Fascista, che a mezzo dell'E. V. ha voluto onorare di una presenza questa festa del lavoro. Ci proponiamo di fare uscire per il mondo dagli stabilimenti della *Cines* delle opere che sappiano essere espressione della nuova Italia ossia di una Nazione che vuol vivere prosperare ed affermare di fronte a tutti le sue magnifiche possibilità che [...] oggi significano, per noi italiani, possesso di una squisita sensibilità artistica, di fermezza d'animo e coscienza del valore della nostra razza [...]. Un misurato programma di azione segue allo sforzo compiuto dalla Società che ho l'onore di dirigere, per dotare Roma di un modernissimo impianto di teatri sonori e cinematografici, che nulla ha da invidiare ai migliori impianti del genere in Europa. Poniamo oggi mano alla realizzazione del nostro programma di lavoro della stagione [1930-1931] nel quale abbiamo deciso di mettere in prima linea tre pellicole dedicate alle forze armate d'Italia: *Monte Grappa*, pagina immortale di gloria e di eroismo del nostro Esercito; *Falchi armati*, riproduzione alata, creata per fare apprezzare la forma agile e pronta delle armi italiane del cielo; *Navi*, soggetto che illuminerà di tutto il suo splendore l'opera del Fante del mare. Non potevamo, poi, non tenere nel debito conto il ricco patrimonio vocale e musicale del nostro bel Paese, perciò è stata nostra cura fermare la nostra attenzione su alcuni soggetti lirici (tre per il momento) adatti per lo schermo. E ci auguriamo che la realizzazione degli stessi dia quei risultati che tutti auspichiamo. Sei soggetti ad intreccio completeranno le fatiche che vogliamo portare a termine nel più breve tempo. Di questi già due si trovano in lavorazione e molti avranno le loro versioni in lingue straniere e ne affideremo la direzione artistica ai migliori nostri direttori, e a quei direttori stranieri che la necessità spinge a chiamare in Italia, essendo essenziale non perdere di vista che sarebbe un errore far parlare in lingua estera se non attori del nostro Paese; né sarebbe savio, in un primo momento, non fare dirigere gli attori esteri da direttori che non siano dello stesso loro Paese [...]. Come vedete, Eccellenza, alle parole abbiamo preferito i fatti e ci siamo messi a lavorare con coraggio e con fede, pure tra mille diffidenze e avversità, sicuri che il nostro sforzo sarebbe stato apprezzato da chi ha la responsabilità della direzione del Paese. Siamo certi che il

Governo Fascista aiuterà la cinematografia. Questa industria, difficile e rischiosa, ha bisogno di simpatia, di ottimismo e di aiuti morali e materiali. Voi ci avete promesso, Eccellenza, che la cinematografia italiana avrà il suo assetto quanto prima. L'Associazione sindacale, cui è affidata la tutela dei nostri interessi nella compagine dello Stato corporativo, creato dal Duce e da Voi, tenace costruttore, realizzato sotto la Sua guida, porterà a Voi, Eccellenza, l'espressione dei nostri bisogni immediati e delle nostre esigenze. Voi saprete certamente ridonare all'Italia i mezzi per riprendere nel mondo il suo posto, in questa meravigliosa arte, in questa industria satura di difficoltà.

[Discorso di Bottai] L'attività cinematografica interessa nello stesso tempo l'ordine artistico, l'ordine economico e l'ordine politico della Nazione verso manifestazioni destinate a portarne nel mondo la risonanza. Per questo io sono qui, nel vostro stabilimento, a testimoniare l'interesse vivo del Governo Nazionale per questa branca così interessante, così difficile e così importante dell'attività industriale ed artistica del Paese. In questi giorni si discute moltissimo intorno alla cosiddetta rinascita del cinematografo: per molti, quest'espressione è puramente retorica, per altri è una semplice nostalgia, per alcuni, per fortuna, è proposito fermo di operare perché la rinascita veramente avvenga [...]. Il cinematografo italiano e [...] la classe dirigente, pur non potendo esimere il Governo dal suo dovere di cooperare a questa rinascita, [potrà] precisare i limiti sicuri entro cui l'azione del Governo deve contenersi e si conterrà. Molti vi sono in ogni settore dell'industria, ma particolarmente in questa, che attendono dal Governo i colpi miracolosi della bacchetta magica, ma anche in questo campo il Governo non potrà che segnare le vie d'incoraggiamento, che dare dei grandi orientamenti generali, non potrà che assistere nel campo della cinematografia le iniziative che intendono estrinsecarsi e quanti si accingono a lavorare. Io ho pronto un piano di previdenze, un piano di norme che varrà, lo spero, sul terreno politico, sul terreno economico, sul terreno finanziario, a preparare alla cinematografia italiana una facile produzione; ma nel complesso di queste norme, nel complesso di questi provvedimenti, nel quadro, cioè, di ciò che sta per fare lo Stato, occorre che i singoli, occorre che i capitani dell'industria concorrano e la classe dirigente della cinematografia italiana si muova con ferma volontà e con sicura energia. Noi attendiamo, soprattutto in nome del nostro Capo, del Duce del Fascismo, che gli uomini del cinematografo italiano, vecchi e nuovi, diano all'Italia anche in questo campo una nuova industria.

Si è quindi iniziata la visita agli stabilimenti della nuova *Cines*, visita oltre ogni dire interessante e varia. Furono attentamente visitati i tre grandi teatri destinati alla produzione: il teatro n. 1, il teatro n. 2 alla produzione sonora cantata e parlante, il teatro n. 3 alla produzione muta. La visita ai teatri riuscì tanto più interessante in quanto ferveva in ognuno di essi la lavorazione alla quale i presenti si dimostrarono particolarmente attratti. Subito dopo la visita ai teatri, il Ministro e gli invitati passarono a visitare tutti i reparti relativi alla lavorazione, la sala di *sincronizzazione*, gli impianti elettrici, i ristoratori destinati agli operai e alle comparse, la falegnameria, l'atelier dei pittori e scenografi, l'officina meccanica, la centrale elettrica, la sala delle macchine per l'aerazione, il riscaldamento ed il raffreddamento dei teatri, ed ovunque è stato predisposto tutto quanto può occorrere alla perfetta riuscita dei *films* della nuova marca italiana. Il compiacimento dei visitatori fu generale e venne espresso al commendator [Stefano] Pittaluga e ai Direttori che lo accompagnavano con vivo e sincero entusiasmo. Durante la visita continuò a funzionare nella sala di *sincronizzazione* la proiezione per l'audizione continuativa dei saggi delle prime tre pellicole sonore già editate dalla *Cines*. Il pubblico [...] che assistette a queste visioni ha confermato pienamente il giudizio già espresso dalle personalità di Villa Torlonia e sottolineò con particolari e vivi applausi il film *sincronizzato* del *Campeggio Dux* [o *Visita del Duce al campo Dux*] e quello della *Ninna nanna delle dodici* [o *12] mamme* realizzato dall'artista [Odoardo] Spadaro. Anche il film *Arpe* [o *Concerto per 12 arpe e 2 pianoforti*] fu assai gustato e applaudito. A visita compiuta e cioè alle ore 18.00, le autorità ed il pubblico lasciavano gli stabilimenti *Cines* non senza aver espresso al commendator Pittaluga i più vivi elogi per la coraggiosa e imponente opera compiuta, accompagnandoli con i più fervidi auguri di successo.

Sul complesso legame tra fascismo e cinema italiano ben altri hanno a lungo disquisito[21], ma è interessante qui soffermarsi sulla programmazione produttiva, a cui Pittaluga velocemente accenna nel suo discorso inaugurale, nonché sull'architettura dei nuovi teatri di posa. Su questi aspetti si leggano alcuni brani – il primo di Umberto Paradisi – relativi ai tre stabilimenti della *Cines* attrezzati e adibiti contemporaneamente per il muto e per il sonoro. Pezzi pubblicati, tra il mese di giugno e quello di agosto del 1930, rispettivamente su «Cine-Gazzettino», «Rivista Italiana di Cinetecnica» e «Cinema-Teatro»[22].

È un vasto, lindo e ridente paese quello che ci accoglie lungo i viali verdeggianti, le aiuole in fiore nell'intrico dei suoi caseggiati biancheggianti al sole. Dominatori del luogo: tre edifici che a tutta prima si potrebbero scambiare [...] per una elegante palazzina privata [...] per un silos e [...] per una grande ansa, se una tacitiana iscrizione esterna non avvertisse che si tratta di tre templi destinati alla lavorazione del film italiano in piena rinascita ed efficienza: Teatro sonoro n. 1 – Teatro sonoro n. 2 – Teatro muto e di fortuna n. 3.

Abbiamo avuto occasione di fare una lunga, minuziosa visita ai nuovi *Stabilimenti Cines*, in parte sorti e in parte ripristinati su quelli della vecchia *Cines*, fuori Porta San Giovanni, a Roma [...]. Lo sforzo dei dirigenti per avere un complesso organico e perfettamente corredato è evidente [...]. L'ubicazione non troppo felice degli stabilimenti – in mezzo a un quartiere popolato e movimentato – ha richiesto un notevolissimo lavoro di isolamento dei teatri sonori, che, come si sa, sono due. Questo isolamento a doppia parete di *cellotex* con doppia intercapedine risponde alle esigenze tecnico-acustiche, ed è completato da pesantissime tende superiori di morbido feltro assorbente. Il grande teatro di presa muta preesistente è stato convenientemente modificato sostituendo i vetri con lastre di *eternit*, ottenendo così un teatro perfettamente adatto per i moderni sistemi di illuminazione. L'energia complessiva a disposizione dei tre teatri è [...] ottenuta da gruppi trasformatori che erogano [...] ad una tensione di 110 V [...]. Il teatro muto è largamente fornito di lampade a incandescenza, quelli sonori hanno completamente eliminato le lampade ad arco: i pochissimi elementi di quest'ultimo tipo, benché muniti di dispositivo silenziatore, non sono quasi mai usati, perché spesso e volentieri producono rumori disturbanti [...]. Il sistema di ripresa acustica adottato [...] è [...] quello *RCA-Photophone* [...]. Ogni impianto di ripresa acustica dispone di sei microfoni, la cui diversa disposizione sulla scena e la cui regolazione volumetrica fatta dal *monitor-room* permette [...] di regolare gli effetti secondo i dettami della teoria e della pratica [...]. Ci sembra utile rammentare che il teatro di posa [...] deve esser sordo, laddove la scena costruita in teatro deve presentare una certa quantità di risonanza, per ottener la quale si aggiungono talvolta pareti di riflessione acustica [...]. I teatri sono forniti di ogni mezzo, locale, od accessorio atto a completare tutti i servizi [...] per il controllo, ottico ed acustico, delle pellicole.

Gli *Stabilimenti Cines* sono composti di tre teatri indipendenti l'uno dall'altro. I due teatri sonori hanno dimensioni quasi identiche, e cioè, metri 30x18; il teatro muto metri 65x30. I due teatri sonori sono costruiti in modo da essere rispondenti allo scopo dell'eliminazione dei rumori esterni, e cioè con pareti di masonite e feltro, con tendaggi e camera d'aria [...]. Il teatro muto è costruito in ferro e ricoperto in lastre di *eternit* [...]. Ogni teatro è composto degli uffici per i servizi tecnici ed artistici, di camerini per attrici ed attori, per generici e per comparse, e può funzionare autonomamente, essendo corredato di tutta l'attrezzatura per la lavorazione di una compagnia [...]. Annessa al teatro n. 1 esiste una palazzina comprendente gli uffici di contabilità e cassa, le camere per il montaggio dei *films*, i depositi di pellicole e delle macchine da presa ed una sala per i provini [...]. Annessi al teatro n. 2 si trovano gli uffici della direzione, dei capi [dei] servizi amministrativo, artistico, tecnico e commerciale, della segreteria, con sale di aspetto (o meglio di attesa), ed una sala di proiezione muta. Ogni teatro possiede un ufficio per il segretario di compagnia, dove vengono eseguiti i pagamenti giornalieri al personale fluttuante. I reparti vestiario, magazzino [...] fanno parte di un edificio staccato, e così pure si trova in ambiente a parte l'attrezzeria. In un ampio modernissimo caseggiato a due piani sono contenuti i reparti pittori, decoratori e stuccatori e la sala di conversione elettrica e dei trasformatori. Il teatro n. 3 può comodamente contenere gli ambienti e le scene mute per due ed anche tre compagnie [...]. Due altri grandi fabbricati sono stati apprestati e forniti del più moderno macchinario per le officine meccanica ed elettrica, per la falegnameria e per il deposito dei mobili. Questi reparti, oltreché per le riparazioni dei materiali vari occorrenti alla lavorazione, costruiscono originalmente accessori, lampade, mobili e tutto quanto può occorrere [...]. Ampi giardini e piazzali circondano i teatri ed i vari edifici in modo da poter servire oltre che per eleganza di esteriorità, anche per costruire scene all'aperto [...]. Dato il carattere speciale dei teatri sonori, si è resa necessaria la costruzione di una palazzina dove a mezzo di congegni elettrici vengono riscaldati, raffreddati e ventilati i teatri stessi [...] La ditta è fornita di 30 apparecchi presa vedute, dei quali 15 sono della ditta *Bell & Hovell*, la più parte di nuovo tipo silenzioso. Gli apparecchi sono forniti dell'ottica più moderna (obiettivi Cooke F. 2 e Astro) e dei nuovi Zeiss [...] e di tutti gli accessori più al corrente con la tecnica di oggi [...] Ogni teatro è fornito di una dotazione di cabine a-sonore e di carrelli con rotaie e su pneumatici. I carrelli sono forniti di piedi a colonna con montature meccaniche e con avanzamento a motori elettrici. Vi sono inoltre carrelli aerei e una gru elettrica per poter effettuare delle prese vedute [...]. Gli equipaggiamenti sonori usati negli stabilimenti *Cines* sono forniti dalla Radio Corporation of America (*RCA-Photophone*) di New York che ha inviato i tipi più moderni e perfezionati. Il metodo di presa usato è quello della traccia sonora di larghezza variabile (sistema trasversale).

Sulla programmazione della neo-nata società è possibile poi raccogliere qualche informazione in più da «Il Cinema Italiano» del 1° giugno 1930. Quel che si apprende anzitutto è che alcuni celebri autori (Gennaro Righelli, Alessandro Blasetti, Mario Almirante, Anton Giulio Bragaglia, Carlo Campogalliani) e interpreti (Isa Pola, Dria Paola, Lya Franca, Daniele Crespi, Elio Steiner), scritturati dalla ditta romana, sono al lavoro per pellicole ormai lontane dalle prime sperimentazioni elencate da Pittaluga nel discorso inaugurale. Ecco allora che, alla «trilogia dei *films* italici», alla quale accennava l'imprenditore genovese, e alla annunciata «trilogia lirica», costituita da *La cantante dell'opera*, *Ave Maria* e *Figlia di Re*, probabilmente mai realizzata[23], si affiancano o sostituiscono *Napoli che canta* di Mario Almirante, *Resurrectio* di Alessandro Blasetti e *La canzone dell'amore* di Gennaro Righelli (il cui titolo provvisorio originario era *Il silenzio*). Per queste pellicole, in produzione negli anni 1930-1931, la transizione dal muto al sonoro comporta ripercussioni tecniche ed estetiche, che approfondiremo in dettaglio nell'ultimo capitolo di analisi testuali[24].

*Napoli che canta*, film già fatto precedentemente, portato poi alla *Cines*, trasformato in diverse scene e *sincronizzato* con le migliori musiche napoletane. Direttore di scena Mario Almirante [...]. Film questo già pronto e quasi completamente ultimato nella *sincronizzazione* [...]. *Resurrectio*, soggetto e messa in scena di Alessandro Blasetti [...]. Film questo già in corso di lavorazione, completamente sonoro, parlato e cantato, senza titoli, accompagnamento orchestrale curato nei minimi particolari e specialmente basato su musiche di Amedeo Escobar [...]. *Il silenzio*, film tratto da una novella di Luigi Pirandello, la cui messa in scena è affidata a Gennaro Righelli [...]. Di questo soggetto i visitatori durante l'inaugurazione degli stabilimenti hanno visto due scene già montate nei teatri. Anche questo film sarà girato completamente cantato e parlante, sonoro senza titoli e sarà il *primo film sonoro* eseguito in Italia in lingua straniera. A parte le altre versioni per le quali gli *Stabilimenti Cines* decideranno in seguito, è stata per ora fissata quella francese [...] al signor Jean Cassagne.

Interessanti e rilevanti sono poi le notizie che seguono, relative al programma multilingue delle *pluriversioni* che la *Cines* di Pittaluga sembra intenzionata a realizzare, almeno sulla carta.

In particolare, riguardo ad uno dei film della trilogia lirica, ovvero *Ave Maria*, si apprende che se ne vogliono realizzare cinque versioni, di cui: una in italiano e due di lingua straniera; una muta e pertanto idonea alla distribuzione che ha sale sprovviste di impianti di riproduzione sonora; una cosiddetta internazionale o altrimenti definita *sonorizzata* e *sincronizzata*, grazie all'eliminazione dei dialoghi e all'introduzione della musica e dei rumori[25].

Prendendo [...] il film *Ave Maria*, questo sarà eseguito nelle seguenti versioni: 1) versione italiana con troupe italiana, parlata e cantata sonora, per il mercato italiano e senza titoli; 2) versione francese con troupe francese, parlata e cantata e sonora, senza titoli, per i paesi di lingua francese; 3) versione tedesca con troupe tedesca, parlata, cantata e sonora, senza titoli, per i paesi di lingua tedesca; 4) versione internazionale *sincronizzata* con effetti musicali e sonori, senza dialoghi, per tutti i paesi; 5) versione muta con titoli per tutto il mondo, cioè per i locali non ancora attrezzati a proiettare *films sonori*.

In generale, nonostante alcune vicissitudini – tra cui una trilogia "armata", anch'essa annunciata ma mai realizzata, nonché la celebre disputa tra Blasetti e Righelli riguardo al *primo film sonoro italiano*, su cui torneremo più avanti – il bilancio del primo anno di attività della *Cines-Pittaluga* si chiude in attivo. Molti sono gli obiettivi prefissati e raggiunti, e numerose le prove affrontate e superate. L'esito, che ha il sapore della riscossa produttiva per la cinematografia italiana, è certificato dalle cifre. Solo nel biennio 1931-1932, ad esempio, ben 10 pellicole su 12 e 12 su 13, vengono distribuite con il marchio *SASP*[26].

Non avremmo certo immaginato all'inizio del 1930, quando esaminavamo il quadro generale della situazione cinematografica, che avremmo potuto compilare la chiusura del bilancio annuale parlando di nuova *produzione italiana*. Eppure è proprio questo il miracolo compiutosi nell'anno che sta per finire, in questo laborioso 1930 che, assai, legittimamente, può considerarsi nella storia cinematografica nazionale come l'anno della riscossa. A circa due anni di distanza, da quando il primo *fonofilm* diffuse [...] la sua voce per il mondo, possiamo trattare di *films* italiani [...]. Ciò dimostra che la produzione italiana non è stata un fatto transitorio determinato da una particolare contingenza, ma è una realtà in piena efficienza, ed in continua evoluzione verso forme sempre più alte di progresso. È vero l'attività odierna [...] è opera d'una *sola* casa, la *Cines-Pittaluga*, e non esplicazione di molteplici energie nazionali. Ma non è men vero che si tratta di una potente organizzazione profondamente ed esclusivamente italiana, la quale ha sempre informato la propria attività al patriottico programma di far risorgere l'industria cinematografica nazionale. La nuova produzione italiana è quindi la vera iniziatrice d'una nuova radiosa era cinematografica.

Il florido presente, così come il futuro della Cines è segnato dai titoli sotto elencati – e da noi alcuni più avanti esaminati – in modo alquanto sintetico, ma indicativo, in uno dei primi numeri del 1931 de «Il Cinema Italiano»[27].

Alla fine del 1930 e nell'imminenza di concretare il programma di lavoro per il 1931, riassumiamo brevemente l'attività svolta dalla Cines in poco più di otto mesi di lavorazione. Oltre la *sonorizzazione* di *Napoli che canta*, ha prodotto dieci *films* a lungometraggio, quindici *shorts*, quattro numeri di *Rivista Cines* e cinque attualità. Dei lungometraggi due sono stati presentati al pubblico: *La canzone dell'amore* (realizzato da Gennaro Righelli) e *Nerone* (con Ettore Petrolini, realizzato da [Alessandro] Blasetti) [...]. Un terzo film, interamente *parlante*, *Corte d'Assise*, realizzato da Guido Brignone, è in programmazione in questi giorni nei principali cinematografi italiani. Saranno successivamente presentati *Medico per forza* con Petrolini, realizzato da [Carlo] Campogalliani, *Resurrectio* di [...] Blasetti, *Terra madre* [dello stesso] *La stella del cinema* inscenata da [Mario] Almirante, *Rassegna del teatro* pure inscenata da Almirante, mentre sono ancora in corso di realizzazione *Rubacuori* [...] di Guido Brignone, e *La scala* di Rosso di San Secondo [...] messa in scena di [...] Righelli. Dei quindici *shorts* tre sono di proporzioni che vanno al di là di un semplice completamento di programma: *Il cortile* [...] interpretato da Petrolini; *Le dodici mamme* ispirato dalla famosa *Ninna nanna* di [Odoardo] Spadaro e interpretato dallo stesso Spadaro, *Le canzoni attraverso i tempi* sintesi dell'evoluzione musicale della canzone nella pittoresca cornice dei vari secoli [...]. Tre *shorts*, e precisamente: *Preghiera del Mosé*, *Pastorale*, *Marcia trionfale*, appartengono alla serie *Concerti per arpe* e gli altri alla serie *Musiche e visioni* diretta da Mario Almirante: *Fantasie di bambole*, *Donne alla fonte*, *Notturno di Chopin*, *Gatti innamorati*, *Arietta antica*, *Voci di fontane*, *Fantasie Tzigane*, *Cori e canti ungheresi* e *Canti di Romagna*. L'attività della Cines [-Pittaluga] è stata completata da quattro numeri della *Rivista Cines*, che ha subito incontrato il più fervido consenso del pubblico e da cinque attualità sonore: *Campo Dux*, *Giornata dell'Ala*, *Il Duce a Villa Glori*, *XII Annuale della Vittoria*, *Crociera aerea Italia-Brasile*.

Ma, nonostante i progetti e le ambizioni, il sogno di gloria della Cines e del suo fondatore tramonta in fretta, interrotto dalla prematura scomparsa di Pittaluga, a soli 44 anni, che avviene, come già detto, a Roma nell'aprile del 1931. Ne riportiamo una cronaca da «Cine-Gazzettino»[28].

Il 5 del corrente aprile, in Roma, ove abitualmente risiedeva animando la *Cines* risorta per la sua volontà, il grand'ufficiale Stefano Pittaluga decedeva alle complicazioni sopravvenute dopo una operazione chirurgica subita poco tempo fa. Non aveva che 44 anni. Era giovane, giovanissimo per età e soprattutto per spirito, per energia, per intelligenza e soprattutto per la formidabile tenacia, per l'insonne impulso di iniziativa che si identificava con quello del maggior centro cinematografico d'Italia e fra i maggiori del mondo intero. Quello che ha fatto Pittaluga è in parte noto [...]. Quando rovinavano melanconicamente gli ultimi baluardi del cinema italiano, quando si demolivano i teatri e i nostri migliori attori emigravano all'estero, parve che la nostra industria e la nostra arte, un tempo le prime fra tutte, si perdessero nell'oblio. Fu allora che Pittaluga con sagacia, energia e intelletto senza pari si affermò nel campo industriale. Di vedute vaste, di coraggio raro non temé rischi e critiche e riuscì a condurre in Italia la maggiore produzione mondiale.

La morte del "ligure" è, come testimonia il necrologio riportato, un grave lutto che investe l'intera cinematografia italiana di allora, senza per questo funestarne subito la rinascita. Anzi, nelle due stagioni cinematografiche successive, quelle del 1931 e del 1932, l'andamento produttivo prosegue lungo una linea di positiva crescita sia quantitativa sia qualitativa. Basti solo pensare che nel 1931 vengono proiettati sugli schermi italiani titoli significativi come: *Corte d'Assise* di Guido Brignone; *Il medico per forza* e *Cortile* di Carlo Campogalliani; *Terra madre* e *Resurrectio* di Alessandro Blasetti; *La scala* e *Patatrac* di Gennaro Righelli; *La stella del cinema* di Mario Almirante; *Figaro e la sua gran giornata* di Mario Camerini e *La segretaria privata* di Goffredo Alessandrini. Oppure basti rammentare che tra i titoli del 1932 ci sono *Gli uomini, che mascalzoni...* di Mario Camerini e *La tavola dei poveri* di Alessandro Blasetti, due pellicole di grande bellezza, raffinatezza e importanza.

Scomparso Pittaluga, il testimone passa nelle mani di Emilio Cecchi che, nominato alla direzione artistica della *Cines*, preserva solo parzialmente l'eredità del suo predecessore, dal quale si distanzia soprattutto per assecondare la propria personale vocazione letteraria. Ma questa è un'altra storia[29].

## Le sale cinematografiche italiane si rinnovano

Se è vero che Pittaluga, prima ancora di divenire produttore, è noleggiatore e distributore, presumibilmente si occupa, all'epoca della neo avventura imprenditoriale della *Cines*, anche delle sale cinematografiche dislocate su territorio italiano che ritiene opportuno ristrutturare e rendere idonee al sonoro. Locali perlopiù invasi dalle pellicole americane.

Come abbiamo già avuto modo di dire, la "guerra dei brevetti" si consuma, in fase di transizione, soprattutto tra Germania e America che, nel dividersi il mercato cinematografico, ricoprono, l'una, il fabbisogno del vecchio continente, l'altra, quello del nuovo. Alcune aree rimangono neutrali, tra queste l'Italia, dove la concorrenza rimane aperta e senza regolamentazione. Su circa 2.000-3.000 sale dislocate su territorio nazionale, solo 200-300 si avviano al lento, quanto radicale, ammodernamento sonoro, per il quale, pur potendo contare su impianti di fabbricazione interna di ditte come la *Cinemeccanica*, la *Prevost*, l'*Eufon*, la *Pio Pion* ecc., si ricorre soprattutto ad apparecchi di fabbricazione statunitense[30].

Di fronte alla novità sonora, gli esercenti nostrani vivono un comprensibile disorientamento, di cui si legge su «La Cinematografia» del giugno del 1930[31].

Per accrescere il disagio dell'industria cinematografica è arrivato ultimo il *film sonoro* [...]. Tutti i cinematografisti si trovano in un disagio indescrivibile. Ma ci vuole calma, soprattutto accordarsi attraverso i competenti sindacati per stabilire un piano unico per risolvere il nuovo problema che si presenta. E perciò tutti gli interessati devono far proprio il seguente ordine del giorno dei cinematografisti romani: «Gli esercenti dei cinema romani, di fronte alla grave situazione creata dagli esperimenti per il *film sonoro*, si impegnano di attendere che il costo degli apparecchi di riproduzione scenda a prezzi più ragionevoli e a non acquistare apparecchi che limitino in qualunque modo la rappresentazione dei *films sonori* in qualunque nazione prodotti.

Gli esercenti italiani magari si abituano in fretta all'idea di dover attrezzare le loro sale con nuovi apparecchi di riproduzione sonora, ma si augurano anche che ciò avvenga in modo indolore: a prezzi bassi e competitivi, in collaborazione con l'America ecc. Questo è in sintesi quel che si evince da alcuni articoli, precedenti a quello sopra citato, e pubblicati nel secondo semestre del 1929 su «Il Cinema Italiano» e su «L'Eco del Cinema». Se infatti il primo affronta il tema dell'*intercambiabilità* italo-hollywoodiana, quale garanzia di adozione a basso costo degli apparecchi americani, il secondo rende nota l'intenzione della *Western Eletric* di aprire uffici e filiali lungo lo stivale, al fine di ottimizzare gli affari (dalla vendita degli impianti all'assistenza degli esercenti). Tutto questo mentre i tecnici italiani esprimono la chiara quanto flebile intenzione – sempre su «Il Cinema Italiano» (per il primo e il terzo brano sotto riportato) e «L'Eco del Cinema» (per il secondo) del '29, nonché su «Kines» (per il terzo e ultimo) del '30 – di affrancarsi dai colleghi d'oltreoceano, brevettando e mettendo in cantiere strumentazioni quanto più possibile nazionali, efficienti e concorrenziali[32].

Avevamo avuto notizia che le maggiori editrici americane nell'intento di appagare le insistenti richieste degli esercenti dei cinema italiani, i quali per la potenzialità e la capacità dei loro locali non potranno procedere all'acquisto dei grandi impianti *Western* [*Eletric*] e [*RCA-Photophone*] per la riproduzione dei suoni dei *films sonori* e *parlanti*, avevano accettato il principio della *intercambiabilità* [...] e deciso di concedere il passaggio delle produzioni americane in tutti gli apparecchi, ovunque prodotti.

La *Western Eletric Company of Italy* ha il piacere di informare tutti i proprietari e impresari di cinematografi che per poter dar corso alle continue e crescenti richieste di apparecchi *Western Eletric* di proiezione sonora e poter fornire tutta l'assistenza necessaria a coloro che intendessero installare detti apparecchi nei loro cinematografi, e per mantenere l'attuale alto grado di efficienza degli impianti già installati, ha ritenuto opportuno di aprire degli uffici a Milano. Altri uffici verranno aperti prossimamente anche a Roma.

Nella Casa del Cinematografo si sono riuniti gli esercenti romani per prendere gli accordi per la costruzione di un apparecchio sincronizzatore e riproduttore dei suoni, brevettato da Luigi Topi fin dall'anno 1906. Si tratta, in sintesi, di un sistema tanto semplice e pratico che promette di superare le manchevolezze riscontrate negli apparecchi esteri fino ad oggi posti in commercio, limitando la spesa di costruzione ad alcune migliaia di lire appena.

Nella tornata del Consiglio Generale della Federazione dello Spettacolo il [...] Presidente [...] ha detto, a proposito degli apparecchi sonori di fabbricazione italiana che è lietissimo di poter prendere atto e dichiarare che le case italiane fabbricanti di apparecchi di proiezione sonora si sono tutte indistintamente mostrate all'altezza del proprio compito, apprestando per gli esercenti italiani delle macchine sonore ottime [...] ed eccellenti.

Di fatto, mentre si consuma la guerra dei brevetti – per la quale rimandiamo a recenti e approfonditi studi e catalogazioni, tra i quali soprattutto quelli di Alberto Friedemann e Chiara Caranti, Giulia Carluccio, Michele Canosa e Federica Villa[33] – ecco che, parallelamente, la rivoluzione tecnologica ha luogo attraverso il rinnovamento e la trasformazione delle sale cinematografiche italiane. Un censimento su scala nazionale delle sale, relativo al 1929, viene pubblicato nell'estate del 1930 su «La Rivista Cinematografica». Mentre è in autunno che il quotidiano romano «Il Tevere» menziona il progetto di ristrutturazione e adeguamento commerciale al sonoro imposto allora all'esercizio cinematografico nazionale[34].

Sullo stato dei cinematografi italiani e sulla loro attività vengono comunicate dall'Agenzia di Roma le seguenti notizie. Premettiamo [...] che esse si riferiscono all'agosto 1929, alla quale data risalgono gli ultimi rilievi compiuti per tutta Italia [...] ma si può ritenere che da allora ad oggi non siano avvenute notevoli variazioni nel quadro dei vari indici. Risulta [...] che i cinematografi in Italia sono complessivamente 3.180 dei quali 674 giornalieri e 2.506 saltuari. Le Regioni più popolate di cinematografi sono la Lombardia con 590 locali, il Piemonte con 407, il Veneto con 308, l'Emilia [Romagna] con 296, la Toscana con 288, la Sicilia con 225. Le Regioni con il più basso numero di cinematografi sono la Basilicata con 21, l'Umbria con 26, gli Abruzzi con 47, la Venezia Tridentina con 50, la Sardegna con 54, le Calabrie con 59.

A capo di un biennio [la] trasformazione [delle sale] dev'essere completa. In caso contrario i proprietari dei locali che non si saranno adoprati alla travolgente riforma, dovranno ridurre non solo la portata, ma il numero delle loro programmazioni mute o dovranno senz'altra remora rinunziare alla gestione del loro locale, perché senza programmi. Questa non è soltanto la situazione italiana, ma è la situazione mondiale. Nessuna nazione ha resistito all'influenza del *fonofilm*.

E proviamo allora qui a tracciare una mappa dell'esercizio cinematografico nazionale che si sottopone, tra il 1929 e il 1932, a un ampio processo di ammodernamento ed equipaggiamento. Cercheremo, laddove possibile, di confrontare dati e informazioni estrapolati dai periodici d'epoca con alcune pubblicazioni recenti dedicate all'architettura dei cinema italiani del passato, curate da Saverio Salamino e Susanna Caccia[35].
A partire dall'autunno del 1929, si inaugurano, tra gli altri, in capoluoghi di regione come Torino, Roma e Napoli, rispettivamente il *Cinema Royal*, il *Cinema Capranica* e il *Cinema Teatro Augusteo*, nelle date del 27 settembre, 29 ottobre e 8 novembre. Le prime due vengono riaperte dopo essere state acusticamente equipaggiate. La terza nasce invece *ex-novo* su commissione della *SASP* e della *Società Anonima Funicolare Centrale*. La sua costruzione, affidata all'impresa romana Nervi & Nebbiosi, inizia nel '26 e termina nel '29[36]. Elegantemente ristrutturate, ma soprattutto dotate di nuovi impianti sonori di marca americana *Western Eletric*, di esse si legge su «La Rivista Cinematografica» e su «Il Cinema Italiano»[37].

Il 27 settembre si è riaperto a Torino l'elegante *Cinema Royal* ch'era stato temporaneamente chiuso per l'installazione degli apparecchi *Western Eletric*, allo scopo di potervi proiettare i *films sonori* [...]. È questa una nuova benemerenza della [*Società*] Anonima [*Stefano*] Pittaluga, la quale fornendo dei preziosi apparecchi anche questo locale di seconda visione, mette in grado tutti i ceti della cittadinanza [...] di poter apprezzare la nuova forma di cinematografo.

L'uso ormai invalso di unire alla visione dei *films* il programma di varietà, e recentemente l'introduzione della pellicola sonora e parlante con la esclusione dell'orchestra da molti cinema della capitale, ovunque lamentata, hanno indotto [...] a dare un nuovo assetto al teatro per renderlo più rispondente alle progredite esigenze. Così sotto la sapiente direzione del giovane [...] ingegner Santi, ecco adattato un nuovo ed elegantissimo ambiente [...]. Ecco il [*Cinema*] *Capranica* all'inizio di un nuovo periodo di vita. *Films* muti, *films sonori*, [*films*] *parlanti*, spettacoli di varietà, concerti: tutto vedremo tra pochi giorni al [*Cinema*] *Capranica* che oggi si è arricchito di un palcoscenico con relativo ampio boccascena di stile classico, munito di cupola [...] e di perfezionatissimi impianti di luce a comando automatico [...]. A questo aggiungasi l'adattamento del più recente perfezionato impianto della *Western Eletric* pervenuto da New York insieme ai tecnici della grande compagnia che han lavorato giorno e notte per montarlo ed ottenerne la perfezione dei suoni.

Gl'inestimabili meriti che la [*Società*] *Anonima* [*Stefano*] *Pittaluga* si è acquistata nel campo dell'arte cinematografica hanno trovato nuova e solenne attestazione a Napoli: il giorno 8 di novembre del corrente anno [si è svolta] l'inaugurazione del grandioso *Cinema Teatro Augusteo* [...]. L'*Augusteo* è opera magnifica che Napoli [...] si dichiara orgogliosa di possedere [...]. I criteri che hanno ispirato la costruzione del meraviglioso locale rispondono alle più moderne esigenze tecniche ed al più raffinato gusto artistico: solo varcandone la soglia si riceve la sensazione esatta del poderoso sforzo compiuto per creare un'autentica opera d'arte che per grandiosità, lusso, bellezza ed eccezionalità di *comfort* possa gareggiare con le maggiori sale cinematografiche non solo d'Italia, ma altresì d'Europa e d'America [...]. Per dare un'idea delle colossali dimensioni dell'*Augusteo* basterà dire ch'esso è capace di oltre tremila posti, dispone di quattro ordini di palchi; e possiamo [...] aggiungere che tutte le risorse più moderne sono state utilizzate per renderlo massimamente comodo e perfettamente attrezzato: scala mobile [...], ascensori [...], impianti di aerazione e riscaldamento [...], schermo mobile [...]. La *Western Eletric* di New York ha provveduto a fornire i suoi più recenti e perfetti impianti per *films sonori* e *parlanti*, identici a quelli installati nei massimi locali europei e americani.

In comune le tre sale hanno, come abbiamo già visto, tutti gli apparecchi di riproduzione sonora di fabbricazione americana *Western Eletric*. Diversamente, al *Cinema Modernissimo* di Terni, anch'esso rinnovato alla fine del 1929, ci si avvale – secondo quanto riportato in un articolo di «Kines» di novembre, dedicato alla proiezione del film *Trafalgar* (1929) di Frank Lloyd – di impianti francesi *Gaumont* che, allestiti dalla commissionaria e romana *Società Anonima Ideal*, si avvalgono del sistema *Synchrophone Gaumont*, quale garanzia di una buona *sincronizzazione* ritmica di dischi e pellicola[38].

Al *Cinema Modernissimo* di Terni è stato inaugurato l'impianto per la proiezione di *films sonori*, eseguito dalla *Società Anonima Ideal* di Roma [...]. L'impianto [è] il primo eseguito in Italia con gli apparecchi *Gaumont* di recentissima produzione [e] ha come parte fondamentale il *Synchrophone Gaumont*, un apparecchio cioè che permette la proiezione sincronica di qualunque *film sonoro* e *parlante* a dischi del sistema conosciuto sotto il nome generico di *Vitaphone*. Il *Synchrophone Gaumont* è basato sul principio della regolazione automatica e costante delle velocità rispettive del disco e della pellicola, secondo il rapporto stabilito alla ripresa del film. [...]. Gli apparecchi sono relativamente molto semplici, di ingombro limitatissimo e possono essere applicati a qualunque macchina di proiezione già esistente, purché in buone condizioni di funzionamento. L'installazione degli apparecchi richiede un tempo minimo. Al *Cinema Modernissimo* di Terni esso è stato completamente ultimato in due giorni (un vero record); e in tale brevissimo periodo gli operatori furono in grado [...] di acquistare la sicurezza necessaria per iniziare le rappresentazioni. L'impianto è completato da uno speciale amplificatore di suoni di grande potenza, con un complesso di altoparlanti di diverso tipo e tonalità specialmente adatti all'acustica di ogni locale.

Il 1929 si chiude con l'inaugurazione del *Cinema Teatro Odeon* di Milano e con quella del *Cinema Teatro Andrea Doria* di Genova, di cui documentano e preannunciano due articoli pubblicati su «Il Cinema Italiano» del 1° e dell'8 dicembre[39].

Viceversa, il nuovo anno, il 1930, si apre all'insegna del riscatto tecnologico italiano, laddove accade che, in almeno due casi, come quello del *Supercinema Ideal* di Torino e del *Cinema Italia* di Milano, si ricorra all'apparecchio *Visiophone* della *Cinemeccanica* e al *Prevost* delle *Officine Prevost*, entrambi di fabbricazione lombarda, rinunciando all'onnipresenza americana della *Western Eletric*. Una scelta che, stando a quanto riportato in gennaio e febbraio su «La Rivista Cinematografica» e su «cinematografo», dà risultati apprezzabili e soddisfacenti[40].

Al *Supercinema Ideal* di Torino è stata inaugurata il giorno 25 gennaio l'impianto per *films sonori*. Si tratta dell'apparecchio italianissimo *Visiophone* fornito dall'Agenzia di Torino della [...] *Cinemeccanica* di Milano [...]. Detto apparecchio per il suo mirabile funzionamento e per la perfetta riproduzione del suono, ha riscosso il plauso incondizionato dei tecnici più esperti.

Il *Cinema Italia* ha installato un apparecchio *Prevost* per rappresentazioni di *films sonori*, con eccellenti risultati. È il primo apparecchio italiano che funziona a Milano per questo genere di spettacolo.

Sul collaudo e sull'effettivo funzionamento di uno dei due apparecchi sopra citati, ovvero il *Prevost*, è possibile raccogliere qualche informazione in più in un successivo articolo di Ernesto Cauda pubblicato su «La Rivista Cinematografica» del 15 marzo 1930, dove il noto studioso e giornalista decanta le qualità tecnologiche ed economiche relative alla nitidezza delle registrazioni, considerate perfette e prive di deformazioni. Con un certo orgoglio patriottico e nazionalista, Cauda elogia anche la malleabilità del macchinario in grado di adattarsi sia a proiezioni di film muti che di *fonofilm*, sia al sistema *Movietone* che a quello *Vitaphone*[41].

Una grande vittoria della cinetecnica italiana è stata riportata dall'apparecchio sonoro *Prevost*, costruito dalle notissime *Officine A. Prevost e C.* di Milano [...]. Detto apparecchio, che è adatto per locali fino a 3.000 posti ed è facilmente manovrabile, presenta pregi non comuni sia per la sonorità, che per la perfezione del funzionamento: esso riproduce fedelmente la musica in tutti i toni e la voce umana senza la minima deformazione. Caratteristica importantissima dell'apparecchio *Prevost* è quella di essere l'unico apparecchio italiano, con cui è possibile proiettare *films* muti e tutti i *films sonori*, cioè tanto quelli a sistema *Movietone* (su pellicola) quanto quelli a sistema *Vitaphone* (su disco fonografico) [...]. Oltre ai pregi tecnici, l'apparecchio [...] possiede anche il vantaggio non indifferente della modicità del prezzo e delle facilitazioni di pagamento accordate dalla ditta.

Da un confronto incrociato dei dati ricavati dai periodici d'epoca consultati, apprendiamo poi che, oltre al *Cinema Italia* di Milano, altri esercizi si equipaggiano ricorrendo all'apparecchio *Pre-*

*vost*: il *Cinema Nazionale* e il *Teatro Torinese* di Torino; la *Sala Edison* di Firenze; il *Cinema Centrale* di Parma e il *Teatro Reposi* di Savona. Così come vi sono altri esercizi dislocati lungo lo stivale che invece ricorrono ancora ai noti e pluricitati apparecchi sonori di marca americana *Western Eletric* e *RCA-Photophone*[42]. In merito al *Cinema Nazionale* di Torino, oggi multisala, vi è una preziosa scheda di archivio – compilata da Francesca Sernia e pubblicata nel catologo-repertorio già citato, curato da Susanna Caccia – che rievoca di come, agli inizi degli anni '10, esso si sia dapprima trasformato in cinema, con la dotazione di uno schermo al posto del palcoscenico teatrale, nonché di una galleria in sostituzione dell'ordine dei palchi. Nell'anno appena concluso, il 1930 la sala si equipaggia poi per il sonoro, sottoponendosi a un progetto di ammodernamento che, con ogni probabilità, è diretto dallo stesso ingegnere di vent'anni prima, Antonio Vandone di Cortemiglia[43].

Ad ogni modo una sorta di mappatura e censimento delle sale cinematografiche riaperte, ristrutturate e inaugurate durante il 1930, a seguito della rivoluzione del sonoro, è resa possibile dalla stampa di allora, che tiene conto anche delle sale di provincia[44]. Nel circoscrivere volutamente la nostra analisi solo a quelle delle grandi città, ricordiamo come i principali rinnovi interessino: il *Cinema Modernissimo* e il *Cinema-Teatro Barberini* di Roma (da «La Rivista Cinematografica», 30 giugno e da «Il Cinema Italiano», 20 novembre); il *Cinepalazzo* e il *Cinema Savoia* di Torino (da «La Rivista Cinematografica» del 15 settembre e del 30 ottobre); il *Cinema Giglio* di Firenze (da «Rivista Italiana di Cinetecnica» di ottobre)[45].

Del *Cinema Teatro Barberini*, riconvertito in una multisala ancora oggi attiva, si sa che il progetto del 1930 ha la paternità del noto Marcello Piacentini, del quale si tessono le lodi in una minuziosa scheda di Sara Romano che, estrapolata ancora una volta dal prezioso volume di Caccia, si mostra particolarmente attenta nelle descrizioni architettoniche e decorative della sala[46].

Situato lungo il fianco occidentale della piazza Barberini, [il *Cinema Teatro Barberini*] ha una sala capace di circa 2.000 posti, disposti fra platea e galleria e una struttura portante costituita dal muro perimetrale della

sala e da una serie di 20 pilastri in cemento armato che giocano un ruolo fondamentale nel sostegno della galleria. Il vestibolo centrale circolare, sul quale si aprono le porte della platea è situato nella zona anteriore
e contiene le biglietterie e le vetrine degli annunci. Grande preziosità è
data alla sala dagli elementi ornamentali che, ancora alla fine degli anni
Venti, perpetuano una linea di gusto *Art Dèco*, gli arabeschi attorno al
lucernaio, i bracci scalati della balconata, la sagoma del boccascena e la
forma dei palchetti di proscenio, i marmi che rivestono la base dei pilastri e le mirabili figure decorative a leggero rilievo di Alfredo Biagini.

Per rimanere nella capitale vi è poi una rilevazione che, effettuata, tra ottobre e dicembre del 1930 dalla «Rivista Italiana di Cinetecnica», individua come ad essere dotati di una discreta riproduzione acustica siano, oltre al già citato *Capranica*, i seguenti
cinema o cinema teatro: il *Corso*, l'*Imperiale*, il *Modernissimo*, il
*Bernini*, la *Sala Regia*, il *Supercinema*, il *Volturno*, il *Cola di Ri-
enzo* e l'*Arenula*. A questi se ne aggiungono probabilmente molti
altri, se è vero che già da una successiva indagine, svoltasi nella
primavera dell'anno successivo su «Il Cinema Italiano», si contano almeno una trentina di apparecchi per la riproduzione sonora
installati in altrettanti esercizi cinematografici cittadini[47].

I 60 cinema quotidiani romani si sono [...] attrezzati pel sonoro. Soltanto
19 di essi conservano l'orchestra o perché hanno per base lo spettacolo
di arte varia o perché ancora non hanno prescelto l'apparecchio di soddisfazione. A Roma sono già installati: *Western Eletric* (n. 11), *Pacent* (n.
4), *Cinemeccanica* (n. 3), *Prevost* (n. 4), *Pion Pion* (n. 1), *Robimarga* (n.
1), *Gaumont* (n. 5), *Zeiss Ikon* (n. 1), *Tobis-Klangfilm* (n. 1).

Ancora cifre e inventari che spesso si alternano alle cronache relative alla riapertura di alcune rinomate sale cittadine nazionali,
ristrutturate ed equipaggiate con apparecchi di nazionalità sia
straniera che italiana. «Il Cinema Italiano» per esempio conteggia
circa «3.200 [cinematografi] italiani attrezzati al sonoro» nell'anno appena concluso, il 1930, mentre due numeri de «La Rivista
Cinematografica», insieme ancora a quelli de «Il Cinema Italiano»
e di «Kines» del 1931, raccontano via via delle inaugurazioni del
*Cinema Ambrosio* e del *Cinema Apollo* di Torino, nonché del *Cinema Kursaal* di Napoli e del *Cinema Regina* di Milano[48].

Il giorno 7 [...] ha avuto luogo la riapertura del *Cinema Ambrosio* di Torino, avvenimento che da parecchio tempo era atteso [...]. La cabina di proiezione è quanto di più perfetto si possa desiderare in fatto di attrezzamento moderno: essa è munita di apparecchi sonori, di marca americana *Royal Amplitone*, di cui è concessionaria per l'Italia la S. A. *Cinematografia Sonora A. Fava* di Genova. Detti apparecchi danno risultati magnifici, sia per la facilità e la sicurezza di manovra, sia per il rendimento acustico, che sta perfettamente alla pari con quello delle più celebri marche mondiali.

Segnaliamo l'inaugurazione dell'impianto sonoro al *Cinema Apollo* di Torino, con vero compiacimento, poiché il fatto, oltre a costituire un miglioramento di spettacolo per il pubblico, denota come i progressi della tecnica moderna stiano a cuore agli esercenti volenterosi, che [...] dedicano al proprio locale tutte la cure [...]. Il *Cinema Apollo* [è] dotato d'un perfetto apparecchio per *films sonori* a sistema *Movietone* e *Vitaphone*. L'impianto [...] venne eseguito dalla *Cinemeccanica*, conseguendo un successo brillantissimo: il funzionamento è perfetto per la naturalezza e la chiarezza dei suoni, privi di qualsiasi rumore di fondo.

L'elegante *Cinema Kursaal* completamente rinnovato ed attrezzato di un magnifico apparecchio *Western Eletric*, ha riaperto i suoi battenti, riprendendo la consuetudine di ospitare seriamente quanto di più eletto conta la metropoli meridionale. Gli onori di casa furono squisitamente fatti dalla nuova società che ha assunto in gestione il locale [...]. Il molto felice inizio della stagione assicura al [*Cinema*] *Kursaal* la ripresa del posto d'eccezione occupato tra i cinema napoletani.

Il *Cinema Regina* di Milano ha in questi giorni sostituito il suo impianto sonoro con quello dell'*International Acoustic*. L'installazione è stata fatta in quattro ore di lavoro continuo durante le quali è stato necessario mettere a posto un nuovo proiettore e [...] l'impianto completo del *Movietone*. Alcuni rappresentanti e tecnici di altre ditte per impianti sonori hanno assistito al collaudo e sono rimasti meravigliati della semplicità e della perfezione del suo rendimento. Ed infatti in virtù delle sue qualità di prezzo, di facilitazione di pagamento, di bontà di materiale e di perfezione di suono, che l'*International Acoustic*, quantunque arrivata tra le ultime in Italia, è riuscita in pochi mesi a fare un considerevole numero di installazioni sonore, il cui numero va aumentando di giorno in giorno. L'apparecchio ha immediatamente funzionato e gli spettacoli si sono susseguiti normalmente senza nessun incidente.

Sul *Cinema Ambrosio* di Torino si legge inoltre, nella scheda di Stefania Dessi – ancora in Caccia – di varie fasi di progettazione e varie ricostruzioni che si susseguono in almeno un ventennio, a partire dagli anni '10 fino agli anni '30[49].

Nel 1909 i Priotti [committenti] incaricano l'ingegnere A. Ballatore di Rosana di progettare un fabbricato ad uso cinematografico. La costruzione inizia nel 1911, si realizzano atrio, sala d'aspetto e salone per proiezioni con platea e galleria. Il salone aveva il soffitto con lucernario centrale e parti affrescate e ospitava 1.600 persone. Il 18 dicembre 1913 l'avvocato G. [Giuseppe] Barattolo della casa Ambrosio inaugura il Cinema Ambrosio, uno dei più grandi d'Europa. Nel 1930 il cavalier G. Frisetti chiama l'ingegnere G. Salvadori di Weisenhoff per predisporre la sala al sonoro e prevedere l'ampliamento della galleria.

Altri ammodernamenti e altre corrispondenti inaugurazioni di sale cinematografiche italiane predisposte con apparecchi sonori si susseguono fino al 1932. «La Rivista Cinematografica» del 15 aprile racconta la ristrutturazione del torinese Cinema Statuto[50].

La sera del 20 marzo, dopo pochissimi giorni di chiusura per i lavori di ampliamento e di rifinitura, è stato riaperto il Cinema Statuto di Torino, completamente rimesso a nuovo ed improntato ai più assoluti criteri di signorilità e di modernità [...]. Ed ecco [...] i requisiti strettamente cinematografici: allo scopo di procurare allo schermo il maggior rendimento fonico, si è dovuto provvedere ad eliminare le risonanze dovute al risucchio delle onde sonore lateralmente allo schermo. Si è disposta una ampia incorniciatura, con eleganti drappeggi di velluto, avente una lunghezza di oltre 3 metri, lungo tutto il perimetro del quadro. I risultati furono tali da far ritenere perfette le condizioni acustiche per i films sonori [...]. Sempre in rapporto al massimo rendimento degli effetti sonori, è stata costruita una cabina ch'è la prima siffattamente attrezzata in Italia: essa è rivestita ed isolata completamente mediante doppie lastre d'acciaio [...]. In detta cabina vi è un perfetto impianto sonoro, ch'è stato effettuato dalla S. A. Microtecnica di Torino, con apparecchio Imperial doppio, di ultimissimo modello, fornito di amplificazione a doppio canale [...] con effetti meravigliosi, tanto per la riproduzione della musica, che delle parole e dei suoni in genere, di cui sono rese le minime sfumature.

Al termine di questa parentesi distributiva, riprendiamo il discorso, momentaneamente interrotto, relativo all'attività produttiva che in Italia è sì soprattutto pilotata e illuminata dalla Cines di Stefano Pittaluga, ma che è anche costellata, come abbiamo già avuto modo di verificare – e ancora verificheremo – da altre piccole-grandi iniziative.

## Dall'Istituto Nazionale *LUCE* alla *Caesar Film*

Premesso che, come è noto, ci fu una «reazione ritardata del fascismo verso il cinema» e pertanto un processo di fascistizzazione della settima arte posticipato rispetto a quello subito da altri media come la radio e la stampa, l'uso propagandistico dei quali è ben più esplicito, l'interesse del regime nei confronti della cosiddetta "arma più forte", a cavallo tra gli anni '20 e gli anni '30, fu sempre crescente. Dapprima gli interventi fascisti furono puramente economici e legislativi, poi progressivamente il regime rivalutò l'impatto sociale del cinema, soprattutto in coincidenza dell'avvento del sonoro. Un'inversione di rotta il cui obiettivo non è solo generare – come sostiene Maurizio Grande – un'«immagine della cultura fascista», bensì dar vita a un'«immagine fascista della cultura», attraverso una duplice fine. Tutelare, da un lato, la produzione di lungometraggi di finzione, attraverso contributi finanziari e provvedimenti censori; controllare, dall'altro, in modo ben più incisivo e diretto, la realizzazione dei corti, dei documentari e delle attualità cinegiornalistiche dell'Istituto Nazionale *LUCE*, ovvero di quell'Unione Cinematografica Educativa che, sorta nel 1924, è notoriamente definita la «"fabbrica del Duce"» in quanto laboratorio del mito mussoliniano, dell'immagine del dittatore quale guida politica e padre spirituale, nonché imperatore e condottiero del paese[51]. Senza andare oltre in merito a questo argomento, per il quale rimandiamo a ben più illustri studi e analisi, cercheremo qui di approfondire quel che presumibilmente accade al *LUCE* nel momento del passaggio dal muto al sonoro[52].
Tra le prime informazioni ricavate dalle riviste di allora, vi è quella relativa agli accordi stipulati dall'Istituto Nazionale per la Cinematografia Educativa con la *Western Eletric* e con la *20th*

*Century Fox*, nell'intento di riorganizzarsi dall'interno all'indomani dell'avvento della neo-invenzione. Notizia riportata in merito da «La Rivista Cinematografica» il 30 ottobre 1929[53].

> L'Istituto Internazionale per la Cinematografia Educativa comunica: «Allo scopo di attestare in forma tangibile il grande interesse che l'industria cinematografica degli Stati Uniti ha per l'Istituto [...], la grande Compagnia americana *Western Eletric* [...] ha offerto all'Istituto [...] una completa installazione di cinematografia sonora. Il Comitato Esecutivo permanente dell'Istituto [...] nell'accogliere la generosa e cospicua offerta ha espresso alla *Western* [...] i più caldi ringraziamenti.

Alla suddetta comunicazione fa seguito, cinque mesi dopo la conferma dell'utilizzo di apparecchiature *Western* durante una serata dimostrativa e inaugurale svoltasi il 29 marzo 1930 nella sala delle proiezioni della emeroteca del *LUCE* di Villa Torlonia. Una cerimonia alla quale partecipano alcune delle più illustri personalità monarchiche e governative di allora, unanimemente concordi in merito alle nuove opportunità propagandistiche che il sonoro sembra poter offrire alle future cineattualità educative dell'Istituto.

> All'Augusta presenza di S. M. il Re, la sera del 29 marzo, ebbe luogo a Roma, nella magnifica Villa Torlonia, l'inaugurazione ufficiale della sala per le proiezioni della emeroteca dell'Istituto Internazionale per la Cinematografia Educativa, nonché dell'apparecchio sonoro, *Western Eletric*, munifico dono della grande compagnia elettrica americana [...]. Si trovavano a ricevere il Sovrano all'Istituto, il presidente dell'Istituto stesso S. E. [Alfredo] Rocco, il rappresentante della Società delle Nazioni, signor Defour Ference e il grand ufficiale [Luciano] De Feo, direttore dell'Istituto. Quando S. M. il Re è entrato nella sala della emeroteca gli invitati sono scattati in piedi applaudendo lungamente, mentre l'apparecchio sonoro dell'Istituto intonava la *Marcia Reale*. Cessata la manifestazione, il presidente dell'Istituto S. E. Rocco ha pronunciato un breve discorso, nel quale, [...] ha spiegato le ragioni che hanno condotto alla costituzione della sala, centro unico e solo nel campo mondiale di studi di tutti i problemi del cinematografo: ha illustrato la formazione della emeroteca e della biblioteca, ha ricordato come la sala [...] con un suo apparecchio tanto perfetto quanto grande [come quello della *Western Eletric*] si appresti ad essere centro di visioni aventi carattere educativo intellettuale ed artistico.

Dalle anteprime private si passa alle proiezioni per la stampa, anticamera delle future prime proiezioni pubbliche. È già a partire dall'estate del 1931 che il *LUCE* è in grado di far circolare sugli schermi italiani le prime *cineriviste sonore* e i primi *giornali sonori*, dei quali sono spettatori d'eccezione sia Eugenio Giovanetti, sia un anonimo cronista suo collega, per «La Rivista Cinematografica». L'occasione è la prima visione esclusiva tenutasi l'11 giugno al Planetario di Roma[54].

Era tempo [...] di far sonoro il nostro giornale cinematografico [...]. L'onorevole [Alessandro] Sardi [...] ha assicurato una giovinezza nuova alla *LUCE* [...]. La nostra maggior cronaca cinematografica diventa finalmente una grande cronaca animata, ricca, festante. Il suono ha messo finalmente nell'atmosfera cinematografica quella giovinezza elettrizzante che suole mettere nell'aria il passaggio di una banda musicale [...]. Ho voluto vedere i primi saggi del *giornale sonoro*, che saranno tra poco presentati al pubblico. Le acqueforti sonore non sono forse ancora abbastanza potenti, poiché gli operatori non hanno avuto neppure il tempo di darsi la mano: ma dal mattino si vede il buongiorno, ed io son sicurissimo che, entro un paio di mesi il nostro *reportage sonoro* non avrà più nulla da invidiare a quello che vanno facendo in Italia case straniere, ben più potentemente attrezzate del *LUCE*. Ho visto intanto qualche vignetta musicale (*L'esposizione canina*, *Un idillio di foche*) ch'era semplicemente deliziosa.

La sera dell'11 giugno, nella sala del Planetario di Roma, l'Istituto Nazionale *LUCE* offrì la prima rappresentazione della *cinerivista sonora*. Erano presenti alcuni membri del Governo e del Partito Fascista, alte personalità della politica, dell'arte, del giornalismo [...]. La rappresentazione [...] ha conseguito un brillantissimo successo. Nello scelto programma hanno destato maggior interesse i *films* folkloristici: *Maggiolate*, *Canzoni abruzzesi*, *Canzoni siciliane* [...]. Di eccezionale importanza si sono rivelati i vari altri *films*, quelli di propaganda: *La mosca* e *Addestramento militare*; quelli di attualità: *La festa dello Statuto*, *Radio-Raduno Ostia*, *Gran premio reale Roma alla pista del Littorio*, *Match Roma-Juventus al campo Testaccio*, *Cerimonie ginnico-sportive allo Stadio*, *La mostra canina al Giardino Zoologico*.

Nell'autunno del 1931 subentra un ulteriore cambiamento: un avanzamento, un salto di qualità tecnico, contenutistico e propagandistico dei *cinegiornali sonori* del *LUCE*, a seguito dell'accordo stipulato con la *20th Century Fox*, la quale s'impegna formalmente a fornire all'Istituto le proprie cronache prodotte e realizzate all'estero, che vanno ad affiancare le attualità nazionali. Un patto di reciprocità anti-protezionista per il mercato cinematografico italiano, che offre l'opportunità di un ampio sguardo sul mondo. Se ne parla in un paio di articoli de «La Rivista Cinematografica» del 30 settembre e del 15 ottobre[55].

Dal mese di ottobre il nostro pubblico potrà assistere a nuove *attualità sonore*, ancora più interessanti, ancora più vaste, e ciò in virtù di un importante accordo concluso il 24 agosto u. s. tra la LUCE e la *Fox Film Corporation*. La pubblicazione del nuovo *giornale sonoro* sarà iniziata dall'Istituto Nazionale *LUCE* a partire dal 2 ottobre 1931. Detto giornale consterà di una parte italiana, eseguita dall'Istituto stesso, già debitamente attrezzato per le riprese cinematografiche sonore, e di una parte straniera. Quest'ultima verrà fornita dalla *Fox* [...] con cui l'Istituto [Nazionale] *LUCE* ha stabilito un apposito accordo, in virtù del quale la casa predetta si è impegnata a fornire settimanalmente all'Istituto [Nazionale] *LUCE* l'integrale *notiziario sonoro* che essa ha pubblicato all'estero, e a proiettare all'estero le più importanti attualità italiane che le verranno fornite dalla *LUCE*. La *Fox* [*Film*] non editerà più in Italia, durante il periodo dell'accordo né i suoi giornali né i notiziari, sia muti che sonori. L'accordo è stato firmato per l'Istituto [Nazionale] *LUCE* dal suo presidente onorevole barone [Alessandro] Sardi e per la *Fox* [*Film*] dal suo delegato, signor Carlo Bravetta.

La sera del 30 settembre u. s., l'Istituto Nazionale *LUCE* ha presentato al Planetario di Roma, in una particolare visione riservata alla stampa italiana e straniera, i primi *giornali sonori*, i quali, in seguito all'accordo *Fox-LUCE* [...] vanno facendosi sempre più interessanti, poiché si arricchiscono di importanti notiziari, che rispecchiano tutti gli avvenimenti internazionali. Il pubblico folto e sceltissimo apprezzò altamente le splendide proiezioni, rilevando oltre il valore intrinseco dei soggetti, la perfezione tecnica con cui vennero ripresi e registrati. Fra i numeri che suscitarono gli applausi più entusiastici, notiamo: *La rivista di S. M. il Re all'Armata aerea convenuta a Ferrara*; *Il discorso del Duce agli Avanguardisti del Campo "Dux"*; *Il discorso di S. E. Grandi sulla tregua degli armamenti.*

Ancora. È tra spinte politico-propagandistiche, progressi tecnici ed accordi internazionali che viene sancito l'obbligo, per le sale italiane «fornite di apparecchi per *films sonori*», di proiettare «a complemento dello spettacolo in programma [...] i *films sonorizza-ti* dell'Istituto Nazionale *LUCE*». Esattamente come pare accadesse già in passato quando ancora i cinegiornali erano muti, e stando almeno a quanto si legge su «Il Cinema Italiano» del 1932[56].

Ma la *sonorizzazione* finale, prima ancora di essere riprodotta e udita in sala, va registrata sul set e *mixata* in moviola. È in un articolo di «Cinema Illustrazione» del luglio del 1932, attribuibile presumibilmente a Jacopo Comin, che si narra, con una certa enfasi ma anche con entusiasta attenzione, delle modalità eroiche e rocambolesche con cui si realizzano ai primordi i nuovi *giornali sonori* del *LUCE*[57].

Come si fa [...] il film sonoro di attualità? Ecco una domanda alla quale non è facile rispondere con due parole visto che il nostro collaboratore ne ha scritto per due colonne circa. Seguitelo con attenzione e vi convincerete che non è cosa da nulla l'opera silenziosa dei bravissimi tecnici della LUCE [...]. La LUCE ha a sua disposizione un *Truck* (camion) *Reo*, due apparecchi sonori portatili montati su elegantissime *521 Fiat* e un camioncino *Reo* col sistema *Movietone*. [...] La LUCE fa attualmente tre *giornali sonori* alla settimana e lo sforzo non è lieve se si pensa, che, per fare un *giornale sonoro* di 400 metri occorrono tre stabilimenti di stampa attrezzati modernamente ed un lavoro intensivo diurno e notturno di personale specializzato per la preparazione di detti giornali. L'organizzazione di un giornale cinematografico di *attualità sonora* è governata da un motto che è tutto un programma: rapidità. Per prendere un'*attualità sonora* bisogna disporre di un equipaggio di più uomini muniti di materiale per la ripresa delle vedute e del suono, caricato su di un camion pesante più di due tonnellate: un vero e proprio laboratorio ambulante insomma. Ogni camion necessita di due uomini, l'operatore della ripresa fotografica e l'operatore della ripresa sonora. Il ruolo dell'operatore fotografico (*cameraman*) e dell'operatore della ripresa sonora (*soundman*) sono nettamente differenti. Intanto occorre che questi due uomini lavorino in perfetto accordo. Grazie alla loro intelligente collaborazione si può effettuare utilmente un *reportage*. Per dare maggiore evidenza alla nostra spiegazione seguiamo uno di questi camions magici, che si avvia al lavoro. Giunto al luogo prefissato, dove si svolge una cerimonia, un avvenimento importante, un fenomeno di rilevante interesse, il camion deve superare le prime difficoltà per l'accesso al posto più adatto alla ripresa dell'azione. I due operatori (qualche volta con l'aiutante), svelti come pompieri sul luogo di un incendio, svoltolano rapidamente dei lunghi cavi sottili. Poi il *soundman* piazza accuratamente il suo microfono, mentre il *cameraman* piazza il suo apparecchio. Occorre anzitutto, con sveltezza determinare i migliori posti verso cui spostarsi durante lo svolgimento dell'azione che deve essere resocontata nel *giornale cinesonoro*. Colui che ha l'incarico della ripresa fotografica curerà di avere la più ampia veduta generale per dar modo di far capire al pubblico quello che si svolge nel campo dell'azione; colui che si occupa della ripresa sonora si preoccuperà di afferrare i suoni che interessano agli scopi del *reportage* e niente più di questi. I cavi, che possono essere lunghi 120 metri, legano al camion ognuno di questi due organi essenziali che sono l'orecchio e l'occhio. In pochi minuti un rapido esame degli apparecchi: ognuno al suo posto, il *cameraman* con un cornetto telefonico a portata della bocca ed un ricevitore fissato all'orecchio attende il momento opportuno per registrare l'avvenimento che sta per svolgersi; il *soundman* all'interno del camion, le mani al bottone di comando attende dal capogruppo (il *cameraman*) l'ordine dell'inizio. Egli ha innanzi dei quadranti di controllo ed un minuscolo schermo sul quale seguirà di minuto in minuto le vibrazioni luminose riflesse dallo specchio del galvanometro che vibrerà in dipendenza delle vibrazioni foniche afferrate dal microfono. Sul capo ha un casco telefonico doppio, di cui un ascoltatore è legato al *microfono*, l'altro al telefono che gli permette di comunicare con l'operatore di ripresa cinematografica. L'aiutante, da parte sua, monta la guardia vicino al *microfono*, strumento delicatissimo a cui non bisogna permettere che si avvicinino delle persone ad urlare, etc.; dovrà anche preoccuparsi di regolare l'apparecchio a che sia orientato sempre verso la direzione da cui provengono i suoni interessanti ed evitare che sia piazzato con l'imboccatura contro vento. Il *cameraman* ordina: «Convertitore!». Una leva si abbassa e dall'interno del camion si sente un ronzio: il convertitore chiamato in causa trasforma la corrente continua degli accumulatori in corrente trifase necessaria alla alimentazione dei differenti apparecchi. Un colpo d'occhio ad un quadrante graduato: «Pronto!», annunzia il *soundman*. L'occhio al mirino, l'operatore fotografico lancia un secondo comando: «Via!». Due bottoni vengono spinti e di due motori sincronizzati, trascinanti l'uno la pellicola *immagine*, l'altro la pellicola *suono*, si mettono a girare. *L'uomo che vede* segue nel suo mirino i movimenti della folla; *l'uomo che sente* segue sul suo schermo lo spettro delle modulazioni sonore che ascolta dal naturale attraverso il casco. «Tagliate!». Due bottoni vengono respinti indietro ed i motori si arrestano. Il *cameraman* cambia di obiettivo e ne avvisa immediatamente il *soundman*: la pellicola gira con 24 immagini sonore al minuto. Venti volte l'apparecchio di ripresa si sposta per comodità di più ampia veduta, venti volte il *microfono*, docilmente, lo segue. Si trova rapidissimo riparo agli eventuali incidenti: un cavo deteriorato, una panne all'amplificatore, una lampada fulminata etc. etc. Il lavoro dei *reporter* del *giornale cinesonoro* è finito per il momento. Si ritorna al laboratorio, si cambiano rapidamente le pellicole impressionate con quelle vergini e si parte da capo, sempre velocemente. La bobina va in laboratorio: il direttore ne dispone lo sviluppo, al punto in cui gli operatori hanno fermato gli apparecchi di ripresa le pellicole vengono tagliate. Dopo questa operazione ecco ottenute le scene complete e sincronizzate in cui il suono e l'immagine hanno la stessa lunghezza. In un'ora di accanito lavoro un *giornale cinesonoro* può essere montato. Si tratta quindi di selezionare e classificare con l'ordine logico le immagini sonore, cui bisogna applicare un ritmo, un concatenamento, una armonia. Nei ganci di un apparecchio di proiezione doppia che si chiama *moviola* viene afferrato il bordo di ogni pellicola *cinesonora*: la pellicola *immagine* passando tra una lente e una lampada appare cinque volte ingrandita; la pellicola *suono* scorrendo tra una sorgente luminosa ed una cellula rende, mediante l'ausilio di un comune altoparlante, il rumore di cui è impressionata. Automaticamente le due pellicole scorrono simultaneamente alla stessa velocità: si vede e si ode ciò che i *reporter* hanno visto e udito. Naturalmente l'*immagine* è ancora piccola perché negativa e il *suono* è debole. Mentre la pellicola scorre nell'apparecchio viene sfiorata da una matita grassa così vengono fissati i termini delle parti più importanti di tutto il *reportage*. Un magistrale colpo di cesoia sulla guida dei segni della matita taglia giudiziosamente la pellicola al punto in cui termina un motivo musicale o la frase di un discorso. Dai pezzi di pellicole risultanti da questi tagli escono fuori in pochi minuti due grosse bobine: *suono* ed *immagine* di un avvenimento. Ancora una verifica alle bobine affinché la lunghezza delle foto e del sonoro siano eguali agli effetti del preciso sincronismo, poi comincia la fatica delle copie nella rossastra chiarità del laboratorio.Come si vede si tratta di operazioni complicate e minuziose. Quanto il *cinereportage sonoro* non è una edizione straordinaria che si interessi di un solo fatto e perciò debba essere proiettato durante la serata stessa nelle sale cinematografiche della città, allora i *reportages* di tutto il mondo vengono, in un lavoro di circa una settimana, sforbiciati, riuniti, sincronizzati per dare al pubblico il volto palpitante del mondo in 400 metri di *films*.

Oltre al *LUCE* e all'*ENAC*, si affianca alla *Cines-Pittaluga* la *Caesar Film* che, sorta «sulle archeologiche rovine della *Quirinus-Film*», è salutata con entusiasmo già nell'ottobre del 1931 su «Cinema Illustrazione», proprio in quanto entità che cerca di contrastare il monopolio pittalughiano, sollecitando una vitale e vivace concorrenza produttiva nazionale[58].

Promotore della rinascita della vecchia ditta, ormai inattiva da tempo, è – secondo quanto si legge su «L'Eco del Cinema» di qualche mese prima, ovvero di agosto – Giuseppe Barattolo, il quale, già esponente dell'*ENAC*, decide prima di tutto di rinnovare i teatri di posa della *Quirinus-Film*, collocati sulla Circonvallazione Appia a Roma, attrezzandoli con apparecchi tedeschi *Tobis-Klangfilm*. Una ristrutturazione di cui sono testimoni su «Kines» Paolo Uccello ed Edoardo Capolino, due noti ingegneri acustici di allora, i quali nel loro articolo a quattro mani si soffermano più su questioni tecniche che su descrizioni strutturali e architettoniche[59].

Siamo molto lieti di potere offrire ai nostri lettori una particolareggiata descrizione degli impianti di presa sonora montati negli studi di via Circonvallazione Appia. Essi rappresentano quanto di meglio sia fatto in materia. Il complesso di presa acustica per cinematografia sonora sistema *Tobis-Klangfilm* della società *Klangfilm* formatasi in Germania [...] consta delle seguenti parti: *microfoni* a nastro, cabina per il controllo del suono, preamplificatori, sistema di registrazione foto acustica, accessori vari. [...]. Il *microfono* a nastro [...] è basato sul principio che le vibrazioni prodotte dal suono su un sottile nastro metallico sospeso in un forte campo magnetico producono tensioni proporzionali alla pressione acustica [...]. Il numero dei *microfoni* collocabili nelle sale da presa, può essere vario e certo in relazione alle distanze e alle necessità di spostamento delle sorgenti sonore [...]. La cabina per il controllo del suono è quella parte del complesso che è destinata a spostarsi e seguire le vicende della presa. Essa ha la forma di un comune casotto di una cubatura eguale all'incirca a 8 mm. Nella parte anteriore è posto un gran vetro il quale permette una perfetta visione all'esterno. Immediatamente sotto il vetro è il tavolo di manovra per la regolazione dell'intensità delle correnti microfoniche. Nella cabina della *Caesar-Film* abbiamo la possibilità di attaccare e regolare otto *microfoni* contemporaneamente. Ogni *microfono* possiede sul tavolo di comando un proprio regolatore di intensità, il quale portato a zero esclude il *microfono* stesso. Per tutti i *microfoni* esiste poi un unico regolatore generale di intensità il quale è inserito dopo i due preamplificatori. Il controllo e la regolazione avviene in due modi, con un voltmetro sito in mezzo al pannello e con un altoparlante elettrodinamico sito a sinistra in alto sul tavolo di comando. L'uno serve di riprova all'altro, poiché, mentre nel caso dell'altoparlante l'operatore darà un giudizio del tutto soggettivo, dovuto alla percezione che è diversa per uno stesso suono da individuo a individuo, nel caso del voltmetro, l'operatore darà un giudizio obiettivo e quindi più preciso. Nella cabina si hanno ancora due telefoni. Essi servono a tenersi in continua comunicazione col direttore di scena e con la sala macchine e sono muniti di opportune segnalazioni luminose. Inoltre accanto ai telefoni, notiamo i preamplificatori e le batterie. I preamplificatori sono delle comunissime basse frequenze radio destinate a dare una prima amplificazione alle debolissime correnti microfoniche. A completare diremo che esternamente, sotto il cristallo che permette all'operatore di seguire la scena, sono situati gli attacchi per i microfoni. Nell'altra parete prospiciente e sempre esternamente sono dei tubi destinati al passaggio dei fili che servono per le connessioni con gli amplificatori e per il passaggio delle correnti necessarie.

Dell'inaugurazione del nuovo stabilimento sonoro della *Caesar-Film*, che avviene il 5 ottobre 1931, mentre è in cantiere la lavorazione de *La vecchia signora* di Amleto Palermi, si legge ancora su «Kines», sei giorni dopo[60].

Lunedì 5 corrente, alle ore 16.00 ha avuto luogo, con l'intervento del Ministro delle Corporazioni, onorevole [Giuseppe] Bottai, l'inaugurazione degli stabilimenti della *Caesar Film*, che sono stati impiantati a nuovo con grandiosità di mezzi e [...] di perfezione tecnica del *film sonoro*. Il Ministro e le altre autorità sono state ricevute [...] dall'Amministratore Delegato, onorevole [Giuseppe] Barattolo, coadiuvato dal direttore degli stabilimenti, dottor Bruno Bianchi, e dai direttori artistici [...] Febo Mari, Enrico Guazzoni, Amleto Palermi e [...] da tutti gli altri elementi della nuova grande famiglia della *Caesar* [...]. L'onorevole Bottai ha esaminato con vivo interesse i perfetti apparecchi installati dalla *Klangfilm* di Berlino, con macchina centrale che permette la ripresa del suono nei due teatri appositamente allestiti. Questa macchina, che è la prima del genere installata nel mondo, costituisce quanto di più preciso sia stato oggi raggiunto nella tecnica della ripresa dei suoni [...]. Terminata la visita allo stabilimento le autorità sono ritornate al teatro. Qui l'onorevole Bottai ha dato il primo giro di manovella della prima scena del *film parlato* diretto da Amleto Palermi, *La vecchia signora*, di cui è protagonista Emma Gramatica. Prima di lasciare lo stabilimento il Ministro Bottai e le altre autorità hanno espresso [a] Barattolo tutto il loro compiacimento per la magnifica organizzazione e la modernissima installazione della *Caesar Film*.

E ancora, se alcuni articoli, apparsi tra maggio e agosto del 1932 su «La Rivista Cinematografica» e su «Il Cinema Italiano», preannunciano di riprese previste o già in corso alla *Caesar-Film*

– tra cui quelle de *Il cavalier Pedagna* (tratto da un'omonima novella di Luigi Capuana, per la direzione di Giorgio Vannini), de *Il dono del mattino* (ispirato a Gioacchino Forzano e in mano a Enrico Guazzoni), di *Cinque a zero* e de *Il gondoliere di Venezia* (interpretati da Angelo Musco e Tito Schipa) – è a dicembre che Aurelio De Marco riflette ancora su «La Rivista Cinematografica» intorno alla transizione dal muto al sonoro giunta ormai alla fine. Insomma qui si preannuncia l'avvento di un'era più matura e adulta, produttivamente consolidata da strutture come la *Caesar Film*, degna compagna della più nota *Cines-Pittaluga*[61].

Quando agli inizi della scorsa stagione cinematografica, scrivevamo che la cinematografia italiana attraversava un periodo di transizione, o meglio, di rielaborazione, pensavamo che i nuovi tentativi ai quali si stava dando vita, avrebbero finito per concretarsi in una forma sicura, e quindi tradursi in pratica. I fatti hanno confermato le nostre previsioni, poiché ora, ad un anno circa di distanza, possiamo constatare, che tutte le iniziative tentate, in via di esperimento, si sono sviluppate e consolidate [...]. Notiamo [...] che presso la massima editrice italiana, la *Cines* [-*Pittaluga*], sono più che mai all'apogeo i propositi di una produzione in grande stile: ciò che era stato un esperimento, sostenuto da una volontà ferrea, agli inizi della ripresa cinematografica nazionale, è divenuto nel corso di questi due anni, una pratica seguita con sempre crescente fervore. Undici *fonofilms* di lungometraggio sono stati presentati nella passata stagione, altrettanti circa verranno lanciati nella presente [...]. Sempre nel campo produttivo abbiamo il consolidamento di un altro esperimento: quello della *Caesar* [*Film*]. Risorta con un ottimo programma, pure questa gloriosa marca nazionale si è fatta subito altamente apprezzare per il suo primo film, che per alcun tempo è rimasto solo a rappresentare la rinata attività dell'editrice. Ma il momento d'arresto è stato ben presto superato, e la *Caesar* [*Film*] ha ripreso in pieno l'attività, sicché ora non siamo più nella fase sperimentale, bensì in quella proficuamente produttiva, tanto che ben sette *films* saranno presentati nell'attuale stagione.

## Il problema della lingua in Italia: dalla censura al *doppiaggio*

Anche in Italia la cinematografia nazionale incontra, come in Europa e nel resto del mondo, un ostacolo insormontabile lungo la strada della rinascita sonora, quello della lingua, per il quale adotta soluzioni parzialmente analoghe a quelle di altri paesi già evidenziate nel precedente capitolo.

In linea di continuità con la politica cinelinguistica fascista esterofoba che già ai tempi del muto praticava la soppressione dei forestierismi dalle *didascalie*, con l'avvento del parlato il nostro paese ricorre a una serie di provvedimenti legislativi censori degli altrui idiomi. In particolare è nel quinquennio 1929-1933 che vengono sinteticamente applicate alcune soluzioni quali: a) l'eliminazione delle parole straniere dai *part talkies*, (sia pure inizialmente quasi inosservata); b) il divieto di circolazione e distribuzione sugli schermi nazionali dei film internazionali, con provvedimento del 22 ottobre 1930; c) l'adozione, a partire dall'estate del 1932, della pratica del *doppiaggio*; d) la regolamentazione di quest'ultima, che, oltre ad essere meglio definita nel 1933, è proibito effettuare all'estero[62].

Il Ministero dell'Interno ha disposto che da oggi *non* venga accordato il *nulla osta* alla rappresentazione di pellicole cinematografiche che contengano del parlato in lingua straniera sia pure in qualche parte e in misura minima. Di conseguenza tutti indistintamente i *films sonori*, ad approvazione ottenuta, porteranno sul visto la condizione della soppressione di ogni scena dialogata o comunque parlata in lingua straniera.

Regolamentato a norma di legge, il divieto di utilizzo delle lingue straniere nei primi *fonofilm* in circolazione su territorio nazionale ha conseguenze inimmaginabili. Da un lato, l'esercizio italiano è costretto a far circolare opere vistosamente deturpate dalla radicale eliminazione del dialogo in lingua straniera, perlopiù sostituito da un barbaro ripristino delle *didascalie*. Dall'altro, si ritrova praticamente paralizzato, dal momento che deve far leva solo su un'esigua produzione nazionale, non certo sufficiente a ricoprire il fabbisogno distributivo nostrano. Un caos di cui si legge alla fine del 1930 in tre articoli: due dei quali, il primo e il terzo, firmati da Enrico Roma e D'Arco rispettivamente su «Cinema Illustrazione» e «La Rivista Cinematografica», mentre il secondo pubblicato su «Cinema-Teatro»[63].

Che il momento cinematografico sia tra i più complicati e caotici è innegabile. Abbiamo in questi giorni sugli schermi cittadini un campionario di tutte le tendenze: muti, *sincronizzati, parlati* e *sonori* al *100%*, al *50*, al *25*. La vecchia produzione s'innesta suo malgrado alla nuova [...]. Ogni film subisce modificazioni e adattamenti, a seconda del mercato, del paese, delle sale cui è avviato dai produttori. Si sono uccise le *mute*, ma poi si è costretti ad ammutolire le *parlate*, perché nessuno le capirebbe e la censura ne impedirebbe lo smercio. Di un'opera, originalmente *parlata* al *100%*, ci si offre un'edizione in cui le voci sono quasi scomparse. Chilometri di *didascalie* prendono il posto delle voci.

Alla produzione sonora con dialogo in lingua straniera non viene concesso il *nulla osta* dalla censura che giustamente si preoccupa di impedire libero corso in terra d'Italia a parlate esotiche anche considerando che la massa del pubblico non può sopportarne l'audizione. D'altra parte i *films* stranieri con adattamento parlato italiano brillano per la loro scarsezza, e da noi la produzione nazionale per quanto attrezzata e volenterosa deve ancora far riserva di fiato per soddisfare almeno in parte le esigenze di mercato.
Il provvedimento coercitivo emanato sui *films* in lingua straniera da proiettarsi in Italia, e cioè la soppressione delle parole e dei dialoghi che non fossero in lingua italiana, ha posto l'esercizio in una situazione ben drammatica [...]. Gli esercenti e i noleggiatori si trovano nella dolorosa situazione di aver pronti in magazzino *films* di primissimo ordine che per essere in parte dialogati in lingua straniera non possono [...] venire programmati. O se vengono programmati questo avviene in seguito a delle mutilazioni orrende, apportate a quasi tutto il film e particolarmente nelle parti salienti, là dove il dialogo esprime più di ogni qualunque *didascalia*, il passaggio di un momento all'altro dell'azione, lo stato d'animo degli interpreti, il *pathos* insomma della vicenda realizzata. A questa stregua il film corre all'insuccesso, il pubblico lo visiona con disgusto e se la prende con lo spettacolo in se stesso, gli incassi diminuiscono con [...] conseguenze facilmente avvertibili [...]. Noi vorremmo che il nostro paese fosse nella privilegiata condizione dell'America, e cioè disponesse di un fabbisogno quale il mercato richiede e non avremmo [...] da obiettare. Ma di fronte alle esigenze di circa 500 *films* all'anno ed alla presenza di non oltre 20 *films* italiani realizzati in un'annata c'è poco da scegliere: o si chiudono i locali per mancanza di ossigeno, oppure si proiettano malamente i *films* mutilati, allontanando il pubblico dai locali stessi [...]. A parte la disarmonia e gli anacronismi che nascono da questo impasto di *films* stranieri, con assoluta offesa alla realizzazione artistica primitiva, e quindi alle giuste pretese dello spettatore, a noi pare che il legislatore debba assolutamente considerare il film alla stregua di una qualunque statua [...] che non la si può

presentare col naso rotto o mutilata di un braccio [...] gabellandola per un'opera d'arte.

Rispetto a tutto ciò la sola via d'uscita praticabile, l'unica salvezza commerciale, artistica e legale, sembra risiedere nei film stranieri parlati in italiano. Fallita la mutilazione muta e insonora, oltrepassata la fallimentare, dispendiosa e macchinosa pratica delle *pluriversioni* o *versioni multiple* – già esaminata – è così che si approda al *dubbing/doublage/doppiaggio*, ovvero alla pratica delle voci prestate allo schermo. Secondo una parabola che, a detta almeno di Ettore Maria Margadonna, autore nel dicembre del 1931 di un articolo pubblicato su «Comoedia», costituisce il solo *escamotage* possibile per scongiurare l'*impasse* legislativo e distributivo venutosi a creare[64].

Le grandi e piccole editrici di fronte al divieto di rappresentazione dei *films* parlati in lingua straniera dovettero escogitare i mezzi per manipolare il prodotto in ossequio alla legge. La soluzione, in principio, sembrò una sola: ammutolire i parlati. Risultato: i *films* parlati ai quali veniva tagliata la lingua diventavano uno spettacolo più o meno insopportabile [...]. Escogitarono un'altra soluzione: fare di ogni *films* tante edizioni, quante erano i paesi in cui devono essere importati. Un grande editrice americana si buttò a corpo morto in questa formula e creò a Parigi uno studio... poliglotta [...]. Contemporaneamente a questo tentativo un'altra importante editrice sperimentava un diverso impiego: il *dubbing*. Che cos'è il *dubbing* sappiamo tutti ormai: vi sono dei prestatori di voce che consentono a fornirla ad immagini che parlano per conto loro un linguaggio, che manco a farlo apposta, noi, ignari di una certa lingua, comprendiamo benissimo [...]. Qualcuno, ingegnosamente, ha osservato che lo spettacolo manipolato con *dubbing* può essere goduto come una recita di marionette o di burattini: le immagini sostituirebbero i vecchi pupazzi e l'altoparlante farebbe concorrenza ai fratelli Colla. Ma è un'illusione, null'altro! Perché i fantocci non muovono né gli occhi, né le labbra, né alcun muscolo del volto, mentre le immagini si muovono e pronunziano [...] determinate parole a cui lo spettatore non intende rinunciare per la semplice [...] ragione che nessuno di noi può distinguere la plastica labiale dal correlativo suono delle parole. E si crea così una specie d'attrito che finisce per diventare insopportabile fastidio, anche perché nessuno degli spettatori riesce a illudersi che chi parla sia quello che appare sullo schermo. Troppe convenzioni, insomma, troppi artifici e, soprattutto, nient'affatto giustificati dalle uniche, plausibili esigenze:

quelle dell'arte. Ma i fedeli del *dubbing* non si sono scoraggiati: il sistema è molto più economico del precedente.

Il *doppiaggio* – che pure è ancora oggi una pratica quasi esclusiva del nostro paese – nasce ed è «inutile dirlo [...] in America». È dagli americani che giungono infatti le prime spiegazioni sul suo articolato procedimento tecnico, già a partire dal 1929, secondo quanto sostiene Riccardo Redi[65].

Nel maggio del 1929 [...] spiegava [un noto tecnico] in una seduta della *Society of Motion Picture Engineers* a New York che il *dubbing* era un'operazione divisibile in: *scoring*, cioè aggiungere musica a un film già dotato di dialoghi ed effetti; *synchronizing*, cioè aggiungere effetti o dialoghi sincroni a un film che aveva già una colonna registrata in fase di ripresa; *re-recording*, cioè riversare suoni parole rumori da disco a film, da film a film ecc. [...]. Nel maggio 1929 la tecnologia necessaria al *doppiaggio* è già nota; il suo *device* centrale era il *mixer*, cioè un amplificatore a più ingressi in cui era possibile mescolare i segnali provenienti da canali diversi.

Ed è oltreoceano che vengono prodotti – un po' come del resto accade per le prime *pluriversioni* antecedenti a Joinville, di cui abbiamo già detto – i primi film *doppiati* in italiano. Il primo esperimento di *dubbing* italoamericano sembra aver avuto luogo proprio ad Hollywood nel 1929, nei vecchi studi della *20th Century Fox*. Ancora, se all'incredibile storia e avventura dei primi *doppiati* italiani contribuisce un'altra delle *Majors* hollywoodiane, la *Metro Goldwyn-Mayer*, occorre precisare che essi vengono realizzati su territorio nazionale, all'interno di filiali italiane. La casa di produzione statunitense apre infatti allora nuovi uffici nella nostra penisola, affidandone la direzione, dapprima, a un certo Carlo Boeuf, e poi successivamente al regista Goffredo Alessandrini. A capo di appositi reparti, entrambi coordinano il lavoro di traduzione dei copioni in italiano, per poi affidarli all'interpretazione di attori italiani, in veste appunto di *prestatori di voci*[66].

Il reparto *doppiati* italiani della *MGM* [*Metro Goldwyn-Mayer*] incominciò la sua attività al principio del 1931. Il direttore era un italiano, il signor Carlo Boeuf, persona di vasta cultura, conoscitore di varie lingue e scrittore [...]. I copioni erano tradotti e poi dialogati in lingua italiana da Giovanni Del Lungo, figlio del dantista Isidoro Del Lungo. In seguito al De Lungo si affiancò la signorina Maria Carolina Antinori, appositamente scritturata in Italia. I dialoghi venivano registrati sotto la direzione dell'attore cinematografico di origine triestina Francesco Maran. Più tardi il direttore dei *doppiati* alla *MGM* fu Goffredo Alessandrini [...]. I doppiatori italiani alla *MGM* di Culver City furono anzitutto Augusto Galli, poi sua moglie Rosina Galli [...], Francesca Braggiotti. [Ma] i *doppiati* fatti all'estero [...] durarono non più di due anni [...]. Tutte le case americane decisero di proseguire la loro attività in loco.

Presumibilmente la *MGM*, tra le prime ditte statunitensi ad avviare la fase pionieristica del *doppiaggio* italiano, deve ben presto porvi termine, almeno in America. Dopo averla avviata nella primavera del 1932, nel biennio 1933-1934 si vede entrare in vigore il *Regio decreto-legge 5 ottobre 1933, n. 1414 convertito nella legge 5 febbraio 1934, n. 320*, con cui si pone il veto alla circolazione su territorio nazionale «delle pellicole cinematografiche sonore non nazionali [...] il cui adattamento supplementare in lingua italiana [...] sia stato eseguito all'estero»[67].

Il clima è caotico e repressivo. Da un lato si registrano forti pressioni degli americani e dall'altro dilagano i tentativi di autonomia italiana.

Se ad esempio alla *Cines* sorge un apposito reparto dedito al *dubbing*, affidato alla direzione del noto cineasta Mario Almirante, è alla *Caesar Film* che il *Consorzio EIA Sincronizzazioni* – nato sotto la direzione di Nino Giannini – realizza nel 1932 il primo *doppiaggio* di un film americano interpretato da Barbara Stanwyck, alla quale presta la propria voce l'attrice italiana Marcella Rovena[68].

Di fatto, la spinta indipendentista italiana è inconfutabile: fioriscono ditte nazionali incaricate di adottare e intensificare la nuova pratica del *doppiaggio*: dalla *Fotovox* alla *Itala Acustica*, dalla *Fono Roma* alla *Società ASTREA*, fino alla *Fonofilm*. Solo per citare quelle delle quali si parla nel 1932, su «Cinema Illustrazione» e «L'Eco del Cinema»[69].

Si è regolarmente costituita in Roma, la settimana scorsa, la *Società ASTREA*, di cui sono amministratori l'avvocato [Francesco] Scherma, amministratore del *Consorzio EIA Sincronizzazioni*, e Luporini, direttore generale dell'*Artisti Associati Italiana*. L' *ASTREA*, i cui teatri, già in costruzione in via Clelia, fuori porta San Giovanni, saranno pronti e attrezzati in due mesi al massimo, si propone di intensificare i *doppiaggi* e di produrre film originali italiani.

Ci pregiamo informarvi che sotto la ragione sociale *Fonofilm* è sorta in Roma una società avente per oggetto la sonorizzazione e il *doublage* dei *films* [...]. Gli stabilimenti in corso di ultimazione e che saranno in efficienza entro il corrente mese di settembre, sono situati in [...] via Nomentana.

Numerosi sono anche gli articoli che all'epoca si soffermano, in termini estetici e teorici, sull'acquisizione del *doppiaggio*: da *Polemica sul "dubbing"* di Giuseppe Hurle, apparso su «Kines» nell'ottobre del 1931, a *Caro lettore, ecco... i retroscena del "doublage"* di Enrico Roma, pubblicato su «Cinema Illustrazione» del marzo 1932, fino a *I misteri del dubbing* di André Rigaud, rintracciato su «Il Dramma» di luglio dello stesso anno[70].
Ad essi, che hanno il merito di riflettere sul fenomeno al suo primo manifestarsi, accostiamo quanto, a distanza di circa un quinquennio, scrive Giacomo Debenedetti nel 1937 su «Cinema», prendendone le distanze. Un noto editoriale che l'autore firma con lo pseudonimo di Gustavo Briareo, in cui racconta con particolare arguzia l'odissea romanzesca che ogni film straniero affronta dal momento in cui avvicina il *doppiaggio* in Italia. Una procedura scrupolosa, da cui si prevede nasceranno nuovi mestieri e professionalità[71].

Il romanzo, e talvolta l'odissea, che un film straniero attraversa dal momento in cui varca le frontiere del nostro paese [...] vestito a nuovo nella lingua nostra, è ben noto al pubblico, il quale la sa ormai abbastanza lunga sui misteri e riti del *doppiaggio* [...]. Romanzo, in Italia, quasi sempre a lieto fine; giacché esperienza, senso artistico e scrupoloso rispetto dell'opera originale hanno fatto del nostro *doppiaggio* uno dei migliori del mondo, forse addirittura il migliore: raffinato, preciso e rigoroso [...]. Nei primi capitoli del romanzo, il protagonista è un signore che si prende in consegna il testo dei dialoghi originali – il cosiddetto copione – e comincia a studiarselo, a confronto col film, ch'egli si fa passare avanti e indietro, fermando e riprendendo, provando e riprovando, su una piccola proiezione da tavolo, chiamata *moviola*. Identifica così su quel testo le pause e gli stacchi, le sospensioni ed i filati, insomma tutte le caratteristiche ritmiche con cui le battute sono state pronunziate. Di più stabilisce quali battute o frammenti di battuta siano stati proferiti più o meno visibilmente, in primo piano od in campo lungo o magari fuori campo: quali insomma nella nuova lingua debbano ricevere un adattamento più aderente alla mimica labiale dell'originale, e quali invece concedano maggior gioco e elasticità [...]. In base a questa scansione ed analisi, il *riduttore* (per usar la parola del vecchio cinema) o *dialoghista* (per usare quella del cinema nuovo) si mette a tavolino a stendere il copione per il *doppiaggio* [...]. Nel preparare i dialoghi per il *doppiaggio*, bisogna cercar di ricalcar, fin dove è possibile, i suoni dell'originale [...]. Il che si otterrà cercando battute che nella loro scansione e inflessione, nelle loro fratture, equivalgono come ritmo, come intensità, come intonazione esterna ed interna, psicologica ed acustica, a quelle del dialogo d'origine [...]. Diamo per compilato, e compilato a regola d'arte, quel copione. Bisognerà allora passare ad un controllo dei più minuziosi. Riscontro, ancora una volta, del ritmo, e poi della plasticità fonica e insieme della scorrevolezza delle battute [...]. Finalmente il romanzo si stringe verso l'epilogo [...]. Entra in scena il *direttore di scena* (quello che abbiamo chiamato e vorremo seguitare a chiamare il concertatore), entrano in scena gli attori (quelli che meglio chiameremmo i prestavoce) [...]. L'abilità del concertatore consiste [...] nel saper scegliere [...] quelli che per qualità di voce e di dizione aderiscono fisicamente al tipo dei personaggi originali, e soprattutto nel condurre questi prestavoce ad approfondire, a sensibilizzare la battuta, rispettandone le leggi.

Infine – senza dimenticare altri articoli d'epoca, ma anche successivi, nazionali come internazionali, insieme ai molti libri e volumi dedicati al *doppiaggio* ai quali rimandiamo[72] – è alla fantasia di Cesare Zavattini su «Cinema Illustrazione» del marzo del 1932, e alle riflessioni di Luigi Pirandello – intervistato da Enrico Roma per «Comoedia», nell'estate dello stesso anno – che affidiamo idealmente il compito di concludere, partendo dal *doppiaggio*, questo viaggio teorico, storico e tecnico nel cinema italiano della transizione dal muto al sonoro[73].

Che cosa sia il *doublage* ormai lo sanno tutti. Ma non tutti sanno certi scherzi comici che esso può generare. Vi racconto un episodio che ha fatto ridere tutta Hollywood. Non faccio i nomi dei protagonisti per ragioni di delicatezza, ma la cosa non perde il suo sapore. Di un certo film si doveva fare il *doppio* in francese. Fu scelto per la voce un individuo che, per caso, era un acerrimo nemico di uno degli interpreti del film. E proprio a questi l'individuo doveva dire a un certo punto del film: «Farabutto, voi siete un cattivo soggetto», così a sentirsi offendere dalla voce del suo nemico, l'attore non resistette e, alla prima rappresentazione privata della versione francese, si scagliò contro il suo nemico prendendolo a pugni. Questo non reagì, ma disse: «Io avrò soddisfazione di dirvi farabutto in tutto il mondo, tutti i giorni e chissà per quanti anni». Infatti il film è già stato distribuito nei vari stati, malgrado che l'interprete abbia fatto il possibile, perché la voce nell'edizione francese fosse doppiata da un altro. Ma ormai il film era finito e la direzione non volle sottoporsi a una nuova perdita di tempo. Curioso, ameno, il caso, no?.

[Il *doppiaggio*] è un ibrido ripiego, cui si dovrà rinunziare per sempre. È bestiale cercar traduzioni relativamente fedeli delle parole, quando per ciascuna di esse non corrispondono i gesti. La lingua non consiste soltanto di parole e dei rispettivi accenti e suoni, ma esprimendo pensieri e sensazioni, è strettamente legata ai caratteri del popolo. Quando l'anglosassone, ad esempio, è turbato, non grida, non urla, non smania e quasi si vergogna di mostrare la propria commozione e abbassa [...] la voce e cerca di dare impassibilità alla propria faccia. Nelle identiche circostanze l'italiano è enfatico, rumoroso, violento, aspro, e prima che con le parole, dice tutto con l'espressione del volto [...]. Al film *doublé*, io preferisco mille volte il muto, con didascalie.

**1.** Musil, *L'uomo senza qualità*, Einaudi, Torino, 1957, p. 409, (ed. or. *Der Mann ohne Eigenschaften*, 1933-1943).
**2.** Per quanto espresso fin qui, soprattutto per quanto riguarda le citazioni riportate, cfr. i seguenti testi: Roberto Paolella, *La cinematografia italiana dagli inizi del sonoro alle soglie del neorealismo*, in Id., *Storia del cinema sonoro (1926-1939)*, Giannini, Napoli, 1966, p. 639; Riccardo Redi, *Ti parlerò... d'amor. Cinema italiano tra muto e sonoro*, ERI-Edizioni RAI Radiotelevisione Italiana, Torino, 1986, p. 46. Lorenzo Quaglietti, *Ecco i nostri: l'invasione del cinema americano in Italia*, Centro Sperimentale di Cinematografia, Nuova ERI-Edizioni RAI Radiotelevisione Italiana, Torino, 1991. Così come cfr. i seguenti testi: Gian Piero Brunetta: *Storia del cinema italiano 1895-1945*, Editori Riuniti, Roma, 1979; *Cent'anni di cinema italiano*, Laterza, Roma-Bari, 1991. Infine cfr. ancora sul rapporto tra Stati Uniti e Italia in questi anni, i seguenti saggi e testi, non solo specificatamente cinematografici: Brunetta, *Il sogno a stelle e strisce di Mussolini*,

in Maurizio Vaudagna (a cura di), *L'estetica della politica. Europa e America negli anni Trenta,* Laterza, Roma-Bari, 1989, pp. 173-186; Ruth Ben-Ghiat, *La cultura fascista,* Il Mulino, Bologna, 2000 (tr. it. di Maria Luisa Bassi).

**3.** Per quanto detto e citato fin qui, cfr. Redi, *Ti parlerò... d'amor,* cit., p. 82-83 e soprattutto Jean A. Gili, *B – L'Ente Nazionale Industrie Cinematografiche,* in Id., *Stato fascista e cinematografia. Repressione e promozione,* Bulzoni, Roma, 1981, p. 99 e segg. (tr. it. di Antonio Capalbi e dello stesso autore). Mentre in merito al brano estrapolato da «Il Cinema Italiano» e riportato di seguito cfr. Anonimo, *Una nostra buona iniziativa pel film parlante,* 32, 10 novembre 1928, p. 1.

**4.** Cfr. per quanto detto fin qui e per i brani di seguito: Anonimo, *L'Ente per i film sonori. Una Società italo-inglese con 15 milioni di capitale,* «Il Cinema Italiano», 11, 10 aprile 1929, p. 1; i due articoli di Anonimo, tratti entrambi da «cinematografo»: *La "Società Anonima Films Sonori",* 8, 14 aprile 1929, p. 5; *I teatri di posa dell'Ente Nazionale,* 10, 12 maggio 1929, p. 1; E. [Enrico] Moratti, *Il primo stabilimento italiano di posa per films sonori,* «Rivista Italiana di Cinetecnica», 7, luglio 1929, pp. 139-142.

**5.** In merito ad alcune considerazioni e informazioni sulla *Cines,* comprese le citazioni riportate, cfr il testo di Vincenzo Buccheri, *La seconda Cines,* in Id., *Stile Cines. Studi sul cinema italiano 1930-1934,* Quaderni dello Stars, Vita e Pensiero, Milano, 2004, p. 9 : Ma cfr. anche il saggio di Giulio Bursi e Luca Mazzei, *Un progetto di modernizzazione. Pittaluga e la Cines,* di prossima pubblicazione all'interno della *Storia del cinema italiano. Volume IV-1924/1933,* a cura di Leonardo Quaresima, Marsilio, Edizioni di Bianco e Nero, Venezia-Roma, 2013 (prossima uscita prevista).

**6.** Cfr. fin qui e per quel che viene di seguito riportato: Giannini., *Prime positive sonorità,* "L'ambiente", «Kines», 14, 14 aprile 1929, p. 14; Anonimo, *Il Duce assiste alla proiezione del film parlante,* «Il Cinema Italiano», 12, 20 aprile 1929, p. 3.

**7.** Per quanto detto fin qui e per i brani riportati di seguito in merito alle prime sperimentazioni *cinefavolistiche* dell'*Ente Nazionale per la Cinematografia,* cfr.: Anonimo, *Un esperimento italiano,* «Kines», 46, 24 novembre 1929, p. 12; G. V. S. [Giuseppe Vittorio Sampieri], *Giardini che vivono. Il film sonoro in Italia,* «Cinema-Teatro», 11, 31 dicembre 1929; Anonimo, *Serenata Tzigana. Melodramma fotofonico in due atti. Sonorizzato coi sistemi dalla British Talking Co. di Londra,* «cinematografo», 4, 5 maggio 1930, pp. 17-20. Cfr. invece, sia per la pubblicità di *Serenata Tzigana* sia per l'*Orologio magico,* i lanci illustrati di p. 10 e p. 7 del numero 18 di «Kines» del 4 maggio 1930.

**8.** E se in merito alla *Cines-Pittaluga* rimandiamo a quanto approfondito più avanti nel paragrafo successivo di questo capitolo, nonché più in generale ai già citati volumi e saggi di Buccheri, *Stile Cines;* e di Bursi, Mazzei, *Un progetto di modernizzazione. Pittaluga e la Cines.* Cfr. per quel che precede e segue nel brano sotto riportato: Anonimo, *L'Ente per la Cinematografia, riformato, coordinerà le iniziative della produzione,* «Il Cinema Italiano», 13, 30 marzo 1930, p. 1.

**9.** Per quanto detto fin qui e per i brani riportati di seguito, cfr., su «L'Eco del Cinema», i seguenti articoli anonimi: *Una nuova Società Italiana a Hollywood per la fabbricazione dei films sonori italiani,* 68, luglio 1929, p. 2; *La Italotone Film Productions Inc. inizia le sue produzioni al Metropolitan Studios,* 73, dicembre 1929, p. 43; *L'Italotone. Film Parlanti Italiani Prodotti a Hollywood,* 78, maggio 1930, p. 16.

**10.** In merito a uno dei titoli provvisori del film cfr. ad esempio: L. F. [Leandro Forno], *"Rose rosse" della Italotone,* «Il Cinema Italiano», 35, 1° dicembre 1929, p. 1. Mentre riguardo al brano di seguito riportato cfr.: Anonimo, *Il primo film parlante in italiano su soggetto di P. A. Mazzolotti realizzato ad Hollywood,* «Kines», 22, 1° giugno 1930, p. 6.

**11.** In merito alla trama brevemente riassunta di *Sei tu l'amore?* cfr.: Anonimo, *Il* *fonofilm ha dato la parola allo schermo italiano. Il "parlante" trionfa a Roma con "La canzone dell'amore" della Cines-Pittaluga e "Sei tu l'amore?" della Italotone*, «Il Cinema Italiano», 32, 10 ottobre 1930, p. 3. Riguardo invece alle due recensioni di Masetti e di Matarazzo sotto riportate cfr., rispettivamente: *"Tutto parlante"* in italiano, «cinematografo», 9, 30 agosto 1930, p. 42; *Gli errori iniziali. "Sei tu il film parlante", "Dal teatro di posa allo schermo"*, «Il Tevere», 7 ottobre 1930, p. 5. Infine, proseguendo nel resto della trattazione fino alla fine del paragrafo cfr., per la successiva recensione dai toni un po' più negativi rispetto alle due indicate e inerenti a una Prima Visione milanese di allora, Pes., *Uh! Che guaio!*, «Kines», 39, 28 settembre 1930, pp. 3 e 6. Così come per il proseguimento dell'attività dell'*Italotone*, nonostante le alterne recensioni al film citato, ma in virtù del suo successo presso il pubblico, di cui si accenna verso la fine, cfr. ancora: L. F. [Leandro Forno], *La produzione italiana dell'America*, «Il Cinema Italiano», 5, 10 febbraio 1931, p. 3.

**12.** Cfr. su questo: Gili, *Chemises noires et téléphones blancs: le cinéma italien pedant l'epoque fasciste*, in Id., *Le Cinéma italien. Classiques, chefs d'oeuvre et découvertes*, Éditions de la Martinière, Paris, 1996, p. 61.

**13.** Cfr. Aprà, *Linee di politica cinematografica da Blasetti a Freddi*, in Redi (a cura di), *Cinema italiano sotto il fascismo*, Marsilio, Venezia, 1979, p. 108.

**14.** Per quanto detto e fin qui citato, direttamente dalla stampa di allora, cfr.: Lo Spettacolo Italiano, *Stefano Pittaluga*, «Lo Spettacolo Italiano», 4, aprile 1931, pp. 133-136; Anonimo, *Dopo la scomparsa del Maestro*, «Il Cinema Italiano», 11, 10 aprile 1931, pp. 1-2.

**15.** Su tutto quel che si è fin qui espresso cfr. i seguenti libri e saggi: Gromo, *Cinema italiano (1903-1953)*, Mondadori, Milano, 1954, p. 60; Brunetta, *Cent'anni di cinema italiano*, cit., p. 135 e p. 165. Nonché cfr. appunto Bursi, Mazzei, *Un progetto di modernizzazione. Pittaluga e la Cines*, cit. Più estesamente su Pittaluga cfr. comunque anche Tatti Sanguineti, *L'Anonimo Pittaluga. Tracce carte miti*, «Cinegrafie»,11, Transeuropa, Ancona, 1998.

**16.** Cfr. fin qui e per quel che segue: Redi, *La Cines. Storia di una casa di produzione italiana*, CNC, Roma, 1991. Mentre per il brano che segue cfr.: Anonimo, *L'installazione degli apparecchi R.C.A. agli Stabilimenti Cines*, «Kines», 44, 10 novembre 1929, p. 7.

**17.** Cfr. fin qui e per il brano che segue: Redi, *La Cines*, cit., p. 73; Anonimo, *L'ingegnere Bloomberg*, «Kines», 44, 10 novembre 1929, p. 7.

**18.** Per quanto detto fin qui e per quel che segue, cfr.: Anonimo, *Briscola Pittalughiana*, «Kines», 18, 4 maggio 1930, p. 11; Anonimo, *"Hollywood Revue" della Metro e la produzione della "Cines". Una serata di "sonoro" a Villa Torlonia*, «Il Cinema Italiano», 18, 20 maggio 1930, p. 3. Mentre in merito al *LUCE* e alle proiezioni a Villa Torlonia diciamo più avanti.

**19.** Cfr., per esempio, tra gli altri, su «Cinema-Teatro», 10, 1° giugno 1930, rispettivamente a pp. 3 e 5, ma anche pp. 6-8: R. L. [Renato Loreti], *Rinascita in atto*; Anonimo, *L'inaugurazione della "Cines"*. E cfr. anche: Anonimo, *I grandiosi teatri della "Cines-Pittaluga"*, «Cine-Gazzettino», 23, 7 giugno 1930, p. 3.

**20.** Per i brani che seguono cfr.: Anonimo, *La solenne inaugurazione dei teatri "Cines-Pittaluga"*, «Il Cinema Italiano», 19, 1° giugno 1930, pp. 1-3 (con riferimento al primo e al quarto); Anonimo, *L'inaugurazione degli Stabilimenti Cines-Pittaluga*, «Lo Spettacolo Italiano», 5, maggio 1930, pp. 107-108 e p. 108 (con riferimento invece al secondo e al terzo).

**21.** In merito al binomio cinema e fascismo, rimandiamo pertanto al già citato Redi, *Cinema italiano sotto il fascismo*, cit., ma anche: Giorgio Tinazzi (a cura di), *Il cinema italiano dal fascismo all'antifascismo*, Marsilio, Padova, 1966; Claudio Carabba, *Il cinema* *del ventennio nero*, Vallecchi, Firenze, 1974; Brunetta, *Cinema italiano fra le due guerre. Fascismo e politica cinematografica*, Mursia, Milano, 1975; Vittorio Martinelli, *Primi approcci tra cinema e fascismo*, «Immagine. Note di Storia del Cinema-Associazione Italiana per le Ricerche di Storia del Cinema», fascicolo decimo, aprile-giugno 1985, pp. 7-12; Gili, *Le Cinéma italien à l'ombre des faisceaux (1922-1945)*, Institut Jean Vigo, Perpignan, 1990; Guido Aristarco, *Il cinema fascista. Il prima e il dopo*, Dedalo, Bari, 1996; Jacqueline Reich, Piero Garofalo (edited by), *Re-viewing Fascism. Italian Cinema, 1922-1943*, Indiana University Press, Bloomington-Indianapolis, 2002; Vito Zagarrio, *Cinema e fascismo. Film, modelli, immaginari*, Marsilio, Venezia, 2004. Alcuni dei quali, occorre precisare, anche relativi agli anni precedenti a quelli da noi scelti in questa trattazione.

**22.** Cfr. per i brani che seguono: Umberto Paradisi, *"Cines": filmopoli italiana*, «Cine-Gazzettino», 34, 23 agosto 1930, p. 3; Anonimo, *Visita agli Stabilimenti Cines-Pittalluga di Roma*, "Il teatro di posa", «Rivista Italiana di Cinetecnica», 6-7, giugno-luglio 1930, pp. 5-7; Anonimo, *Gli stabilimenti della "Cines"*, «Cinema-Teatro», 11, 16 giugno 1930, pp. 5-9.

**23.** Su questa ipotesi, ampiamente provata con supporto della stampa d'epoca, rinviamo all'attenta e minuziosa disamina di Bursi, Mazzei, *Un progetto di modernizzazione. Pittalluga e la Cines*, cit.

**24.** Per quanto detto fin qui, ivi comprese le citazioni riportate, e per il brano successivo cfr.: Anonimo, *Dati sulla lavorazione dei teatri "Cines-Pittalluga"*, «Il Cinema Italiano», 19, 1° giugno 1930, p. 3.

**25.** Cfr. ancora, in merito ad *Ave Maria* e al brano sotto riportato *Ibidem*. Mentre in merito ai *multipli* pittalughiani alla *Cines* rimandiamo, per un ulteriore approfondimento, al saggio di Mazzei, *Un et Trin: les versions multiples à la Cines selon Pittalluga*, «Cinema & Cie», 7, fall 2005, pp. 79-94. Ma cfr. anche Paolo Lughi, *Uno schermo tra due mondi. I film in doppia versione nel cinema italiano degli anni Trenta*, «Il Nuovo Spettatore», 14, febbraio 1992, pp. 187-192.

**26.** Cfr. fin qui Brunetta, *Cent'anni di cinema italiano*, cit., p. 165, mentre per il brano che segue cfr.: La Rivista Cinematografia, *Il primo anno d'una produzione nuova*, «La Rivista Cinematografica», 23-24, 15-30 dicembre 1930, pp. 29-30.

**27.** Cfr. per il brano che segue: Anonimo, *L'attività della "Cines" nel 1930. La "Cines" all'estero*, "Notiziario Cines-Pittalluga", «Il Cinema Italiano», 2, 10 gennaio 1931, p. 4.

**28.** In merito alla malattia e alla scomparsa di Pittalluga cfr. anzitutto il brano sotto riportato: Anonimo, *La morte di Stefano Pittalluga. Un grave lutto della cinematografia italiana*, «Cine-Gazzettino», 15, 11 aprile 1931, p. 2. Ma ci permettiamo di rimandare anche a due altri articoli anonimi de «Il Cinema Italiano»: *Stefano Pittalluga ammalato*, 7, 1° marzo, p. 1; *Buone nuove sulla salute di Pittalluga*, 8, 10 marzo, p. 1

**29.** Sulla figura di Emilio Cecchi e sul suo impegno presso la *Cines* rimandiamo comunque ai seguenti testi: Brunetta, *Nota frammentaria ai Cines graffiti di Emilio Cecchi*, «Bianco e Nero», fascicolo 4, ottobre-dicembre 1983, pp. 23-26; Francesco Bolzoni, *Emilio Cecchi fra Buster Keaton e Visconti*, CSC-Centro Sperimentale per la Cinematografia, Roma, 1995; Buccheri, *L'era Cecchi*, in Id., *Stile Cines*, cit., pp. 19-25. Infine cfr. alcuni scritti dello stesso Cecchi: *Cinema 1931*, «Scenario», 1, febbraio 1932, pp. 5-10; *Gli anni della Cines. Inediti dai "Taccuini"*, «Bianco e Nero», fascicolo 4, ottobre-dicembre 1983, pp. 7-22; *Taccuini*, Mondadori, Milano, 1976, *Saggi e viaggi*, a cura di Margherita Ghilardi, Mondadori, Milano, 1997

**30.** Cfr. su questo: Redi, *Ti parlerò... d'amor*, cit., e soprattutto Bursi, Mazzei, *Un progetto di modernizzazione. Pittalluga e la Cines*, cit.

**31.** Per il brano che segue, cfr.: Anonimo, *Nostra relazione sulla situazione delle sale* *di proiezione. Ai margini del I Convegno Nazionale Cinematografico di Padova*, «La Cinematografia», 10, 15-30 giugno 1929, p. 3.

**32.** Per quanto detto, come per i brani che seguono cfr.: Anonimo, *La "intercambiabilità" concessa dall'America*, «Il Cinema Italiano», 19, 1° luglio 1929, p. 1; Anonimo, *Avviso importante ai Proprietari e Impresari di Cinematografi*, «L'Eco del Cinema», 73, dicembre 1929, p. 41;Anonimo, *Gli Esercenti romani per un apparecchio sonoro italiano*, «Il Cinema Italiano», 16, 1° giugno 1929, p. 1; Kines, *Opportune dichiarazioni del Presidente della Federazione dello Spettacolo sugli apparecchi sonori italiani*, "Incursioni sullo schermo", «Kines», 19, 11 maggio 1930, p. 3.

**33.** Cfr. appunto gli studi, gli approfondimenti e le catalogazioni di: Friedemann, Caranti (a cura di), *Dizionario dei brevetti di cinema e fotografia rilasciati in Italia 1894-1945*, Associazione FERT, Torino, 2006; Canosa, Carluccio, Villa (a cura di), *Cinema muto italiano: tecnica e tecnologia. Volume secondo. Brevetti, macchine, mestieri*, Carocci, Roma, 2006

**34.** Cfr. quindi i brani sotto riportati: Anonimo, *I cinematografi in Italia*, "Notiziario", «La Rivista Cinematografica», 16, 30 agosto 1930, p. 30; Viator, *Per l'espansione commerciale del film sonoro*, "Dal teatro di posa allo schermo", «Il Tevere», 13 novembre 1930, p. 5.

**35.** In merito ai due autori e ai loro testi, ovvero Salamino, *Architetti e Cinematografi. Tipologie, architetture, decorazioni della sala cinematografica delle origini 1896-1932*, Prospettive, Roma, 2009, nonché Caccia (a cura di/edited by), *Luoghi e architettura del cinema in Italia/Cinema houses: places and architectures in Italy*, ETS, Pisa, 2010 e ancora Caccia, Maria Adriana Giusti (a cura di/edited by), *Cinema in Italia. Sguardi sull'Architettura del Novecento*, Maschietto, Firenze, 2007, qui ci limitiamo solo a un raffronto di dati, ma sempre a partire però dagli articoli delle testate, che sono oggetto della nostra ricerca e analisi. Rinviamo invece ad essi per qualsivoglia ulteriore approfondimento architettonico, artistico e urbanistico di cui i volumi costituiscono un insolito e unico, quanto mai prezioso repertorio. Sullo stesso argomento cfr. comunque anche il saggio di prossima pubblicazione di Elena Mosconi, *La sala cinematografica*, in Quaresima (a cura di), *Storia del cinema italiano. Volume IV-1924/1933*, cit.

**36.** Su quanto detto fin qui in merito soprattutto al *Cinema Teatro Augusteo* di Napoli cfr. la scheda di V. R. [Valentina Russo], in Caccia (a cura di/edited by), *Luoghi e architettura del cinema in Italia/Cinema houses: places and architectures in Italy*, cit., p. 324.

**37.** Cfr. su quanto detto fin qui e in merito ai brani che seguono: Anonimo, *Il cinema "Royal" di Torino per i films sonori*, "Notiziario", «La Rivista Cinematografica», 19, 15 ottobre 1929, p. 42; Anonimo, *L'attesa riapertura del "Capranica"*, «Il Cinema Italiano», 31, 1° novembre 1929, p. 3; A. Palma, *L'inaugurazione del Cinema-Teatro "Augusteo" di Napoli*, «La Rivista Cinematografica», 22, 30 novembre 1929, pp. 9-10.

**38.** Cfr. a tal proposito il brano che segue: Anonimo, *"Trafalgar" a Terni nella edizione sonora e cantata*, «Kines», 45, 17 novembre 1929, p. 12.

**39.** Cfr. in merito all'inaugurazione delle due sale milanesi e genovesi sui due numeri, 35 e 36, del 1° e dell'8 dicembre 1929, de «Il Cinema Italiano»: A. Camisa, *L'inaugurazione dell'Odeon di Milano*, p. 3; Anonimo, *Il nuovo Cinema Teatro Andrea Doria di Genova*, p. 2.

**40.** Cfr. per i due brani che seguono: Anonimo, *Gli apparecchi sonori della "Cinemeccanica"*, "Notiziario", «La Rivista Cinematografica», 2, 30 gennaio 1930, p. 24; Anonimo, *Notiziario milanese*, «cinematografo», 1, 5 febbraio 1930, p. 21.

**41.** Cfr. Cauda, *Il "movietone" della Cinemeccanica al Supercinema Ideal di Torino*, «Il Cinema Italiano» 25, 1° agosto 1930, p. 3.

**42.** Cfr. per informazioni qui riportate: Anonimo, *Impianti sonori "Prevost"*, "Notiziario", «La Rivista Cinematografica», 5, 15 marzo 1930, p. 27; ma anche, Anonimo, *Notiziario milanese*, cit.

**43**. Cfr. la scheda di Sernia, *Cinema Nazionale (Torino)*, in Caccia (a cura di/edited by), *Luoghi e architettura del cinema in Italia/Cinema houses: places and architectures in Italy*, cit., p. 288.

**44**. In merito a un'ipotetica mappatura delle sale di provincia, rinnovate e inaugurate in occasione del sonoro cfr. soprattutto i seguenti notiziari: Anonimo, *L'apparecchio "Melovox Radio Vitus" - Standard 1930 - al "Politeama" di Casale Monferrato*, "Notiziario", «La Rivista Cinematografica», 9, 15 maggio 1930, p. 32; Anonimo, *Nuovi impianti sonori dell'"An. Pittaluga"*, "Notiziario", 10, 30 maggio 1930, p. 23 [su: *Politeama Alessandrino* di Alessandria, *Teatro Fenice* di Trieste, *Cinema Eldorado* di Novara, *Politeama Verdi* di Vercelli]; Anonimo, *Il 25° apparecchio sonoro "Pacent" installato in Italia*, "Notiziario", «La Rivista Cinematografica», 15-16, 15-30 agosto 1930, p. 52 [su *Cinema Sanremese* di Sanremo]; Anonimo, *Nuovi impianti della "S. A. Cinemeccanica"*, "Notiziario", «La Rivista Cinematografica», 17, 15 settembre 1930, p. 47 [su: *Cinema Italia* di Vercelli; *Cinema Iride* di Savignano]; Anonimo, *Gli apparecchi sonori delle Officine "Pio Pion"*, "Notiziario", «La Rivista Cinematografica», 17, 15 settembre 1930, p. 48 [su *Cinema-Teatro* di Sassuolo, *Cinema Moderno* di Orbetello]; Anonimo, *Nuovi impianti sonori delle Officine Pio Pion*, "Notiziario", «La Rivista Cinematografica», 18, 30 settembre 1930, p. 52 [su *Cinema Liceum* di Varese]; G., *Ancora all'avanguardia*, «Il Cinema Italiano», 38, 10 dicembre 1930, p. 3; Anonimo, *Impianti sonori delle officine "Pio Pion" di Milano*, "Notiziario", «La Rivista Cinematografica», 4, 30 febbraio 1931, p. 32 [su *Cinema Eden* di Pistoia, *Cinema Grillo* di Santa Maria Capua Vetere, *Nuovo Politeama* di Adria]; Anonimo, *Il primo impianto in Italia del Gaumont-Radio-Junior*, "Notiziario italiano", «La Rivista Cinematografica», 12, 30 giugno 1931, p. 20 [su *Cinema Bios* di Mantova]; A. B. [Alessandro Blasetti], *Il Western Eletric a Grosseto*, «Il Cinema Italiano», 22, 15 agosto 1931, p. 5; Anonimo, *Impianto sonoro all'"Arena del Sole" di Bologna*, "Notiziario italiano", «La Rivista Cinematografica», 17, 15 settembre 1931, p. 23; Anonimo, *L'apparecchio "Bertinophon" inaugurato a Genova*, "Notiziario italiano", «La Rivista Cinematografica», 23-24, 15-30 dicembre 1931, pp. 99-100 [su *Cinema Moderno* di Genova]; Anonimo, *Un nuovo impianto sonoro della International Acoustic*, «Kines», 6, 7 febbraio 1932, p. 6 [su *Cinema Teatro Cilea* di Palmi-Reggio Calabria]; Anonimo, *L'impianto sonoro al Cinema Monteverdi di La Spezia*, "Notiziario italiano", «La Rivista Cinematografica», 6, 30 marzo 1932, p. 24; Anonimo, *Nuovi impianti della S. A. Microtecnica*, "Notiziario italiano", «La Rivista Cinematografica», 10, 30 maggio 1932, p. 24 [su *Cinema Teatro Verdi* di Sassari, *Cinema Teatro Eden* di Cagliari, *Cinema Eden* di Nuoro, *Cinema Buffalo Bill* di Trieste e *Cinema Moderno* di Cuneo].

**45**. Cfr. i seguenti notiziari, suddivisi per singole città. Per le sale di Roma cfr.: Anonimo., *Nuove installazioni di apparecchi sonori "Pacent"*, "Notiziario", «La Rivista Cinematografica», 12, 30 giugno 1930, p. 24; Anonimo, *L'inaugurazione del fastoso Cinema Teatro Barberini*, «Il Cinema Italiano», 36, 20 novembre 1930, p. 2-3. Per le sale di Torino cfr. da «La Rivista Cinematografica»: Anonimo, *Impianto sonoro al "Cinepalazzo" di Torino*, "Notiziario", 17, 15 settembre 1930, p. 48; Anonimo, *Impianto apparecchi sonori "Prevost"*, "Notiziario", «La Rivista Cinematografica», 20, 30 ottobre 1930, p. 28. Infine per la sala di Firenze cfr. Anonimo, *Installazione di impianti sonori "Pion"*, "Informazioni", «Rivista Italiana di Cinetecnica», 10, ottobre 1930, p. 27.

**46**. Sul *Cinema Teatro Barberini* di Roma cfr. la scheda di Romano, *Cinema Barberini*, in Caccia (a cura di/edited by), *Luoghi e architettura del cinema in Italia/Cinema houses: places and architectures in Italy*, cit., p. 320. Mentre in merito all'architetto Piacentini, cfr. più in generale i seguenti saggi, articoli e libri a lui e al suo cinema dedicati: Orazia Belsito Prini, *Un nuovo cinema di Marcello Piacentini*, «La Casa Bella», 36, dicembre 1930;

Anonimo, *Il Cinema-Teatro Barberini in Roma dell'Arch. Marcello Piacentini*, «Architettura e Arti Decorative», fascicolo X, giugno 1931; Sandro Scarrocchia, *Albert Speer e Marcello Piacentini. L'architettura del totalitarismo negli anni trenta*, Skira, Milano, 1999

**47**. Per le rilevazioni e le indagini intorno alle sale della capitale, svolte a cavallo tra l'inverno del 1930 e la primavera del 1931, cfr.: Anonimo, *Nuovi impianti Western a Roma*, "Informazioni", «Rivista Italiana di Cinetecnica», 10, ottobre 1930, p. 27; Anonimo, *Nuove installazioni di apparecchi sonori "Pacent"*, "Informazioni", «Rivista Italiana di Cinetecnica», 12, dicembre 1930, p. 23; Anonimo, *Muto o sonoro a Roma?*, «Il Cinema Italiano», 9, 20 marzo 1931, p. 3. Di cui quest'ultimo citato anche nel brano sotto riportato. Mentre, in merito ad alcune delle suddette sale cinematografiche capitoline, rimandiamo ancora alle schede che, simili a quelle riportate nella trattazione, si possono ritrovare anche nella sezione *Cinematografi in Italia/Cinemas in Italy*, pubblicata sempre in Caccia (a cura di/edited by), *Luoghi e architettura del cinema in Italia/Cinema houses: places and architectures in Italy*, cit., pp. 285-333.

**48**. Cfr. prima: Anonimo, *I cinematografi della Penisola e delle Isole attrezzati al sonoro*, «Il Cinema Italiano», 4, 1º febbraio 1931, p. 3; e poi, per i brani che seguono: Anonimo, *La riapertura del Cinema Ambrosio di Torino*, "Notiziario", «La Rivista Cinematografica», 3, 15 febbraio 1931, pp. 27-28; Anonimo, *L'impianto sonoro al "Cinema Apollo" di Torino*, "Notiziario", «La Rivista Cinematografica», 3, 15 febbraio 1931, p. 28; Kid., *La fastosa inaugurazione del Kursaal*, «Il Cinema Italiano», 27, 10 ottobre 1931, p. 3; Anonimo, *Un record di velocità per installazioni sonore*, «Kines», 41, 11 ottobre 1931, p. 3.

**49**. In merito al *Cinema Ambrosio* di Torino e al brano riportato cfr. la scheda di Dessi, *Cinema Ambrosio*, in Caccia (a cura di/edited by), *Luoghi e architettura del cinema in Italia/Cinema houses: places and architectures in Italy*, cit., pp. 287-288.

**50**. Cfr. per il brano che segue: Anonimo, *Al Cinema Statuto di Torino*, «La Rivista Cinematografica», 7, 15 aprile 1932, p. 23.

**51**. Cfr., per quanto riguarda le citazioni riportate fin qui: Brunetta, *Cinema italiano tra le due guerre. Fascismo e politica cinematografica*, Mursia, Milano, 1975, p. 29 e p. 32; Maurizio Grande, *Cultura e immagine nel fascismo*, in Redi (a cura di), *Cinema italiano sotto il fascismo*, cit., p. 212; Gili, *Chemises noires et téléphones blancs*, cit., p. 60. In particolare quest'ultimo laddove dice: «*La législation rapidement mise en place tend à l'appropriation des actualités et de documentaires et à la mise sous tutelle, par canale de la censure, des films de fiction*». Più in generale sull'argomento cfr. anche i seguenti altri saggi e volumi: Bruno Torri, *L'eccezione (da verificare), la regola (da ribadire)*, in Redi (a cura di), *Cinema italiano sotto il fascismo*, cit., pp. 73-80; Mino Argentieri, *L'occhio del regime: informazione e propaganda nel cinema del fascismo*, Vallecchi, Firenze, 1979 (nuova ed. *L'occhio del regime*, Bulzoni, Roma, 2003); Gili, *Stato fascista e cinematografia*, cit.; Laura Malvano, *Fascismo e politica dell'immagine*, Bollati Boringhieri, Torino, 1988; Lino Miccichè, *Il cinema italiano sotto il fascismo*, in Mino Argentieri (a cura di), *Risate di regime. La commedia italiana 1930-1944*, Marsilio, Venezia, 1991, pp.37-63. Rimandiamo ancora, in merito al fascismo e al cinema, ai seguenti saggi di Redi su «Immagine. Note di Storia del Cinema-Associazione Italiana per le Ricerche di Storia del Cinema», nuova serie: *La fascistizzazione del cinema italiano* e *La fascistizzazione del cinema italiano: 2*, 26, primavera 1994, pp. 1-9; *La fascistizzazione del cinema italiano: 3. Il "memoriale Pierantoni"*, 31, estate 1995, pp. 19-25.

**52**. Per quel che riguarda l'Istituto Nazionale per la Cinematografia Educativa, Mussolini, il culto della personalità etc., rimandiamo ai seguenti saggi e volumi: Alessandro Sardi, *L'Istituto Nazionale Luce*, Luce, Roma, 1932; *Origine, organizzazione e attività dell'Istituto Nazionale "LUCE"*, Istituto Poligrafico dello Stato, Roma, 1934; Massimo Cardillo, *Il duce* *in moviola. Politica e divismo nei cinegiornali e documentari "Luce"*, Dedalo, Bari, 1983; Ernesto G. [Guido] Laura, *Le stagioni dell'Aquila. Storia dell'Istituto Luce*, Ente dello Spettacolo, Roma, 2000 (I ed. 1999); Sergio Luzzatto, *L'immagine del duce. Mussolini nelle fotografie dell'Istituto Luce*, Editori Riuniti, Istituto Luce, Roma, 2001; Silvio Celli (a cura di), *I tesori del LUCE*, speciale di «Bianco e Nero», fascicolo 547, inverno 2003; Marco Pizzo, Gabriele D'Autilia, *Fonti d'archivio per la storia del LUCE 1925-1945*, Istituto Luce S.p.A., Roma, 2004. Ancora, al fine di avere uno sguardo bibliografico del passato e uno anche più recente, cfr., da un lato, lo speciale de «Lo Schermo», 7, luglio 1936, dedicato al *LUCE* in occasione del suo X anniversario, e, dall'altro, alcuni dei saggi di prossima pubblicazione in Quaresima (a cura di), *Storia del cinema italiano. Volume IV-1924/1933*, cit., tra cui per esempio: Celli, *L'Istituto Luce*; Francesco Pitassio, *I cinegiornali Luce e la creazione del "divo" Mussolini*; Laura Vichi, *I documentari Luce. Ruralismo e modernizzazione*. Per i quali, come detto, è però ancora possibile un margine di variazione della loro esatta titolazione.

**53.** Cfr., in merito al brano sotto riportato e a quel che segue subito dopo, gli articoli, entrambi di Anonimo, tratti da «La Rivista Cinematografica»: *La "Western Eletric" per l'"Istituto Internazionale Cinema Educativo"*, "Notiziario", 20, 30 ottobre 1929, p. 40; *L'Inaugurazione degli apparecchi sonori all'Istituto Internazionale per la Cinematografia Educativa*, 7, aprile 1930, p. 3.

**54.** Cfr. per i due brani che seguono, tratti entrambi da «La Rivista Cinematografica»: Giovannetti, *La "Luce" sonora*, 13-14, 15-30 luglio 1931, pp. 11-12; Anonimo, *La prima Cinerivista Luce sonora*, "Notiziario italiano", 12, 30 giugno 1931, p. 20.

**55.** Cfr. per i due brani che seguono, entrambi di Anonimo e tratti da «La Rivista Cinematografica»: *L'incremento dell'Ist. Naz. L.U.C.E.*, 18, 30 settembre 1931, p. 12; *I primi giornali sonori della "Luce"*, "Notiziario italiano", 19, 15 ottobre 1931, p. 22.

**56.** Cfr. su questo e da «Il Cinema Italiano»: Anonimo, *I films sonori della "Luce"*, 3, 20 gennaio 1932, p. 1. E in più cfr. ancora: Brunetta, *Cinema italiano tra le due guerre*, cit., laddove lo studioso ribadisce di come il Regio Decreto Legge del 5 agosto 1926 già sancisse da alcuni anni l'obbligo di proiezione nelle sale cinematografiche italiane, e prima di ogni film, dei *cinegiornali* allora ancora muti.

**57.** Cfr. per il brano che segue: C. [Jacopo Comin], *Come si fa un giornale di attualità sonoro*, «Cinema Illustrazione», 28, 13 luglio 1932, p. 11.

**58.** Cfr. su questo: Anonimo, *Un'altra editrice italiana*, «Cinema Illustrazione», 42, 21 ottobre 1931, p. 3.

**59.** Cfr. su quanto detto, prima: Anonimo, *La voce del mondo*, «L'Eco del Cinema», 93, agosto 1931, p. 5. Poi cfr. i citati Uccello e Capolino, autori dell'articolo a quattro mani sotto riportato: *La Caesar-Film prepara i più perfetti impianti sonori d'Italia*, «Kines», 32, 9 agosto 1931, p. 6.

**60.** Cfr. per il brano che segue: Anonimo, *L'inaugurazione della Caesar Film*, «Kines», 41, 11 ottobre 1931, p. 3.

**61.** Cfr., per quanto detto fin qui prima: Anonimo, *La "Caesar Film" in piena attività di lavorazione*, "Notiziario Italiano, «La Rivista Cinematografica», 10, 30 maggio 1932, p. 24; Anonimo, *L'attività della Caesar Film*, «La Rivista Cinematografica», 15-16, 15-30 agosto 1932, pp. 10-11; Anonimo, *Notiziario Caesar Film*, «Il Cinema Italiano», 21, 15 agosto 1932, p. 6. Cfr. poi per il brano che segue: De Marco, *Dall'esperimento alla pratica*, «La Rivista Cinematografica», 23-24, 15-30 dicembre 1932, pp. 33-34.

**62.** Cfr, in generale, per quanto fin qui espresso: Valentina Ruffin, Patrizia D'Agostino, *Dialoghi di regime. La lingua del cinema degli anni trenta*, Bulzoni, Roma, 1997; Sergio Raffaelli, *La lingua filmata. Didascalie e dialoghi nel cinema italiano*, Le Lettere,

Firenze, 1992. Di cui quest'ultimo anche per il brano che segue, p. 191. Ancora, sulla questione della lingua e del *doppiaggio* italiano – affrontato in questo paragrafo in senso linguistico e storico – rimandiamo anche altri seguenti libri e saggi: Alberto Menarini, *Il cinema nella lingua. La lingua nel cinema. Saggi di filmologia linguistica*, Fratelli Bocca, Milano-Roma, 1955; Mario Quargnolo, *Pionieri e esperienze del doppiato in Italia*, "Note", «Bianco e Nero», 5, maggio 1967, pp. 66-79; Nicoletta Maraschio, *L'italiano del doppiaggio*, in Centro Studi di Grammatica Italiana (a cura di), *La lingua italiana in movimento*, Accademia della Crusca, Firenze, 1982; Alberto Castellano (a cura di), *L'attore dimezzato? Doppiaggio sì/no, anzi... sì*, 2 voll., ANCCI, Roma, 1992-1993; Eleonora Di Fortunato, Mario Paolinelli, *La questione doppiaggio. Barriere linguistiche e circolazione delle opere audiovisive*, AIDAC, Roma, 1996; Mario Guidorizzi (a cura di), *Voci d'autore. Storia e protagonisti del doppiaggio italiano*, Cierre, Sommacampagna (VE), 1999; Castellano (a cura di), *Il doppiaggio. Profilo storia e analisi di un'arte negata*, AIDAC, Roma, 2000; Castellano (a cura di), *Il doppiaggio. Materiali*, AIDAC, Roma, 2000; Raffaelli, *La parola e la lingua*, in Brunetta (a cura di), *Storia del cinema mondiale. Volume quinto. Teorie, strumenti, memorie*, Einaudi, Torino, 2001, pp. 855-905; Massimo Giraldi, Enrico Lancia, Fabio Melelli, *Il doppiaggio nel cinema italiano*, Bulzoni, Roma, 2010;

**63**. Cfr., per i brani che seguono: Roma, *"Atlantic" e "Il fantasma della felicità"*, "Le prime a Milano", «Cinema Illustrazione», 43, 22 ottobre 1930, p. 6; C. T., *Censura e film sonoro*, «Cinema-Teatro», 21, 16 novembre 1930, p. 4; D'Arco, *La questione dei films parlanti in lingua straniera. In difesa dell'esercizio*, «La Rivista Cinematografica», 23-24, 15-30 dicembre 1930, pp. 34-35.

**64**. Cfr. per il brano che segue: Margadonna, *Il "dubbing". Parabola del parlato*, «Comoedia», 11, 15 novembre-15 dicembre 1931, pp. 17-18.

**65**. Cfr. per la citazione come e per il brano successivo: Redi, *Ti parlerò... d'amor*, cit., p. 94.

**66**. Cfr. per quanto detto fin qui: Orio Caldiron, Matilde Hochkofler, *I signori degli anelli. Il doppiaggio in Italia: le gloriose imprese di una calamità nazionale*, in Castellano (a cura di), *L'attore dimezzato*, cit., pp. 25-48; Quargnolo, *Pionieri e esperienze del doppiato in Italia*, cit. E soprattutto di quest'ultimo cfr. anche per il brano che segue: *La parola ripudiata. L'incredibile storia dei film stranieri in Italia nei primi anni del sonoro*, La Cineteca del Friuli, Gemona (UD), 1986, p. 42.

**67**. In merito al citato provvedimento legislativo cfr.: Anonimo, *Tutela della industria cinematografica nazionale*, in Manuale dello Spettacolo, *Il cinematografo e il teatro nella legislazione fascista. Raccolta delle leggi e dei decreti amministrativi, tributari e corporativi, coordinati e illustrati con brevi richiami legislativi e con note*, Ditta Carlo Colombo, Roma, 1936, pp. 42-52. Per il quale mi permetto di rimandare anche ad un mio recente ed ampio lavoro di ricerca e di raccolta di documenti d'epoca, confluito, con il titolo di *Documentazione*, in Quaresima (a cura), *Storia del cinema italiano. Volume IV-1924/1933*, cit. Infine in merito alla citazione riportata nel testo cfr.: Raffaelli, *La lingua filmata*, cit., p. 193.

**68**. Per quanto fin qui detto cfr. in generale ancora Quargnolo, *La parola ripudiata*, cit., e in particolare i seguenti articoli dei periodici d'epoca: Anonimo, *Il "doppiato" è una cosa seria (Conversazione con l'avv. Francesco Scherma)*, «Il Cinema Italiano», 17, 15 giugno 1932, p. 5; G. V. [Giuseppe Vittorio] Sampieri, *Corriere di Roma*, «Cinema Illustrazione», 27, 6 luglio 1932, p. 14.

**69**. Cfr. ancora in generale Quargnolo, *La parola ripudiata*, cit., e in particolare, con riferimento ai brani sotto riportati: G. V. S. [Giuseppe Vittorio Sampieri], *Corriere romano*, «Cinema Illustrazione», 37, 14 settembre 1932, p. 2; G. Barbesino, *La "Fonofilm" di Roma*, «L'Eco del Cinema», 107, ottobre 1932, p. 26.

**70.** In merito agli articoli citati cfr.: Giuseppe Hurle, *Polemica sul "dubbing"*, «Kines», 42, 18 ottobre 1931, p. 10; E. R. [Enrico Roma], *Caro lettore, ecco... i retroscena del "doublage"*, «Cinema Illustrazione», 10, 9 marzo 1932, p. 7; André Rigaud, *I misteri del dubbing*, «Il Dramma», 142, 15 luglio 1932, pp. 45-46.

**71.** Cfr. per quanto fin qui detto e per il brano che segue: Gustavo Briareo [Giacomo Debenedetti], *Il doppiaggio in Italia*, «Cinema», 29, 10 settembre 1937, ora in Debenedetti, *Al cinema*, a cura di Lino Miccichè, Marsilio, Venezia, 1983, pp. 112-117.

**72.** Rimandiamo pertanto al cfr., tra gli altri, dei seguenti articoli, saggi e libri: Louis Chavance, *"Le dubbing"*, «La Revue du Cinéma», 26, 1° septembre 1931, pp. 16-19; G. G. Napolitano, *Doppiare un film*, «Scenario», 8, agosto 1933, pp. 419-422; M. Cortini-Viviani, *I segreti del doppiaggio*, «Cinema», 6, 25 settembre 1936, pp. 232-233; Corrado Pavolini, *Tradurre un film*, «Cinema», 5, 10 settembre 1936, pp. 180-181; Francesco Luseri, *Il volto e la voce*, Edizioni AGA-Agenzie Giornalistiche Associate, Roma, 1966.

**73.** In merito ai due ultimi brani sotto riportati cfr.: [Cesare Zavattini], *Gli scherzi del "doublage"*, «Cinema Illustrazione», 11, 16 marzo 1932, ora in Id., *Cronache da Hollywood*, a cura di Giovanni Negri, Lucarini, Roma, 1991, p. 81; [Enrico] Roma, *Pirandello e il cinema*, «Comoedia», 7, 15 luglio-15 agosto 1932, p. 22.

Produzione Cines~Pittaluga

# Paolo Abraham

Dal Romanzo
"Storie di una ma
da scrivere"
di
Stefano Szom

La Segretaria Privata
La Segretaria Privata
La Segretaria Privata
La Segretaria Privata
La Segretaria Privata
La Segretaria Privata
La Segretaria Privata
La Segretaria Privata
La Segretaria Priva

1 - Io ho una vecchia zia

2 - Non si vive soltanto

3 - Oggi sono tanto f

4 - Chiusa al mio

Versi di
Robert Gilbert
Versione ritmica di
Ennio Neri

L. 1,50

# Analisi testuali di alcuni film paradigmatici

Una voce.
Egli era poco più di una voce.
Ed io ascoltai – lui – essa
– quella voce – altre voci
– tutti quanti erano poco più che voci
– e il ricordo [...] indugia intorno a me impalpabile,
come la vibrazione morente
di un immenso chiacchierio,
sciocco, atroce, sordido, selvaggio,
o semplicemente meschino,
privo di qualsiasi buonsenso.
Voci, voci
Joseph Conrad[1]

Analizzeremo qui alcuni dei film prodotti in Italia a cavallo tra la fine degli anni '20 e l'inizio degli anni '30, esemplificativi delle difficoltà affrontate e delle soluzioni adottate nel corso della delicata transizione dal muto al sonoro.

## Napoli che canta e Rotaie: esempi di film muti *sonorizzati* e/o *sincronizzati*

Prodotto nel 1927 dalla *FERT* di Torino e diretto da Mario Almirante, *Napoli che canta* è il primo e unico film muto italiano *sonorizzato* e *sincronizzato* a posteriori dalla *Cines-Pittaluga* nel 1930. Ad esso viene aggiunta, a tre anni dall'uscita, una vera e propria *colonna sonora*, perlopiù costituita da musica e rumori, registrata a parte.

Di tale operazione si ha notizia già nell'estate del 1930 in due articoli apparsi su «La Rivista Cinematografica», mentre è a gennaio del nuovo anno che Enrico Roma ne dà conferma all'interno di un terzo pezzo, una recensione dai giudizi tutt'altro che positivi pubblicata su «Cinema Illustrazione»[2].

> Un suggestivo film, di recente ultimato alla *Cines* è *Napoli che canta*. Esso, che fu interpretato da Anna Mari, Lilian Lyl, Giorgio Curti e Malcom Todd sotto l'abile direzione di Mario Almirante, è stato ora, per così dire, rivestito di melodie e canti, che hanno potentemente aumentato in efficacia gli effetti già considerevolissimi del lato visivo. Le canzoni sono dovute al maestro [Ernesto] Tagliaferri.

> I direttori di sede e gli Ispettori di zona della *S.A.S.P.* [*Società Anonima Stefano Pittaluga*] hanno [...] visionato nella sua edizione definitiva il film *Napoli che canta* già eseguito dalla *FERT* sotto la direzione artistica di Mario Almirante, ed ora sincronizzato dalla *Cines* con musiche e canzoni adattate dal noto maestro [Ernesto] Tagliaferri. A parte l'innegabile valore del film, la *sincronizzazione* è stata giudicata tale da assicurare al lavoro un completo successo. I motivi di canzoni [...] costituiscono un elemento di grande [...] attrattiva. Alcune canzoni sono un vero prodigio di rendimento sonoro, anche per merito dell'interprete (la cantante [Elvira] Marchionni), che ha animato le canzoni stesse con la sua voce di un timbro inimitabile e con singolari risorse di espressività e di sentimento.

> Due anni non passano invano per un film. Con l'attuale rivoluzione, poi, si rischia di far sembrare preistorica qualsiasi produzione. Questo *Napoli che canta* realizzato da Mario Almirante negli ex stabilimenti della *FERT* torinese avrebbe potuto continuare a dormire i suoi sonni tranquilli, ché la cinematografia italiana non avrebbe perduto [granché]; ma la mania della *sincronizzazione* lo ha fatto uscire dalle scatole polverose [...]. La povertà dei mezzi impiegati traspare da ciascun quadro [...]. Anche l'interpretazione e la *sonorizzazione* lasciano alquanto a desiderare. Abbiamo stentato a riconoscere celebri canzoni... Ma la colpa non è dei cantanti: la *Cines* è responsabile, tecnicamente, dell'attentato.

Contrariamente al celebre critico di «Cinema Illustrazione», Almirante – regista del film – non ritiene la *sonorizzazione* un attentato, bensì un'opportunità per dare «un'anima di armonia [...]

all'anima fotografica», secondo quanto dichiara nell'intervista rilasciata qualche giorno prima, il 20 dicembre 1930, a Umberto Paradisi su «Cine-Gazzettino»[3].

Certo è che, a rivederlo oggi, il film appare un ibrido esperimento di laboratorio: visivamente passabile, ma acusticamente assai confuso. Nato infatti nel silenzio delle origini, esso varca le frontiere della nuova era attraverso manipolazioni successive che lo trasformano non tanto in un film semplicemente *post-sonorizzato*, quanto in un *part-talkie*, ovvero in un film *parzialmente parlato*. Un'opera per la quale i criteri di analisi e di giudizio non possono affatto essere quelli comuni. Costituito all'incirca da 90 sequenze e 906 inquadrature[4], il film narra dell'iniziazione affettiva di due giovani newyorkesi, Jinny/Genny D'Ambrosio (Malcom Todd) e Alice Baldwyn (Anna Mari) che, pur non amandosi, acconsentono in America a un matrimonio d'affari combinato dai rispettivi padri, un imprenditore della carta di origine napoletana e un magnate dell'editoria. Al termine di un viaggio pre-matrimoniale, che ha per meta Napoli e per scopo una serie di rispettive avventure, i due giovani si innamorano davvero l'uno dell'altro, promettendosi, a differenza di quanto proclamato all'inizio, felicità, ma soprattutto fedeltà reciproca.

Dopo i titoli di testa – che mostrano in successione alcune vedute di Napoli in formato cartolina alternate a quadri di dinamica vita cittadina, con pescatori, giardinieri e vetturini al lavoro – si passa alla sequenza di apertura che – ambientata a New York e introdotta da una didascalia in cui si legge: *New York. Case moltiplicate per dieci, ricchezza per venti, miseria per cinquanta... indifferenza per mille* – è speculare a quelle dei titoli. L'immagine della città americana, piena di gente e automobili, è espressione di una modernità antitetica a quella partenopea. Un motivetto *jazz* si contrappone alla melodia sentimentale napoletana, così come i clacson delle vetture si alternano al suono degli zoccoli dei cavalli di un'antica carrozzella, mentre il mormorio della folla metropolitana contrasta con il silenzio del lungomare Caracciolo.

Le tre sequenze seguenti sono invece introdotte da *didascalie narrative*, immediatamente illustrate da immagini[5]. Questi cartelli hanno una funzione diversa da quelli iniziali. Se quelli indicano infatti le coordinate geografiche, questi introducono i personaggi del racconto, tra l'altro accostando i loro nomi a quelli degli attori e delle attrici interpreti e svelando così il gioco della simulazione. Tre dei quattro protagonisti principali vengono presentati come segue:

*Vincenzo Aniello*
*napoletano puro sangue,*
*in vent'anni di lavoro*
*è diventato proprietario*
*di una grande cartiera.*
*(L'attore: Carlo Tedeschi).*

*Quel caro ragazzo di Jinny*
*(L'attore: Malcom Todd).*

*Buon giorno, papà!*
*(L'attrice: Anna Mari).*

A disorientare lo spettatore di oggi è la dissonanza che si viene a creare tra le *didascalie* e i suoni registrati a parte. E c'è una grande disparità tra la musica sovrabbondante e l'assenza di dialogo. I dialoghi dunque – a causa delle difficoltà di sincronizzazione – rimangono per lo più sottintesi, mentre i rumori dell'ambiente sono uditi distintamente dal pubblico.

Pensiamo ad esempio ad una delle inquadrature della II sequenza del film: Aniello senior, seduto alla scrivania del suo ufficio risponde ad un telefono di cui sentiamo lo squillo, ma poi non udiamo la sua conversazione; vediamo l'attore muovere le labbra, ma senza che un solo suono giunga alle nostre orecchie. Quel che dice lo possiamo leggere nella *didascalia* che segue: «*Dite a quel... caro ragazzo di mio figlio che si svegli... che questa non è per lui una giornata delle solite*». Una *didascalia* che, stando alle definizioni di Boris Ejchenbaum e di Gianni Rondolino, non definiremmo semplicemente *dialogica*, bensì *narrativamente necessaria* e soprattutto *drammaturgicamente allusiva*, laddove i *puntini di sospensione* ci aiutano a decifrare toni e aggettivazioni ironiche che il padre manifesta nei confronti di un figlio indolente. Nella *didascalia* inserita all'interno della III sequenza del film, poi, si sbeffeggia la pronuncia italoamericana del maggiordomo di colore di Jinny, Tom, ricorrendo al convenzionale uso dei verbi all'infinito e mal coniugati. Si legge, infatti: «*Signorino, per voi questo giorno essere più dolce di marmellata. Voi fidanzare con Miss Alice Baldwin*»[6]. Si possono notare poi alcune *didascalie* che sono probabilmente sfuggite al controllo della censura fascista contraria all'utilizzo dei *forestierismi*. Sembra il caso ad esempio del colloquio che avviene in giardino tra Jinny e Alice, per stabilire alcune basilari regole di indipendenza prima del forzato matrimonio: «*D'accordo, Alice: tu andrai al tuo tennis, io al mio club; e tutti e due seguiteremo a coltivare i nostri flirts*».

Ad ogni modo, quello che stupisce in questo film è l'immissione selvaggia e strampalata degli elementi sonori, spesso del tutto illogica. Basti pensare che nella sequenza citata le parole di Tom – leggibili nella *didascalia* – sono precedute da uno sbadiglio di Jinny al risveglio, musicalmente simulato dal suono di una tromba. Molto buffa è anche la sequenza in cui la conversazione in giardino di Jinny e Alice viene sintetizzata da *didascalie*, mentre ampio spazio è concesso per esempio al cinguettio degli uccelli, quindi a quelli che Michel Chion definisce i «suoni-territorio», ovvero i suoni o i rumori ambientali[7]. Nelle due sequenze ambientate sul campo da tennis, dove si trovano Alice e le amiche, si odono da lontano i gridolini delle giocatrici, risate e frasi smozzicate ma lei parla alle amiche per iscritto. Nella scena in cui i due protagonisti si presentano al ricevimento che si tiene per il loro fidanzamento, si odono qua e là alcune frasi dette dai rispettivi amici: «*E adesso datevi un bacio*»; «*Ma dove vanno?*» e in risposta compare una *didascalia* in cui è scritto: «*È proibito. Parlano d'amore!*».

Frasi di sottofondo compaiono nel macrosegmento napoletano, nella sequenza in cui Jinny, che sta effettuando un giro turistico in carrozzella, viene accerchiato da un gruppo di fioraie. Le donne lo apostrafano con frasi appena appena udibili: «*Signuri, bbongiorno. Quanto mi date»*; «*Pijateve... questi. Stateve bbuono!*» ecc.

Una soluzione diversa è adottata per il dialogo d'amore tra Jinny e Carmelina (Lillian Lyl), l'amante partenopea, che avviene al buio, alle pendici del Vesuvio. La scena è risolta *acusticamente* in modo più radiofonico che cinematografico, attraverso l'inserimento posticcio di alcune frasi sonore e associate a immagini originariamente afone. Lui la supplica di trattenersi: «*Ancora un po'... un minuto*». Lei gli risponde: «*Lo sai che a Napoli, un minuto può contare più di un anno*». Lui domanda ancora: «*Perché?*». Lei risponde: «*Vedi lassù* – riferendosi al vulcano che viene ripreso nell'inquadratura successiva – *Quando meno te lo aspetti, prende fuoco e... allora?*». Un dialogo posticcio, all'interno del quale sono peraltro inverosimilmente bandite le cadenze dialettali, probabilmente allo scopo di aderire alla politica *cinelinguistica* fascista[8].

La pellicola presenta anche grossolani errori di sincronizzazione. Uno dei più eclatanti è quello che si nota nella sequenza della telefonata che si svolge tra Alice e Jinny. In essa Alice risponde al trillo del telefono che udiamo con un po' troppo ritardo. Jinny in controcampo non ha la cornetta dell'apparecchio già in mano, come dovrebbe essere se è lui ad aver chiamato. E invece lo vediamo sollevarla un istante dopo che l'apparecchio è inquadrato. Non solo. La prima a parlare è Alice. Cerchiamo allora di provare a ricomporre i tasselli. Con ogni probabilità è Alice che chiama Jinny ed è lui che dovrebbe sentire il trillo del telefono, nel ricevere la chiamata. L'errore è dovuto ad un inesatto montaggio del suono rispetto all'immagine. Un esempio di sviste allora molto diffuse.

Concludendo si può dire che la pellicola si definisce *acusticamente* in virtù di un tentativo di uso realistico dei *rumori*.

In questo contesto piuttosto primitivo e poco accurato si inseriscono però due momenti di forte innovazione e sforzo tecnico. Un po' oltre la metà del film – all'interno di una sequenza ambientata all'aperto e in pieno giorno in una terrazza che affaccia sul golfo di Napoli – viene riprodotta, per la prima volta e in perfetto sincronismo, un'esibizione canora. È il primo caso nel cinema italiano in cui si tenta di far coincidere il canto dell'artista, ripresa in primo piano, con i suoi movimenti labiali. Un effetto, per i tempi, eccezionale che si ripete nel finale, quando ascoltiamo un inatteso colloquio tra Jinny e Alice, sulla nave che li riporta a New York. Ai loro primi piani e alle loro mezze figure si associa infatti, con una reale sincronizzazione, la seguente conversazione[9]:

Alice: *Che cos'hai?*
Jinny: *Perché me lo domandi? Lo immagini che cos'ho.*
Alice: *È vero... E ti capisco, sai?*
Jinny: *Ho voglia di rivedere mia madre. Tenermela stretta, stretta. Piangere con lei. Piangere*
Alice: *Povero, Jinny.*
Jinny: *No, povero. Se tu sapessi quanta ricchezza porto con me. Me l'hanno data i miei cari compagni d'armi, il mio bel paese, indimenticabile. Me l'ha dato questo povero cuore che ho fatto soffrire.*
Jinny: *Non è così anche per te, Alice?*
Alice: *È così.*
Jinny: *Alice, mi vorrai bene?*
Alice: *Tanto.*
Jinny: *Davvero?*
Alice: *Tanto, tanto.*
Jinny: *Me ne vorrai sempre?*
Alice: *Sempre.*

Segue il classico bacio dell'*happy end*, con un effetto *flou*, che ha inizio dal colore chiaro del cappello a falde di lui, con il quale pudicamente l'atto viene censurato. Un vero successo, anche se la conversazione è acusticamente asciutta nonostante la sottesa malinconia che pervade il senso.

Il 1929 è invece l'anno di *Rotaie*, diretto da Mario Camerini. Secondo Gian Piero Brunetta questo film, insieme a *Sole* di Alessandro Blasetti, apre «una nuova fase del cinema italiano», promuovendo la rinascita della cinematografia nazionale. *Sole*, autogestito dall'Augustus dello stesso Blasetti e incentrato sul tema della bonifica delle paludi Pontine, è un film epico ispirato ai modelli sovietici, mentre *Rotaie* – prodotto dalla SACIA, come sottolinea Sergio Grmek Germani, a seguito di una defezione della stessa Augustus – è influenzato dall'avanguardia europea[10]. Con i suoi chiaroscuri *Rotaie* ammicca a *Metropolis* (*id.*, 1927) di Fritz Lang e a *La folla* (*The Crowd*, 1928) di King Vidor, pur rivelando in modo inequivocabile un sobrio stile personale e la poetica dei buoni sentimenti che sarà tipica di Camerini nella produzione a venire. Il regista, come si sa, pur realizzando film appartenenti al genere commedia non sconfinerà mai nei cosiddetti telefoni bianchi; proporrà spesso il classico gioco degli equivoci e dei travestimenti e, pur favorendo incursioni piccolo-borghesi nel mondo degli aristocratici, non consentirà ai suoi personaggi di accedere veramente alle classi superiori, se non momentaneamente, prima di rientrare nei ranghi. Più che al mito di Cenerentola, Camerini si ispira al "principio di realtà", e assolve dalle distrazioni i suoi caratteri di modesto status[11].

È esattamente quello che accade ai due protagonisti di *Rotaie*, Giorgio e la sua ragazza, interpretati da Maurizio D'Ancora (alias, Rodolfo Gucci) e Käthe von Nagy, i quali, squattrinati e disperati, tentano prima di suicidarsi e poi di darsi alla bella vita quando trovano un portafoglio smarrito pieno di banconote. Dopo questa parentesi mondana, che metterà a repentaglio il loro rapporto, i due decidono di tornare a vivere un'esistenza più consona. Il futuro è un lavoro in fabbrica, per lui, e una vita da casalinga, per lei.

Senza addentrarci oltre in considerazioni di carattere generale, quel che ci interessa evidenziare è anzitutto il fatto che *Rotaie* venga «impropriamente ritenuto tra i primissimi esempi di cinema sonoro italiano», quando, a voler essere precisi, esso è, esattamente come *Napoli che canta*, un film muto *post-sonorizzato*. Un'opera di passaggio, come già sottolinea all'epoca Raffaello Matarazzo in un articolo pubblicato su «Lo Spettacolo Italiano» nel marzo del 1931[12].

Poniamo senz'altro *Rotaie* nel punto preciso in cui in Italia il cinematografo muto è diventato *sonoro* e *parlato* [...]. Il nostro cinematografo, col film *Rotaie*, conclude la sua esistenza muta per compiere - con tutti gli onori - il suo trapasso nel *sonoro* [...]. Tradotto in musica moderna lo stile di Camerini fa pensare al suono del saxofono: un suono [...] cupo, agrodolce [...] rigido e preciso. Camerini non si scomoda per fare della critica e - ancora meno - dei contenuti. Osserva, espone, e scivola via alla scena seguente con quella rapidità che solo il cinematografo permette.

C'è da dire che, diversamente da Almirante, Camerini, pur prestando il fianco alla manipolazione sonora, non lo fa mai a scapito del rigore e della precisione stilistica. Suddiviso in sei segmenti, il film si svolge in *location* geograficamente anonime. Il II segmento è ambientato in una qualsiasi miserrima pensione, luogo della disperazione e del tentato suicidio dei due amanti. Così come, all'interno del IV segmento, il lussuoso hotel della corruzione, del gioco d'azzardo e del ricatto economico-sentimentale è un luogo non collocato precisamente. Il III e il V segmento si svolgono su un treno, una prima classe all'andata e un terzo ordine al ritorno. Il I e il VI segmento sono i soli che si svolgono in esterni, cosa che sottolinea la struttura circolare della pellicola. Il I è un esterno notte, in cui un movimento di carrello a seguire pedina i due protagonisti intenzionati a farla finita. Il VI e ultimo è un esterno giorno, in cui il carrello precede la coppia che, uscita dalla fabbrica, percorre una nuova strada verso il futuro con espressione decisamente più serena e ottimista.

A confronto con *Napoli che canta*, *Rotaie* ricorre molto poco alle *didascalie*. Probabilmente Camerini non vuole compromettere il ritmo di un montaggio, perlopiù alternato, che presenta spesso dissolvenze incrociate e sovraimpressioni, a scandire e accelere il tempo della narrazione. È grazie ad una dissolvenza incrociata che, ad esempio, si passa da un'inquadratura con movimento di panoramica alto/basso – sulla ragazza, in abito scuro, mentre si lancia gioiosa in una danza sfrenata – a quella successiva, una panoramica contraria dal dettaglio dei piedi alla graziosa figura di lei in abito bianco, con una grave espressione del viso: passata l'ebbrezza iniziale per la nuova vita, subentra in lei la preoccupazione per la perdita di denaro al tavolo da gioco da parte del compago. Lui viene ripreso come fosse schiacciato a terra, attraverso una successione di inquadrature sovraimpresse che accentuano la sensazione di incubo e perdizione, in perfetto stile espressionista.

Se *Napoli che canta* è acusticamente sconclusionato, *Rotaie* è ordinato e preciso. Camerini rinuncia per esempio all'inserimento di dialoghi e cerca di essere quanto più misurato riguardo all'immissione della musica e dei rumori. Quando Francesco Savio lo intervista nel 1973, dichiara – dopo aver sottolineato l'esigua presenza di didascalie nella pellicola – che la sua sonorizzazione è più musicale che rumoristica. Una dichiarazione parzialmente smentita dalla visione del film, che presenta sia brani musicali, sia sequenze silenziose, sia rumori volti a connotare l'universo moderno della vita mondana dei due, veloce e futuristico. In particolare dominano i rumori relativi ai treni[13]. Grazie a un treno – che udiamo prima di vederlo – e alla vibrazione generata dal suo passaggio, il bicchiere d'acqua contenente il veleno con cui i due fidanzatini tentano di farla finita cade, salvando loro la vita. È ancora un convoglio ferroviario che subito dopo ispira in loro il desiderio di fuga ed evasione. I treni, come del resto annuncia il titolo del film, sono molto presenti in questa pellicola, ripresi sia all'interno sia in esterni. Si alternano di frequente riprese di vagoni e corridoi, e particolari di ruote e binari. Inquadrature alle quali viene poi realisticamente associato o un tonfo sordo e ovattato o un suono più acuto e dilatato. Alla gamma dei rumori abbinati ai treni si sommano quelli di altri mezzi e macchinari moderni: quelli del piroscafo degli aristocratici o quelli delle rotative della fabbrica del finale.

Se abbastanza presente è la musichetta da tabarin che accompagna l'evasione mondana dei due fidanzati, Rotaie rimane una pellicola acusticamente molto sobria e per lo più fedele al cinema muto. Molti sarebbero gli esempi per dimostrare che la possibilità del sonoro in questo film non va ad intaccare le caratteristiche del linguaggio del cinema muto. Basti pensare alla sequenza che si apre e si chiude con il volto di lei che a lungo racconta al fidanzato di come sia stata costretta a cedere alle avances del ricco spasimante e a come la sua risoluzione per sovrimpressioni sia più vicina al cinema del passato che a quello del presente. Invece di ricorrere alla voce fuori campo associata alle immagini che nel frattempo scorrono sullo schermo, queste ultime, che pure si intendono in flashback, si susseguono in sovrapposizione al viso della donna, che muove la bocca come un pesce in un acquario. Si può quindi concludere che Camerini abbia usato il suono più per aggiungere, anche a livello acustico, oltre che visivo e figurativo, elementi espressionisti e simbolici, che non per addentrarsi realmente nella nuova dimensione audiovisiva del cinema sonoro.

## Il primo *film sonoro* italiano: *La canzone dell'amore* sorpassa *Resurrectio*

Se a Riccardo Redi restano oscure le motivazioni che inducono la *Cines-Pittaluga* dapprima ad annunciare, nel luglio del 1930, *Resurrectio* di Alessandro Blasetti come il *primo film sonoro italiano*, per poi lasciare che esso venga sorpassato, a settembre, da *La canzone dell'amore* di Gennaro Righelli, del tutto «casuali» appaiono a Gian Piero Brunetta le «circostanze che consentono a Righelli di battere Blasetti sullo sprint» finale. Ancora di diverso parere è Pier Marco De Santi, per il quale il produttore e il regista devono aver avuto «le idee chiarissime sul da farsi» per lanciare la produzione sonora italiana se hanno preferito «un film mélo», semplice e appetibile, come quello righelliano, trainato da un motivetto orecchiabile come *Solo per te, Lucia* di Cesare Andrea Bixio, a un dramma psicologico come quello blasettiano[14].
Se il mistero è ancora irrisolto e numerose e differenti sono le interpretazioni in merito, è almeno presumibile che Blasetti – notoriamente non disposto a parlare dell'accaduto – abbia provato un certo rammarico, così come è presumibile che Righelli sia stato costretto ad un vero e proprio tour de force per far uscire il suo film nelle sale italiane già dal mese di ottobre. Salutato come l'avvenimento cinematografico italiano dell'anno,

*La canzone dell'amore* viene presentato con una prima nazionale presso il *Supercinema* di Roma, il 7 ottobre 1930, preceduta da una visione privata per il Capo del Governo, Benito Mussolini, e per il Ministro delle Corporazioni, Giuseppe Bottai. Delle due proiezioni si parla su «Il Cinema Italiano» del 10 ottobre e su «La Rivista Cinematografica» del 15 novembre[15].

Martedì 7 corrente alle ore 21.30, nel massimo cinematografo della capitale, la *Società Anonima* [*Stefano*] *Pittaluga* ha presentato alle autorità e alla stampa *La canzone dell'amore*, il *film parlato* di Gennaro Righelli, che ha dato la misura esatta delle grandi possibilità della cinematografia italiana pronta a riprendere il suo cammino glorioso nel mondo, purché venga sorretta dalle indilazionabili e indispensabili provvidenze governative. Questa serata al romano *Supercinema* rimarrà memorabile per quanti vi hanno partecipato. Essa ha segnata, coronando col caldissimo, meritato successo di pubblico lo sforzo industriale e la fatica artistica della *Cines-Pittaluga*, la consacrazione della nuova forma di spettacolo in cui si è trasformato il defunto cinema muto, e che finalmente il pubblico italiano ha potuto giudicare nella forma più adeguata alla sua sensibilità. La vasta sala offriva un colpo d'occhio magnifico, gremita da uno sceltissimo pubblico d'invitati, fra i quali erano spiccate personalità politiche, e largamente rappresentato il mondo artistico e intellettuale romano. Gli onori di casa sono stati fatti dal commendatore Stefano Pittaluga, coadiuvato dal direttore del *Supercinema* [...]. Il programma, iniziatosi col suono degli inni nazionali, ha presentato per prima una *Rivista Cines*, interessante *giornale cinematografico sonoro* illustrante gli stabilimenti *Cines* e riproducente la cerimonia di inaugurazione e il discorso tenuto da S. E. [Giuseppe] Bottai. È seguito un breve *fonofilm*; *La preghiera di Mosé*, concerto d'arpe eseguito dalle allieve della maestra Isabella Caserini. Entrambi sono stati vivamente applauditi. Si è quindi proiettato l'atteso lavoro di Gennaro Righelli.

Avanti di iniziare la serie dei successi nei principali cinematografi italiani *La canzone dell'amore* ha avuto l'ambito onore di essere visionata da S. E. il Capo del Governo [Benito Mussolini]. L'impressione riportata non poteva essere più confortante poiché il Duce ha tenuto ad esprimere subito alla direzione della *Cines* il suo vivissimo compiacimento per i magnifici risultati ottenuti con questa prima affermazione della cinematografia italiana. *La canzone dell'amore* è stata anche visionata in privato da altri membri del Governo e precisamente da S. E. [Giuseppe] Bottai, Ministro delle Corporazioni [...] e da numerose personalità del mondo politico, artistico, industriale. L'impressione generale è stata entusiastica.

Quello che appare più evidente, come in altre notizie sul film, è la grande soddisfazione, mista ad orgoglio nazionalista, nel vedere finalmente realizzato un prodotto italiano che sembra aprire una prospettiva di liberazione dalla morsa della distribuzione dei film parlati in lingua straniera (o in italiano, ma realizzati all'estero, in Francia come in America, negli *Studios Joinville* o presso la *Italotone*). Reduce da un'esperienza sonora all'estero, in Germania, durata almeno un quinquennio, Righelli rilascia un'intervista a Mario Serandrei su «Il Tevere» il 14 maggio 1930, dove dichiara la sua viva intenzione di portare in patria, con la realizzazione di *La canzone dell'amore* – che in quest'occasione chiama con uno dei suoi titoli provvisori, *Mamma Butterfly* – i successi del cinema sonoro all'estero. Questa "lettura" è ripresa da numerosi altri articoli che vedono in questo film il segno di una rinascita, patriottica e nazionalista, della cinematografica sonora italiana[16].

È certo [...] che seguire, progressivamente, il cammino già compiuto all'estero sulla via di perfezionamenti iniziali del *fonofilm* sarebbe un grave errore che ci costringerebbe a spese inutili. Non saggi o tentativi occorrono, ma opere complete: queste vuole il pubblico, che ha ormai superato la fase iniziale di curiosità per la nuova forma di spettacolo. A questo riguardo posso dirle che *Mamma Butterfly* sarà completamente sonoro e dialogato, senza il solito accompagnamento musicale [...]. A Parigi e a Berlino gli spettatori hanno tributato il più grande successo al *fonofilm* non appena ha cessato di essere una comune esecuzione grammofonica senza interesse, per diventare uno spettacolo in cui la parte [acustica] aveva uno sviluppo analogo e veniva a integrare, inscindibilmente, la parte visiva.

In particolare due articoli, *Viva l'Italia* e *Il trionfo de "La canzone dell'amore". Il film sonoro-cantato-parlato italiano nei principali cinematografi d'Italia*, pubblicati su «Cinema-Teatro» e su «La Rivista Cinematografica», rispettivamente il 16 e il 30 ottobre 1930, richiamando l'intervista di cui sopra a Righelli, mettono l'accento sul trionfo della cinematografia italiana.

Il *primo film parlato italiano, La canzone dell'amore*, ha dato la misura esatta di quelle che sono le nostre possibilità [...]. Un'opera armoniosa, la cui continuità sonora non ha pause né soste. Abbiamo visto recentemente dei parlati stranieri, ed anche dei parlati italiani prodotti all'estero, e siamo rimasti colpiti della noiosa monotonia della parola lenta e delle scene staccate. Ma qui, invece, nulla di tutto questo. Le scene sono fuse e rapide, la parola non stanca, la sonorità è insita nell'azione e ne costituisce la tessitura essenziale. Il *film parlato*, per la prima volta, ha un'armonia, una ragion d'essere sua particolare che piace ed avvince [...]. Tecnicamente questa *Canzone* è perfetta.

La *Cines-Pittaluga* con questo suo primo lavoro ci ha dato la persuasione che la cinematografia italiana è rinata a nuova vita ed è ricca delle migliori promesse per l'avvenire [...]. Bisognava [...] cogliere l'occasione delle difficoltà che incontravano le case estere per fornire *films* dialogati in italiano, per risuscitare con un potente sforzo la nostra arte dello schermo e liberarci in tal modo del vassallaggio straniero. Questo ha fatto precisamente la *Cines* che è riuscita a superare le grandi difficoltà che presentava l'innovazione tecnica in sé, la spesa ingentissima, la collaborazione e l'addestramento di un complesso di buoni artisti, in una parola l'organizzazione complessiva della nuova cinematografia. Ma ciò che, a parer nostro, rappresentava la maggiore difficoltà era di dare alla nuova produzione una impronta di schietta italianità, di non cadere, cioè, nella più o meno riuscita imitazione della produzione straniera poiché, nel caso, non si sarebbe potuto parlare di rinascita vera e propria della cinematografia italiana, ma di semplice ripresa della medesima [...]. Voglio mettere in evidenza una prima constatazione da me fatta [...] la *qualità* delle voci italiane e la chiara e perfetta pronunzia della nostra lingua, sono quelle che meglio si prestano alla riproduzione fonica degli apparecchi sonori, in sincronia col movimento scenico, tanto è vero che mi è parso, in alcuni momenti, di assistere ad una vera e propria recitazione. La voce italiana, tanto per intenderci, ha timbro ed impostazione quali non si riscontrano in altre: timbro dolcissimo dovuto alla duttilità delle corde vocali [...], scevro di falsi appoggi al naso o alla gola, che deformano il colore di quel suono, che tanto più vibra, quanto più giusto è il punto di risonanza, in quella piccola cassa armonica che è la volta superiore del palato. Ecco perché, quando l'amplificatore la raccoglie e la riproduce, non fa che aumentare meccanicamente il volume, rispettando il suo bel colore, senza, viceversa, ingigantire gli originali difetti d'impostazione dei quali le voci straniere non riusciranno mai a liberarsi.

Oltre ai meriti di una ritrovata italianità, la pellicola viene elogiata anche per la sua prova tecnico-estetica. Secondo Jean A. Gili il film possedeva ingredienti di melodramma e *musical* di grande attrattiva. Mentre Gian Piero Brunetta è stupito dal grande successo di pubblico: «Tutto in questo film è approssimativo, dalla recitazione ai dialoghi, dalla regia al sonoro eppure stampa e pubblico lo accolgono con toni entusiastici e con quel senso di meraviglia che accompagna sempre la nascita di un nuovo miracolo tecnologico»[17]. Tra gli articoli coevi ci sono poi quelli di Blasetti e Serandrei che, se non si mostrano entusiasti, danno giudizi positivi su «cinematografo» del 30 ottobre 1930[18].

*La canzone dell'amore* [...]. *Primo film sonoro italiano* è stato l'unico, fra tutti i *films sonori* sin qui presentati, che il pubblico abbia unanimamente accettato: è stato quindi il primo che abbia ottenuto la comprensione della platea per la nuova forma di spettacolo [...]. *Primo film sonoro italiano* ha superato di colpo un periodo triennale di produzione sonora straniera raggiungendo un livello estetico non perfetto ma non inferiore alla ultimissima produzione della quasi totalità delle editrici straniere [...]. *Primo film sonoro italiano* ha presentato una tecnica della ripresa fonica inconfrontabilmente, luminosamente superiore a quella straniera [...]. Quella di Righelli è stata una bella vittoria. Quella di Pittaluga è stata una vittoria piena: progredito criterio di produzione, perfezione di impianti [...], penetrazione industriale nei mercati europei, conquista decisa del pubblico italiano, raggiungimento del massimo reddito del mercato, dimostrazione [...] della possibilità di una industria italiana attiva.

In tutta Italia si sta proiettando il film *Cines-Pittaluga*, *La canzone dell'amore* di Gennaro Righelli. Il successo crescente di questo lavoro è il collaudo brillantissimo di un'organizzazione industriale, tecnica e commerciale di prim'ordine. Dopo un periodo difficile e incerto, per la cinematografia, pieno di dubbi, di delusioni e, quasi, di sfiducia in una seria ripresa del film italiano, il primo film varato dagli stabilimenti *Cines* aveva il gravoso compito di conquistare il grosso del pubblico, di provare alla gran massa degli spettatori che anche da noi si possono fare dei *films* interessanti, di attestare che la perfezione tecnica non è un privilegio degli *ateliers* di Hollywood. *La canzone dell'amore* ha raggiunto questi fini? Noi pensiamo di sì. Con questo non intendiamo dire che il film sia un capolavoro di realizzazione artistica. A questo riguardo si potranno fare delle riserve [...]. Difetti di impostazione e di esecuzione esistono certamente ne *La canzone dell'amore* ma vengono d'altra parte ad assumere un'importanza trascurabile dinanzi ai magnifici risultati ottenuti dalla tecnica fotografica [...] e da quella sonora, nettamente superiore a tutto quanto avevamo finora ascoltato [...]. La prima battaglia per una grande industria cinematografica italiana è stata vinta. Bisogna, adesso, affilare le armi per altre vittorie, più difficili a conquistarsi, anche se più belle.

Considerazioni alle quali bisogna accostare l'opinione illustre, quanto direttamente coinvolta, di Luigi Pirandello che, lo ricordiamo, a questo film cede i diritti di una sua novella del 1925, *In silenzio*, dalla quale la pellicola trae libero spunto[19].

Ho visto *La canzone dell'amore*. Tecnicamente non si potrebbe domandare di meglio. Questo film è una prova della capacità e delle possibilità di fare il *film parlato* in Italia. Bisogna dunque insistere e lavorare. La *Cines* può e deve dare il cinematografo all'Italia [...]. Non sono contento della riduzione che è stata fatta della mia novella *In silenzio* da cui ha tratto origine questa *Canzone dell'amore*. La novella presentava altri sviluppi. Ciò non vuol dire che al pubblico il film non possa piacere così. Ma è desiderabile che i riduttori della *Cines* abbiano un concetto della novità cinematografica. Bisogna che sappiano non cadere nel fondaccio della banalità [...]. Ci vuole dunque qualche cosa di nuovo che interessi. Non basta ridurre qualunque cosa originale al consueto. E poi i dialoghi. Dite chiaro e tondo che io non rispondo affatto né del dialogo né della riduzione né delle alterazioni e modificazioni che sono state fatte alla mia novella nella *Canzone dell'amore*. Il soggetto poteva prestarsi a modificazioni di ogni genere, è vero, ma non a tal punto. È così finito il *pathos* del ragazzo di diciassette anni che è protagonista nella mia novella. Una donna ha la maternità istintiva in sé, ma un ragazzo... Io credo che il mio soggetto avrebbe potuto avere un interesse enorme se conservato nella sua originalità.

Cos'altro aggiungere alle legittime osservazioni di Pirandello, di fatto inconfutabili, dal momento che le differenze tra il testo letterario e il film sono sostanziali? A cominciare dal titolo, per passare ai personaggi, e alle diversità di tono e genere?
La Lucia (Dria Paola) del film di Righelli, sentimentalmente legata all'inizio del film ad Enrico (Elio Steiner), un giovane neo-diplomato al conservatorio, ha intorno ai 20 anni, mentre il Cesarino della novella non è ancora maggiorenne. Tangibile è il senso di amarezza e drammaticità che serpeggia nell'opera pirandelliana, la cui funesta conclusione con il suicidio del protagonista si contrappone nettamente al lieto fine sentimentale tra Lucia ed Enrico. Motivate e inevitabili semmai, trattandosi di un film sonoro, furono le variazioni rispetto al titolo dell'originale *In silenzio*, che andarono dai titoli provvisori di *Mamma Butterfly* e *La pic-*

*cola Butterfly* fino al definitivo *La canzone dell'amore*[20]. Se "la canzone dell'amore" è nel film quella che Enrico scrive e compone per la sua Lucia, alla fine dei suoi studi musicali, quando è ancora pieno di speranze e sono ancora lontani gli eventi traumatici e luttuosi che causeranno la loro momentanea separazione, il "silenzio" di Cesarino nella novella pirandelliana è quello profondo e interiore. Negli anni di convivenza con sua madre – una donna di 37 anni che lo alleva da sola e lo mantiene tenendo lezioni di ricamo, pianoforte e francese –, Cesarino trascorre molto tempo in solitudine. Prima della morte di lei, lunghe e silenziose sono le ore che trascorre in collegio, dove il rendimento scolastico decresce con l'aumentare delle preoccupazioni. Ancora, è avvolta nel mistero e nel silenzio, non solo l'identità del padre di Cesarino, ma anche quella del fratellastro, Ninnì, della cui esistenza egli apprende – come accade alla Lucia del film – solo dopo il decesso della madre. In seguito, è dopo aver deciso di abbandonare gli studi e di impiegarsi come scrivano, per poter mantenere se stesso e il fratello nuovo arrivato, che Cesarino si concentra esclusivamente sul lavoro, chiudendosi sempre di più nel proprio silenzio. Infine, è senza rispondere alle improvvise rivendicazioni di Alberto Rocchi – il padre di Ninnì che dopo la morte della madre si rifà vivo con l'intento di riparare ai propri errori – che Cesarino decide, ancora una volta in silenzio e in totale solitudine, di dare la morte a sé e a Ninnì – pur di non separarsi da lui – aprendo il tubo del gas di casa[21].

Presentato dai titoli di testa quale libera riduzione della novella pirandelliana, questo *primo film parlato*, nazionale – e internazionale, perché girato in più versioni linguistiche: italiana, tedesca e francese[22] – deve la propria registrazione sonora a Pietro Cavazzuti, Vittorio Trentino e Giovanni Paris, mentre il commento musicale e la canzone *leitmotiv* del film sono di Bixio, eseguiti dall'orchestra del maestro Pietro Sassoli e riprodotti – come le parole e i rumori – dagli apparecchi di fabbricazione americana RCA-Photophone. Quale opera convenzionale di fattura artigianale, la *Canzone* rivela soluzioni acustiche innovative e audaci.

Le undici vedute iniziali di piazze e monumenti di Roma, accompagnate dalla canzone *Solo per te, Lucia*, appaiono ridondanti, ma sono curiosi i coretti, gli urletti e i battimani *à la Clair* che già a partire dalla II sequenza si articolano in vivaci inquadrature, sulle quali vale la pena soffermarsi. Nelle prime tre si odono in FC (fuori campo) il gracchiare delle papere in giardino e il fischio prolungato degli amici che cercano Lucia ed Enrico, i quali, appartatesi, si scambiano all'orecchio effusioni d'amore che non ci è dato sentire. Nella IV cominciamo ad ascoltare la conversazione tra i due, con conseguente avanzamento della narrazione. La mdp (macchina da presa), dopo aver effettuato un movimento di panoramica sinistra/destra, a seguire il gruppo di studenti-amici di Enrico e Lucia convenuti in trattoria per festeggiare la fine degli studi del ragazzo, va a scovare tra le fronde di un albero, con un carrello in avanti e un piccolo innalzamento del dispositivo, i due fidanzatini che vi si sono nascosti. Quando poi, qualche istante dopo, il gruppo finalmente li scova, il regista concede ampio margine all'immaginario sonoro: il dialogo tra la comitiva e i due in cima alla pianta non è risolto con un campo/controcampo, ma attraverso un campo visivo e un FC sonoro.

Da segnalare è poi una lunga coda al nero che, sempre in una delle primissime sequenze, annulla l'immagine ma scandisce temporalmente e spazialmente il cambio di scena e di azione attraverso il sonoro: davanti allo schermo, che resta buio per alcuni interminabili secondi, lo spettatore sente dapprima il rumore di quel treno che ha visto allontanarsi nell'inquadratura precedente e poi alcune sue deformazioni e trasformazioni. Questo rumore è pian piano sostituito da un sibilo di vento e da un respiro affannato che, insieme al tonfo di piedi su un pavimento, lasciano presagire quel che poi è reso visibile dall'inquadratura successiva. Arrivata a destinazione dopo un viaggio in treno, Lucia sale precipitosamente le scale per raggiungere l'abitazione della madre, deceduta prima del suo arrivo. Ci troviamo di fronte a quello che Michel Chion definisce un *acusma*, ovvero un suono di cui inizialmente non vediamo la fonte. Ancora. È dopo aver dato un volto a quell'affanno che Righelli decide di nascondere il pianto disperato di Lucia di fronte al corpo della madre arrestando la mdp poco prima della porta spalancata. L'obiettivo inquadra la porta sulla sinistra, una sedia e un quadro appeso nell'angolo a destra, mentre è dal FC contiguo – che, ancora con Chion, possiamo definire «attivo» e «psicologico» – che udiamo le invocazioni disperate di Lucia e immaginiamo quel che è accaduto[23].

Vi è poi – un po' più avanti – un'interessante sequenza in cui il regista effettua un montaggio in virtù del quale alterna il punto di vista soggettivo della protagonista a quello semisoggettivo e poi oggettivo della mdp, associandolo a un FC sonoro, anch'esso variabile come punto d'ascolto soggettivo e spaziale[24]. La sequenza è quella della presa di coscienza, per lo spettatore, della maternità adottiva di Lucia (lascito della madre appena morta), quando lei confessa all'affittacamere presso cui ora alloggia di non essere la vera madre, ma la sorellastra, del piccolo Ninnì (il bambino è Nello Rocchi). In particolare c'è un'inquadratura in cui la mdp riprende dall'alto, in semisoggettiva, Lucia che osserva, oltre il riquadro della finestra di casa, una mamma dirimpetto (Geni Sadero), il cui canto, finora udito in FC, ha adesso anche un volto, anche se solo intravisto in CL (campo lungo). Intenta a cambiar il pannolino e ad allattare il suo bebè, la mamma canterina e lieta si contrappone, in una successione di inquadrature che si intersecano tra loro, a Lucia che, in quanto mamma adottiva e improvvisata, non riesce a gestire con naturalezza il piccolo, che piange disperato. Il clima allegro della casa della mamma "vera" è commentato da una musichetta extradiegetica ritmata, alla quale si sommano altri elementi sonori diegetici: le vocine e gli urli dei bambini che giocano nel cortile del condominio. Un'immissione acustica che induce – con il supporto del solito Chion – a individuare un nuovo punto d'ascolto, spaziale, oltre che soggettivo, come quello fin qui proposto dalla scena[25]. Il trascorrere degli anni viene poi rappresentato attraverso un'ellissi narrativa: una dissolvenza sostituisce l'immagine del neonato nella culla con quella del bambino che ormai cammina.

Particolarmente interessanti ci sembrano due inquadrature ambientate nella casa dei dischi, dove, ormai separati dalle circostanze, Lucia lavora come commessa ed Enrico si reca per incidere un disco. La *location* merita attenzione anche sotto il profilo architettonico e scenografico, ma per questo rimandiamo al già citato saggio di De Santi[26]. La prima inquadratura colpisce per una particolare dinamica filmico/profilmico, e per la sua profondità di campo. L'immagine propone dapprima Lucia e un cliente in MF(mezza figura). Una breve gag, qualche scambio di battute e i due escono di campo a destra, mentre dal fondo, da dietro le quinte, sopraggiungono Enrico e Anna (Isa Pola) – sua ex-fidanzata e ora interprete delle sue composizioni – fino a riempire lo spazio lasciato vuoto dai primi due personaggi. Dal FC sinistro giunge anche il direttore della casa dei dischi e mentre la mdp inquadra i tre – ancora in MF e in una composizione triangolare al cui vertice, leggermente spostata indietro, c'è Anna – ecco che, dal FC di destra, rientrano Lucia e il cliente, per andare ad occupare la cabina d'ascolto in fondo. Un ingresso importante, sottolineato da una leggera panoramica sinistra/destra che abbandona il gruppetto di Anna per seguire di nuovo solo Lucia e il cliente. Lucia, inquadrata in PA (piano americano), mostra un volto turbato, perché ha riconosciuto la voce di Enrico, in FC per lei e per noi. A questo punto la mdp la abbandona per tornare, con panoramica contraria, ad Enrico, Anna e il direttore. Rappresentando così, simbolicamente, la loro distanza da Lucia.

La seconda inquadratura è curiosa perché autoreferenziale rispetto al sonoro. Siamo nel seminterrato della casa dei dischi, nella sala di incisione vera e propria, dove sono in corso prove di canto e di registrazione della canzone bixiana. Sullo sfondo si intravedono le canne di un organo e un maestro d'orchestra ripreso di spalle, in camicia bianca. Intravediamo anche un ingegnere del suono che manovra delle manopole, presumibilmente di un amplificatore, e poi indossa delle cuffie. I suoi gesti sono preceduti da quelli di un assistente di sala che, battendo contro un vetro, dà il segnale di inizio della registrazione. La scena, suddivisa in due ambienti dal vetro, mette in primo piano la cabina di registrazione in cui sono "rinchiusi" l'ingegnere del suono e il suo collaboratore, dando particolare evidenza a tutti i suoni, le voci e i rumori fin qui uditi.

Per finire, saltando molti passaggi del film, arriviamo alle ultime tre sequenze, nelle quali è rappresentato, in perfetto stile espressionista, il doloroso delirio di Lucia, fra carrelli e sovrimpressioni, PP (primi piani) pallidi di lei in lacrime e urlante, clacson di automobili in sottofondo e campane che suonano rumorosamente. Lucia, alla fine, consegna il bambino al suo legittimo padre (ultimo sconosciuto compagno della madre defunta). Diversamente dal finale della novella pirandelliana, la donna non si suicida, non si getta dalla terrazza, come si teme ad un certo punto. Perché Enrico, che la ama ancora, giunge al momento giusto. L'happy end è inevitabile per questo film che, oltre ad aprire la strada alla cinematografia sonora italiana, fa da apripista a quel filone comico-sentimentale del genere commedia che dominerà perlopiù incontrastato sugli schermi cinematografici nazionali degli anni '30 e '40.

«Senza "sole" nessuna resurrezione sarebbe possibile», scrive Umberto Paradisi su «Cine-Gazzettino» il 5 luglio 1930. Un gioco di parole profetico che rispecchia quel che all'epoca accadeva tra Alessandro Blasetti e Stefano Pittaluga, dopo la realizzazione di Sole – film del 1929 che, nato muto, rimane tale, pur essendo accompagnato in sala da un commento musicale appositamente scritto – e dopo la chiusura dell'Augustus, la casa di produzione blasettiana, rievocata dal regista nella celebre intervista rilasciata a Savio tra il gennaio e il febbraio del 1974[27].

Quando ho terminato Sole, malgrado il successo, sono arrivato direttamente alla liquidazione della società [Augustus]. Il mio nemico Stefano Pittaluga invece di gioire di questa mia situazione, venne a Roma, mi chiamò e mi disse: «La battaglia l'ha vinta lei, Blasetti. Se lei non mi chiede una cifra eccessiva, io desidererei che lei fosse il primo regista con il quale riaprirò i miei stabilimenti della Cines.

Senza qui dilungarci sulle cause e sui noti retroscena dell'inimicizia tra il salvatore della cinematografia italiana degli anni '30 e il regista con gli stivali, riteniamo necessario evidenziare il proposito pittalughiano di riaprire gli stabilimenti Cines avendo al proprio fianco Blasetti, al quale inizialmente intende, più per stima che, appunto, per amicizia, affidare la responsabilità di quello che al momento doveva essere il primo *fonofilm* italiano, *Resurrectio*. Il progetto, annunciato nel luglio del 1930, diventa incerto in agosto, e subisce una definitiva inversione di rotta nel mese di settembre. Per averne conferma basta leggere gli articoli che appaiono su «Il Tevere» nel 1930, rispettivamente il 9 luglio e il 6 agosto, il secondo dei quali firmato da Raffaello Matarazzo[28].

*Sole* ieri. *Resurrectio* oggi. Alessandro Blasetti con questi titoli pieni di luce e di fede ci dice chiaramente quali sono i fini della sua opera, coraggiosamente rivolta alla ricostruzione dell'edificio distrutto della cinematografia nostra [...], Attendiamo con curiosità [...] *Resurrectio*, che nei bene attrezzati e modernissimi stabilimenti della *Cines-Pittaluga* è stato girato a vero tempo di record in *soli trentacinque giorni*, ottenendo dei risultati veramente soddisfacenti. Con *Resurrectio* Blasetti si è proposto la realizzazione di un tipo nuovo di *film sonoro*, che non sia del banale teatro fotografato o una comune audizione grammofonica, e che non sia neanche costituito da un comune accompagnamento musicale sincronizzato, ma che si basi invece su veri elementi sonori (musica, rumori, parola) senza che l'elemento *dialogo* abbia la prevalenza. [...] *Resurrectio* [...] sarà completamente *sonoro*, *parlato* e *cantato*, senza titoli.

Blasetti sta per finire il film di Petrolini *Nerone*, quindi attaccherà il montaggio e la *sincronizzazione* di *Resurrectio* a proposito del quale aggiunge che della ripresa di alcune scene mute è stata rimandata la *sonorizzazione* alla fine del lavoro per ragioni di carattere unicamente artistico poiché il film è stato concepito sostanzialmente *sonoro*. Di *Resurrectio*, oltre all'attesa che è vivissima, possiamo dire che non è difficile prevederne il successo [...]. Essendo il *primo film parlato* in italiano esso non mancherà di suscitare il più vasto interesse segnando per l'Italia [...] il vero inizio della lavorazione di *films parlati*.

Brani, questi, da cui è possibile trarre importanti informazioni, come quella relativa ai 35 giorni totali di riprese di *Resurrectio*, l'interruzione del percorso produttivo e distributivo del film, la sovrapposizione di *Nerone* (1930) – e di *Terra madre* (1931), come vedremo da dichiarazioni successive – da parte dello stesso Blasetti. Cambiamenti che fanno slittare di addirittura un anno, al maggio del 1931, l'uscita del film nelle sale e che hanno motivazioni di ordine tecnico e organizzativo. Questo è almeno quanto dichiara Blasetti in un'intervista rilasciata a Paradisi nel febbraio del 1931 su «Cine-Gazzettino»[29].

*Resurrectio*, iniziato alla *Cines* appena inaugurati gli stabilimenti, è un film in cui la *sincronizzazione* musicale ha una parte preponderante. Senonché, per ragioni tecniche, non fu possibile fare la ripresa contemporanea. Successivamente la *Cines* mi affidò l'incarico della messa in scena del *Nerone* la cui realizzazione non poteva ritardarsi per i limiti d'impegno della scrittura di [Ettore] Petrolini. Fu poi la volta di *Terra madre* ugualmente subordinata a inderogabili termini di consegna, in conseguenza dell'impegno con l'*Atlas Film* di Berlino, per la versione tedesca. Così per due volte, per esigenze di lavorazione, fui costretto a lasciare incompiuta la sincronizzazione di *Resurrectio*. La riprenderò in questi giorni e la porterò a termine rapidamente in modo che il film possa essere lanciato in questa stagione.

Giustificazioni e spiegazioni che il regista ribadisce su «cinematografo», tra giugno e luglio dello stesso anno, al fine di arginare le chiacchiere che, a suo avviso, possono condizionare l'accoglienza al film[30].

Oggi, dopo *Resurrectio*, pressoché unanimamente e calorosamente stroncato [...] voglio persuadermi che il film non è poi così brutto come parte della stampa lo ha dipinto. Voglio [...] dimostrare [...] che *Resurrectio* è stato proiettato in un'atmosfera deformante e annebbiata [...]. Il fatto è che il pubblico *informato* sapeva che il film aveva aperto la lavorazione della *Cines*. E se lo vedeva presentare come ultimo. Circostanze queste dalle quali anche la persona più onesta e più ben disposta aveva tratto la logica deduzione e la convinzione che *Resurrectio*, primo film messo a contratto del cantiere, aveva più o meno gravemente risentito tutte le difficoltà della messa in marcia di un ingranaggio complesso come quello della produzione. Serie ragioni per presentarlo dopo altri sette lavori messi in cantiere successivamente dovevano esserci. E anche senza cercarle, le si trovano a josa dopo un anno di congetture, di aneddoti, di fantasticherie, di barzellette che quei tali che stanno fermi avevano avuto gran tempo per creare, montare e diffondere. Mentre nessuno conosceva le ragioni di carattere interno per le quali la *Cines* ha dovuto chiamarmi alla coordinazione tecnica di *Nerone* prima ed alla messa in scena di *Terra madre* poi, e farmi completare di dettagli e di *sonorizzazione* il mio *Resurrectio* soltanto in un secondo tempo: un mese e mezzo prima che venisse presentato. Prima che si andasse a vederlo il film era già accusato di assurdità inconcepibili di situazioni, di ingenuità e retoricità di trama, di deficienze di interpretazione, di slegamenti di montaggio, di povertà di messa in scena per tacere d'altro [...], Indubbiamente la critica è entrata in sala disposta, magari, alla indulgenza, ma prevenuta: convinta, cioè, di non dover giudicare né la *Cines* né il suo mettinscena, verso il quale aveva già dimostrato la sua simpatia, di dover soltanto rendersi conto di un esperimento di vecchia data, sfortunato e privo di serio interesse. In questo stato d'animo dei critici, che era super diffuso e con disposizioni tutt'altro che indulgenti nella buona parte degli spettatori, diremo così, interessati, ha cominciato a snodarsi il film, vittima predestinata.

Eppure, accanto ad una critica negativa, come quella di Raoul Quattrocchi su «Kines» il 14 giugno 1931, se ne trova una meno disfattista dell'anonimo recensore di «Cine-Gazzettino» del 26 dello stesso mese[31].

Tutti conoscono [...] la storia di *Resurrectio*, girato due volte, per quanto alla primitiva copia non fosse occorso alcuno di quegli accidenti (incendio del negativo, sequestro) che giustificano una edizione *ex novo* [...]. La divertente nullità di questo lavoro appare semplicemente inconcepibile, quando si pensi che esso non è che la riparazione di un errore, dal quale, tuttavia, l'autore non ha saputo trarre il minimo insegnamento. Riparazione, quindi, per modo di dire. Non sappiamo che cosa sia stato *Resurrectio* nella prima edizione. Ma ci è facile pensare che questa presentata al pubblico italiano non sia che un duplicato di quella, dalla quale, al massimo, possono essere state eliminate quelle imperfezioni di registrazione sonora, fatali in un film di una casa che per la prima volta si cimenta nel *parlante* [...]. Il soggetto, che ha evidenti pretese di arditismo e di cerebralismo, è quanto di più vieto e ingenuo sia stato concepito per il cinematografo durante i suoi trent'anni di vita [...]. In sostanza, un film artisticamente mancatissimo, espresso in una tecnica acrobatica [...] la cui migliore sistemazione sarebbe stata quella a cui lo aveva destinato il povero [Stefano] Pittaluga nei magazzini.

*Resurrectio* è un lavoro squisitamente italiano che si stacca nettamente da tutte le *resurrezioni* di fattura romantica e letteraria di cui lo schermo è da gran tempo ingombro. Film italiano di autore e artisti italianissimi, vuole essere considerato non solo come un lavoro d'arte cinematografica *sonora* e *parlata*, delicato ed avvincente, ma un'opera la cui originalità, il cui intrinseco valore e la cui sensibilità la fanno assurgere ad una concezione d'arte nuova, ad una decisa valorizzazione delle belle possibilità [...] della cinematografia italiana. Dalla fantasia di Blasetti è sgorgata la trama drammatica, moderna e umana di quest'opera che si abbevera a due fonti melodiose: quella della poesia e quella della musica.

Non c'è dubbio che il film si discosta dal filone comico-sentimentale di allora e dalla sua tessitura romantica. Ma è vero che appare disomogeneo. Al di là dell'originaria struttura a episodi – come suggerisce lo stesso Blasetti a Savio – questo è probabilmente dipeso dalle continue interruzioni subite dalle riprese[32].

[Stefano Pittaluga] mi chiese [...] di fare quattro documentari per esperimentare diverse forme di *sonoro*: il dialogo, la musica, i rumori. Io gli dissi: «Ma guardi Pittaluga, se io le faccio tre documentari, lei spende del denaro e non se ne fa niente, se io le faccio un film, viceversa, cercando di combinare queste tre atmosfere, lei riporta a casa un po' di denaro». [...] Era un criterio diciamo, di dimostrazione di gratitudine a una persona che si era dimostrata veramente leale e generosa nei riguardi miei [...]. *Resurrectio* fu il primo esperimento che io ho fatto alla *Cines*. Ho associato l'atmosfera autentica mattutina della città che si sveglia, di operai che vanno al lavoro, di donne che vanno alla spesa, con un'atmosfera puramente e nettamente musicale, e con un'altra atmosfera ancora diversa cioè un luogo di ballo in cui la musica, i rumori, il dialogo fossero legati insieme. Infine una quarta atmosfera: il puro dialogo semplice, senza rumori, senza musica, senza niente [...], Il film era nettamente pretestuale, quindi io non riponevo al film nessuna speranza di natura artistica. Io volevo semplicemente fare dei saggi, delle prove di atmosfere, che associavo in un film invece di lasciarle separate.

La difesa di Blasetti – prima espressa nel '31 su «cinematografo», poi ribadita nel '74 a Savio – varia sia nei toni che nei contenuti. L'autore non cela la sua disaffezione nei confronti del film, spesso poi definito come il «colossale insuccesso» della sua carriera professionale. Pellicola alla quale, peraltro, le monografie italiane dedicate al cineasta hanno sempre riservato una ridottissima attenzione[33]. Il film merita invece di essere studiato. Senza cercare di rivalutarlo e senza rimuovere forzatamente le sue disarmonie, sarebbe importante indagare sul perché di alcuni inserti posticci e prolissi, come la scena di panico tra la folla ammassata per il concerto, o quella del sogno e della toilette della *dark lady* protagonista. Sequenze in cui a prevalere è la tentazione della sperimentazione acustica, che di fatto si traduce in un sovraccarico di rumori e urla, strepiti e musichette a non finire (come quella del concerto), a scapito della narrazione. A parte ribadire l'idiosincrasia blasettiana nei confronti del mondo aristocratico, qui ancora una volta caricaturizzato, la trama è ridotta a pretesto. Merita una certa attenzione l'inizio, in cui si intravede il tocco della regia blasettiana. Gli ambienti e i luoghi, le situazioni e i personaggi delle prime sequenze vengono introdotti attraverso riprese in esterno – come il CL (campo lungo) di una strada, inquadrata da una sola angolazione, unico punto di fuga prospettico, con qualche variazione di luce e alcuni movimenti in panoramica – che spesso si concludono con inquadrature fisse. Dopo una successione di movimenti in panoramica e/o in carrello la mdp si ferma davanti al lussuoso ingresso di un albergo oppure di fronte al riquadro della finestra di un modesto appartamento. Dopo che il dispositivo si blocca sull'insegna del Grand Hotel Astoria, la sequenza successiva si svolge al suo interno. La mdp scorre con fluidità in una successione di carrelli e panoramiche, ora allargando ed ora restringendo il campo visivo su una gran quantità di comparse, clienti e impiegati dell'albergo. Si va dal bambino in divisa – incaricato di consegnare un biglietto, con il quale si apre e si chiude la scena – all'uomo ubriaco – seduto a un tavolino; dalla coppia stanca – abbandonata su un divano – al dettaglio di un portafoglio e di due mani che all'improvviso compaiono in PP dal FC sinistro; da un'altra coppia – di cui prima si odono le voci e che poi entra dal FC destro, preceduta da un carrello all'indietro – a un gruppetto di tre persone intorno a un tavolo con l'orchestrina alle spalle, in mezzo al quale passa il ragazzo in divisa. Una sequenza interamente commentata dal jazz suonato dal gruppo musicale sul palco, attraverso la quale, senza udire una sola parola, viene presentato uno dei tre personaggi principali del film: Venera Alexandrescu, la *femme fatale* che trascorre le notti tra tabarin, musica e balli in compagnia di amici gaudenti. L'altra protagonista femminile – una ragazza buona e di modeste condizioni che vive lavorando in una merceria, dove solitamente si reca in autobus –, interpretata da Lya Franca, è introdotta da circa sei inquadrature precedute, anch'esse da un CL su un vicolo esterno, da una successione di panoramiche, verticali e orizzontali, fino ad un quadro fisso sulla finestra del suo appartamento. Queste sei inquadrature descrivono il risveglio quotidiano della giovane, che avviene accanto ad un grammofono. Inizialmente udiamo il grammofono gracchiare – come accade quando il disco è terminato, il piatto gira a vuoto e la puntina fuoriesce dai solchi –, poi sembra riprendere a suonare. In verità la musica, comunque diegetica, proviene dal contiguo locale che abbiamo appena lasciato. Una melodia unica fa da trait d'union tra le due figure femminili, appartenenti a diversi e opposti mondi. Se l'alba è, per la *dark lady*, la fine di una lunga notte mondana, per la giovane, che si veste davanti allo specchio, il mattino è l'inizio di una nuova giornata di lavoro. Infine, il terzo personaggio-protagonista del film è Pietro Gadda (Daniele Crespi), un direttore d'orchestra, aspirante suicida-omicida, come vedremo. Anche per lui lo stesso trattamento. La sua entrata in scena viene effettuata a partire da un CL, e un movimento della mdp che si arresta a fissare un punto. Lo scenario però poi cambia, aprendosi su lunghi binari ferroviari. La mdp, più che in panoramica, si muove carrellando in avanti, lungo il marciapiede, quale pura istanza narrante. Alla fine del percorso il dispositivo scova un uomo che, in abito scuro e in FI (figura intera), è appoggiato a una saracinesca abbassata. L'inquadratura successiva è il PP dell'uomo, sul quale si riflette, in un gioco di intermittenze di luce, il passaggio di un treno di cui udiamo il flebile suono in FC. Segue il dettaglio delle sue mani che tengono una rivoltella. Poi, in una successione di inquadrature, il suo sguardo allucinato e perso nel vuoto, prima che decida di puntarsi al cuore la pistola. Acusticamente, dopo il treno, è in rilievo un rintocco di campane che, insieme a una sorta di requiem, assume qui un duplice ruolo: commenta lo stato d'animo del personaggio; e ci introduce alla sequenza successiva, un flashback, nel quale lui ricorda se stesso bambino, insieme a sua madre, all'interno di una chiesa. Nelle sequenze che seguono in montaggio accelerato e alternato al rumore del treno e alla musica d'organo subentra il roboante suono del motore di un camioncino sotto il quale un bambino rischia di finire investito. Udiamo l'urlo del bambino prima che venga salvato dall'aspirante suicida. L'uomo viene ulteriormente distolto dal suo intento dal fischiettare di un gruppo di operai che si recano al lavoro. Se fin qui il film, come era nelle intenzioni di Blasetti, si manifesta acusticamente soprattutto attraverso musica e rumori, in totale assenza di dialoghi e parole, ora – dopo un paio di brevissime battute che si scambiano l'uomo e il bambino – è possibile ascoltare una conversazione tra i pendolari che, fermi sul marciapiede, attendono l'arrivo del loro autobus. Un dialogo dall'inconfondibile accento romano, i cui giochi di parole e le cui cadenze dialettali sono narrativamente ininfluenti.

Il film circoscrive l'ambiente degli aristocratici al Grand Hotel, dove si fuma, si beve e si balla, dove si indossano eleganti abiti da sera – in seta nera, molto fasciati e con grandi maniche a pipistrello, come quello indossato dalla Alexandrescu –, mentre l'ambiente popolare è perlopiù ridotto all'autobus. La gente lo prende per recarsi al lavoro, in piedi, stipata come sardine. Sballottati ad ogni curva o frenata, i passeggeri indossano giacchette corte e lise, e ampie gonne da contadine le donne. All'interno dello spazio compresso e claustrofobico dell'autobus la mdp blasettiana ha poca libertà di movimento: il regista predilige dettagli e particolari (volti, mani, oggetti ecc.), pur non rinunciando del tutto a brevi panoramiche di assestamento, a riprese in profondità, e ad angolazioni dal basso. È questo l'ambiente dove si incrociano i destini della ragazza e del direttore d'orchestra che, fallito il suicidio, ora ha propositi omicidi: uccidere la causa delle sue pene, l'Alexandrescu, così come rivela il secondo bel flashback del film. Il regista lo usa per narrare, tra l'impercettibile fotogramma del seno nudo della donna – precursore di quello arcinoto di Clara Calamai ne *La cena delle beffe* (1941-42) dello stesso Blasetti – e le pose voluttuose di lei che dorme, il tormento psicologico dell'uomo. Segue l'incursione a casa dell'Alexandrescu, mentre la ragazza, spaventata dalla visione dell'arma sull'autobus, lo segue per evitare la tragedia. Il colpo di pistola va a vuoto, l'uomo fugge.

Tra le sequenze che seguono l'unica che valga la pena segnalare è quella che si svolge all'interno di un bar, la sola che presenti delle vere e proprie prove di dialogo. Se fino a questo punto la regia mostrava i pregi delle lezioni europee – dall'espressionismo tedesco al primitivismo francese –, infatti, qui comincia a rivelare i difetti di una realizzazione evidentemente penalizzata da frequenti interruzioni e probabilmente sfuggita al controllo. La colonna sonora prosegue approssimativa, sovraccarica di musica a scapito degli altri due elementi della triade acustica, soprattutto se messa a confronto con quel prodotto medio che è *La canzone dell'amore* di Righelli, che, a conti fatti, sembra adempiere meglio al ruolo di *primo fonofilm italiano*.

## Dalla scena allo schermo: Petrolini e *Nerone*, Viviani e *La tavola dei poveri*, Rosso di San Secondo e *La scala*

Molti studiosi, tra i quali Lino Miccichè, Ernesto G. Laura e Mino Argentieri, sono d'accordo nel pensare che l'avvento del sonoro in Italia rafforzi e intensifichi il rapporto tra cinema e teatro. Un legame che si articola in vari modi. Talvolta il cinema ricorre agli stessi autori dei testi teatrali per adattamenti cinematografici, i quali quindi assumono il ruolo di soggettisti, sceneggiatori, dialogisti o riduttori. Oppure ricorre agli attori, che vengono scritturati per la loro fonogenia[34]. È nell'intento di fotografare l'arte teatrale e attoriale di Ettore Petrolini che Blasetti mette in cantiere, presso la *Cines* di Roma, *Nerone*, suo secondo film sonoro, come produzione, ma il primo ad essere distribuito. La proposta è in realtà di Pittaluga, ma ancora una volta il cineasta modifica l'idea di partenza. Più che realizzare un film con Petrolini, intende effettuare una carrellata dei personaggi del suo repertorio di maggior successo. Più che un film di finzione, la sua vuole essere una pellicola con finalità documentali: una memoria del grande attore[35]. Petrolini nel frattempo sottolinea, in suo celebre scritto, *Io e il film sonoro*, i vantaggi che la nuova invenzione offre alla sua recitazione, arte che al cinema era necessariamente convenzionale e artificiosa all'epoca del muto ed è invece resa più viva ed umana, anche se meccanizzata, dal passaggio al sonoro[36].

Malgrado la eccessiva teatralità dei miei film, mi sembra, attraverso *Nerone* [...] di aver ben capito e sufficientemente piegato ai requisiti fondamentali della mia arte, tutte le possibilità del *film sonoro* [...]. Il divismo, tipo pupazzo da vetrina, è ormai tramontato. Quei baci, quelle bocche, ognuna delle quali pareva cercasse il proprio astuccio, le smorfie, le pose fatali, *sò passate de cottura*. Siamo arrivati a cancellare il convenzionalismo che imperava nella maggior parte dei vecchi film.

Insomma, se con il sonoro i veri *detronizzati* sono, come abbiamo già detto, gli attori del cinema delle origini, gli incoronati dall'alloro del nuovo successo sembrano gli attori di derivazione teatrale[37].

C'era, fino alla comparsa del *film sonoro*, una categoria di attori, le cui possibilità artistiche parevano aver preclusa la via del cinematografo [...]. Attori che basavano il loro successo e la propria personalità su un particolare generale [...], la battuta [...], la sfumatura del significato della parola, [...] la varietà degli accenti che animano di una particolare vivezza il discorso.

Il cinema sonoro spalanca generosamente le porte alla voce di Petrolini, ai suoi giochi di parole, ai *non-sense* linguistici, dialettismi e forestierismi[38]. Eppure *Nerone* è accolto con riserva, quando non negativamente. In esso si intravede una regia troppo asservita all'attore, o una recitazione penalizzata rispetto alla sua forma più alta, l'improvvisazione. È quanto scrivono Enrico Roma e Eugenio Giovannetti, rispettivamente su «Cinema Illustrazione» e su «Kines» alla fine del 1930[39].

In questo film [vi] è un errore iniziale, l'aver voluto lasciare questo eccezionale protagonista sul palcoscenico. Bisognava, invece, portarlo nella vita. Ma come? Si è sempre detto che il cinema ha, sul teatro, il vantaggio del più vasto scenario, la possibilità di evadere dalla angosciosa unità di luogo e di tempo in cui l'azione teatrale è costretta, e, poi, nel doversi servire per un'opera cinematografica di un grande attore di teatro, gli si fabbrica a bella posta un palcoscenico anche più angusto dei soliti e lo si immobilizza in due metri quadrati di spazio, rendendogli difficile se non impossibile qualsiasi movimento? Così facendo non si è fabbricato un film, ma si è commesso quell'imperdonabile falso che è il teatro fotografato. Per conto mio, continuo [...] a credere in Petrolini attore di cinematografo. V'è qualcuno che dice: ma se il suo grande successo deriva dalle sue virtù di improvvisatore, di soggettista, come volete imprigionarlo dinanzi ad un ordigno meccanico, preciso, qual è il microfono? A me pare invece che quel tanto di definitivo, di costruito, di studiato che forma la base di ogni sua creazione, sia più che sufficiente a dar ottimi risultati nel *fonofilm*. Dovendo valermi di Petrolini per un film, scriverei [...] uno scenario grottesco, caricaturale, quanto volete, ma con un fatto, con una serie di episodi in cui l'arte sua potesse trovar efficaci pretesti. E, anzitutto, studierei con lui, il tipo da rappresentare, magari prendendo lo spunto da una qualche sua felice macchietta. Questo [...] si poteva farlo col *Nerone*. Bastava allargare i confini, crearvi una grossa caricatura della Roma imperiale.

Ci sia lecito dire che il tentativo di valorizzare per il cinema italiano la meritata popolarità di Ettore Petrolini non ci sembra né ben concepito né felicemente compiuto. Non ben concepito perché se c'è attore esclusivamente teatrale, bisognoso cioè sempre d'un contatto immediato con le platee per avere un rilievo scenico, questo è proprio Ettore Petrolini, un comico classico della antica commedia dell'arte, il cui talento brilla ancora e sempre nell'ardita improvvisazione [...]. Chi ha voluto farlo agire davanti a un obiettivo cinematografico non ha pensato che la visione cinematografica non è immediata ma fotografica, cioè astratta, documentaria, definitiva. Tutta la geniale improvvisazione petroliniana, cristallizzatasi in un film, avulsa [...] dalla calda atmosfera teatrale in cui suol nascere e morire ogni sera, era [...] destinata a diventare freddamente discutibile [...]. Il tentativo non è [...] felicemente compiuto poiché la scelta del *Nerone* non poteva che accentuare questo dissidio fondamentale che è tra spontaneità comica dell'arte petroliniana e la documentarietà riflessa dell'arte del cinema.

Sia pure plausibili, queste critiche possono essere messe in discussione laddove, non solo l'intenzione di regista e interprete è, come abbiamo detto, quella di documentare l'arte della recitazione petroliniana, ma anche quella di andare oltre il teatro fotografato facendo perno sul rapporto tra teatro e cinema. Con particolare attenzione al sonoro. Con *Nerone* Petrolini cerca di svelare i retroscena della sua vita e del suo lavoro di attore, facendosi riprendere in camerino, dietro le quinte[40], mentre Blasetti sperimenta un gioco tra finzione e realtà. Strategia che appare chiara fin dai titoli di testa quando Petrolini, con lo sguardo diretto in macchina, si rivolge allo spettatore cinematografico per presentare lo spettacolo, e richiama in passerella lo stesso Blasetti, le altre interpreti del film, Grazia Del Rio, Mercedes Brignone, Elma Krimer, e gli altri collaboratori: Carlo Montuori, Pietro Sassoli, Giovanni Paris e Mario Pompei. *«Ma chi presenta?»*, chiede una voce FC. *«Presento io»*, risponde Petrolini. Seguono queste battute: *«Ma insomma, il film muto è morto o non è morto? Se è morto, è inutile continuare con le didascalie. Allora preferisco 47, morto che parla»*. Poche parole che introducono prima di tutto alla novità sonora del *fonofilm*, alle quali fa seguito una serie di inquadrature – perlopiù in CL e con la mdp fissa e frontale – che alternatamente riprendono, non a caso, sia il palcoscenico sia la platea, sia gli attori sia gli spettatori, sottolineando l'elemento finzionale e teatrale.

In una struttura circolare, data da inquadrature finali speculari a quelle iniziali, Petrolini dà vita a una performance grottesca, la caricatura dell'imperatore romano Nerone, mentre Blasetti mette in campo una duplice interpellazione, agli spettatori teatrali e a quelli cinematografici. Petrolini-Nerone è al telefono e pronuncia le seguenti battute: *«Pronto? E si capisce, se sono qui, vuol dire che sono pronto. Anche lei è pronto? Che prontoni! [...]. Sì, lei parla con il signor Nerone, dal Palatino»*. Mentre dal FC sonoro udiamo un coro che pronuncia: *«A morte l'imperatore!»*. A sorpresa l'attore si ferma: blocca il gioco della rappresentazione per rivolgersi al pubblico cinematografico – sempre grazie allo sguardo in macchina – al quale dice: *«Il pubblico mi deve perdonare questa civetteria professionale. In questo momento sparisce l'attore, subentra la vanità, l'amor proprio del tecnico di teatro e di cinematografo. Questi coretti interni mi sembran che siano fatti bene, ma il pubblico non li ha capiti. Adesso lo faccio rifare... Arifalla un po'?»*. E ancora: *«A morte il matricida! A morte!»*. Sempre rivolto al pubblico cinematografico aggiunge: *«Per quel che gli do, fanno miracoli. Adesso glielo farò fare una dozzina di volte»*. Nelle inquadrature successive, le interpellazioni, gli a parte teatrali e i FC audiovisivi si moltiplicano, si intersecano e accavallano.

Segue il noto numero in cui Nerone parla al popolo (non visibile allo spettatore né teatrale né cinematografico) che gli contesta i suoi intenti incendiari. La tribuna improvvisata è un divano sul quale Petrolini-Nerone agilmente sale e scende: «*Ignobile plebaglia [...]. Ritiratevi, dimostratevi uomini e domani Roma rinascerà più bella e più superba che pria*». Dal pubblico in coro si leva un: «*Bravo!*». A cui lui risponde: «*Grazie!*». Prosegue, rivolgendosi agli spettatori cinematografici: «*Vi è piaciuta questa parola: pria! Il popolo quando sente le parole difficili si affeziona. Ora glielo ridico... Più bella e più superba che pria*». Ancora: «*Bravo!*». E ancora: «*Grazie!*». E si va avanti così a lungo, con la frase del "pria" pronunciata in modo sempre più rapido e smozzicato, mentre il coro lo applaude e lo osanna. Finché Nerone ancora osserva: «*Lo vedi, il popolo quando si abitua a dire che sei bravo, pur se non fai niente, sei sempre bravo*». Al di là della satira politica antimussoliniana che molti intravedono in questa *gag*, ci interessa qui sottolineare come la scena sia costruita sul gioco campo/fuoricampo sonoro, che, tra l'altro, sfata l'ipotesi di un Blasetti relegato al ruolo di «coordinatore tecnico» della pellicola[41].

Vi sono alcune analogie, ma anche profonde differenze tra *Nerone* e *La tavola dei poveri*, diretto anche questo da Blasetti e interpretato da un altro grande attore teatrale, Raffaele Viviani. Il primo, lo abbiamo detto, è datato 1930, il secondo è del 1932. Due anni sono moltissimo tempo in un periodo di transizione come quello da noi esaminato, durante il quale, in appena un triennio, dal 1929 al 1932, il cinema italiano passa dalla *sonorizzazione* degli ultimi film muti (*Napoli che canta* e *Rotaie*) al *primo film sonoro* (*La canzone dell'amore*), e da un sonoro ancora sperimentale (*Resurrectio*) e uno teatralmente asservito (*Nerone*) ad una maggiore consapevolezza e maturità tecnica (*La tavola dei poveri*). È lo stesso autore a tentare un confronto tra i suoi due ultimi film, a distanza di tempo dalla realizzazione, parlandone al solito Savio[42].

C'è una profonda differenza fra il racconto di *Nerone* e il racconto de *La tavola dei poveri*. Il racconto di *Nerone* era una cosa immaginata là per là e appunto per cucire diverse cose come le macchiette di Petrolini. Viceversa, *La tavola dei poveri* era una narrazione vera e propria concepita da Viviani, poi ritoccata da [Emilio] Cecchi e un pochettino anche da me.

Diversa è anzitutto la genesi dei due film, nati sotto diverso padrone. Dopo la prematura morte di Pittaluga, la direzione della *Cines*, lo abbiamo detto, passa nelle mani di Emilio Cecchi, la cui influenza è netta. Così come si fa sentire la penna degli sceneggiatori, tra i quali Alessandro De Stefani, Mario Soldati e lo stesso Viviani. *Nerone* si basa sulle improvvisazioni ed esibizioni petroliniane, *La tavola dei poveri* si avvale di una tessitura narrativa più complessa: la storia del marchese Fusaro (Raffaele Viviani) che nonostante l'indigenza in cui si trova continua a fare beneficenza, cercando a tutti i costi di mantenere, almeno agli occhi degli altri, il proprio status[43]. Se *Nerone* è riconosciuto come esempio di teatro filmato, spesso dimenticandone il gioco di scomposizione delle convenzioni teatrali e cinematografiche sopra evidenziato e l'insolita e moderna presenza di una mdp dichiarata, difficilmente ci si accorge di quanto sia trasparente e anonima la regia de *La tavola dei poveri*. Più che altro Blasetti cerca di stemperare i toni patetici della vicenda del marchese, senza raggiungere particolari picchi visivi e sonori, lontano dalla cura e dall'attenzione maniacale da lui solitamente riservata alla composizione delle inquadrature. Qui Blasetti pare mettersi, se non direttamente al servizio di Viviani, certamente in posizione secondaria, subordinata, e si lascia sopraffare dalla morale del grande attore napoletano, che ama più di Petrolini[44]. Come non ricordare ad esempio la lunga tirata, in pre-chiusura del film, durante il pranzo di beneficenza alla tavola dei poveri del titolo: Fusaro, nascondendo ancora una volta la propria povertà – ma ormai sappiamo benissimo che è un malfattore che arriva a derubare i suoi protetti – distingue due categorie di poveri: i poveri di spirito e i poveri di mezzi. Recita Viviani:

«*Purtroppo è entrato nella mente di parecchi un concetto sbagliato. Ci sono due categorie di poveri. I poveri di spirito e i poveri di mezzi. Voi appartenete alla seconda categoria. Categoria privilegiata, perché ha istituti e provveditori in tutti gli angoli del globo. Vi sono quelli che fanno beneficenza per accreditarsi davanti a Dio [...]. Altri hanno la passione per la beneficenza. La mania per la beneficenza [...]. Il signore resta signore e se non ha dato oggi, darà domani. Il vostro caso è triste, ma fino a un certo punto. Tutti sanno che siete poveri e la solidarietà umana deve provvedere. Ma quanti altri sono poveri come voi, più di voi e non lo possono dire? Quanti? Sarebbero felici ora di sedere al vostro tavolo e mangiare con voi, questa minestra calda e profumata, questo pane bianco uscito ora dal forno? Ma hanno una dignità da tutelare e mentre voi mangiate, devono guardare e tacere*».

L'effetto è drammatico e connota non solo il personaggio, ma anche il film. Per Fusaro la povertà è un dramma materiale e psicologico, una tragedia che lo costringe alla recita delle apparenze e lo condanna a una solitudine senza uscita. Solo a tratti riconosciamo delle finezze blasettiane: nell'ultima inquadratura la mdp segue l'andatura lenta del protagonista chiaramente invecchiato e affaticato dagli stenti, per poi abbandonarlo e seguire, apparentemente senza motivo, due fidanzatini che irrompono dal FC. La funzione dei due personaggi è quella di richiamare alla memoria del protagonista la figlia e il marito di lei ormai lontani: un procedimento attraverso il quale Blasetti può permettersi di osservare personaggi comuni e di passaggio, comparse del mondo, come già in *Resurrectio*. Un'altra inquadratura da notare è nella seconda sequenza del film. Tra panoramiche e carrelli laterali che precedono e seguono i personaggi, Blasetti descrive la lunga passeggiata a piedi del marchese Fusaro e sua figlia, dopo la cerimonia di beneficenza. I due si aggirano fra autovetture che non posseggono, a differenza degli altri aristocratici, e passano davanti a vetrine che espongono beni ormai per loro inaccessibili. Udiamo contemporaneamente una musica extradiegetica e alcuni suoni diegetici, clacson di automobili e, a tratti, la loro conversazione. Qui la mano dell'autore si fa sentire, attraverso un divertito e fluido movimento della mdp, e attraverso continue variazioni del punto di vista, talvolta concentrato sui protagonisti, talvolta distratto da altre presenze, come quella di una ragazza vestita di bianco che ad un certo punto esce da un portone.

Un altro momento degno di nota è quando Biagio Prospero, un uomo arricchitosi risparmiando elemosina, chiede a Fusaro di custodire i suoi denari. Qui, tra campi e FC sonori, tra inquadrature soggettive e oggettive, si passa con grande amarezza dalla fascinazione e fiducia che Prospero prova verso Fusaro, la cui bontà è leggendaria, all'acquisizione della realtà. Nel salotto di facciata, Prospero – lasciato solo dietro una tenda – comincia a guardarsi intorno e comprende la povertà che si cela dietro quel drappo, e che vede raddoppiata nello specchio in cui si riflette il suo stesso volto. Un passaggio in cui ben si fondono la poetica di Viviani e la tecnica di Blasetti.

Ma qual è allora in questo film, se ce n'è, il contributo del regista sotto il profilo prettamente sonoro? L'uso della musica è decisamente più limitato rispetto a *Resurrectio*, mentre numerosi sono i rumori assordanti della società moderna. È evidente l'utilizzo quasi eversivo del dialetto napoletano, sia pure italianizzato[45]. Come già in *Resurrectio*, dove le prime e quasi uniche parole che udiamo sono quelle dei pendolari romani alla fermata dell'autobus, in *Nerone* e nella *Tavola dei poveri* la trasmigrazione dal teatro al cinema si colora di interesse per il dialetto. Cosa che probabilmente sottintende una critica al regime fascista che, si sa, persegue una politica linguistica dialettofoba ed esterofoba[46]. Un particolare che possiamo aggiungere riguardo ai rumori è che, oltre alla citata sequenza della passeggiata iniziale in cui accade di sentire quelli delle automobili che affiancano Fusaro e sua figlia, vi sono anche i suoni assordanti dei martelli, dei motori e dei macchinari dell'officina di Volterra presso la quale il marchese si reca in visita in una sequenza successiva. Un'acustica che sovrasta il protagonista.

Appaiono immediatamente chiari e ambiziosi gli intenti di Gennaro Righelli quando, nell'aprile del 1931, termina alla *Cines* le riprese del film *La scala*, tratto dall'omonimo testo teatrale di Rosso di San Secondo, del 1925. Su «Cine-Gazzettino» del 18 dello stesso mese, il regista rievoca – in un'intervista rilasciata ancora a Paradisi – tutte le perplessità, ma anche le speranze, gli entusiasmi e le innovazioni che hanno accompagnato il progetto e la realizzazione del suo film[47].

Quando mi si propose di realizzare cinematograficamente il dramma teatrale di Rosso di San Secondo, rimasi alquanto perplesso. Il fascino dell'opera originale [...] era seriamente contrastato dalla preoccupazione delle difficoltà che avrei incontrato per impiegare, per la prima volta, le risorse della tecnica sonora a rendere le situazioni di una vicenda essenzialmente psicologica e cerebrale [...]. Allora ho fatto precedere la lavorazione cinematografica da un paziente e meticoloso lavoro di tavolino: attraverso la sceneggiatura scrupolosamente studiata [...] ho potuto raggiungere dei risultati ideali: rispettare nelle sue linee fondamentali il pensiero dell'autore e, al tempo stesso, umanizzare la vicenda per renderla accessibile ad ogni pubblico. Se nell'opera teatrale i personaggi parlano più col cervello che col cuore, nell'opera cinematografica accade esattamente il contrario [...]. Naturalmente, per un dramma in cui la parola ha sempre un valore predominante, ho dovuto dare all'azione ampi ed opportuni sviluppi cinematografici affinché la chiarezza e la logica non venissero pregiudicate [...]. Tanto è vero che *La scala* è un *film parlato* in minime proporzioni. Tuttavia la vicenda nulla perde del suo significato psicologico ed i personaggi vivono una realtà più aderente e più umana [...]. Ho compiuto ogni sforzo affinché rumori, suoni, musiche e voci contribuissero a rendere, col più aderente senso di realtà, l'atmosfera degli ambienti in cui l'azione si svolge. Ho voluto usufruire del sonoro fino ai suoi limiti estremi, fino all'audacia, poiché in quasi tutte le scene ho impiegato - cosa che ritengo che nessuno abbia tentato ancora - tre o quattro suoni distinti, riuscendo tuttavia a fonderli ed armonizzarli perfettamente. I fonici della *Cines* mi hanno coadiuvato con grande intelligenza, riaffermando in pieno la loro sensibilità e la loro passione, desiderosi di portare un efficace contributo di nuovi tentativi e di nuove possibilità al progresso della cinematografia sonora. Ma non si creda, con questo, che io abbia voluto impiegare il sonoro ad ogni costo, per il solo scopo di ottenere dei facili effetti. Ho voluto invece dimostrare come possa e debba essere utilmente impiegato per rendere meno sensibile il distacco tra la realtà della vita e la finzione drammatica [...]. D'altra parte per me il cinematografo è soprattutto verità. Ne *La scala* ho potuto attenermi ancora più fedelmente a questa concezione poiché sono stato pienamente secondato dai dirigenti della *Cines* ed ho potuto valermi senza restrizioni dei mezzi tecnici che la *Cines* dispone. Così ho potuto riprodurre la movimentata scena del veglione mascherato come io l'ho visto nelle grandi metropoli europee, un salotto borghese com'è nella sua realtà, un eccentrico cabaret e soprattutto una scala, una tortuosa e vasta scala a tromba, espressione e sintesi del film, ricostruita senza limitazioni di mezzi per tutta l'altezza del grande teatro n. 3 della *Cines*. Audacia, questa, alla quale finora nessuna casa straniera ha voluto consentire, sia perché estremamente complicata la ripresa per la difficoltà della illuminazione e di piazzamento delle macchine, sia perché i suoni e le voci subiscono delle distorsioni che ne falsano la registrazione. Io invece posso con piena sicurezza affermare di avere superate tutte le difficoltà raggiungendo effetti artistici, fonici e fotografici di eccezionale interesse.

Le affermazioni di Righelli meritano particolare attenzione soprattutto laddove il regista sottolinea che ha cercato di stemperare i toni del dramma psicologico in tre atti per renderlo più accessibile agli spettatori cinematografici. Facendo sì che i suoi personaggi parlino più con il cuore che con la mente, ma soprattutto, pur valorizzando il sonoro, più con le azioni che con i dialoghi, di per sé sovrabbondanti nel testo originario.

Ma rammentiamo prima di tutto, brevemente, la trama. *La scala* racconta dell'oscura passione che lega l'avvocato Giulio Terpi (Carlo Ninchi), amministratore del condominio e della scala del titolo, e Clotilde Printemps (Maria Jacobini), un'attrice di varietà che lui presenta agli amici come una delle sue ultime conquiste, ma che è in realtà la sua ex-moglie: fuggita all'estero con un altro uomo, ritornata al solo scopo di riabbracciare la figlia, e ora priva delle ultime forze per andarsene dopo la tragica e tardiva rivelazione della morte di quest'ultima.

Importantissima la *location*, che così viene descritta nel testo teatrale[48]:

Una scala umida e grigia di parecchi piani e molti inquilini: la scala di una di quelle case-formicai, in cui la vita congestionata delle città industriali ammucchia la media e piccola borghesia.

E che invece nel film viene mostrata in modo assai più stilizzato che realistico. Dipinta nei titoli di testa, ricostruita sul set in stile razionalista-futurista, è decisamente meno vissuta di quanto previsto dal testo originale. Invece di essere la principale unità di luogo e di azione come nel primo atto del testo teatrale, nel film, paradossalmente, assomiglia ad un praticabile scenico che conduce ad altri ambienti: all'appartamento dell'avvocato, alla strada e al tabarin dove si esibisce Clotilde. Il testo di Rosso di San Secondo[49] fa da traccia, non solo per lo sviluppo della trama, ma anche per alcune suggestioni ambientali, rumoristiche e dialogiche, alla ricca inventiva di Righelli[50].

Il pavimento è cosparso di segatura, sporca dalle cento scarpe bagnate che vi son già passate sopra, nella mattinata. La nebbia, la pioggia, l'umidità della strada, rivela molti segni nella scala, che spesso è invasa, a rifoli e a rabbuffi, dall'aria rigida di fuori. Dalla strada giunge anche, a ventate, l'eco fragorosa di trams, automobili, carri, furgoni, voci, fra lo scroscio, a tratti, della pioggia.

La I sequenza del film rende questa atmosfera con dovizia di particolari: alcune nuvole scure si addensano minacciose in cielo, le fronde degli alberi sono agitate dal vento, il suono simula una tempesta, accentuata dalla musica di una tromba e di un saxofono. Un movimento di carrello in avanti segue una folata di foglie e pezzi di carta che irrompe nel condominio non appena il portiere apre il portone. Mentre quest'ultimo esce di campo a sinistra, ecco entrare da destra un uomo in abito scuro che il dispositivo segue mentre sale l'imponente e tortuosa scala, che conquista il centro del quadro intero.

È proprio sulla scala che si concentrano molte recensioni. Su «Cine-Gazzettino», l'11 aprile 1931, la si descrive, come un «prodigio di costruzione architettonica», una «prova di vero virtuosismo di inquadrature per le luci». Mentre un altro articolo, ancora sulla stessa testata, qualche giorno dopo, il 25 aprile, mette in evidenza come la centralità della scala richieda la soluzione di problemi acustici e visivi, la coordinazione tra tutte le forze in campo, dal direttore agli attori, dai macchinisti agli scenografi[51].

Il realismo del film si concentra piuttosto sugli aspetti acustici. Come dice la cameriera che per prima entra in scena, nel condominio penetra «*oltre al freddo, il frastuono*»: il cicaleggio senza fine delle donne, le urla degli uomini che litigano, gli schiamazzi dei bambini, il fischiettare dei garzoni, i rumori di automobili, tram, carri, furgoni che si muovono lungo la strada. Le chiacchiere di due cameriere, quella della signora Dometti e quella della signora Cordelli, anticipano personaggi e riassumono antefatti. L'avvocato Terpi entra in scena rimproverando rumorosamente tutti coloro che nel condominio non prestano attenzione all'ordine e al silenzio. Riprende chi fischietta e fa scenate, e poi è lui stesso a trovarsi coinvolto in una discussione con il cassiere Vitalbi, vittima di uno sfratto. Una rissa verbale che genera i primi sospetti sull'onestà dell'uomo.

La II sequenza, anch'essa caratterizzata da articolati movimenti della mdp in carrello e panoramica, si contraddistingue soprattutto per una ricca colonna sonora: insieme alla musica udiamo trombette e fischiettii, trilli telefonici, sibili di vento, clacson di automobili, passi sulla scala, voci, e le urla dell'avvocato Terpi, che prima rimbrotta una donna che sbatte un tappeto e poi passa al portiere, al quale chiede di limitare l'accesso di motociclette, carri e carrettini[52]. Dopo le prime due sequenze, ambientate sulla scala, il film si sviluppa in altri ambienti e in esterni: nella III sequenza facciamo la conoscenza di Clotilde al tabarin; nella IV si ricorre a una serie di esterni battuti da una pioggia fragorosa; più avanti un veglione di capodanno occupa una parte consistente della pellicola.

In molte sequenze il sonoro si riduce ad una musica d'orchestra o a un'esibizione canora, come quella di Clotilde su un povero palcoscenico in una cantina. A volte l'uso del suono appare sperimentale: una sequenza mette in relazione la casa di Terpi e il locale di Clotilde attraverso una canzone: nell'appartamento, Clotilde esegue un brano melodico, con voce roca e profonda, davanti agli amici del marito, lo stesso pezzo che nel frattempo esegue la sua sostituta nello spettacolo, con voce più acuta e stridula.

Se notevoli sono alcuni passaggi visivi del film – ricordiamo almeno il cambio di scena ottenuto attraverso il volo della colomba di un prestigiatore su palco, che, dopo essere finita su uno spettatore in sala, si trasforma nel fiore bianco all'occhiello di uno degli ospiti in casa dell'avvocato –, molte altre scene meritano attenzione sotto il profilo acustico. Un bambino, messaggero d'amore tra Clotilde e il suo amante argentino, viene accolto in soggiorno dalla donna; qui, mentre mangia dei cioccolatini, gioca con le manopole di un mobile radiofonico provocando dei suoni gracchianti. Ancora. Una dolcissima musica di pianoforte ci porta ai confini tra sogno e realtà. Clotilde sfoglia l'album dei ricordi di famiglia e vede una foto di sua figlia durante un saggio musicale; si affaccia alla finestra e udiamo il suono di un pianoforte, che immaginiamo faccia parte dei suoi ricordi. La melodia aumenta via via di intensità mentre la mdp abbandona la donna alla finestra e scende in panoramica alto/basso, in esterno, lungo la facciata del palazzo, fino a mostrare all'interno dell'appartamento del piano di sotto una bambina al pianoforte. L'inquadratura successiva si sofferma ancora su Clotilde che socchiude gli occhi e si lascia cullare dalla musica.

L'audacia sperimentale preannunciata dal regista nell'intervista sopra riportata, quando allude a un insieme di tre-quattro suoni sovrapposti e armonizzati tra loro indipendentemente dalla verosimiglianza, è spesso presente. Con grande disinvoltura egli intreccia il commento musicale a dei fischiettii e al vociare della folla, senza preoccuparsi troppo se la colonna visiva passa dal locale, dove quel suono ha fondamento realistico e diegetico, all'interno dell'automobile con cui Clotilde e il suo accompagnatore, in verità collaboratore dell'avvocato, stanno rientrando nel condominio. Come a dire che il senso espressivo oltrepassa le esigenze del realismo. E se il film è sovraccarico di musica oltre che di rumori, come si legge in una recensione pubblicata il 30 maggio 1931 su «La Rivista Cinematografica», qui sotto riportata, diverso è il discorso, come vedremo, relativo all'uso del dialogo e delle parole nel film[53].

Il [...] commento sinfonico è stato [...] scritto dal Maestro Pietro Sassoli che ne ha anche diretta l'esecuzione affidata alla grande Orchestra

265

della *Cines*. In ordine di successione i brani più significativi sono: *Introduzione e bufera*, *Prime luci*, *Baccanale sinfonico*, *Anime in lotta*, *Angoscia* e *Ritorno alla vita*. A queste pagine sinfoniche [...] si alternano canzoni e ballabili [...] scritti dal Maestro [Felice] Montagnini ed eseguiti dall'Orchestra-jazz. La canzone *Solitudine* per il suo ritmo appassionato è destinata a conquistare una facile e sicura popolarità. Altrettanto orecchiabili sono *Il tango di Friquet* e *Sincopomania*. Tutta la musica de *La scala* è di proprietà della casa musicale della *SASP*.

Riguardo ai dialoghi, nell'intervista prima indicata, Righelli sostiene che ve ne fossero ben pochi, al punto da definire *La scala* un *film parlato* in proporzioni minime e ridottissime. Stupisce che questo accada in un *fonofilm* italiano ispirato ad un testo teatrale. Una soluzione insomma non scontata. Sta di fatto che – diversamente dall'originale teatrale in cui Clotilde si confessa pubblicamente con gli amici – nel film, dopo un primo colloquio narrativamente quasi incomprensibile tra lei e Terpi, solo qualche sequenza più avanti veniamo a conoscenza della vera natura del legame tra i due. Clotilde parla con l'ex marito in privato, nella stanza da letto. Ripresa dall'alto, appare schiacciata dalle circostante, obbediente e sottomessa al ricatto dell'uomo, il quale la sovrasta, simbolicamente ripreso sempre in piedi e dal basso in alto. Ancora, nel film lei lamenta con l'uomo di essere trattata dagli amici come una sgualdrina, e poi chiede di rivedere sua figlia. Una richiesta che la costringe a cedere a un vero e proprio ricatto sessuale, come si evince da quanto successivamente mostrato: una serie di avvicinamenti e allontanamenti tra i due, visti attraverso le loro ombre riflesse sul muro, e la classica svestizione rappresentata da indumenti che volano su una poltrona. Simile è lo schema della penultima sequenza del film, durante la quale il marito confessa finalmente alla moglie la tragica verità, finora tenuta nascosta, del decesso della loro figlia. Una rivelazione ancora una volta più sottintesa che esplicitata verbalmente, con la mdp che fluidamente scorre lungo le ante aperte di un mobiletto all'interno del quale sono ordinatamente custoditi i vestitini, i quaderni, i giochi e tutto ciò che apparteneva alla bambina. Dopodiché, mentre lui è ripreso perlopiù in PP, sudato, e lei lo supplica con gli occhi, attraverso una successione di raccordi di sguardo, lo si ode pronunciare l'amara sentenza: «*Morta*». La musica si fa sempre più intensa e carica di pathos, mentre lei crolla in un pianto a dirotto che udiamo in FC.

Insomma, nonostante l'uso abbondante della musica e dei rumori, questo film, come molte altre pellicole italiane degli anni della transizione, predilige ancora l'immagine, con i suoi giochi di luce e chiaroscuri, e i movimenti fluidi della mdp. Nell'ultima sequenza, a chiusura circolare della pellicola, torna al centro della scena la scala: Clotilde è scesa giù per la rampa, per poi risalire dopo che lui l'ha inseguita e convinta a tornare a casa. Non appena abbandonati i due dietro la porta dell'appartamento che si chiude alle loro spalle, la mdp comincia a volteggiare tra le ringhiere, i gradini della scala, e le finestre dell'androne da cui ora filtra una nuova luce, metafora di un nuovo domani, in un connubio tra scenografia teatrale e dispositivo cinematografico.

### La segretaria privata, La telefonista e Due cuori felici, tra pluriversioni e musical

Non si ispira solo a Petrolini o a Viviani, a Pirandello o a Rosso di San Secondo, la cinematografia italiana dei primissimi anni '30. Rivelandosi a tratti meno provinciale di quel che si è sempre creduto, si spinge spesso al di là dei confini nazionali per attingere a testi teatrali e letterari, ma anche cinematografici, alla ricerca di un altrove, sintomo di fuga e rimozione della realtà del ventennio nero, tema a cui molte riflessioni sono già state dedicate. È il caso de *La segretaria privata* di Goffredo Alessandrini, de *La telefonista* di Nunzio Malasomma e di *Due cuori felici* di Baldassare Negroni, la cui matrice risale ad alcune commedie filmiche tedesche all'epoca già distribuite nelle sale del vecchio continente[54].

Quali esempi di *commedie con canzoni*, che ammiccano appunto alla cinematografia germanica, ispirandosi soprattutto ai suoi film-operetta[55], ma anche alla *sophisticated comedy* americana, queste tre pellicole si differenziano dal modello delle *pluriversioni*. Sia pure versioni italiane di originarie opere straniere, non rientrano nella categoria dei *multipli*, ma, semmai, nella tipologia dei cosiddetti *remake*. Copia o rifacimento dei testi originali, questi film non vengono realizzati all'interno di un unico set o teatro di posa, dove, per le *pluriversioni*, si alternavano troupe di attori e autori di differente nazionalità, bensì girati ex novo in stabilimenti geograficamente distanti da quelli della produzione straniera originaria. Le *pluriversioni*, come abbiamo visto, costituivano dei tentativi americani di conquista dei mercati europei. Con questi tre *remake* è invece l'Italia – e con essa ancora la *Cines* – che si preoccupa di affrontare e risolvere questioni linguistiche e narrative a vantaggio della propria produzione. Non si tratta più di riprodurre in maniera pressoché identica il testo originario, variando quasi esclusivamente l'idioma, ma di intervenire in modo più profondo, incisivo; in sintesi: su diverse basi culturali, per realizzare – all'interno del genere commedia, allora predominante nella cinematografia fascista – prodotti che, proprio perché di ispirazione internazionale, possano concedersi una spensieratezza di vicende, luoghi e personaggi negata dal contesto storico-culturale del nostro paese sotto dittatura[56].

A questo proposito un confronto tra un articolo pubblicato su «Cine-Gazzettino» del 23 dicembre 1931 – in cui si ribadisce la differenza che intercorre tra la versione italiana de La segretaria privata e la pratica generalizzata delle *pluriversioni* e del *doppiaggio* – e il saggio del 2000 di Pier Marco De Santi – relativo allo scambio internazionale, culturale e narrativo, oltreché linguistico, che si cela dietro il film di Alessandrini – può essere quanto mai utile[57].

In luogo del *dubbing* che è il passaggio privato d'ogni film in lingua straniera allorché si voglia proiettarlo in Italia, questa volta [con *La segretaria privata*] si è ricorsi ad una vera e propria edizione italiana, ma non girata all'estero con attori di ripiego, bensì una vera e propria ricreazione del soggetto e dello svolgimento compiuto a Roma con attori, direttori e scene italiane. Tutto completamente italiano.

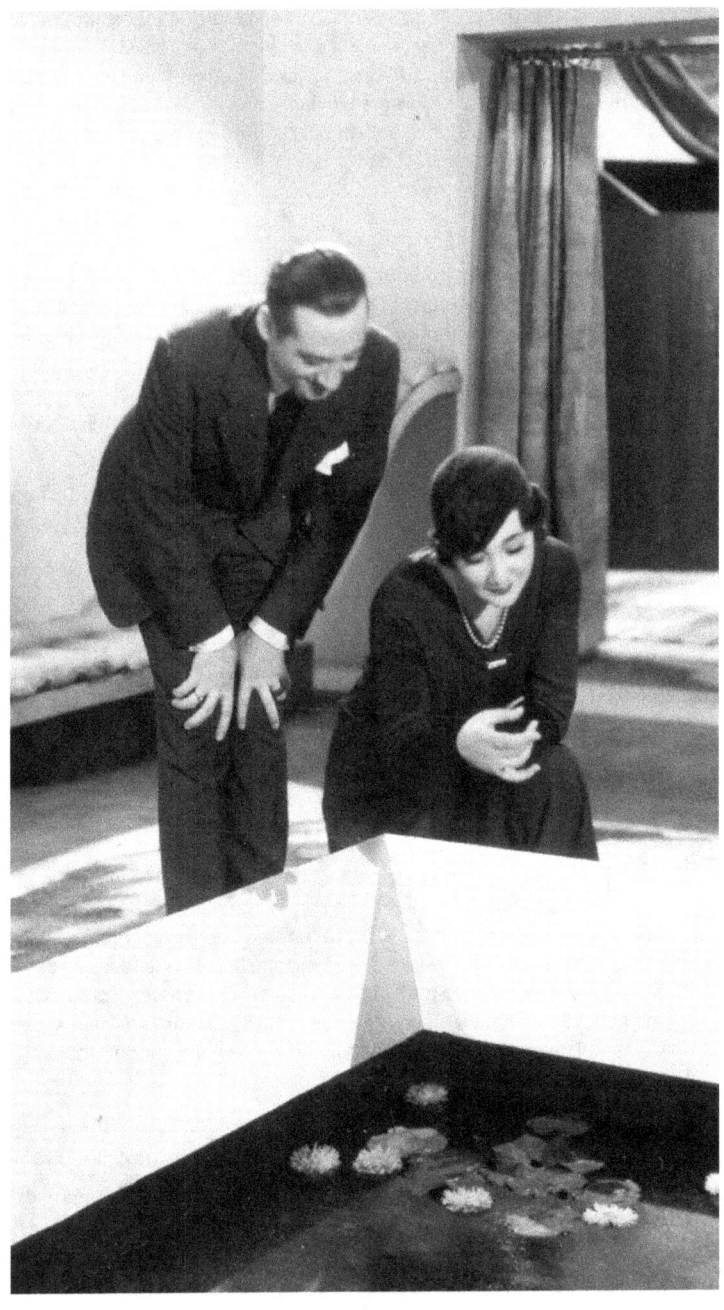

Nella coproduzione di *commedie con canzoni*, è la Germania [...] il nostro principale alleato nel cinema. È in Germania, infatti, che si producono con grande successo i *film-operetta* e quelli sulla *commedia mondana*: pellicole di puro svago e scacciapensieri, favole garbate che fanno sognare, commediole brillanti di scarso impegno produttivo [...]. Sulla scia del clamoroso successo che *Die Privatsekretärin* [...] sta riscuotendo in Germania [...] l'Anonima Pittaluga decide di puntare le carte sul rifacimento - ma, si badi, bene, negli stabilimenti della *Cines* - di questa fortunatissima *commedia rosa* [...]. *Die Privatsekretärin* è in assoluto il primo film a "dimensioni europee e americane" della storia del cinema sonoro tedesco; ed è anche la prima pellicola che fa parlare il cinema sonoro italiano con il soggetto e le *idee* di una moderna novella tedesca, con la musica e le canzoni di compositori ungheresi, con lo stile internazionale di una scenografia [...] *tutta italiana*. Il primo seme della commedia *alla tedesca* o *all'ungherese*, come dir si voglia, è gettato.

Ed è pertanto in una prospettiva che oscilla tra nazionalità e internazionalità che pensiamo si debba provare a procedere nell'analisi testuale del film di Alessandrini, toccando elementi che vanno, come già per *La scala*, dalla trama e dal tipo di narrazione al *décor* scenografico, sia pure appena accennato, per approfondire poi l'aspetto acustico. Cominciamo col dire che Alessandrini, reduce da un apprendistato come assistente alla regia e sceneggiatore accanto a Blasetti sul set dei già citati *Sole* e *Terra madre*, debutta come regista con *La segretaria privata*. Lui stesso ricorda così il suo esordio, intervistato dal solito Francesco Savio[58].

Il buon amico avvocato Angelo Besozzi [...] mi disse: «Guarda, ormai credo che sei maturo, hai fatto l'assistente due volte [...] ti affido un film. Per non darti troppa responsabilità, c'è l'occasione eccezionale di rifare un film tedesco». [...] Besozzi m'ha messo a disposizione la versione tedesca con Renata Müller e quindi io avevo tutta la possibilità di rivedermela in proiezione o alla moviola, di correggere alcune cose secondo il mio punto di vista, di stringere dei tempi, di mettere delle scenette più consone allo spirito nostro.

Insomma un morbido inizio, nel quale Alessandrini ha la possibilità di studiare il film tedesco, di adattarlo allo spirito nazionale, e di prendere iniziative personali rivelando già un proprio stile. Piuttosto abile nella regia, imprime alla pellicola un ritmo e una vivacità degli attori sorprendente, pur avendo in questo caso gioco facile dal momento che i protagonisti – Elsa Merlini, Nino Besozzi e Sergio Tofano, rispettivamente impegnati nei ruoli della segretaria Elsa Lorenzi, del direttore di banca Roberto Berri e dell'usciere Otello – provengono da un'encomiabile esperienza teatrale. Ma c'è di più, Alessandrini ha qui il merito di avvicinarsi al *musical* hollywoodiano, con il quale gioca anche sotto il profilo tecnico-formale. L'inizio del film ha un grande ritmo, per esempio, con mdp leggera e un rapido montaggio che sembra seguire il tempo musicale di *Oggi son tanto felice*, il *leitmotiv* ossessivamente riproposto all'interno della pellicola. Nella prima inquadratura il tempo musicale sincopato accompagna e scandisce il movimento di panoramica alto/basso, misto ad un carrello all'indietro, con cui si passa dal particolare di una valigia, posta nel portabagagli del treno, al personaggio femminile, Elsa, che, seduta vicino al finestrino con espressione sognante, è ripresa prima in MF, poi in PA (piano americano), infine in FI. Stesso procedimento nella II inquadratura che riprende trasversalmente l'ingresso del treno in stazione. L'effetto è, fin dall'inizio, una sensazione di allegria e vitalità. La goia si manifesterà spesso nel film, con i giubili della protagonista, con il canto, con il dialogo.

Dal treno si passa alla Pensione Primavera dove, come si legge nel cartello posto all'esterno, alloggiano solo signorine e signore sole. È qui, nella V sequenza, che Elsa rivela alle nuove coabitanti di essere giunta in città in cerca di un lavoro come dattilografa. Un mestiere che, come vedremo, è per lei più che altro un punto di partenza per realizzare un sogno matrimoniale, in realtà un sogno più d'affari che d'amore, rivolto alla sicurezza economica e allo status sociale. Elsa non è la sola moderna Cenerentola del film. Nella stessa sequenza viene messo in luce il cinismo con cui anche le sue compagne si dichiarano disposte a rinunciare al romanticismo pur di garantirsi una certa tranquillità finanziaria. Più che aspirare ad un onesto impiego di segretaria, a 500 lire al mese, o augurarsi un modesto matrimonio, dalla rendita mensile di 1.000 lire, Elsa and Co. sperano di trovare un ricco amico, anche se alla fine la loro struttura morale le ridefinisce quali brave ragazze. Un ambizioso progetto, prima enunciato e poi cantato da Elsa in almeno altre tre sequenze. Ad esempio, alla fine della serata trascorsa al Pergolato con Berri, verso il quale mostra chiaramente una certa simpatia, ma di cui rifiuta le avances finché lo crede erroneamente un impiegatuccio di banca la udiamo cantare: «*Tra il mio cervello e il cuor / giammai l'accordo regnerà. / L'uno ragionar / e l'altro vuol sognar. / L'uno è contro l'amor / e l'altro non pensa che all'amor. / Mi dice il cuor / troppo non pensar / il cervello / mi insegna a diffidar. / Tra il mio cervello e il cuor / giammai l'accordo regnerà*».

Gli elementi acustici animano, con grande veemenza, questa pellicola. Per tornare al momento in cui Elsa alla pensione conversa con le ragazze mentre si mangia, la scena si apre al suono di una serenata tzigana e – tralasciando sia la descrizione delle vivande inquadrate, effettuata da una voce FC, sia il battibecco che nasce tra la padrona dell'istituto e una delle ospiti, mostrato con una sola delle due in campo – quel che attrae la nostra attenzione è soprattutto l'improvviso spegnersi del vociio delle ragazze, quando sia Elsa sia l'anziana padrona di casa prendono la parola. Un contrasto che induce ad escludere l'ipotesi della presa diretta a favore della registrazione post-sincronizzata[59].

Se fino alla VII sequenza del film il *leitmotiv* musicale si alterna ai rumori, nella VII accade addirittura di sentirlo in sostituzione delle parole dei protagonisti. Siamo passati dall'universo femminile della pensione a quello maschile del mondo finanziario e della banca – indicata con la dicitura di Banca della Capitale – dove donne di modesta estrazione sociale lavorano per sbarcare il lunario e si danno da fare con i loro progetti matrimoniali, mentre gli uomini, come il capo dell'ufficio del personale – alias Cesare Zoppetti –, barattano le segnalazioni per l'assunzione con appuntamenti serali. Quando Elsa fa il suo ingresso, con l'abito che si mimetizza con le pareti geometriche e futuristiche della banca, mentre la mdp ne segue e anticipa i movimenti, la musica si sostituisce alla conversazione, simulandola con le diverse voci di strumenti musicali. È attraverso un'unica inquadratura che vediamo Elsa dapprima attraversare il lungo corridoio a strisce bianche e nere, poi varcare la porta oltre la quale c'è Otello, l'usciere. Da principio questa azione è accompagnata da una mesta melodia. Segue poi il dialogo tra i due che vediamo, ma non possiamo ascoltare, da dietro una barriera a vetri. La conversazione, si diceva, è simulata attraverso l'uso di diversi strumenti. Il violino sostituisce la vocina e le genuflessioni della ragazza quando domanda qualcosa all'uomo. Il trombone si ode quando è l'usciere che tuona e le risponde bruscamente. Il tutto è marcato dalla mimica.

Ma dicevamo soprattutto della presenza del modello del *musical*, quale vera novità del film. Il primo intermezzo che richiama il genere hollywoodiano è quello in cui Elsa, ottenuto l'impiego anche grazie alle moine sfoderate con il capo del personale, esce dalla banca saltellando e canticchiando il *refrain*: «*Sono felice, felice*»; una delle pochissime scene del film ambientata in esterni, sia pure con ogni probabilità ricostruiti in studio. La mdp la segue in carrello, mentre lei velocemente percorre un marciapiede sotto lo sguardo stupito di negozianti, passanti e avventori di un bar. Una scena ricorrente nel *musical* .

La connotazione teatrale del *décor* non è mai celata, anzi è piuttosto ostentata. L'esterno del palazzo della pensione dove Elsa dimora, con balconi infiorati, finestre illuminate e colombe che svolazzano, è chiaramente una ricostruzione scenografica, un po' presepiale, anche questa mutuata dal *musical*. Diversamente da esso però gli interpreti del film non interrompono d'improvviso il dialogo per cominciare a cantare. Succede di sentire Elsa fischiettare il motivetto trainante del film o canticchiarne qualche verso – quale espressione ad alta voce dei suoi pensieri e sentimenti – ma solo quando è sola, a passeggio lungo la strada o nel chiuso della propria stanza. E anche quando ci sembra di essere catapultati in un organico episodio canoro, come quello che riguarda Otello, in verità c'è sempre una motivazione o un'origine diegetica, verosimile, e non l'instaurarsi di una dimensione fantastica come nel musical. La duplice esibizione di Otello al Pergolato ha luogo sia perché l'uomo, di professione usciere presso la banca, nel tempo libero serale fa il baritono e il direttore d'orchestra, sia quando si prende una sbronza, in virtù della quale intona una beffarda canzoncina dedicata a «*una vecchia zia, un poco arpia*».

Dunque se è vero che vi sono molti elementi del film che rimandano al *musical*, è altrettanto indubitabile che il riferimento è parziale, e i protagonisti non sostituiscono mai le parole con il canto. Potremmo aggiungere che essi richiamano l'attenzione del pubblico muovendosi sempre sulla linea di confine tra la finzione e la realtà, attraverso una raffinatissima arte della recitazione: i continui sorrisetti, le smorfie, i *nonsense* linguistici degli attori sembrano dire che se sono lì non è tanto per vivere la vita che rappresentano, quanto per recitare la commedia che interpretano. Una *commedia di canzoni*, appunto, che si chiude allegramente con tre inquadrature in cui Otello, dopo aver spiato la riconciliazione di Elsa e Roberto, batte il tempo musicale, mentre le ragazze della pensione lo seguono, come fosse un pifferaio magico, canticchiando il solito *refrain* e ancheggiando un improvvisato e allegro numero coreografico.

Se *La segretaria privata* è il capostipite dei *remake* tedeschi, certamente *La telefonista* e *Due cuori felici* ne sono, ad un anno di distanza, i suoi discendenti più diretti. Le informazioni che abbiamo sulla loro distribuzione nelle sale cinematografiche italiane, nel 1932, sono contrastanti e non è chiaro quale dei due esca per primo. Se ci atteniamo al visto di censura, *La telefonista* precede di un mese *Due cuori felici*, ma se teniamo fede alla recensione di Alberto Albertazzi, pubblicata su «Il Cinema Italiano» il 20 ottobre, veniamo a sapere che quello di Nunzio Malasomma è «il terzo *fonofilm* derivato da un parlante tedesco», dopo quelli di Alessandrini e di Baldassare Negroni. Della pellicola il giornalista elogia la fotografia e il sonoro, ma non ama il «susseguirsi degli avvenimenti», il «taglio delle scene», e la «recitazione»[60].

Tra le tre, l'opera di Malasomma è forse la più debole. Alla monotonia della recitazione di Isa Pola (Clara Betti) e di Luigi Cimara (il direttore dei telefoni), ma in fondo anche a quella della co-protagonista femminile Mimì Aylmer (Anna, la mannequin) e del caratterista Giovanni Grasso jr. (Gedeone), corrisponde un'inaspettata atonia interpretativa di Sergio Tofano – nei panni del tenore Alfredo Battigo –, solitamente ben più vivace e brillante[61]. D'accordo con Albertazzi in merito non solo alla recitazione, ma anche all'intreccio del film, diciamo che anch'esso presenta però alcuni elementi notevoli: il *décor* (pensiamo ad esempio al bel totale che riproduce lo stanzone dei telefoni, con le telefoniste davanti ai pannelli del centralino, o alla Piazza Nuova, *location* da cui parte l'intreccio da commedia con equivoci e scambi di persona, la cui ricostruzione scenografica sembra ridotta in scala, con un effetto di plastico in miniatura)[62] e varie modalità di utilizzo del sonoro, non dissimili da quelle già esaminate in Alessandrini, l'insistita e interessante presenza dell'apparecchio telefonico, il ricorso al *refrain* musicale.

Riguardo in particolare al telefono Savio osserva, che, indipendentemente dal colore nero o bianco, «simbolo o feticcio» del cosiddetto cinema dei *telefoni bianchi*, esso altro non è che il vero motore di «un sistema fittizio di rapporti», la causa di una serie di equivoci ed inganni, dovuti alla sua essenza: riprodurre voci in assenza dei volti[63]. Vi sono nel film due casi, nell'accoppiata di sequenze V-VI e XXIV-XXV, in cui si verifica prima un benefico e poi un malefico scambio telefonico di persona. Se nel primo caso l'equivoco conduce Clara tra le braccia del direttore, unendo le due anime romantiche del film e punendo invece la cinica mannequin Anna e l'ombroso tenore. Nel secondo lo scambio è invece tutt'altro che positivo e causa anzi una momentanea rottura tra i due neo-fidanzati: Clara telefona il giorno dopo al suo amato e credendo di parlar con lui, trova invece, dall'altra parte del filo, il tenore, il quale, furioso per la serata trascorsa con Anna, sua ultima insoddisfacente avventura, presupponendo di parlare con quest'ultima, la insulta e la offende. Il cuore di Clara è infranto, ma ovviamente questo è solo un pretesto, un espediente tipico del genere commedia per ritardare la riconciliazione, già annunciata nelle prime scene, dei due innamoratii[64]. Il telefono è quindi, non solo il perno della narrazione che, a secondo dei casi, viene accelerata o rallentata, ma anche lo strumento per numerosi espedienti sonori, come l'improvvisazione di numeri musicali e canori. È quello che avviene per esempio nella I sequenza dove, a metà tra il *musical* e lo spot pubblicitario delle telecomunicazioni, viene messo in scena un coretto di telefoniste e abbonati:

*25 - 32: pronto già!*
*34 - 26: parli qua!*
*28 - 33: venti volte ho già chiamato*
*non sarà sempre occupato.*

*Un altro contatto*
*già c'è stato*
*così servite l'abbonato!*
*Pardon signor*
*chiedo scusa dell'error!*
*Io non scuso*
*proprio niente*
*che le venga un accidente!*

*L'abbonato va servito*
*anche quando è fuor di sé!*

Nelle sequenze successive è poi un gran susseguirsi di canti e melodie sentimentali. Nella V sequenza Tofano - già baritono per hobby ne *La segretaria privata* - compone per mestiere una melodia. Nella XIV due dei quattro protagonisti, felici e innamorati, intonano un inno al bacio. Nella V Tofano canticchia:

*Fu il fuoco del destin*
*che ci volle avvicinar!*
*Bastò guardarci*
*in fondo agli occhi*
*per doverci amar!*
*Passò sul mio cammin*
*un sorriso di beltà*
*conobbi allor*
*che cosa sia felicità!*
*Da quell'istante*
*il mio sogno sai qual è?*

*Da quell'istante*
*non ti ho scordata più.*
*Da quell'istante*
*ho sentito dentro il cuor*
*il fuoco triste di una vita senza amor!*
*Da quell'istante*
*la mia gioia sai qual è?*
*Da quell'istante*
*vivo sol per te.*

Nella XIV il coro così intona un inno al bacio:

*Bacio d'amor*
*peccato non può esser!*
*Bacio d'amor*
*va di filato al cuor!*
*E se tu soffri per amor,*
*se sanguina il tuo cuor,*
*se una ragazza vedi*
*e pensi che la puoi baciar,*
*baciala pure*
*che non puoi peccar!*
*Bacio d'amor*
*peccato non può esser!*
*Bacio d'amor*
*va di filato al cuor!*

Si tratta di canzoncine forse banali ma molto presenti nella cinematografia italiana degli anni '30, caratterizzata, come si sa, da opere-macchinette, ben congegnate ma perlopiù avulse dalla realtà[65].

Concludiamo con l'ultimo dei film di questa trilogia ambientata nel mondo del lavoro, tra banche e telefoni, tra segretarie, telefoniste e direttori, *Due cuori felici* di Baldassare Negroni. Più che *all'ungherese*, questa pellicola può definirsi *all'americana*. Dall'intreccio alla forma con cui è confezionata, dalla scenografia degli appartamenti e dei locali notturni in cui è ambientata, fino ad arrivare ai costumi che i protagonisti indossano, tutto fa pensare a un riflesso della *sophisticated comedy* hollywoodiana[66].

Italoamericano è anzitutto il protagonista del film, quel Mr. Brown (Vittorio De Sica) che, titolare di un'industria automobilistica newyorkese, si reca in viaggio d'affari in Italia per visitare la filiale rappresentata da un certo Carlo Fabbri (Umberto Melnati). L'origine italiana dell'americano la si spiega nel seguente dialogo:

- Brown: Io sono di origine italiana. Il mio nome è Bruni.
- Fabbri: Ah, Bruni... Bruni, toscano?.
- Brown: No... No... Tirolo. Mio padre, mio nonno erano orologiai.
- Fabbri: Ah, orologi del Tirolo: quelli con lo sportellino che fanno "cucù!, cucù!".
- Brown: No... no, niente "cucù". Cronometri di precisione.

Lo status di "italoamericano" viene sbeffeggiato attraverso un accento caricaturale, tormentone della recitazione desichiana di tutto film. Italoamericano è anche lo stile del salone automobilistico gestito da Carlo Fabbri, costruito con grande sfarzo e modernità. *Location* dove si verifica il primo dei tanti scambi di persona che avvengono all'interno di questa ennesima commedia degli equivoci: l'equivoco tra Mr. Brown, che nel frattempo finge di essere un comune cliente della ditta, e la segretaria Anna Rossi (Rina Franchetti), la quale attende per il giorno successivo la visita di un anziano direttore, stando almeno a quanto credono i dipendenti. In questa sequenza le soluzioni sonore sono particolarmente interessanti: un susseguirsi di voci e rumori, in campo e FC, acusmatici o visualizzati, che vanno dal ticchettio di una macchina da scrivere alla voce di Fabbri che detta una lettera alla sua segretaria; dal suono dei tacchi delle scarpe di una collaboratrice, che entra nella stanza, al trillo di un telefono che sembra in verità più un sibilo di una teiera sul fuoco; dal suono dei clacson delle automobili agli esercizi vocali che il povero Fabbri fa fare ai dipendenti per preparare l'accoglienza a Mr. Brown, facendo loro ripetere a memoria la formula di benvenuto: «*How do you do, Mr. Brown?*», lasciandoli poi liberi di improvvisare su questa una esibizione canora con annesso balletto. Ci si ritrova anche qui d'improvviso in un *musical*, con le comparse che cantano, ballano e saltellano, per uscire ad una ad una, come in uno spettacolo teatrale, e lasciare libera la scena ai due protagonisti principali, Anna e Mr. Brown.

Oltre alla musicalità, è da notare, durante un dialogo successivo che si svolge tra Fabbri e la sua cameriera, la *gag* comica basata sulla traduzione dalla lingua inglese della formula «*How do you do Mr. Brown*»:

- Fabbri: Appena arriva Mr. Brown, devi dirgli: «*How do you do, Mr. Brown?*»
- Cameriera: Ma come? Devo dargli subito del tu?
- Fabbri: Macché tu, *do... do....*

Che viene ripresa anche durante la conversazione tra la stessa cameriera e la cuoca di casa Fabbri.

- Cameriera: *How do you do, Mr. Brown?*
- Cuoca: E che cos'è, una nuova pietanza?
- Cameriera: Macché pietanza. Quando arriva Mr. Brown, bisogna dire così: «*How do you do, Mr. Brown?*».
- Cuoca: E cosa vuol dire?
- Cameriera: Eh, quanto sei ignorante. *How do you do*, vuol dire... *how do you do.*

A parte i goffi tentativi di imparare le quattro parole inglesi, a parte il protagonista e il pretesto da cui ha origine la trama del film, qui, come già detto, tutto trasuda di riferimenti all'America, amata o dileggiata che sia: gli ambienti, i costumi, i luoghi comuni dell'immaginario collettivo. Pensiamo al *night* dove si ritrovano tutti i protagonisti del film, Mr. Brown, la segretaria Anna Rossi, Carlo Fabbri e sua moglie Clara (Mimì Aylmer), sia pure in accoppiate già rimescolate da precedenti equivoci e scambi di persona[67], e alle osservazioni che Mr Brown e Clara – dal primo creduta la segretaria mentre è invece la signora Fabbri – fanno in merito al design e all'architettura del locale:

- Clara: Visto com'è grazioso... caratteristico?
- Mr. Brown: No... non è divertente... troppo americano.

Alla quale fa eco un'altra battuta, rivolta sempre da Mr. Brown alla vera Clara, nel ruolo di Anna, davanti alla taverna romana, dove i due, separati dall'altra falsa coppia, decidono di concludere la serata.

- Mr. Brown: Oh, questo molto caratteristico: niente americano.

Ricorrono insomma vari luoghi comuni sul confronto tra Italia e America: il primo è il paese del sole e delle belle donne, laddove il secondo è quello dell'efficienza e del progresso. Ed è in fondo lo stesso De Sica-Mr. Brown a metterli in fila all'interno di una divertente canzoncina che esegue nella scena della trattoria:

L'America ho lasciato
[...] tra voi son ritornato
un poco a riposar [...].
Son come motore
le donne di qua,
riscaldando il cuor
fan scoppiar
anche l'uomo d'acciar [...].
Non voglio ritornare
più solo lassù,
ma per campione portare
la donna di quaggiù.
Se la potrò trovare
il cuore le darò,
sarà il più bell'affare
che in Italia farò.
Son come motore
le donne di qua,
riscaldando il cuor
fan scoppiar
anche l'uomo d'acciar.
Soltanto a guardar
la donna di qua,
tu ti muovi con ardor [...].

Un brano nel quale Mr. Brown esprime le proprie speranze: trovare in Italia una brava ragazza da sposare e da portare con sé in America. Sogno analogo e complementare a quello canticchiato poco prima dalla Cenerentola di turno, Anna che, indossando gli abiti di Clara, nella toilette di casa Fabbri, spera di poter giocare la carta di una fortunata svolta sentimentale.

*Quando un finto velo*
*vedi sul tuo cielo*
*non disperar.*
*C'è lassù*
*una stella luminosa e bella*
*che ti dirà.*
*Bimba, la tua fortuna*
*certo un bel dì*
*passare dovrai.*
*Dolce chiaro di luna*
*che un mondo d'or*
*sognar ti farà.*
*Godi allor*
*la vita*
*perché eterno il piacer*
*no... non sarà.*
*Breve raggio*
*di luna*
*la tua fortuna*
*fuggirà.*

Fortuna che inevitabilmente le volta le spalle fin quando indossa gli abiti di una signora già maritata e finché il meccanismo dei travestimenti e delle identità invertite non si interrompe, per riportarci all'*happy end.*

Concludiamo segnalando due belle trovate sonore nella XIV e nella XVII sequenza, rispettivamente ambientate all'esterno e all'interno di una sala cinematografica. Qui Clara si rifugia, dopo un litigio con il marito, insieme al suo barboncino. La donna assiste a un cinegiornale sonoro su un'esposizione canina, ed ecco che le due bestioline, quella dello schermo e quella in braccio a Clara in platea, si rispondono abbaiando l'una all'altra. Il che, oltre a farci soffermare in assoluto sull'interessante dialettica schermo-platea – che sarà affrontata in modo ben più centrale e approfondito da pellicole successive come *Dora Nelson* (1939) di Mario Soldati e a *Fuga a due voci* (1943) di Carlo Ludovico

Bragagli[68] – è un'idea suggestiva che sottolinea perfettamente l'aspirazione autoreferenziale del cinema sonoro italiano.

## La *Cines* si autorappresenta: *La stella del cinema*

Se non è il *primo film sonoro* della cinematografia italiana, *La stella del cinema*, diretto da Mario Almirante nel 1931, è certamente il primo film autoriflessivo della nuova era. Ambientata presso gli stabilimenti ristrutturati della *Cines-Pittaluga* di San Giovanni a Roma, l'opera narra le vicissitudini sentimentali di Rosa (in arte Fiorella Aprile, alias Grazia Del Rio) e di Nerio (Elio Steiner), parallelamente al loro ingresso nella fabbrica dei sogni in celluloide, nella quale inizialmente sono delle semplici comparse, ma dove, soprattutto lei, diviene ben presto la prima stella del firmamento. Emblematici già i titoli di testa, l'incipit e tutte quelle parti del film dove spesso campeggiano scritte gigantesche, come "Teatro Sonoro n. 2", oppure si trovano espliciti richiami alla nuova invenzione tecnologica.

Si osservino, in particolare, quelle inquadrature in cui l'operatore è prima ripreso obliquamente in PA e poi frontalmente in MF all'interno della *cabina insonorizzata*, uno dei più significativi simboli del cinema sonoro. Vestito con giubbotto e papillon, seduto accanto alla macchina da presa, montata su un cavalletto a treppiedi, l'uomo prima dà ordine, tramite un ricevitore telefonico, di iniziare le riprese e poi si chiude all'interno della cabina, dalla quale proviene il rumore della manovella che gira e che mette in funzione il meccanismo di ripresa. Un suono la cui omissione si giustifica solitamente con la presenza dell'involucro e della gabbia insonorizzante, ma che in questo caso viene riprodotto e amplificato, esattamente come accade all'occhio della mdp e alla sua apertura oculare aderente allo schermo: replicanti del dispositivo meccanico di ripresa e di proiezione. L'occhio della cinepresa rimbalza infatti dal profilmico al filmico, mentre il riquadro, attraverso il quale si osserva il set, altro non è che una sorta di doppio dello schermo. E se acusticamente in questi primi quadri a un certo punto si ode sia il rumore di un ciak che quello del martello usato da un operaio per costruire le scene del film, è soprattutto nelle inquadrature dedicate alla sala macchine che i suoni e i rumori si fanno più invasivi e assordanti mentre, non a caso, in sovrimpressione compare la scritta "Photophone Sound Equipment. Registrato con Sistema RCA-Photophone".

Procedendo con ordine, è nella II e nella IV sequenza del film che l'attenzione si sposta chiaramente su due nuovi mestieranti del cinema sonoro, il doppiatore e il rumorista. La prima si apre con l'immagine della cantante dalle lunghe trecce nere che, affacciata alla finestra, si esibisce almeno per un po' senza alcun intoppo, fino a quando un improvviso colpo di tosse inceppa il meccanismo: con nostra grande sorpresa il canto prosegue e la mdp ci svela, compiendo una panoramica sinistra/destra, la presenza di un'altra artista che, da dietro le quinte, o meglio, a lato della scena, presta la propria voce all'interprete inquadrata, doppiandola. Nella seconda sequenza citata viene invece ripreso un *rumorista* che, con il gesto delle mani fatte vibrare sul naso e sulle labbra, simula il muggito di una mucca. Ancora. Un po' come accade a Zavattini in quell'immaginario racconto del 1928 che, pubblicato su «Gazzetta di Parma», si intitola *Holliwood*[69], Rosa, la protagonista, irrompe sempre un po' a sproposito sul set, all'interno e all'esterno degli stabilimenti *Cines*. Accade nella VI, nella VII e nella XVIII sequenza. Un'irruzione che genera il panico nella troupe e scatena l'ira furiosa del direttore artistico. Alla fine però Rosa riesce a guadagnarsi l'ingresso principale, con il nome d'arte di Fiorella Aprile e questo accade proprio per il fatto di essersi fatta notare, nolente o volente, in modo tanto goffo e caotico. Esito ben rappresentato dalla proiezione del *film nel film*, che è *Venere 1980* svoltasi, nella L sequenza, al *Supercinema* di Roma.

Grazie al maldestro aggirarsi di Rosa vediamo i capannoni della nota ditta romana, costituiti, come abbiamo già ampiamente visto nei capitoli precedenti, non soltanto dai tre distinti teatri di posa, muti e sonori, bensì anche dalle sale dei costumi e delle proiezioni, e dal ristorante, dove accade spesso che lo sguardo della protagonista e del suo fidanzato, esattamente come quello di

Almirante e della sua mdp, si soffermi a osservare, fino a scovare – per l'esattezza nella XVI sequenza – un gruppo di noti registi di allora: Gennaro Righelli, Carlo Campogalliani, Guido Brignone, lo stesso Almirante e Carlo Ludovico Bragaglia. Cineasti che, disposti intorno a un tavolo, si divertono a raccontare aneddoti a suon di autocitazioni di titoli, tra i quali *La canzone dell'amore, Corte d'Assise, Terra madre*.

Molto interessanti, nelle sequenze VI, XXXVIII e XL, le scene dove assistiamo a delle riprese, ora in esterni, ora in interni. Esse si svolgono tra tralicci, riflettori, microfoni e cineprese, ma anche mezzi di trasporto, come il *camion sonoro*, e luoghi insoliti, come la cabina dell'*ingegnere del suono*: suggeriscono materiali e luoghi suggestivi della nuova cinematografia sonora. A proposito del *camion sonoro*, chiamato *location truck*, su cui si legge *Cines Photophone* e al di sopra del quale si intravedono gli operatori con le loro mdp montate su cavalletti, ripreso nei giardini degli stabilimenti, rimandiamo a quanto scritto su «Cinema Teatro» il 1° agosto 1930[70].

Strano aspetto assume [...] il teatro di posa, cui furono adattate delle pareti di larghe strisce di feltro che attutiscono i rumori dell'ambiente e che è dominato dalla presenza esterna del *location truck* che è un *camion sonoro* con completo equipaggiamento di presa e mette la compagnia in grado di lavorare in un qualsiasi punto distante, registrando subito i suoni.

Auditorio, più che osservatorio privilegiato, la cabina del *moniteur* gode invece di una posizione elevata e isolata, come abbiamo già ampiamente detto, rispetto al set. Ed è al suo interno che l'*ingegnere del suono* rappresenta una sorta di mago o cavaliere solitario, che sterilizza e purifica, amplifica e manipola tutti i suoni e tutti i rumori provenienti dalla zona sottostante. Vestito con il costume di scena da moschettiere, Nerio irrompe nella suddetta cabina, in visita all'amico Gigetto e, mostrandosi interessato al funzionamento dell'amplificatore, chiede:

- Nerio: Non ho mai capito come funziona questo affare.
- Gigetto: L'amplificatore?

- Nerio: Così voi sentite tutti i rumori e tutte le parole di laggiù.
- Gigetto: Naturalmente!
- Nerio: E hai sentito tutti gli accidenti che ti mandavo, quando pretendevi che parlassi più forte?
- Gigetto: Tutti... tutti.

Un colloquio che tocca la questione già esaminata della tirannia esercitata sul set dei neo *fonofilm* dall'*ingegnere del suono*, interessato più all'intelligibilità sonora che alla resa drammatica delle parole pronunciate dagli attori. Parole spiate e soggette a stati di alterazione elettronica che insinuano nel protagonista maschile anche il sospetto di una relazione tra Rosa, la sua fidanzata, e il regista; sovrapponendo metalinguisticamente, ancora una volta e in maniera estrema rispetto agli altri casi fin qui analizzati, i piani di realtà e finzione[71].

**1**. Conrad, *Cuore di tenebra*, Garzanti, Milano, 1982, p. 211 (ed. or. *Heart of Darkness*-1902).

**2**. Per i brani che seguono, cfr.: Anonimo, *"Napoli che canta"*, *"Notiziario"*, «La Rivista Cinematografica», 13-14, 15-30 luglio 1930, p. 39; Anonimo, *La sincronizzazione di "Napoli che canta"*, *"Notiziario della Cines-Pittaluga"*, «La Rivista Cinematografica», 17, 15 settembre 1930, p. 29; Roma, *"Napoli che canta"*, *"Le prime a Milano"*, «Cinema Illustrazione», 1, 7 gennaio 1931, p. 12.

**3**. Cfr. Umberto Paradisi, *Intervista con Mario Almirante. Direttore di "Napoli che canta"*, «Cine-Gazzettino», 51, 20 dicembre 1930, p. 2.

**4**. Questa suddivisione per sequenze e inquadrature è in questo caso, come negli altri che seguono, talvolta più dettagliata, altre volte più generica e, comunque, suscettibile e aperta a ulteriori future verifiche.

**5**. Cfr. in merito all'importanza e alla valenza delle *didascalie*: Gianni Rondolino, *Cinema scritto e cinema orale*, in Francesco Pitassio, Leonardo Quaresima (a cura di), *Scrittura e immagine. La didascalia nel cinema muto*, IV Convegno Internazionale di Studi sul Cinema, Dipartimento di Storia e Tutela dei Beni Culturali, Università degli Studi di Udine, Forum, Udine, 1998, pp.113-125. In generale cfr. altri saggi all'interno di quest'ultimo volume: Quaresima (*La parte scritta del film*, pp. 15-17), Gian Piero Brunetta (*Il lettore ottico*, pp. 19-28), François Jost (*Le mots pour le voir*, pp. 29-38), Philippe Dubois (*L'écriture figurale dans le cinéma muet des années 20*, pp. 71-93), Pierre Sorlin (*Le didascalie "inutili" e il sistema filmico*, pp. 105-112), Inge Degenhardt (*Writing in Silent Movie: Magic or Loss?*, pp. 127-143), Paolo Cherchi Usai (*Modelli percettivi nelle didascalie del cinema muto*, pp. 167-171), Sergio Raffaelli (*Sulla lingua dei film muti in*

*Italia*, pp. 187-198), Antonio Costa (*Iconizzazione, narrazione, commento. Materiali per uno studio delle didascalie nel cinema muto italiano*, pp. 199-210) e altri.

**6.** Su quanto fin qui espresso, ancora in merito alle *didascalie* del cinema muto, cfr.: Ejchenbaum, *I problemi dello stile cinematografico*, in Giorgio Kraiski (a cura di), *I formalisti russi nel cinema*, Garzanti, Milano, 1987, p. 24; Rondolino, *Cinema scritto e cinema orale*, cit.

**7.** Cfr. Chion, *L'audiovisione. Suono e immagine nel cinema*, Lindau, Torino, 1997, p. 69, (ed. or. *L'audio-vision. Son et image au cinéma*, Éditions Nathan, Paris, 1990).

**8.** Cfr. in merito Valentina Ruffin, Patrizia D'Agostino, *Dialoghi di regime. La lingua del cinema degli anni trenta*, Bulzoni, Roma, 1997. Ma cfr. anche quanto già in parte già citato nella nota 62 del quarto capitolo di questo volume.

**9.** Conversazione che ha luogo appunto nel finale e a ridosso della parentesi napoletana, che per Jinny ha significato armi (il servizio militare) e amori, mentre per Alice vacanze e amore. Relazioni quindi *pre* matrimoniali, al termine delle quali ora sembra che la loro unione possa ripartire su un altro piano di realtà e di affetto molto diverso dall'inizio.

**10.** Cfr. per quanto detto e citato fin qui: Brunetta, *Cinema italiano fra le due guerre. Fascismo e politica cinematografica*, Mursia, Milano, 1975, pp. 46-47 e pp. 52-53; Germani, *Mario Camerini*, La Nuova Italia, Firenze, 1980, p. 34.

**11.** Per quanto fin qui detto su Camerini, cfr., oltre alla monografia già citata di Germani, i seguenti paragrafi e capitoli: *Mario Camerini*, in Ester C. De Miro, Alberto Farassino, Guido Gola... [et Al] (a cura di), *Il cinema italiano dal '30 al '40*, Tilgher, Genova, 1974, pp. 79-92; Lizzani, *Camerini e la piccola borghesia*, in Id., *Il cinema italiano. Dalle origini agli anni ottanta*, Editori Riuniti, Roma, 1980, pp. 65-72. Più in generale, riguardo al regista, rimandiamo comunque anche ai seguenti altri saggi e libri: Alberto Farassino (sous la direction de), *Mario Camerini*, Éditions du Festival International du Film de Locarno, Éditions Yellow Now,Crisnée (Belgique), 1992; Arnaldo Colasanti, Ernesto Nicosia (a cura di), *Mario Camerini*, Mariapia Comand, *Mario Camerini. Un cinema oltre-confine*, in Leonardo Quaresima (a cura di), *Storia del cinema italiano. Volume IV-1924/1933*, Marsilio, Edizioni di Bianco e Nero, Venezia-Roma, 2013 (uscita prevista).

**12.** In merito alla citazione riportata e al brano sotto indicato, cfr.: *Mario Camerini*, in De Miro, Farassino, Gola... [et Al] (a cura di), *Il cinema italiano dal '30 al '40*, cit., p. 83; Matarazzo, *Evoluzione del nostro cinematografo. "Rotaie"di D'Errico e Camerini*, «Lo Spettacolo Italiano», 3, marzo 1931, pp. 104-105.

**13.** Cfr. l'intervista rilasciata dal regista a Francesco Savio negli anni '70 e pubblicata *Cinecittà anni Trenta. Parlano 116 protagonisti del secondo cinema italiano (1930-1943). Volume I (AB-DEF)*, Bulzoni, Roma, 1979, p. 205, dove dichiara: a) «Ero abituato a fare tanti titoli nei film, io pensavo che queste didascalie erano troppe, disturbavano il pubblico, così tutto il primo tempo di *Rotaie* aveva un solo titolo»; b) «*Rotaie* era un film muto, ci misero il sonoro dopo, lo sonorizzarono dopo [...]. Credo solo musica».

**14.** In merito alle riflessioni e alle citazioni fin qui riportate, cfr.: Redi, *La Cines. Storia di una casa di produzione italiana*, CNC, Roma, 1991, p. 78; e i due saggi, entrambi riportati in Brunetta (a cura di), *Storia del cinema mondiale. Volume terzo. L'Europa. Le cinematografie nazionali. Tomo primo*, Einaudi, Torino, 2000, ovvero: Brunetta, *Cinema italiano dal sonoro a Salò*, pp. 348-349; De Santi, ... *e l'Italia sogna. Architettura e design nel cinema déco del fascismo*, p. 430.

**15.** Cfr. per i brani riportati: Anonimo, *Il fonofilm ha dato la parola allo schermo italiano. Il "parlante" trionfa a Roma con "La canzone dell'amore" della Cines-Pittaluga e "Sei tu l'amore?" della Italotone*, «Il Cinema Italiano», 32, 10 ottobre, p. 3; Anonimo, *"La canzone dell'amore"*, "Notizie della Cines-Pittaluga", «La Rivista Cinematografica», 21, 15 novembre 1930, p. 10.

**16.** Cfr. per il primo brano che segue, ovvero l'intervista di Righelli a Serandrei, e per i due articoli successivi riportati: Serandrei, *Il primo fonofilm parlato italiano "Mamma Butterfly". Conversazione con Gennaro Righelli*, "Dal teatro di posa allo schermo", «Il Tevere», 14 maggio 1930, p. 5 (ora anche in Serandrei, *Giorni di gloria. Un film. Gli scritti*, a cura di Laura Gaiardoni, I quaderni di Bianco & Nero, Scuola Nazionale di Cinema, Il Castoro, Roma, 1998, pp. 258-260); C. T., *Viva l'Italia*, «Cinema-Teatro», 19, 16 ottobre 1930, p. 3; [Rassegna Stampa], *Il trionfo de "La canzone dell'amore"*. *Il film sonoro-cantato-parlato italiano nei principali cinematografi d'Italia*, «La Rivista Cinematografica», 20, 30 ottobre 1930, pp. 9-12.

**17.** Cfr. in merito a quanto detto fin qui e citato: Gili, *1930. La canzone dell'amore (La dernière berceuse)*, in Id., *Le Cinéma italien à l'ombre des faisceaux (1922-1945)*, Institut Jean Vigo, Perpignan, 1990, pp. 71-73; Brunetta, *Cinema italiano dal sonoro a Salò*, cit., p. 349.

**18.** Cfr., per i brani sotto riportati, entrambi apparsi sul numero 10 di «cinematografo» del 30 ottobre 1930: Blasetti, *Servizio di turno*, pp. 3-4; Serandrei, *Il più bel film del mese a Roma*, p. 26, (ora in Serandrei, *Giorni di gloria*, cit., pp. 280-281).

**19.** Cfr. anzitutto la novella pirandelliana, *In silenzio*, in Luigi Pirandello, *Novelle*, Orsa Maggiore, Torriana (FO), 1993, pp. 5-30. Mentre in merito all'opinione dello scrittore e drammaturgo siciliano sull'adattamento cinematografico della suddetta nella *Canzone dell'amore* e di cui nel brano sotto riportato, cfr.: G. V. [Giuseppe Vittorio] Sampieri, *Luigi Pirandello parla del cinema di tutto il mondo e del teatro d'Italia*, «Cinema-Teatro», 19, 16 ottobre 1930, pp. 5-6.

**20.** In merito alle diverse, iniziali e provvisorie titolazioni de *La canzone dell'amore*, tra gli altri, cfr.: Redi, *La Cines*, cit., p. 76; Serandrei, *Il primo fonofilm parlato italiano "Mamma Butterfly"*, cit., p. 5. In cui, come si evince anche dal titolo, si parla di *Mamma Butterfly*, poi *La piccola Butterfly* etc.

**21.** In merito alla trama della novella pirandelliana, fin qui brevemente esposta e riassunta cfr.: Pirandello, *In silenzio*, cit.

**22.** Ricordiamo che la versione francese, *La dernière berceuse* è di Jean Cassagne, con Dolly Davis, Madeleine Guitty e Jean Angelo, mentre quella tedesca, *Liebeslied*, è di Constantin J. Davis, con Gustav Frölich e Renate Müller. Cfr. su questo ancora Redi, *La Cines*, cit., p. 76.

**23.** Per tutto quel che si è fin qui espresso, ivi comprese le citazioni riportate, in merito a suoni udibili, ma non visibili o visibili successivamente etc., cfr. i seguenti testi di Chion: *L'acusma*, in Id., *La voce nel cinema*, Pratiche, Parma, 1991, (ed. or. *La voix au cinéma*, Éditions de l'Etoile, Paris, 1982) pp. 31-61 e in particolare p. 33; *L'audiovisione*, cit., p. 69 e p. 77. A proposito di quanto detto, ricordiamo poi come sia proprio Chion a definire il suono interiore oggettivo e fisiologico, nel caso di rantoli, respiri ecc., ma anche interiore soggettivo e psicologico, nel caso di pensieri, riflessioni, stati d'animo ecc.

**24.** Cfr. ancora Chion, *L'audiovisione*, cit., pp. 78-83.

**25.** *Ibidem*. Laddove con il punto d'ascolto spaziale, Chion intende lo spazio da cui proviene un suono o un rumore, mentre, quello prettamente soggettivo è, al pari della soggettiva visiva, quello che il personaggio, il soggetto, ascolta direttamente.

**26.** Cfr. in particolare De Santi, ... *e l'Italia sogna*, cit., p. 431.

**27.** Cfr. per la citazione in apertura riportata: U. P. [Umberto Paradisi], *Mentre si attende "Resurrectio". Il primo film sonoro, cantato e parlato della "Cines"*, «Cine-Gazzettino», 27, 5 luglio 1930, p. 3. Mentre per il brano sotto riportato cfr.: *Alessandro Blasetti*, in Savio, *Cinecittà anni trenta*, cit., pp. 113-114. Laddove in aggiunta a quanto detto, in merito al commento musicale di *Sole*, egli afferma che esso fu: «Un commento musicale che lo accompagnò in tutte le proiezioni [...]. Un commento musicale che naturalmente era suonato dall'orchestra. Però un commento adatto espressamente al film».

**28.** Cfr., per i brani che seguono, entrambi da «Il Tevere» del 1930 e all'interno della rubrica "Dal teatro allo schermo": Anonimo, *"Resurrectio"*, 9 luglio, p. 5; Matarazzo, *Blasetti ci parla di Petrolini attore cinematografico mentre si gira "Nerone"*, 6 agosto, p. 5.

**29.** Cfr., per il brano che segue: U. [Umberto Paradisi], *Che cos'è "Terra madre". Intervista col Direttore Artistico Alessandro Blasetti*, «Cine-Gazzettino», 9, 28 febbraio 1931, p. 6.

**30**. Cfr. per il brano che segue: Blasetti, *Dopo "Resurrectio"*. *Qualche cosa di più che "due" parole serene ad uso delle persone serene e ad abuso delle altre*, «cinematografo», 5, giugno-luglio 1930, pp. 6-7.

**31**. Per i brani e quindi per le recensioni al film di Blasetti che seguono, cfr.: R. Q. [Raoul Quattrocchi], *Resurrectio*, "Prime visioni", «Kines», 24, 14 giugno 1931, p. 4; Anonimo, *Ottavo programma "Cines"*. *1 Resurrectio, 2 Rivista Cines n. 9, 3 Voci di fontane*, «Cine-Gazzettino», supplemento 21, 26 giugno 1931, p. 2.

**32**. Per il brano che segue, cfr. ancora Blasetti, in Savio, *Cinecittà anni trenta*, cit., pp. 114-115.

**33**. In merito alla citazione riportata, relativa all'insuccesso di *Resurrectio*, cfr. *Ivi*, p. 114. Mentre in generale riguardo alle monografie italiane su Blasetti, cfr., tra gli altri, i seguenti testi: Adriano Aprà (a cura di), *Materiali sul Cinema Italiano 1929/1943*, Quaderno informativo n. 63, XI Mostra Internazionale del Nuovo Cinema, Pesaro, 1975; Blasetti, *Scritti sul cinema*, a cura di Aprà, Marsilio, Venezia, 1982; Gianfranco [Miro] Gori, *Alessandro Blasetti*, Il Castoro, La Nuova Italia, Firenze, 1984; Maria Grazia Villani (a cura di), *Alessandro Blasetti: il mestiere del cinema*, Gangemi, Roma, 2002; Mario Verdone, *Alessandro Blasetti*, Edilazio, Roma, 2006. Ma rimando anche a una mia voce enciclopedica: *Blasetti, Alessandro*, in *Enciclopedia del cinema. Volume I: A-CH*, diretta da diretta da Enzo Siciliano, Achille Tartaro, Gabriella Nisticò (redattore capo), Istituto della Enciclopedia Italiana Treccani, Roma, 2003, pp. 527-529.

**34**. Cfr. i seguenti saggi, tutti pubblicati in Mino Argentieri (a cura di), *Risate di regime. La commedia italiana 1930-1944*, Marsilio, Venezia, 1991: Micciché, *Il cinema italiano sotto il fascismo. Elementi per un ripensamento possibile*, pp. 37-63; Argentieri, *Dal teatro allo schermo*, pp. 65-95; Ernesto G. [Guido] Laura, *Percorsi intrecciati della commedia anni '30*, pp. 109-137.

**35**. In merito a come Blasetti, convocato da Pittaluga, decide di realizzare *Nerone*, cfr. ancora le sue dichiarazioni in Savio, *Cinecittà anni trenta*, cit., p. 116, laddove dice: «A un certo punto Pittaluga mi disse: "Guardi, qui c'è da fare un film con Petrolini. Le interessa di fare questo film con Petrolini?". "Beh - io dissi - facciamo un film con Petrolini". Cioè non detti una grande importanza alla cosa se non per un dettaglio; che io chiesi, appunto, che non fosse raccontata una storia [...] con Petrolini perché non era questo che poteva interessare di più, ma che il film desse pretesto per allineare il massimo numero possibile di macchiette petroliniane. Che poi hanno costituito il documento».

**36**. Cfr. per il brano che segue: Petrolini, *Io e il film sonoro*, «Comoedia», 9, 15 settembre-15 ottobre 1930, pp.7-8 (poi anche in «Cine-Gazzettino», 42, 18 ottobre 1930, p. 3 e in Id., *Facezie, autobiografie e memorie*, a cura di Giovanni Antonucci, Newton Compton, Roma, 1993, pp. 143-148, (ed. or. Casa Editrice Viminale, Roma, 1931). All'interno del quale si legge anche: «Il cinematografo muto, almeno come interpretazione, era apparso fino ad oggi come una cosa difficile [...]. Con la questione del microfono entriamo in un altro campo: arte meccanicizzata, sia pure, ma col *film sonoro* ci avviamo verso qualcosa di più umano».

**37**. Cfr. per il brano che segue, ripreso da «Kinema» del dicembre 1930: Paola Micheli, *Il cinema di Blasetti, parlò così. Un'analisi linguistica del film (1929-1942)*, Bulzoni, Roma, 1990, pp. 49-50, che ivi lo riporta.

**38**. Petrolini scompare, lo ricordiamo, nel 1936, dopo che al cinema, oltre a *Nerone*, interpreta ancora, nel 1931, le pellicole dirette da Carlo Campogalliani, *Il medico per forza*, tratto da Molière, e *Cortile*, da Fausto Maria Marini.

**39**. Per i brani che seguono cfr. appunto: Roma, *"Nerone", "Le prime a Milano"*, «Cinema Illustrazione», 47, 19 novembre 1930, p. 12; Giovannetti, *"Nerone" al Supercinema*, «Kines», 1, 23 novembre 1930, p. 4.

**40**. Cfr. su questo ancora Petrolini, *Io e il film sonoro*, cit., laddove dichiara: «Nel *Nerone* ho voluto riprodurre il mondo del teatro nella sua realtà e senza *birignao* ed ho cercato di contrapporre la rappresentazione sincera dell'autentico retroscena per disilludere chi ha l'abitudine di lasciarsi abbagliare dal cemento armato verniciato con la porporina».

**41.** Cfr su quanto detto fin qui e su quanto citato: De Miro, Farassino, Gola... [et Al] (a cura di), *Il cinema italiano dal '30 al '40*, cit., p. 42, dove si parla appunto anche di *Nerone*.

**42.** Cfr. per il brano sotto riportato ancora *Blasetti*, in Savio, *Cinecittà anni trenta*, cit., p. 120.

**43.** Cfr. su gran parte di quel che si è fin qui espresso: Gori, *Alessandro Blasetti*, cit., pp. 31-34.

**44.** In merito a Viviani e a Blasetti, cfr.: *Blasetti*, in Savio, *Cinecittà anni trenta*, cit., p. 120, laddove il regista afferma: «Viviani [...] era un [...] grandissimo attore. Io ho stimato Petrolini e ho lavorato bene con lui, ma ho amato Viviani veramente. L'ho amato perché aveva un animo, un'umanità di altissimo livello. Ed era anche un poeta di un estro straordinario».

**45.** Cfr. su questo ancora Micheli, *Il cinema di Blasetti, parlò così*, cit., pp. 63-67, quali pagine dedicate specificatamente proprio a *La tavola dei poveri*.

**46.** Su quanto detto su lingua e dialetto ai tempi del fascismo cfr. ancora Ruffin, D'Agostino, *Dialoghi di regime*, cit.

**47.** In merito a Rosso di San Secondo rimandiamo ad almeno due testi che in generale e in particolare fanno riferimento all'autore e al suo testo che, ricordiamo, viene messo in scena per la prima volta a Milano, il 16 novembre 1925, al Teatro Olimpia, con l'interpretazione di Renato Cialente e Tatiana Pavlova. Cfr. quindi: Luigi Ferrante, *Rosso di San Secondo*, Cappelli, Bologna, 1959; Rosso di San Secondo, *Teatro*, a cura di Ferrante, Bulzoni, Roma, 1976. Riguardo invece al brano sotto riportato cfr.: U. [Umberto Paradisi], *Come è stato realizzato il nuovo lavoro della "Cines" con l'interpretazione di Maria Jacobini. (Nostra intervista con Gennaro Righelli)*, «Cine-Gazzettino», 16, 18 aprile 1931, p. 4.

**48.** Per il brano sotto riportato cfr. allora Di San Secondo, *La scala*, in Id., *Teatro*, cit., p. 565.

**49.** Il testo di Rosso di San Secondo fa da traccia, come via via vedremo, anche alla lettura del film, oltre che alle risoluzioni stilistiche adottate dal regista Righelli.

**50.** Cfr. per il brano che segue ancora *Ivi*, p. 565.

**51.** Per quanto fin qui detto e citato, cfr. appunto da «Cine-Gazzettino», rispettivamente sui numeri 15 e 17, dell'11 e del 25 aprile 1931, i seguenti articoli anonimi: *Anche "La scala" con Maria Jacobini è già opera compiuta! Le tappe gloriose della "Cines "*, p. 4; *Un grande lavoro della "Cines " interpretato da Maria Jacobini : "La scala"*, p. 5.

**52.** Premesso che numerosi sono i raffronti resi possibili tra testo teatrale originario e film, ne indichiamo qui esemplificativamente e brevemente qualcuno tratto da ancora Di San Secondo, *La scala*, in Id., *Teatro*, cit. Leggiamo ad esempio qua e là: a p. 569: «La voce del 2 scolaro [...] (*Schiamazzando e gettando la cartella dei libri all'aria, i due scolari salgono, traversano il pianerottolo* [...]»; a p. 571: «Terpi [...] (*Imbattendosi nel garzone di negozio che fischia)* Chi vi ha insegnato a fischiare per le scale? Villano!... Villanzone!... [...]. Ah, benissimo! Le signore di buon mattino stanno a far pettegolezzi...». Sempre dal testo teatrale apprendiamo che vi è anche in corso uno sfratto esecutivo ai danni del cassiere Vitalbi e della sua famiglia. A p. 571, I atto, si legge: «La voce dell'avv. Terpi (*da giù*): Vi ho detto che nel portone non voglio vedere né motociclette, né automobili, né carri, né carrette, né carrettini... il diavolo si porti tutti i veicoli!».

**53.** Per il brano che segue, cfr.: Anonimo, *La musica di "La scala"*, "Notizie della Cines -Pittaluga", «La Rivista Cinematografica», 10, 30 maggio 1931, p. 8.

**54.** Cfr. in generale sia Argentieri (a cura di), *Risate di regime*, cit., sia il Maurizio Grande, *Il cinema di Saturno*, Bulzoni, Roma, 1992 (ora anche in Id., *La commedia all'italiana*, a cura di Orio Caldiron, Bulzoni, Roma, 2003). Nonché cfr. in particolare il saggio di Miccichè, *Il cinema italiano sotto il fascismo*, cit. Mentre, riguardo alle commedie cinematografiche a cui si ispirano i tre film soggetti ora alla mia analisi, ovvero *Die Privatsekretärin* (1931) di Wilhelm Thiele; *Frauleinfalschverbunden* (1932) di Erich W. Emo e *Ein bisschen Liebe für Dich* (1932) di Max Neufeld, cfr.: De Santi, ... *e l'Italia sogna*, cit.

**55.** Cfr. su questo, così come meglio evidenziato più avanti, ancora De Santi, ... *e l'Italia sogna*, cit.

**56.** Su tutto ciò cfr. ancora, come nella nota 54, in generale sia Argentieri (a cura di), *Risate di regime*, cit., sia Grande, *Il cinema di Saturno*, cit.

**57.** Per i brani sotto riportati, cfr.: Anonimo, *"La segretaria privata"* in visione al Savoia, «Cine-Gazzettino», 52, 23 dicembre 1931, p. 2; De Santi, ... *e l'Italia sogna*, cit., pp. 435 e 437.

**58.** Cfr. per quanto fin qui ancora detto: De Santi, ... *e l'Italia sogna*, cit.. Mentre per il brano che segue, ma anche per la citazione più avanti riportata, cfr.: *Goffredo Alessandrini*, in Savio, *Cinecittà anni trenta*, cit., pp. 10-11 e p. 12.

**59.** In merito alla questione del suono in *presa diretta* e della *post-sincronizzazione* di allora rimandiamo ancora al saggio di Alberto Boschi, *Il passaggio dal muto al sonoro in Europa*, in Gian Piero Brunetta (a cura di), *Storia del cinema mondiale. L'Europa. 1 Miti, luoghi, divi*, Einaudi, Torino, 1999, pp. 395-426.

**60.** Secondo quanto viene riportato in Aldo Bernardini (a cura di), *Il cinema sonoro 1930-1969*, ANICA, Roma, 1992 e da noi riportato nella *Filmografia (1930-1932)*, La telefonista ha un visto di censura n. 27.317 del 31 luglio 1932, mentre quello di *Due cuori felici* è il n. 27.328 del 31 agosto dello stesso anno. In merito invece alla recensione sul n. 27 de «Il Cinema Italiano» del 20 ottobre 1932, cfr. Albertazzi, *La telefonista (Corso Cinema)*, "Le presentazioni nei cinema romani", p. 5.

**61.** In merito a Tofano e ai film di allora da lui interpretati mi permetto di rimandare, tra gli altri, a due miei saggi e ad una voce enciclopedica: *Il cinema di Carlo Ludovico Bragaglia*, «Il Nuovo Spettatore», 14, febbraio 1992, pp. 155-173 (estratto della mia tesi di laure, discussa nel 1990 presso la Facoltà di Lettere e Filosofia dell'Università degli Studi "La Sapienza", dal titolo *Momenti e modelli del genere commedia nel cinema italiano degli anni '30-'40*, in cui vi è una lunga disamina di *O la borsa o la vita*-1932, di cui Tofano è protagonista); *"Seconda B." Dalla gestazione del film all'interpretazione di Sergio Tofano*, in Alessandro Faccioli, Francesco Pitassio (a cura di), *Sergio Tofano. Il cinema a merenda*, "Bianco e Nero", 552, febbraio 2005, pp. 97-105; *Tofano, Sergio*, in *Enciclopedia del cinema. V vol: SIC-Z*, diretta da Enzo Siciliano, Achille Tartaro, Gabriella Nisticò (redattore capo), Istituto della Enciclopedia Italiana Treccani, Roma, 2004, pp. 215-216.

**62.** In merito al décor di questo film e di altre possibili suggestioni e riflessioni, tanto personali quanto sollecitate e suggerite, cfr. ancora De Santi, ... *e l'Italia sogna*, cit.

**63.** In merito al telefono e ai *telefoni bianchi* cfr. in particolare Savio, *Introduzione*, in Id., *Ma l'amore no. Realismo, formalismo, propaganda e telefoni bianchi nel cinema italiano di regime (1930-1943)*, Sonzogno, Milano, 1975, p. VII.

**64.** Del resto come a lungo teorizzato da Grande, mutuando Frye, la commedia è solitamente il genere della conciliazione e dell'*happy end* già in sé insito fin dall'inizio. E comunque su questo cfr. dell'autore, *Il cinema di Saturno*, cit., dove in particolare parla di «*dialettica della conciliazione*» o di «dinamica della commedia [...] *conciliativa*», tesi per cui si ispira a sua volta al tema del comico dell'«*integrazione*» e dell'«*incorporazione*» dei personaggi nella società proposto da Northrop Frye, *Anatomia della critica. Quattro saggi*, Einaudi, Torino, 1969 (ed. or. *Anatomy of Criticism. Four Essays*, Princenton University Press, Princenton, 1957).

**65.** Cfr. ancora Savio, *Introduzione*, in Id., *Ma l'amore no*, cit., e Grande, *Il cinema di Saturno*, cit.

**66.** Cfr. fin qui ancora De Santi, , ... *e l'Italia sogna*, cit.

**67.** Ricordiamo che, nel frattempo, Clara, dopo aver litigato con il marito per via di

Bibi, il loro cagnolino, si allontana da casa, dove invece appare Anna, inizialmente per concludere il lavoro con il dottor Fabbri, ma per poi finire con l'indossare gli abiti della moglie. E così, mentre si è appena chiarito l'equivoco iniziale di Mr. Brown che, dopo essersi finto un normale cliente, viene poi scoperto a capo della ditta e quindi anche della filiale presso la quale Anna lavora come segretaria, le due donne invertono il loro status professionale e sentimentale, con tutto quel che ne consegue.

**68.** In particolare per *Fuga a due voci* di Bragaglia e *Dora Nelson* di Soldati rimando ad un altro mio saggio: *Le impossibilità di Icaro*, in David Bruni (a cura di), *Cinema 100 - III: Il cinema nel cinema*, Università degli Studi di Roma Tre-Dipartimento della Comunicazione Letteraria e dello Spettacolo, Roma, 1996, pp. 11-16. Così come anche all'altro mio *Il cinema di Carlo Ludovico Bragaglia*, cit.

**69.** Cfr. Zavattini, *Hollivood*, «Gazzetta di Parma», 4 marzo 1928 (ora in Zavattini, *Cronache da Hollywood*, cit., pp. 3-4), dove per esempio capita di leggere: «Arrivai a Cinelandia un mattino rigido di dicembre [...]. Mi ero appena incamminato verso l'albergo che due *policeman* mi si precipitarono addosso: «Alt, signore». E mi spiegarono che dovevo sostare un paio d'ore, poiché stavano ultimando il film *La città deserta* dove si sarebbe veduta una città senza abitanti. «Se lei capita sotto l'obiettivo, la pellicola è sciupata». [...] Trascorse le due ore regolamentari [...]. «Può andare», fece un *policeman*. Mi avviai. Avevo fatti appena dieci passi che una turba di gente sbucata da una via laterale mi sorpassò di corsa: erano 100, 200 uomini con il viso stravolto, seminudi, coperti di pelli, armati di lance e di faretra. «Corra, perdinci, corra.... lei mi rovina il film. Corra o mi pagherà i danni...» .

**70.** Cfr. per il brano sotto riportato: Anonino, *Panorami cinematografici. Roma-Parigi-Berlino*, «Cinema-Teatro», 14, 1° agosto 1930, pp. 6-7

**71.** Un pettegolezzo, una maldicenza che all'inizio separa i due fidanzatini, per poi ricongiungerli nel finale, così come si addice ancora una volta al finale di una *commedia*.

# Didascalie immagini

VOL. I

p. 8: copertina dello spartito del valzer omonimo scritto per *La canzone dell'amore* (1930) di Gennaro Righelli; musica di C. [Cesare] A. [Andrea] Bixio; versi di Bixio Cherubini; edizioni Bixio (Milano); illustrazione di Carla Balabio [tratta da *Fogli sonori. Gli spartiti della Biblioteca "Luigi Chiarini"*, quaderno ideato e realizzato da Laura Pompei e Laura Ceccarelli, Fondazione Centro Sperimentale di Cinematografia, Roma, 2012; [Fondazione Centro Sperimentale di Cinematografia - Archivio Biblioteca "Luigi Chiarini", Roma]

p. 10: Dria Paola, interprete di Lucia, in *La canzone dell'amore* (1930) di Gennaro Righelli, con Olga Capri, qui nel ruolo della padrona di casa [Collezione Lorenzo Pellizzari, Milano]

p. 12: Lia Franca sulla copertina del numero 21 del periodico «Il Cine Mio», 19 giugno 1932 [Fondazione Centro Sperimentale di Cinematografia - Archivio Biblioteca "Luigi Chiarini", Roma]

p. 17: scena di un ballo in un tabarin dal film *La scala* (1931) di Gennaro Righelli [Collezione Lorenzo Pellizzari, Milano]

p. 18: al centro Raffaele Viviani, interprete del marchese Isidoro Fusaro, con altri attori e comparse in *La tavola dei poveri* (1932) di Alessandro Blasetti [Collezione Lorenzo Pellizzari, Milano]

p. 20: copertina dello spartito della canzone fox *Bacio d'amore*, scritta per il film *La telefonista* (1932) di Nunzio Malasomma; versi di Raffaello Matarazzo e Malasomma; musica di Otto Stransky; edizioni Suvini-Zerboni (Milano) [tratta da *Fogli sonori*, cit.; Fondazione Centro Sperimentale di Cinematografia - Archivio Biblioteca "Luigi Chiarini", Roma]

p. 48: Elsa Merlini sulla copertina del numero 29 del periodico «Il Cine Mio», 14 agosto 1932 [Fondazione Centro Sperimentale di Cinematografia - Archivio Biblioteca "Luigi Chiarini", Roma]

p. 64: tipica pubblicità di un neo-proiettore sonoro di marca italiana, il Prevost. Di fabbricazione milanese, l'apparecchio è dotato di dispositivi idonei al sincronismo con disco fonografico e a cellula fotoelettrica e pertanto al duplice sistema di registrazione e riproduzione *Vitaphone* e *Movietone* [Fondazione Centro Sperimentale di Cinematografia - Archivio Biblioteca "Luigi Chiarini", Roma]

p. 95: copertina di una raccolta di spartiti dei più grandi successi cinematografici internazionali; fascicolo n. 1; Curci, 1938 (Milano) [tratta da *Fogli sonori*, cit.; Fondazione Centro Sperimentale di Cinematografia - Archivio Biblioteca "Luigi Chiarini", Roma]

p. 120: Rina De Liguoro, definita "la prima attrice italiana affermatasi ad Hollywood", a breve protagonista di un film di Cecil De Mille, sulla copertina del numero 15 della rivista «Kines», 13 aprile 1930 [Fondazione Centro Sperimentale di Cinematografia - Archivio Biblioteca "Luigi Chiarini", Roma]

pp.150-151: illustrazione che riproduce gli stabilimenti di Joinville-le-Pont in Francia, comune sui periodici d'epoca [Fondazione Centro Sperimentale di Cinematografia - Archivio Biblioteca "Luigi Chiarini", Roma]

p. 160: grafico dell'attività della *S.A.S.P.* [*Società Anonima Stefano Pittaluga*] nella stagione 1929-30, riprodotto nelle riviste d'epoca [Fondazione Centro Sperimentale di Cinematografia - Archivio Biblioteca "Luigi Chiarini", Roma]

p. 173: panoramica degli stabilimenti *Cines-Pittaluga* di via Veio, quartiere San Giovanni, a Roma, in una riproduzione pubblicata su periodico italiano [Fondazione Centro Sperimentale di Cinematografia - Archivio Biblioteca "Luigi Chiarini", Roma]

p. 224: copertina dello spartito della canzone per il film *La segretaria privata* (1931) di Goffredo Alessandrini; versi di Robert Gilbert; versione ritmica di Ennio Neri; edizioni Melodi (Milano); dove si legge anche: Paolo Abraham; dal romanzo *Storie di una macchina da scrivere* di Stefano Szornahazy [tratta da *Fogli sonori*, cit.; Fondazione Centro Sperimentale di Cinematografia - Archivio Biblioteca "Luigi Chiarini", Roma]

p. 269: il banchiere Roberto Berri e la sua segretaria privata Elsa Lorenzi, ovvero Nino Besozzi ed Elsa Merlini, in *La segretaria privata*

(1931) di Goffredo Alessandrini [Collezione Lorenzo Pellizzari, Milano]

VOL. II

p. 8: pubblicità illustrata di *Serenata Tzigana*, un melodramma cinefonico in due atti realizzato dall'*ENAC-Ente Nazionale per la Cinematografia*, apparsa sul numero 8 della rivista «Kines» del 4 maggio 1930 [Fondazione Centro Sperimentale di Cinematografia - Archivio Biblioteca "Luigi Chiarini", Roma]

Retrocopertina voll. I e II
(da sinistra a destra)

Nino Besozzi ed Elsa Merlini, ovvero il banchiere Roberto Berri e la sua segretaria privata Elsa Lorenzi, in *La segretaria privata* (1931) di Goffredo Alessandrini [Collezione Lorenzo Pellizzari, Milano]

Copertina dello spartito della canzone slow fox *Come in un sogno* scritta per il film *La stella del cinema* (1931) di Mario Almirante; versi di E. [Ernesto] Tomassini; musica di A. [Alberto] De Feo; edizioni Musicali Marletta (Roma); dove si legge anche: cantata dal soprano A. [Anna] M. [Maria] Martucci del Teatro Reale dell'Opera di Roma nel film sonoro della *Cines Pittaluga Rivista 10*, programmata con il film [tratta da *Fogli sonori*, cit.; Fondazione Centro Sperimentale di Cinematografia - Archivio Biblioteca "Luigi Chiarini", Roma]

Carlo Ninchi e Maria Jacobini, rispettivamente l'avvocato Giulio Terpi e Clotilde Printemps, in *La scala* (1931) di Gennaro Righelli [Collezione Lorenzo Pellizzari, Milano]

Vol. I: logo della *Produzione Cines Pittaluga (Roma)* pubblicato spesso sulle riviste e sui periodici d'epoca [Fondazione Centro Sperimentale di Cinematografia - Archivio Biblioteca "Luigi Chiarini", Roma]

Vol. II: copertina dello spartito della canzone *Parlami d'amore Mariù* scritta per il film *Gli uomini... che mascalzoni!* (1932) di Mario Camerini; musica di Cesare A. [Andrea] Bixio; versi di Ennio Neri; Edizioni Musicali Soc. An. Stefano Pittaluga, Torino, 1933 [tratta da *Fogli sonori*, cit.; Fondazione Centro Sperimentale di Cinematografia - Archivio Biblioteca "Luigi Chiarini", Roma]

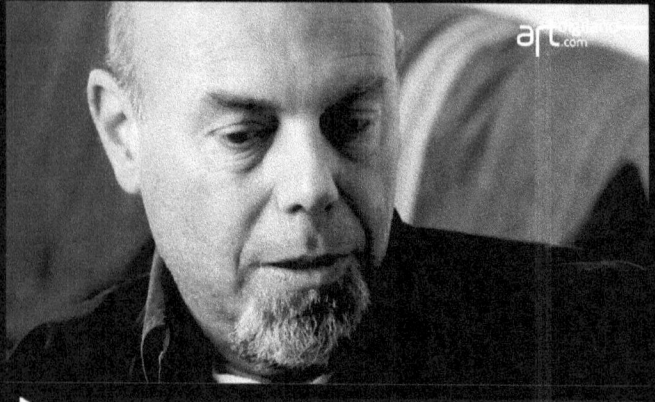

intervista video a Luca Bigazzi

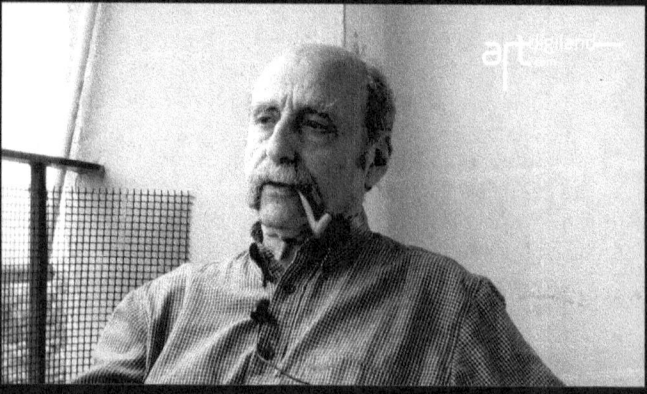

intervista video a Marc Scialom

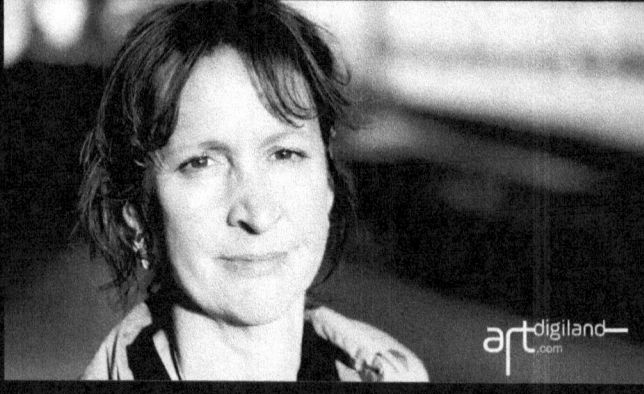

intervista video a Maria Cristina di Nunzio

Artdigiland è un progetto editoriale multimediale che ha come obiettivo la diffusione della parola degli artisti di ogni provenienza e ambito. L'attività editoriale offre – attraverso l'editoria digitale e il broadcasting – interviste esclusive ad artisti, oltre saggi, monografie, documenti.

Sul sito Artdigiland sono disponibili, nelle loro versioni originali HD e in solo audio, videointerviste ad artisti, videoconferenze, testimonianze, letture.

Per iscriversi alla nostra newsletter e ricevere aggiornamenti sulle attività, gli eventi e le prossime produzioni: www.artdigiland.com

Per informazioni e per collaborare: info@artdigiland.com

I nostri libri sono in distribuzione in formato cartaceo ed ebook, su Amazon.it, Amazon.com e tutti i siti amazon europei.

**Artdigiland ha pubblicato:**

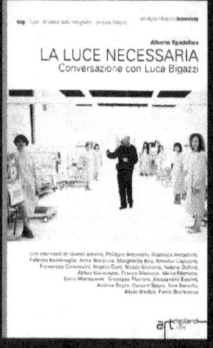

### LA LUCE NECESSARIA.
### Conversazione con Luca Bigazzi
### a cura di Alberto Spadafora, 2012

Un libro intervista che "illumina" aspetti non noti delle migliori opere cinematografiche italiane degli ultimi trent'anni. La narrazione di Luca Bigazzi – direttore della fotografia e insieme operatore di macchina – raccoglie con coerenza caratteri tecnici, artistici ed etici del lavoro sul set. Bigazzi racconta la genesi del suo modo di lavorare libero da regole codificate, i motivi delle sue scelte professionali, la luce che ama, le ragioni della sua passione per lo stare in macchina. Come "controcampo", le testimonianze di 21 protagonisti del cinema italiano, tra registi, attori, produttori, fotografi di scena e collaboratori.

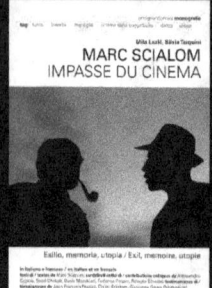

### MARC SCIALOM. IMPASSE DU CINEMA.
### Esilio, memoria, utopia / Exil, mémoire, utopie
### a cura di Mila Lazić e Silvia Tarquini, 2012

Marc Scialom, ebreo di origini italiane, toscane, poi naturalizzato francese, nasce a Tunisi nel 1934. Dopo le persecuzioni naziste nel '43 in Tunisia, le ripercussioni sugli Italiani, meccanicamente associati al fascismo nel periodo dell'"epurazione", e la strage di Biserta (1961) – che Scialom denuncia nel corto *La parole perdue* (1969) –, si trasferisce in Francia. La sua vita si intreccia, "mancandola", con la storia del cinema: a Parigi il lungometraggio *Lettre à la prison* (1969-70), realizzato senza un produttore, non è sostenuto dai suoi amici cineasti, tra cui Chris Marker. Si tratta di un'opera poetica sulla perdita di identità culturale e personale di un esule arabo, che mette indirettamente il dito nelle piaghe di (post)colonialismo e razzismo. Abbandonato il cinema, Scialom torna alle sue origini, allo studio della lingua e della letteratura italiane. Traduce la *Divina Commedia*. Nel 2012 realizza il suo secondo lungometraggio: *Nuit sur la mer*.

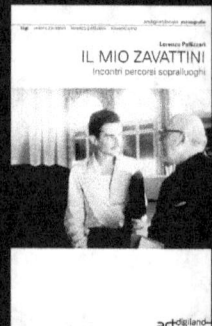

### IL MIO ZAVATTINI. Incontri percorsi sopralluoghi
### di Lorenzo Pellizzari, 2012

Il libro raccoglie quanto Pellizzari ha scritto e pensato su Zavattini da quando era ragazzo ad oggi, insieme ad una storica intervista, in cui Zavattini si concede forse come mai; documenta un lungo rapporto intellettuale e personale, fatto di infinite riflessioni, desideri, slanci, critiche, pentimenti, ripensamenti; e rivela l'ininterrotto impegno del critico a capire, da una parte, e a "stimolare", quasi, dall'altra, il suo personaggio. Un impegno appassionato e civile, e insieme sedotto dalla qualità giocosa della scrittura zavattiniana.

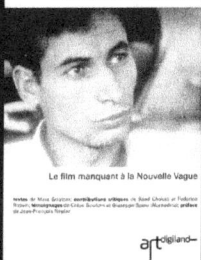

## LETTRE A LA PRISON, DE MARC SCIALOM
### Le film manquant à la Nouvelle Vague
sous la direction de Mila Lazic et Silvia Tarquini, 2013

La vie de Marc Scialom s'entremêle, en la "manquant", à l'histoire du cinéma: à Paris son long-métrage *Lettre à la prison* (1969-70), réalisé sans producteur et presque clandestinement, n'est pas soutenu par ses amis cinéastes, parmi lesquels Chris Marker. Il s'agit d'une oeuvre poétique sur la perte d'identité culturelle et personnelle d'un exilé arabe en France, qui met indirectement l'accent sur les plaies du (post-)colonialisme et du racisme; le tournage se déroule à Marseille, Tunis et Paris. Déçu, Scialom range son film dans un tiroir. Il retourne vers origines, se remet à l'étude de la langue et de la littérature italiennes, traduit la *Divine Comédie*. Après la redécouverte de *Lettre à la prison*, la restauration de ce film et sa présentation en 2008 au Festival International du Documentaire de Marseille, où il obtient une Mention spéciale du Groupement National des Cinémas de Recherche.

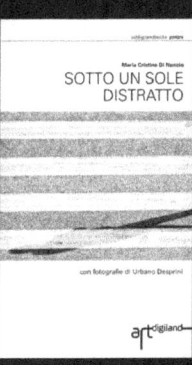

## SOTTO UN SOLE DISTRATTO.
### di Maria Cristina Di Nunzio, 2013

In un forum americano per persone fibromialgiche, al topic *Cosa riuscite a fare nel vostro tempo libero*, tra le varie risposte che citavano bricolage, dipingere e fare brevi passeggiate, mi ha fatto sorridere quella dell'avatar di una donna grassoccia che diceva: *Scrivo poesie*. Premettendo che cammino molto e non sono grassoccia, la penna può rappresentare uno dei tanti fili da tendere per ancorarsi al reale quando si è costretti a vivere in un mondo parallelo, un po' come il training autogeno sta alla riscoperta del proprio corpo. In un'epoca in cui tutti scrivono e pochi leggono, queste parole sono state necessarie prima di tutto a me. Rappresentano un diario minimo, l'attraversamento di alcuni momenti di vita spesi nella città in cui sono nata e cresciuta: Roma.

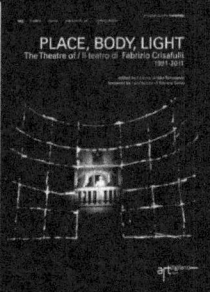

## PLACE, BODY, LIGHT.
The Theatre of / Il teatro di Fabrizio Crisafulli. Twenty Years of Research / Venti anni di ricerca 1991-2011 edited by / a cura di Nika Tomašević, foreword by / prefazione di Silvana Sinisi, 2013

Fabrizio Crisafulli's theatre research centres on Place, Body and Light, and challenges performance practices at their very foundations, in an attempt to reclaim the original potency of theatre and its relevance and effectiveness in contemporary times. This is where dance meets architecture, drama meets territory, and the performance of the body meets poetic light. Crisafulli's works - poetic and visionary, hypnotic and deeply emotional, full of life and irony - are revealed through interviews, personal accounts, critiques, information and photos related to performances and installations created between 1991 and 2011.